Ratz/Scheffler/Seese/Wiesenberger
Grundkurs Programmieren in Java
Band 2:
Programmierung kommerzieller Systeme

Bleiben Sie einfach auf dem Laufenden:
www.hanser.de/newsletter
Sofort anmelden und Monat für Monat
die neuesten Infos und Updates erhalten.

Dietmar Ratz
Jens Scheffler
Detlef Seese
Jan Wiesenberger

Grundkurs Programmieren in Java

Band 2:
Programmierung kommerzieller Systeme

HANSER

Priv.-Doz. Dr. Dietmar Ratz
Universität Karlsruhe, Institut für Angewandte Informatik und Formale Beschreibungsverfahren
Jens Scheffler, INIT Inc., Chesapeake, VA, USA
Prof. Dr. Detlef Seese
Universität Karlsruhe, Institut für Angewandte Informatik und Formale Beschreibungsverfahren
Jan Wiesenberger, m+ps, Karlsruhe

www.hanser.de

Alle in diesem Buch enthaltenen Informationen, Verfahren und Darstellungen wurden nach bestem Wissen zusammengestellt und mit Sorgfalt getestet. Dennoch sind Fehler nicht ganz auszuschließen. Aus diesem Grund sind die im vorliegenden Buch enthaltenen Informationen mit keiner Verpflichtung oder Garantie irgendeiner Art verbunden. Autor und Verlag übernehmen infolgedessen keine juristische Verantwortung und werden keine daraus folgende oder sonstige Haftung übernehmen, die auf irgendeine Art aus der Benutzung dieser Informationen – oder Teilen davon – entsteht, auch nicht für die Verletzung von Patentrechten und anderen Rechten Dritter, die daraus resultieren könnten. Autor und Verlag übernehmen deshalb keine Gewähr dafür, dass die beschriebenen Verfahren frei von Schutzrechten Dritter sind.

Die Wiedergabe von Gebrauchsnamen, Handelsnamen, Warenbezeichnungen usw. in diesem Buch berechtigt deshalb auch ohne besondere Kennzeichnung nicht zu der Annahme, dass solche Namen im Sinne der Warenzeichen- und Markenschutz-Gesetzgebung als frei zu betrachten wären und daher von jedermann benutzt werden dürften.

Bibliografische Information Der Deutschen Bibliothek:
Die Deutsche Bibliothek verzeichnet diese Publikation in der Deutschen Nationalbibliografie; detaillierte bibliografische Daten sind im Internet über http://dnb.ddb.de abrufbar.

Dieses Werk ist urheberrechtlich geschützt.
Alle Rechte, auch die der Übersetzung, des Nachdruckes und der Vervielfältigung des Buches, oder Teilen daraus, vorbehalten. Kein Teil des Werkes darf ohne schriftliche Genehmigung des Verlages in irgendeiner Form (Fotokopie, Mikrofilm oder ein anderes Verfahren) – auch nicht für Zwecke der Unterrichtsgestaltung – reproduziert oder unter Verwendung elektronischer Systeme verarbeitet, vervielfältigt oder verbreitet werden.

© 2003 Carl Hanser Verlag München Wien
Lektorat: Margarete Metzger
Herstellung: Irene Weilhart
Copy-editing: Manfred Sommer, München
Datenbelichtung, Druck und Bindung: Kösel, Kempten
Printed in Germany

ISBN 3-446-21814-9

Für Miriam und Sebastian

Dietmar Ratz

Für Margrit, Rolf und Bettina

Jens Scheffler

Für Melanie und Stefanie

Detlef Seese

Für Silke

Jan Wiesenberger

Inhaltsverzeichnis

Vorwort   **15**

1 Einleitung   **17**
   1.1 Java – definitiv kein kalter Kaffee! 18
   1.2 Java für Fortgeschrittene – Unser Konzept 18
   1.3 Was war 19
   1.4 ... und was kommen wird 20
   1.5 Weitere Infos und Kontakt zu den Autoren 22
   1.6 Verwendete Schreibweisen 22

I Einige Vorbereitungen   23

2 Entwurfsmuster   **25**
   2.1 Was sind Entwurfsmuster? 25
   2.2 Das Observer-Pattern 27
      2.2.1 Zugrunde liegende Idee 27
      2.2.2 Das Objektmodell 27
      2.2.3 Beispiel-Realisierung 28
          2.2.3.1 Das Arbeiten mit nur einem Observer 28
          2.2.3.2 Das Arbeiten mit mehreren Observern 31
      2.2.4 Variationen des Pattern 36
      2.2.5 Zusammenfassung 37
      2.2.6 Übungsaufgaben 37
   2.3 Das Composite-Pattern 38
      2.3.1 Zugrunde liegende Idee 38
      2.3.2 Das Objektmodell 40
      2.3.3 Beispiel-Realisierung 42
          2.3.3.1 Summe zweier Funktionen 42
          2.3.3.2 Produkt zweier Funktionen 43
      2.3.4 Variationen des Pattern 45
      2.3.5 Zusammenfassung 47
      2.3.6 Übungsaufgaben 48

3 Einige wichtige Hilfsklassen — 49
3.1 Die Klasse `StringBuffer` — 49
- 3.1.1 Arbeiten mit `String`-Objekten — 49
- 3.1.2 Arbeiten mit `StringBuffer`-Objekten — 51
- 3.1.3 Übungsaufgaben — 54

3.2 Die Wrapper-Klassen (Hüll-Klassen) — 55
- 3.2.1 Arbeiten mit „eingepackten" Daten — 55
- 3.2.2 Aufbau der Wrapper-Klassen — 56
- 3.2.3 Ein Anwendungsbeispiel — 59
- 3.2.4 Übungsaufgaben — 60

3.3 Die Klassen `BigInteger` und `BigDecimal` — 60
- 3.3.1 Arbeiten mit langen Ganzzahlen — 61
- 3.3.2 Aufbau der Klasse `BigInteger` — 63
- 3.3.3 Übungsaufgaben — 64
- 3.3.4 Arbeiten mit langen Gleitkommazahlen — 65
- 3.3.5 Aufbau der Klasse `BigDecimal` — 68
- 3.3.6 Viele Stellen von Nullstellen gefällig? — 70
- 3.3.7 Übungsaufgaben — 72

3.4 Die Klasse `DecimalFormat` — 73
- 3.4.1 Standard-Ausgaben in Java — 73
- 3.4.2 Arbeiten mit Format-Objekten — 74
- 3.4.3 Übungsaufgaben — 76

3.5 Die Klassen `Date` und `Calendar` — 77
- 3.5.1 Arbeiten mit „Zeitpunkten" — 77
- 3.5.2 Auf die Plätze, fertig, los! — 78
- 3.5.3 Spezielle `Calendar`-Klassen — 79
- 3.5.4 Und noch mal: Zeitmessung — 81
- 3.5.5 Übungsaufgaben — 83

3.6 Die Klassen `SimpleDateFormat` und `DateFormat` — 83
- 3.6.1 Arbeiten mit Format-Objekten für Datum/Zeit-Angaben — 83
- 3.6.2 Übungsaufgaben — 88

3.7 Die `Collection`-Klassen — 88
- 3.7.1 „Sammlungen" von Objekten – Der Aufbau des Interface `Collection` — 89
- 3.7.2 „Sammlungen" durchgehen – Der Aufbau des Interface `Iterator` — 90
- 3.7.3 Mengen — 91
  - 3.7.3.1 Das Interface `Set` — 91
  - 3.7.3.2 Die Klasse `HashSet` — 92
  - 3.7.3.3 Das Interface `SortedSet` — 93
  - 3.7.3.4 Die Klasse `TreeSet` — 94

Inhaltsverzeichnis

		3.7.4	Listen	96
			3.7.4.1 Das Interface `List`	96
			3.7.4.2 Die Klassen `ArrayList` und `LinkedList`	96
			3.7.4.3 Suchen und Sortieren – Die Klassen `Collections` und `Arrays`	98
		3.7.5	Übungsaufgaben	101
	3.8	Die Klasse `StringTokenizer`		101
		3.8.1	Übungsaufgaben	104

4 Praxisbeispiele — 105

- 4.1 Rechnen mit rationalen Werten … 105
  - 4.1.1 Variablen und Konstruktoren … 106
  - 4.1.2 `toString`, `equals` und `hashCode` … 108
  - 4.1.3 Die vier Grundrechenarten … 109
- 4.2 Wem die Stunde schlägt … 111
  - 4.2.1 Designphase … 112
  - 4.2.2 Modell und View … 114
  - 4.2.3 Controller und Hauptprogramm … 115
  - 4.2.4 Ausblick … 116
- 4.3 Die Türme von Hanoi … 117
  - 4.3.1 Designphase … 118
  - 4.3.2 Die Klasse `Scheibe` … 118
  - 4.3.3 Die Klasse `Stange` … 120
  - 4.3.4 Die Klasse `Hanoi`, erster Teil … 122
  - 4.3.5 Der Algorithmus … 123

II Grafische Oberflächen in Java — 127

5 Aufbau grafischer Oberflächen in Frames – von AWT nach Swing — 131

- 5.1 Grundsätzliches zum Aufbau grafischer Oberflächen … 131
- 5.2 Ein einfaches Beispiel mit dem AWT … 133
- 5.3 Let's swing now! … 135
- 5.4 Etwas „Fill-in" gefällig? … 137
- 5.5 Die AWT- und Swing-Klassenbibliothek im Überblick … 139
- 5.6 Übungsaufgaben … 141

6 Swing-Komponenten — 143

- 6.1 Die abstrakte Klasse `Component` … 143
- 6.2 Die Klasse `Container` … 144
- 6.3 Die abstrakte Klasse `JComponent` … 145
- 6.4 Layout-Manager, Farben und Schriften … 147
  - 6.4.1 Die Klasse `Color` … 147
  - 6.4.2 Die Klasse `Font` … 149

		6.4.3	Layout-Manager	150

      6.4.3 Layout-Manager 150
           6.4.3.1 Die Klasse `FlowLayout` 151
           6.4.3.2 Die Klasse `BorderLayout` 153
           6.4.3.3 Die Klasse `GridLayout` 155
  6.5 Einige Grundkomponenten 157
      6.5.1 Die Klasse `JLabel` 157
      6.5.2 Die abstrakte Klasse `AbstractButton` 159
      6.5.3 Die Klasse `JButton` 161
      6.5.4 Die Klasse `JToggleButton` 163
      6.5.5 Die Klasse `JCheckBox` 165
      6.5.6 Die Klassen `JRadioButton` und `ButtonGroup` 166
      6.5.7 Die Klasse `JComboBox` 169
      6.5.8 Die Klasse `JList` 171
      6.5.9 Die abstrakte Klasse `JTextComponent` 174
      6.5.10 Die Klassen `JTextField` und `JPasswordField` 175
      6.5.11 Die Klasse `JTextArea` 177
      6.5.12 Die Klasse `JScrollPane` 179
      6.5.13 Die Klasse `JPanel` 182
  6.6 Spezielle Container, Menüs und Toolbars 184
      6.6.1 Die Klasse `JFrame` 184
      6.6.2 Die Klasse `JWindow` 185
      6.6.3 Die Klasse `JDialog` 185
      6.6.4 Die Klasse `JMenuBar` 189
      6.6.5 Die Klasse `JToolBar` 191
  6.7 Übungsaufgaben 194

7 Ereignisverarbeitung   **197**

  7.1 Zwei einfache Beispiele 198
      7.1.1 Zufällige Grautöne als Hintergrund 198
      7.1.2 Ein interaktiver Bilderrahmen 201
  7.2 Programmiervarianten für die Ereignisverarbeitung 205
      7.2.1 Innere Klasse als Listener-Klasse 205
      7.2.2 Anonyme Klasse als Listener-Klasse 205
      7.2.3 Container-Klasse als Listener-Klasse 206
      7.2.4 Separate Klasse als Listener-Klasse 208
  7.3 Event-Klassen und -Quellen 209
  7.4 Listener-Interfaces und Adapter-Klassen 213
  7.5 Listener-Registrierung bei den Event-Quellen 219
  7.6 Auf die Plätze, fertig, los! 222
  7.7 Übungsaufgaben 226

8 Praxisbeispiele — 231
- 8.1 Wem die Stunde schlägt, Iteration 2 231
  - 8.1.1 Eine Digitalanzeige 231
  - 8.1.2 Eine neue `Steuerung` 233
  - 8.1.3 Nicht aus dem Rahmen fallen! 235
  - 8.1.4 Zusammenfassung 237
- 8.2 Body-Mass-Index 237
  - 8.2.1 Design und Layout 237
  - 8.2.2 Events und Anwendungslogik 241
  - 8.2.3 Das gesamte Programm im Überblick 243
- 8.3 Wem die Stunde schlägt, Iteration 3 246
  - 8.3.1 Design und Layout 246
  - 8.3.2 Wechsel des Look and feel 249

9 Einige Ergänzungen zu Swing-Komponenten — 253
- 9.1 Zeichnen in Swing-Komponenten 253
  - 9.1.1 Grafische Darstellung von Komponenten 253
  - 9.1.2 Das Grafik-Koordinatensystem 254
  - 9.1.3 Die abstrakte Klasse `Graphics` 255
  - 9.1.4 Ein einfaches Zeichenprogramm 258
- 9.2 Noch mehr Swing gefällig? 261
- 9.3 Übungsaufgaben 262

10 Applets — 265
- 10.1 Erstellen und Ausführen von Applets 265
  - 10.1.1 Vom Frame zum Applet am Beispiel 265
  - 10.1.2 Applet in HTML-Datei einbetten 267
  - 10.1.3 Applet über HTML-Datei ausführen 269
- 10.2 Die Methoden der Klasse `JApplet` 270
- 10.3 Zwei Beispiele 273
  - 10.3.1 Auf die Plätze, fertig, los! 273
  - 10.3.2 Punkte verbinden im Applet 276
- 10.4 Details zur HTML-Einbettung 277
  - 10.4.1 Der Applet-Tag 277
  - 10.4.2 Die Methode `showDocument` 280
- 10.5 Sicherheitseinschränkungen bei Applets 282
- 10.6 Übungsaufgaben 286

11 Praxisbeispiele 289
- 11.1 Wem die Stunde schlägt, Iteration 4 289
  - 11.1.1 Erste Schritte 289
  - 11.1.2 Von Kreisen und Winkeln 293
  - 11.1.3 Die Methode `setzeBreite` 295
  - 11.1.4 Die Methode `zeichneLinie` 296
  - 11.1.5 Zusammenfassung 297
- 11.2 Wem die Stunde schlägt, Iteration 5 298
  - 11.2.1 Vorbereitungen 299
  - 11.2.2 Layout in der Klasse `SetzeDarstellung` 300
  - 11.2.3 Vom Layout zur Anwendungslogik 302
- 11.3 Wem die Stunde schlägt, Iteration 6 303
  - 11.3.1 Schritt 1: Auf den Schirm 303
  - 11.3.2 Schritt 2: Eine Frage der Einstellung 304
  - 11.3.3 Schritt 3: Alles hübsch verpackt 307

III Threads, Datenströme und Netzwerk-Anwendungen 311

12 Parallele Programmierung mit Threads 313
- 12.1 Ein einfaches Beispiel 313
- 12.2 Threads in Java 315
  - 12.2.1 Die Klasse `Thread` 316
  - 12.2.2 Das Interface `Runnable` 320
  - 12.2.3 Threads vorzeitig beenden 322
- 12.3 Wissenswertes über Threads 324
  - 12.3.1 Lebenszyklus eines Threads 324
  - 12.3.2 Thread-Scheduling 326
  - 12.3.3 Dämon-Threads und Thread-Gruppen 326
- 12.4 Thread-Synchronisation und -Kommunikation 327
  - 12.4.1 Das Leser/Schreiber-Problem 328
  - 12.4.2 Das Erzeuger/Verbraucher-Problem 332
- 12.5 Threads in Frames und Applets 339
  - 12.5.1 Auf die Plätze, fertig, los! 339
  - 12.5.2 Spielereien 343
- 12.6 Übungsaufgaben 346

13 Ein- und Ausgabe über Streams — 349
13.1 Grundsätzliches zu Streams in Java 350
13.2 Dateien und Verzeichnisse – Die Klasse `File` 350
13.3 Ein- und Ausgabe über Character-Streams 353
    13.3.1 Einfache `Reader`- und `Writer`-Klassen 354
    13.3.2 Gepufferte `Reader`- und `Writer`-Klassen 357
    13.3.3 Die Klasse `StreamTokenizer` 359
    13.3.4 Die Klasse `PrintWriter` 361
    13.3.5 Was machen eigentlich die IOTools? 363
13.4 Ein- und Ausgabe über Byte-Streams 364
    13.4.1 Einige `InputStream`- und `OutputStream`-Klassen 365
    13.4.2 Die Serialisierung und Deserialisierung von Objekten 366
    13.4.3 Die Klasse `PrintStream` 369
13.5 Einige abschließende Bemerkungen 369
13.6 Übungsaufgaben 370

14 Client/Server-Programmierung in Netzwerken — 373
14.1 Wissenswertes über Netzwerk-Kommunikation 374
    14.1.1 Protokolle 374
    14.1.2 IP-Adressen 376
    14.1.3 Ports und Sockets 377
14.2 Client/Server-Programmierung 378
    14.2.1 Die Klassen `ServerSocket` und `Socket` 379
    14.2.2 Ein einfacher Server 381
    14.2.3 Ein einfacher Client 384
    14.2.4 Ein Server für mehrere Clients 386
    14.2.5 Ein Mehrzweck-Client 389
14.3 Wissenswertes über URLs 391
    14.3.1 Client/Server-Kommunikation über URLs 392
    14.3.2 Netzwerkverbindungen in Applets 393
14.4 Übungsaufgaben 394

15 Praxisbeispiele — 399
15.1 Wem die Stunde schlägt, Iteration 7 399
15.2 Wem die Stunde schlägt, Iteration 8 401
    15.2.1 Hätten wir nur *einen* Socket, ... 401
    15.2.2 Die Klasse `Zeitserver` 403
    15.2.3 Ein Testprogramm 404
15.3 Wem die Stunde schlägt, Iteration 9 407
    15.3.1 Wenn's am schönsten ist, ... 407
    15.3.2 Einige Vorbereitungen 407
    15.3.3 Uhrenvergleich 409
    15.3.4 Der Einstellungs-Dialog 411
    15.3.5 Zusammenfassung 414

IV Ausblick und Anhang   415

16 Blick über den Tellerrand   417
16.1 Der Vorhang fällt 417
16.2 A fool with a tool 418
16.3 Alles umsonst? 419
16.4 Und fachlich? 420
16.5 Zu guter Letzt 422

A Der Umgang mit der API-Spezifikation   423
A.1 Der Aufbau der API-Spezifikation 423
A.2 Der praktische Einsatz der API-Spezifikation 424

B Glossar   429

Literaturverzeichnis   435

Stichwortverzeichnis   437

Vorwort

Herzlich willkommen zu Band 2 unseres Grundkurses Programmieren! Nachdem wir Ihnen möglicherweise in Band 1 den Mund auf die vielfältigen Anwendungen der Sprache Java wässrig gemacht haben, können Sie nun endlich Ihren Informationshunger und Wissensdurst stillen. Dieser Band wird Ihnen den Einstieg in die Programmierung kommerzieller Java-Anwendungen, deren Vielfalt kaum Grenzen gesetzt sind, ermöglichen. So können Sie bald selbst zur großen Gemeinde von Java-Anwendungsentwicklern – Schätzungen sprechen von über drei Millionen – gehören. Schließlich kommt Java bereits in mehr als zwei Dritteln aller Unternehmen zum Einsatz, so dass einer fundierten Java-Ausbildung auch im Hinblick auf spätere Berufsaussichten eine nicht zu unterschätzende Bedeutung zukommt.
Die Unabhängigkeit der Java-Anwendungen von der zu Grunde liegenden Rechnerplattform prädestiniert Java als Werkzeug zur Vernetzung und Integration von verschiedensten Anwendungen in lokalen und globalen Netzwerken. So gesehen rückt Java als Ausbildungssprache zu Recht immer mehr in den Vordergrund, stellt aber auch so manchem Programmier-Neuling aufgrund der hohen Komplexität scheinbar unüberwindbare Hürden in den Weg. Band 2 unseres Grundkurses versucht, diese Hindernisse aus dem Weg zu räumen.
Die Erfahrungen aus zahlreichen Lehrveranstaltungen für Hörerinnen und Hörer unterschiedlicher Fachrichtungen an der Universität Karlsruhe (TH) und an der Berufsakademie Karlsruhe sowie aus der beruflichen Programmierpraxis haben uns den Weg für die Gestaltung dieses Buchs gewiesen. Das Grundanliegen von Band 1, Verständlichkeit auch für Programmieranfänger zu erreichen, war auch für Band 2 unser Leitmotiv. Schülerinnen und Schüler, Studentinnen und Studenten, aber auch Hausfrauen und Hausmänner sollen hier eine Fortsetzung des leicht verständlichen Grundkurses Programmieren in Java finden. Wir hoffen natürlich, dass dieses Konzept erneut Anklang findet und auch der zweite Teil bei unseren Leserinnen und Lesern wie auch Hörerinnen und Hörern so erfolgreich ist wie Teil 1.
Wirft man einen Blick auf die Liste der Buch-Bestseller der letzten Jahre, so stößt man auf „Der Herr der Ringe" und auf „Harry Potter" – jeweils mit Traumauflagen, die Autoren anderer Genres mit durchschnittlichen Auflagenzahlen vor Neid erblassen lassen. Dieser Band 2 hat mit diesen mystischen und an Zauberei

grenzenden Mega-Sellern natürlich wenig zu tun. Sie werden also kaum erwarten können, dass Ihnen ein „Zwerg" oder ein „Hobbit" hilft, sich im Dschungel der Java-Klassen zurechtzufinden, oder dass Ihnen ein Magier alle Hindernisse aus dem Weg zaubert. Vielmehr könnte Ihnen auch im vorliegenden Buch die eine oder andere Passage wie „Elben"-Sprache vorkommen. Aus diesem Grund findet sich am Ende dieses Bandes wieder ein Glossar, in dem Sie „Übersetzungen" für einige Fachbegriffe nachschlagen können. Weitere Fragen oder Probleme lassen sich möglicherweise durch das ergänzende Material auf der Buch-Webseite [20] oder per E-Mail klären.

An dieser Stelle wollen wir uns herzlich bei einigen Personen bedanken, die zur Entstehung dieses Buchs beigetragen haben. Von Tobias Dietrich erhielten wir wertvolle Kommentare und Verbesserungsvorschläge, die dafür gesorgt haben, dass das Buch noch ein Stück „lesbarer" wurde. Sebastian Ratz unterstützte uns tatkräftig bei der Erstellung der Grafiken. Weitere Anregungen und Korrekturen erhielten wir von Rudi Klatte und Thomas Stümpert.

Einen nicht unerheblichen Einfluss auf die Entwicklung der Buchinhalte hatten auch mehrere Studierenden-Jahrgänge in den Lehrveranstaltungen „Kommerzielles Programmieren", „Programmierung kommerzieller Systeme", „Einführung in die Programmierung II", „Internet-Programmierung" und „Mathematik und Java", die sich mit den zugehörigen Internetseiten, Foliensätzen und Übungsblättern „herumgeschlagen" und auf Fehler und Unklarheiten hingewiesen haben.

Ein weiteres Dankeschön geht an Michael Decker, der uns beim Ausbau der Buch-Webseite unterstützt hat, sowie an die Leserinnen und Leser, die uns per Mail Hinweise und Tipps für die inhaltliche Verbesserung von Buch und Webseite zukommen ließen.

Zu guter Letzt möchten wir uns bei Frau Margarete Metzger und Frau Irene Weilhart vom Carl Hanser Verlag für die gewohnt gute Zusammenarbeit bedanken.

Karlsruhe, Sommer 2003   Die Autoren

Kapitel 1

Einleitung

Stellen Sie sich vor, Sie lauschen gerade dem Radio-Programm Ihres Lieblingssenders und das Moderatoren-Team hat, im Rahmen des Schwerpunktthemas „Computer und Programmiersprachen" mal wieder eine Quizfrage für Frühaufsteher parat. Als Belohnung für den ersten Anrufer mit der richtigen Antwort winkt eine Reise nach New York zu einer Open-Air-Vorführung der kompletten Filmtrilogie „Der Herr der Ringe" im Central Park. Die Frage lautet

Was ist einfach, objektorientiert, verteilt, interpretiert, robust, sicher, architekturneutral, portabel, performant, nebenläufig und dynamisch?

Natürlich schnappen Sie sich sofort Ihr Handy, wählen die angegebene Nummer, warten auf die Stimme des Moderators, der Sie nach der richtigen Lösung fragt, und antworten:

„Die Programmiersprache Java!"

Die Flugtickets in die USA sind Ihnen sicher – allerdings war Ihre Antwort auch ein bisschen geraten.
Die Fragestellung entspricht zwar gerade dem Werbeslogan der Firma Sun Microsystems für deren Programmiersprache Java, bisher (nach der Lektüre von Band 1 unseres Grundkurses) wissen Sie aber vielleicht lediglich, dass Java eine objektorientierte, portable und interpretierte Sprache ist. Mit den anderen Adjektiven können Sie jedoch möglicherweise noch nicht allzu viel anfangen – unter Umständen erscheint Ihnen die Sprache Java auch nicht unbedingt „einfach" zu sein. Wir wollen daher in den weiteren Kapiteln dieses Buchs dafür sorgen, dass Sie mehr über die Vorzüge der Sprache, aber auch über Probleme beim Umgang mit ihr erfahren. Am Ende werden Sie jedenfalls in der Lage sein, obige Beschreibung der Eigenschaften von Java auf ihren „Wahrheitsgehalt" hin zu beurteilen.

1.1 Java – definitiv kein kalter Kaffee!

Eines der wichtigsten Ziele bei der Entwicklung von Java war es, eine Programmiersprache zu schaffen, die es ermöglicht, verteilte Anwendungen zu realisieren. Tatsächlich bietet Java in diesem Bereich ein breites Spektrum an Möglichkeiten. Mit wenigen Programmzeilen gelingt es, Anwendungen zu schreiben, die das Internet bzw. das World Wide Web (WWW) nutzen oder sogar über das Netz übertragen und in gängigen Web-Browsern gestartet werden können.

Grundlage dafür bildet die umfangreiche Java-Klassenbibliothek, die Sammlung einer Vielzahl vorgefertigter Klassen und Interfaces, die einem das Programmiererleben wesentlich vereinfachen. Nicht minder interessante Teile dieser Klassenbibliothek statten Java-Programme mit enormen, weitgehend plattformunabhängigen grafischen Fähigkeiten aus. So können auch Programme mit grafischen Oberflächen portabel bleiben.

Dies erklärt sicherlich auch das große Interesse, das der Sprache Java in den letzten Jahren entgegengebracht wurde. Bedenkt man die Anzahl von Buchveröffentlichungen, Zeitschriftenbeiträgen, Webseiten oder Newsgroups zum Thema, so wird der erfolgreiche Weg, den die Sprache Java hinter sich hat, offensichtlich. Auch im kommerziellen Bereich ist Java nicht mehr wegzudenken, denn die Produktpalette der meisten großen Softwarehäuser weist mittlerweile eine Java-Schiene auf. Und wer heute auch nur mit einem Handy telefoniert, kommt möglicherweise mit Java in Berührung.

Wie lange dieser Erfolg anhält, kann natürlich niemand mit absoluter Sicherheit sagen. Allerdings stehen die Chancen, dass sich die Geschichte von Java ähnlich entwickelt wie die anderer etablierter Programmiersprachen (zum Beispiel Fortran oder C), sehr gut. Für Sie als Leserin oder Leser dieses Buchs bedeutet das jedenfalls, dass es sicherlich kein Fehler ist, Erfahrungen in der Programmierung mit Java zu haben.[1]

1.2 Java für Fortgeschrittene – Unser Konzept

Seit Version 1.4 enthält die Standard-Edition der Java-2-Plattform (J2SE) bzw. das Java Software Development Kit (JDK bzw. JSDK) weit mehr als 2000 Klassen. Natürlich können und wollen wir nicht alle diese Klassen im vorliegenden Buch behandeln und im Detail erläutern. Vielmehr werden wir einige ausgewählte Klassen vorstellen und den Leser bzw. die Leserin anhand der Themen und Konzepte, die mit diesen Klassen in Verbindung stehen, in die Programmierung kommerzieller Systeme einführen.

Auch bei den ausführlich vorgestellten Klassen werden wir nicht auf jedes kleine Detail eingehen können, so dass wir alle Leserinnen und Leser bereits an dieser

---

[1] Als potenzieller Berufs-Einsteiger oder -Umsteiger wissen Sie vielleicht ein Lied davon zu singen, wenn Sie sich Stellenanzeigen im Bereich Software-Entwicklung angesehen haben – Java scheint allgegenwärtig zu sein.

Stelle dazu animieren möchten, regelmäßig einen Blick in die so genannte API-Spezifikation[2] der JDK-Klassen [21] zu werfen – nicht zuletzt deshalb, weil wir im „Programmier-Alltag" von einem routinierten Umgang mit API-Spezifikationen nur profitieren können. Sollten Sie zu Beginn Schwierigkeiten haben, sich mit dieser von Sun zur Verfügung gestellten Dokumentation der Klassenbibliothek zurechtzufinden, so hilft Ihnen vielleicht unser kleines Kapitel im Anhang A.

Nach wie vor wendet sich unser Grundkurs Programmieren vornehmlich an Programmieranfänger mit der Einschränkung, dass Sie zumindest schon Kenntnisse, die den in Band 1 vermittelten entsprechen, mitbringen sollten, um die in diesem Band behandelten Themen verstehen zu können (siehe auch Abschnitt 1.3). Natürlich stellte sich auch bei diesem Band 2 die Frage, wie man ein Buch für diese Zielgruppe gestalten sollte. Maßgeblich für die Struktur des Buchs war, dass es optimal als Begleitmaterial für Vorlesungen, die einen Einstiegskurs ergänzen, einsetzbar sein sollte. Beispiele dafür sind die Veranstaltung „Programmierung kommerzieller Systeme – Anwendungen in Netzen mit Java"[3] des Instituts AIFB, die jedes Sommersemester an der Universität Karlsruhe (TH) für rund 600 Studierende abgehalten wird, oder die Veranstaltungen „Einführung in die Programmierung II" und „Internet-Programmierung" des Fachbreichs Wirtschaftsinformatik an der Berufsakademie Karlsruhe.

Da die Autoren auf mehrere Jahre studentische Programmierausbildung (u. a. in oben genannten Veranstaltungen) und berufliche Programmierpraxis zurückblicken können, gibt es natürlich gewisse Erfahrungswerte darüber, welche Themen besondere Probleme bereiten. Auch dies hat selbstverständlich die Struktur des Buchs geprägt, das außer dem in Band 1 Gelernten keinerlei Vorkenntnisse in den Bereichen Programmieren, Programmiersprachen und Informatik voraussetzt. Sie können das vorliegende Buch also auch verwenden, um Ihre Java-Kenntnisse zu erweitern, ohne in die tiefsten Tiefen der Informatik eindringen zu müssen. Die einzelnen Kapitel sind – wie von Band 1 gewohnt – mit einem Satz von Übungsaufgaben ausgestattet, die Sie zum besseren Verständnis unbedingt bearbeiten sollten. Sie wissen ja bereits: *Man lernt eine Sprache nur dann richtig, wenn man sie auch spricht!*

1.3 Was war ...

Für alle, die Band 1 nicht besitzen oder ihn gerade nicht zur Hand haben und daher vielleicht nicht bzw. nicht mehr so genau wissen, was darin behandelt wurde, wollen wir hier kurz zusammenfassen, was der Leser bzw. die Leserin des vorliegenden Buchs an Vorkenntnissen mitbringen sollte.

Nachdem wir einige Grundbegriffe aus der Welt des Programmierens eingeführt hatten, haben wir uns in Band 1 zunächst mit einfachen Programmen beschäftigt,

---

[2]API steht für Application Programming Interface, also die Programmierschnittstelle für eine Klasse, ein Paket oder eine ganze Klassen-Bibliothek.
[3]Über das im Literaturverzeichnis angegebene WWW-Sprungbrett [19] des AIFB können interessierte Leserinnen und Leser die entsprechenden Internet-Seiten zu dieser Veranstaltung besuchen.

um das Grundverständnis für den Umgang mit den zentralen Elementen der Programmiersprache Java zu erlangen. In erster Linie ging es dabei um einfache Ausdrücke, Anweisungen und Variablen. Danach wurden die Grundelemente (Kommentare, Bezeichner, Namen, Schlüsselwörter, Interpunktionszeichen, Operatorsymbole, ...) und die Grundstruktur von Java-Programmen vorgestellt. Wir haben uns mit Ein- und Ausgaben auf dem Konsolenfenster sowie mit den elementaren Datentypen für ganze Zahlen, Gleitkommazahlen, Zeichen und Wahrheitswerte und deren Operatoren beschäftigt und schließlich haben wir die verschiedenen Sprachelemente zur Programmablaufsteuerung (Blöcke, Entscheidungsanweisungen, Schleifen) kennen gelernt.

Nach der Einführung der Referenzdatentypen (Felder und Klassen) und der Methodik für ihre Deklaration und für die Erzeugung von zugehörigen Objekten, haben wir uns mit Methoden (Unterprogrammen) auseinander gesetzt. Mit diesem wichtigen Basiswissen ausgestattet haben wir uns dann an die abstrakteren Themen gewagt und uns mit der objektorientierten Philosophie und den Grundpfeilern der objektorientierten Programmierung beschäftigt. Wir haben den Schritt vom Referenzdatentyp zur Objektorientierung vollzogen und uns die Bedeutung der Begriffe Konstruktor, Instantiierung, Instanzvariable, Instanzmethode, Klassenvariable, Klassenmethode und Zugriffsrechte klargemacht. Im Anschluss daran haben wir gelernt, wie Vererbung und Polymorphismus in Java realisiert und angewendet werden und wie sich mit Hilfe abstrakter Klassen und Interfaces gemeinsame Schnittstellen für eine größere Anzahl von Klassen festlegen lassen.

Am Ende von Band 1 haben wir uns mit dem Thema Exceptions und dem Mechanismus der Ausnahmebehandlung befasst. Wir haben dabei gesehen, wie wir durch Einsatz des Vererbungsprinzips eigene Exception-Klassen erzeugen und damit gezielt auf spezielle Ausnahmesituationen in unseren Programmen reagieren können. Zu guter Letzt haben wir uns, als kleiner Vorgriff auf die Inhalte von Band 2, ein wenig mit den Themen Collections, Sortieren von Feldern und grafische Oberflächen beschäftigt. Daneben haben wir einige „goldene Regeln" für die Code-Formatierung und eine spezielle Klasse (die IOTools) für vereinfachte Tastatureingaben kennen gelernt.

1.4 ... und was kommen wird

Wenn Sie den ersten Band und seine Übungsaufgaben intensiv durchgearbeitet haben, kennen Sie sich mit objektorientierten Strukturen aus und haben gelernt, auch an komplex erscheinende Problemstellungen analytisch heranzugehen und eine Lösung zu finden. Sie haben ein stabiles Fundament gelegt, auf dem wir nun mit dem vorliegenden Band 2 weiter aufbauen werden. Für alle diejenigen, die sich vor dem Einstieg in die fortgeschrittenen Themen nochmals an eine Aufgabenstellung wagen wollen, die nur mit den Programmierkenntnissen aus dem ersten Band gelöst wird, steht auf der offiziellen Homepage des Buchs [20] ein komplettes Ergänzungskapitel zum Download bereit, in dem interessierte Leser erfahren, wie ein fundiertes objektorientiertes Design dazu verwendet werden kann, Schachprobleme zu lösen. Seien Sie jedoch versichert, dass wir den Inhalt dieses Kapitels in Band 2 nicht wieder aufgreifen werden, um weitere Abschnitte oder Beispiele zu motivieren. Sie werden also dem weiteren Verlauf dieses Buchs folgen können, ohne das Ergänzungskapitel nachvollzogen zu haben.

Zusammengefasst lässt sich sagen, dass wir mit unseren Kenntnissen aus Band 1 bereits eine Vielzahl von Anforderungen an einen kommerziellen Programmierer bzw. eine kommerzielle Programmiererin erfüllen können. Es kann aber auf keinen Fall schaden, mehr dazuzulernen ...

In Teil I dieses Buchs bauen wir mit einem Kapitel über Entwurfsmuster unser Vokabular für die Entwicklungsphase von Programmierprojekten aus, bevor wir im anschließenden Kapitel einige interessante vordefinierte Klassen der Sprache Java kennen lernen, die sich für die in den weiteren Kapiteln behandelten Themen als äußerst nützlich erweisen werden.

Teil II beschäftigt sich mit den Bestandteilen des Java-Systems, die es ermöglichen, Programme mit grafischen Benutzungsoberflächen auszustatten. Dieses Thema spielt gerade bei der Entwicklung kommerzieller Systeme eine wichtige Rolle. Wir werden Ihnen verdeutlichen, dass die Java-Klassenbibliothek mit den AWT- und Swing-Klassen eine Vielzahl von Bausteinen für grafische Oberflächen anbietet, mit denen normale Applikationen oder Applets (Programme, die über das Internet verbreitet und in Browsern ausgeführt werden) komfortabel entwickelt werden können. Nach einer kurzen Einführung in die AWT-Programmierung werden wir den Schwerpunkt auf die Swing-Programmierung legen (natürlich unter Einbeziehung der dabei benötigten AWT-Elemente für die Behandlung von Tastatur-, Maus- oder Fensterereignissen zur Programmablaufsteuerung).

Im dritten Teil des vorliegenden Buchs werden wir uns mit Themen beschäftigen, die bei der Entwicklung moderner Software-Produkte bzw. kommerzieller Systeme unverzichtbar sind. Zunächst wird es dabei um die Realisierung nebenläufiger Programmflüsse in Form von Threads gehen, die uns in die Lage versetzen, Applikationen zu schreiben, die aus vielen quasi gleichzeitig ausgeführten Programmteilen bestehen. Danach werden wir uns mit einer weiteren Standardaufgabe von Programmen beschäftigen, nämlich dem Lesen bzw. Schreiben von Informationen aus einer externen Datenquelle bzw. in ein externes Datenziel. Im Kapitel über Client/Server-Programmierung in Netzwerken werden wir schließlich die beiden Themenkomplexe kombinieren, um Client- und Server-Programme, also Anwendungen in Netzwerken, zu implementieren.

In Teil IV des Buchs findet sich ein kurzer Ausblick auf weitere interessante Themen aus dem Bereich Java-Programmierung sowie ein Anhang mit einer Kurzanleitung zum Umgang mit den API-Spezifikationen der JDK-Klassen und mit einem Glossar der wichtigsten Begriffe aus dem Umfeld der im Buch behandelten Themen.

Wie von Band 1 gewohnt, vertiefen wir im Rahmen der Praxiskapitel den Stoff anhand von Anwendungsbeispielen. Dabei werden wir ein besonderes Praxisbeispiel in Form eines Mini-Projekts nach und nach ausbauen, um am Ende von

Teil III ein Programm bzw. ein Applet fertig zu stellen, das eine grafische Digital- oder Analoguhr (mit Zeitsynchronisation über ein Netzwerk) lokal auf dem Rechner oder über das Internet darstellen kann.

1.5 Weitere Infos und Kontakt zu den Autoren

Alle Leserinnen und Leser sind herzlich eingeladen, die Autoren über Fehler und Unklarheiten zu informieren. Wenn eine Passage unverständlich war, sollte sie zur Zufriedenheit künftiger Leserinnen und Leser anders formuliert werden. Wenn Sie in dieser Hinsicht also Fehlermeldungen, Anregungen oder Fragen haben, können Sie wie gewohnt über unsere Webseite

```
http://www.grundkurs-java.de/
```

Kontakt mit den Autoren aufnehmen. Dort finden Sie alle Beispielprogramme aus dem Buch, Lösungshinweise zu den Übungsaufgaben und ergänzende Materialien zum Download sowie Literaturhinweise, interessante Links, eine Liste eventueller Fehler im Buch und deren Korrekturen. Dozenten, die das Material dieses Buchs oder Teile der Vorlesungsfolien für eigene Vorlesungen benutzen möchten, sollten sich mit uns in Verbindung setzen.

Im Literaturverzeichnis haben wir wiederum sowohl Bücher als auch Internet-Links angegeben, die aus unserer Sicht als weiterführende Literatur geeignet sind und neben Java im Speziellen auch einige weitere Themenbereiche wie zum Beispiel Informatik, Algorithmen, Nachschlagewerke, Softwaretechnik, Objektorientierung und Modellierung einbeziehen.

1.6 Verwendete Schreibweisen

Wie in Band 1 verwenden wir *Kursivschrift* zur Betonung bestimmter Wörter und **Fettschrift** zur Kennzeichnung von Begriffen, die im entsprechenden Abschnitt erstmals auftauchen und definiert bzw. erklärt werden. Im laufenden Text wird `Maschinenschrift` für Bezeichner verwendet, die in Java vordefiniert sind oder in Programmbeispielen eingeführt und benutzt werden, während reservierte Wörter (Schlüsselwörter, Wortsymbole), die in Java eine vordefinierte, unveränderbar festgelegte Bedeutung haben, in **`fetter Maschinenschrift`** gesetzt sind. Beide Schriften kommen auch in den vom Text abgesetzten Listings und Bildschirmausgaben von Programmen zum Einsatz. Java-Programme sind teilweise ohne und teilweise mit führenden Zeilennummern abgedruckt. Solche Zeilennummern sind dabei lediglich als Orientierungshilfe gedacht und natürlich *kein* Bestandteil des Java-Programms.

Literaturverweise auf Bücher und Web-Links werden stets in der Form [*nr*] mit der Nummer *nr* des entsprechenden Eintrags im Literaturverzeichnis angegeben.

Teil I
Einige Vorbereitungen

Kapitel 2

Entwurfsmuster

2.1 Was sind Entwurfsmuster?

Wir werden uns in diesem Kapitel mit den so genannten Entwurfsmustern (englisch: design patterns) befassen. Wie Sie aus dem ersten Band vielleicht noch wissen, handelt es sich bei Patterns quasi um das Vokabular, das der Programmierer bzw. die Programmiererin in der Entwicklungsphase verwendet, um die zu lösende Aufgabe zu strukturieren. Mit Hilfe von Entwurfsmustern entwickelt man den Design-Ansatz für ein Programm, das die gestellten Anforderungen erfüllt.
Wie soll man sich aber den konkreten Umgang mit Entwurfsmustern vorstellen? Nehmen Sie einmal an, Sie und ein weiterer Softwareentwickler müssten ein Computerspiel entwickeln. Hierbei soll es sich beispielsweise um ein Pacman-artiges[1] Spiel (oder eine vergleichbare komplexe Aufgabe) handeln. Ihr Gegenüber ist der Grafikexperte, während Sie sich mit all jenen Dingen auskennen, die man sonst in einem Spiel benötigt (etwa die Intelligenz der Monster). Wie teilen Sie die Arbeit am effizientesten auf?
An dieser Stelle erinnern Sie sich vielleicht an unsere ersten „Gehversuche" mit grafischen Oberflächen. Wenn wir im ersten Band beispielsweise ein Spiel wie Mastermind oder das Game of Life entwickelten, haben wir den Entwurf aufgeteilt in einen Grafikteil (die `GameEngine`) und ein dazugehöriges Modell (das `GameModel`). Hierbei gehorchte das Modell einer vorgegebenen Schnittstelle, auf die die `GameEngine` Zugriff hatte. Die `GameEngine` benötigte jedoch keinerlei Informationen darüber, welche Vorgänge konkret in dem Modell abliefen. Grafik und Spielsteuerung waren also völlig voneinander entkoppelt.
Sie erinnern sich also an diese Vorgehensweise und wollen es in Ihren Projekten ebenso versuchen. Das Spiel wird aufgeteilt in ein **Modell** und eine Grafikoberfläche (die so genannte **View**), die auf das Modell zugreift. Eventuell werden Sie sogar beschließen, das Spielfeld-Modell und die Ablaufsteuerung des Spiels

---

[1] Ein altbekanntes Computerspiel, bei dem eine Spielfigur durch ein Labyrinth mit Monstern gesteuert werden muss, während sie durch „Fressen" Punkte sammelt.

(Zählen der Punkte, Intelligenz der Monster) aus dem View auszulagern und in einer separaten Steuerungsklasse, dem so genannten **Controller** zu realisieren. Sie würden hierbei das Modell und den Controller programmieren, während Ihr Partner für die Entwicklung der Grafikoberfläche (des Views) zuständig ist. Die Frage ist jedoch: *Wie erklären Sie Ihrem Partner diese Idee?*

Sie können natürlich aus Ihrer Fachliteratur diesen Kurs herauskramen und ihm die entsprechenden Kapitel zu lesen geben. Auch können Sie ihm ausführlichst erklären, wie Sie sich die Aufteilung des Spiels in Grafik-Engine und Modell vorstellen – und *warum*. In beiden Fällen geht es also darum, Ihrem Partner die Idee verständlich zu machen, die hinter Ihrem Entwurfsansatz steht. Sie versuchen, ihm eine Idee für einen Lösungsansatz zu vermitteln. Warum diesem Ansatz nicht einfach einen Namen geben?

Bei Entwurfsmustern handelt es sich eben um genau diese Vorgehensweise: Erfahrene Softwareentwickler erkennen grundlegende Ideen, die sich im Laufe ihrer Arbeit in vielen Entwürfen wiedergefunden haben. Sie isolieren die dahinterliegende Idee und geben ihr einen Namen. In unserem Fall heißt dieser Name **Model-View-Controller-Pattern**.

Wenn Sie also mit Ihrem Partner kommunizieren wollen, können Sie Ihren gesamten Erfahrungsschatz in einem Satz zusammenfassen: „Ich möchte an dieser Stelle das Model-View-Controller-Pattern einsetzen." Ist Ihr Gegenüber ein erfahrener Programmierer, wird er wahrscheinlich wissen, worauf es Ihnen ankommt. Kennt er das entsprechende Muster noch nicht, können Sie es jetzt sofort anhand eines Beispieles erklären. Er wird in Zukunft wissen, was Sie mit diesem Pattern bezwecken, und es irgendwann sicher selbst in seinen Entwürfen verwenden.

In diesem Abschnitt haben Sie also zwei Dinge gelernt:

- Entwurfsmuster sind heutzutage ein beliebtes Schlagwort, das viele Softwareentwickler gerne verwenden. Wenn man sich von den hochtrabenden Namen jedoch nicht abschrecken lässt, so findet man hier ein nützliches Vokabular und eine Sammlung von Ideen vor, die die Kommunikation mit anderen Entwicklern erheblich vereinfacht. Außerdem lernt man selbst mit jedem neuen Muster etwas dazu.

- Je länger Sie ohne Muster programmieren, desto öfter werden Sie das Rad neu erfinden. Wenn man Sie später auf ein entsprechendes Muster hinweist, werden Sie oft feststellen, dass Sie das gleiche im Sinn hatten. Es kostete Sie nur erheblich mehr Arbeit!

In den folgenden Abschnitten werden wir zwei der wohl bekanntesten Entwurfsmuster behandeln, die sich auch in vielen Standardklassen von Java (etwa in der Grafikprogrammierung) widerspiegeln. Zusammen mit dem bereits bekannten Model-View-Controller Muster und dem Flyweight ist somit der Grundstock für einen reichhaltigen Erfahrungsschatz für Lösungsansätze in der Objektorientierung gelegt. Sie können dieses Repertoire an Standardlösungen jederzeit mit weiterer Fachliteratur (etwa [3] oder vergleichbare Bücher) ausbauen und vervollkommnen. Mit zunehmender Erfahrung werden Sie lernen, Muster in Ihren

Aufgabenstellungen zu erkennen und Ihr gesammeltes Wissen einzusetzen. Sie werden die Muster miteinander kombinieren, anpassen und gegebenenfalls erweitern. Vielleicht erscheint in der Fachliteratur irgendwann ein Muster, das *Ihren* Namen als Entdecker trägt.

2.2 Das Observer-Pattern

2.2.1 Zugrunde liegende Idee

Erinnern Sie sich an unser Game of Life aus dem ersten Band? Das zugrunde liegende Spielmodell enthielt eine Ansammlung von Zellen, deren Zustand (lebend oder tot) durch Mausklicks auf der grafischen Oberfläche beeinflusst werden konnte. Jedes Mal, wenn ein solcher Mausklick getätigt wurde, musste unser Modell *benachrichtigt* werden, das heißt, es wartete quasi auf derartige Aktionen, um danach Berechnungen auszuführen und mit den entsprechenden Ergebnissen den Inhalt unseres Zellgewebes zu beeinflussen.

Nun handelt es sich bei unserem Spiel des Lebens natürlich um eine relativ einfache Situation. Ein Objekt (das `GameModel`) wartet auf Aktionen, die von der Grafikoberfläche (der `GameEngine`) ausgelöst werden. Es *überwacht* also quasi den Zustand der Grafik und reagiert auf Veränderungen in ihr (Mausklicks).

Die Idee, dass ein Objekt den Zustand eines anderen Objektes überwacht, haben erfahrene Entwickler als das so genannte **Observer-Pattern** bezeichnet. Wir werden in diesem Abschnitt seine allgemeine Form kennen lernen – und in welchen Variationen sie sich in den verschiedensten Klassen von Java widerspiegelt.

2.2.2 Das Objektmodell

Werfen wir einen Blick auf das in Abbildung 2.1 dargestellte Grundmodell eines Observer-Entwurfsmusters.

Auf der einen Seite haben wir eine Klasse, deren Zustand es zu überwachen gilt. Wir bezeichnen diese zu überwachende Klasse als das **Observable**. Unser Observable kann von einer oder mehreren Klassen, den so genannten Observern, überwacht werden. Ein `Observer` macht sich dem System als solcher bekannt, indem er sich bei dem zu überwachenden Objekt registriert. Dies geschieht durch Aufruf der Methode `addObserver`.

Wie erfährt nun unser `Observer`, dass sich etwas an dem `Observable` geändert hat? Zu diesem Zweck verfügt jeder Observer über eine Methode namens `update`. Hat sich das `Observable` verändert, ruft es diese Methode in jedem registrierten `Observer` auf. Hierbei übergibt es sich selbst als Argument (**this**), damit der Observer weiß, welches überwachte Objekt sich verändert hat. Ferner übergibt es ein Objekt als Argument, aus dem der `Observer` schließen kann, *was* sich an dem Objekt geändert hat.

Außerdem besitzt unser `Observable` noch eine Methode `deleteObserver`. Mit Hilfe dieser Methode kann die Registrierung eines einmal bekannt gemachten

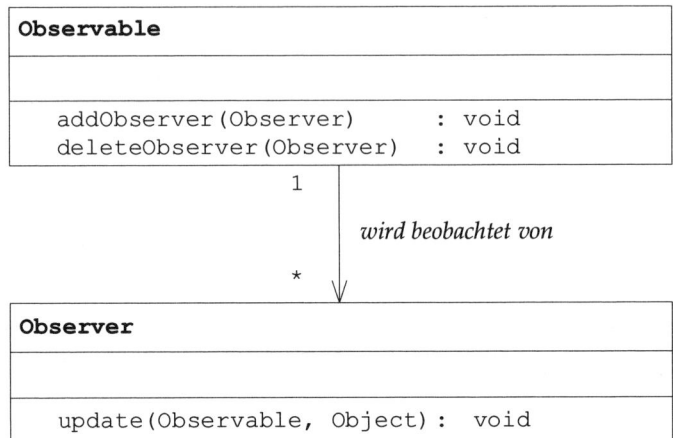

Abbildung 2.1: Das Observer-Pattern

Observers wieder rückgängig gemacht werden. Ein Observer ist somit nicht auf ewig an ein bestimmtes Observable gebunden.

2.2.3 Beispiel-Realisierung

2.2.3.1 Das Arbeiten mit nur einem Observer

Wir beginnen mit einem einfachen Beispiel. Wir definieren eine Klasse Name, die einen Namen (als String gespeichert) repräsentiert:

```
/** Diese Klasse symbolisiert einen Namen */
public class Name {
  /** Hier wird der Name gespeichert */
  private String name;

  /** Hiermit laesst sich der Name setzen */
  public void setName(String name) {
    this.name = name;
  }
  /** Hiermit laesst sich der Name lesen */
  public String getName() {
    return name;
  }
}
```

Wir wollen nun eine Ansammlung von Namen (insgesamt 10 Stück) verwalten. Diese Namen sollen vom Benutzer zufällig geändert werden. Wird ein Name geändert, soll eine entsprechende Meldung auf dem Bildschirm erscheinen.
Zu diesem Zweck wollen wir das Observer-Pattern einsetzen und unsere Namensklasse um die notwendigen Methoden erweitern:

2.2 Das Observer-Pattern

```
1   /** Diese Klasse symbolisiert einen Namen */
2   public class Name {
3     /** Hier wird der Name gespeichert */
4     private String name;
5
6     /** Hier speichern wir unseren Observer ab */
7     private Observer observer;
8
9     /** Fuegt einen Observer hinzu */
10    public void addObserver(Observer observer) {
11      this.observer = observer;
12    }
13    /** Loescht einen Observer */
14    public void deleteObserver(Observer observer) {
15      this.observer = null;
16    }
17    /** Hiermit laesst sich der Name setzen */
18    public void setName(String name) {
19      this.name = name;
20      if (observer != null)
21        observer.update(this,name);
22    }
23    /** Hiermit laesst sich der Name lesen */
24    public String getName() {
25      return name;
26    }
27  }
```

Unsere Namensklasse nimmt die Rolle des Observables aus unserem Muster ein. Der Einfachheit halber verwenden wir nur einen Observer, den wir in einer privaten Instanzvariablen abspeichern (Zeile 7). Mit Hilfe der Methoden addObserver und deleteObserver lässt sich die Instanzvariable modifizieren.

Nun müssen wir unseren Observer natürlich auch benachrichtigen, wenn sich unser Namensobjekt geändert hat. Wir modifizieren die set-Methode setName unseres Namensattributes deshalb so, dass sie die update-Methode des Observers aufruft (Zeile 20 und 21):

```
if (observer != null)
  observer.update(this,name);
```

Kommen wir nun zur Definition unseres Observers. In einem Feld von Namensobjekten speichern wir die verwalteten Objekte ab. Im Konstruktor erzeugen wir dieses Feld und hängen unseren Observer an jedes der zu überwachenden Namensobjekte:

```
/** Speichert zehn Namen achtet auf Aenderungen */
public class Observer {

  /** Die zehn gespeicherten Namen */
  private Name[] namen;

  /** Konstruktor */
  public Observer() {
```

```
      namen = new Name[10];
      for (int i = 0; i < namen.length; i++) {
        namen[i] = new Name();
        namen[i].addObserver(this);
      }
    }
```

Um nun auf die Veränderung eines Namens reagieren zu können, müssen wir lediglich noch die Update-Methode ausformulieren. In dieser Methode geben wir eine wie auch immer geartete Meldung auf dem Bildschirm aus:

```
    /** Achte auf die Veraenderung eines der Namen */
    public void update(Name n, Object o) {
      // Finde den Index, der zu dem Namen passt
      int index = 0;
      while (n != namen[index])
        index++;
      // Gib die Aenderung auf dem Bildschirm aus
      System.out.println("Name Nr. " + index +
                         " wurde geaendert.");
      System.out.println("Neuer Name: " + o);
      System.out.println();
    }
```

Jetzt formulieren wir noch eine get-Methode, mit der wir unser Namensfeld auslesen können:

```
    /** Gib einen der zehn Namen zurueck */
    public Name getName(int i) {
      return namen[i];
    }
```

Unsere Observer-Klasse ist nun komplett. Wir fügen noch ein Hauptprogramm hinzu, das ein Observer-Objekt erzeugt und einzelne Namensobjekte modifiziert:

```
1   import Prog1Tools.IOTools;
2   /** Aendert die im Observer gespeicherten Namen zufaellig */
3   public class Hauptprogramm {
4     /** Die main-Routine */
5     public static void main(String[] args) {
6       // Initialisiere den Observer
7       Observer obs = new Observer();
8       // Fuehre fuenf Namensaenderungen durch
9       for (int i = 0; i < 5; i++) {
10        int index = (int)(Math.random() * 10);
11        obs.getName(index).setName(IOTools.readLine("Name:"));
12      }
13    }
14  }
```

Starten wir nun unser Programm. Wir erhalten eine Ausgabe, die mit der folgenden vergleichbar ist:

───────────────────── *Konsole* ─────────────────────
```
Name:Lieschen Mueller
Name Nr. 4 wurde geaendert.
```

2.2 Das Observer-Pattern

```
Neuer Name: Lieschen Mueller

Name:Kalle Karlsson
Name Nr. 8 wurde geaendert.
Neuer Name: Kalle Karlsson

Name:Mark Mustermann
Name Nr. 5 wurde geaendert.
Neuer Name: Mark Mustermann

Name:Jan Jannick
Name Nr. 0 wurde geaendert.
Neuer Name: Jan Jannick

Name:Wolf Wolfram
Name Nr. 7 wurde geaendert.
Neuer Name: Wolf Wolfram
```

Unsere Observer-Klasse hat also automatisch alle Änderungen registriert. Wir haben uns um diesen Vorgang nicht mehr ausdrücklich kümmern müssen.

2.2.3.2 Das Arbeiten mit mehreren Observern

Wir wollen unser Programm nun um eine kleine Statistik erweitern. Gegen Ende des Programms soll eine Nachricht auf dem Bildschirm erscheinen, die angibt, welches Namensobjekt wie oft geändert wurde. Zu diesem Zweck wollen wir einfach einen zweiten Observer an unser Namensobjekt anhängen.
Natürlich ist unser bisheriges Observable (die Klasse `Name`) noch nicht in der Lage, mehr als einen Observer zu verarbeiten. Glücklicherweise ist dieses Problem jedoch schnell behoben, denn die Entwickler von Java haben bereits eine Möglichkeit vorgesehen, mit der man sich schnell und einfach eine derartige Observer-Verwaltung aufbauen kann:

- Die Klasse `java.util.Observable` stellt die Verwaltung beliebig vieler Observer, die über die Methode `addObserver` registriert werden können, zur Verfügung. Klassen, die diesen Mechanismus nutzen wollen, müssen lediglich das Interface `java.util.Observer` implementieren. Das Interface beinhaltet die bereits bekannte `update`-Methode.

- Um die `update`-Methode aller registrierten Observer automatisch aufzurufen, verfügt das Observable über eine Methode namens `notifyObservers`. Dieser Methode wird das Objektargument übergeben. Die Benachrichtigung der Observer erfolgt dann automatisch. Zuvor muss der Programmierer das `Observable` jedoch mit Hilfe der Methode `setChanged` als „verändert" markieren. Diese Methode ist allerdings protected, das heißt, sie kann nur von Subklassen der Klasse `Observable` aufgerufen werden.

Wir wollen nun versuchen, unsere Klasse Name mit Hilfe dieses vordefinierten Mechanismus zu verbessern. Zu diesem Zweck leiten wir sie von der Klasse Observable ab:

```java
import java.util.Observable;

/** Diese Klasse symbolisiert einen Namen */
public class Name extends Observable {

  /** Hier wird der Name gespeichert */
  private String name;

  /** Hiermit laesst sich der Name setzen */
  public void setName(String name) {
    this.name = name;
    setChanged();
    notifyObservers(name);
  }
  /** Hiermit laesst sich der Name lesen */
  public String getName() {
    return name;
  }
}
```

Wie wir sehen, hat sich unsere Klasse durch die Verwendung von java.lang.Observable deutlich verschlankt. Die Verwaltung der verschiedenen Observer wird uns von Observable abgenommen; wir erben die Methoden addObserver und deleteObserver also von der Superklasse. Von unseren eigenen Methoden haben wir lediglich die set-Methode unseres Attributes name verändert:

```java
/** Hiermit laesst sich der Name setzen */
public void setName(String name) {
  this.name = name;
  setChanged();
  notifyObservers(name);
}
```

Anstatt die Methode update der Observer wie bisher explizit aufzurufen, verwenden wir die vorgegebenen Methoden setChanged und notifyObservers. Der Rest geht, wie gesagt, automatisch vonstatten, wir müssen uns um die Verwaltung der Observer nicht weiter sorgen.

Wie müssen wir nun unsere bisherige Klasse Observer anpassen? Da die Klasse java.util.Observable nur mit Objekten funktioniert, die das Interface java.util.Observer implementieren, müssen wir unser Objekt an den folgenden Stellen modifizieren:

1. In der Definition unserer Klasse müssen wir verdeutlichen, dass wir das Interface java.util.Observer implementieren, die Klasse also ein Observer im Sinne des Entwurfsmusters ist:

   ```java
   public class Observer implements java.util.Observer {
   ```

2.2 Das Observer-Pattern

Achten Sie hierbei darauf, dass sowohl die Klasse als auch das Interface den Namen Observer besitzen. Dabei haben wir kein Problem, die beiden zu unterscheiden: wir verwenden einfach den Paketnamen unseres Interface (java.util), um Eindeutigkeit herzustellen.

2. Die einzige Methode, die wir für das Interface realisieren müssen, ist die Methode update. Diese unterscheidet sich von unserer alten Methode nur in einem Punkt: unser Observable ist jetzt nicht mehr die spezielle Klasse Name, sondern deren allgemeine Superklasse java.util.Observable:

```java
public void update(java.util.Observable n, Object o) {
```

Der Rest unserer Methode bleibt vollkommen unverändert.

Kommen wir nun aber zu unserer neuen Klasse: dem StatisticObserver:

```java
/** Dieser Observer fuehrt eine kleine Statistik auf den Namen aus */
public class StatisticObserver implements java.util.Observer {
```

Da unsere Klasse als Observer für unsere Namensobjekte registriert werden soll, muss sie sich von dem allgemeinen Interface java.util.Observer ableiten – das heißt, wir werden später eine entsprechende update-Methode formulieren müssen.

Wir wollen uns aber zuerst um die interne Datenstruktur kümmern. Da wir auch in diesem Objekt mit unseren zehn Namen arbeiten, wollen wir diese ebenfalls in einem Feld abspeichern. Ferner definieren wir ein Feld von ganzzahligen Zählern, in denen wir speichern, wie oft ein spezielles Namensobjekt geändert wurde:

```java
/** Dieses Feld enthaelt die Namensobjekte */
private Name[] namen;

/** Dieses Feld zaehlt, wie oft ein Objekt geaendert wurde. */
private int[] zaehler;
```

Wir benutzen einen Konstruktor, um die Felder zu initialisieren. Hierzu lesen wir die Namensobjekte aus einem vorgegebenen Observer-Objekt aus und speichern sie in unserem Feld namen. Anschließend registrieren wir den StatisticObserver bei dem entsprechenden Namensobjekt. Zu guter Letzt erzeugen wir unser Zählerfeld und füllen es komplett mit 0 auf:

```java
/** Konstruktor. Verwendet unsere Observer-Klasse, um aus
    ihr die Namensobjekte zu erhalten. */
public StatisticObserver(Observer obs) {
  // Initialisiere das Namens-Feld
  namen = new Name[10];
  for (int i = 0; i < 10; i++) {
    namen[i] = obs.getName(i);
    namen[i].addObserver(this);
  }
  // Initialisiere das Zaehler-Feld
  zaehler = new int[10];
  java.util.Arrays.fill(zaehler,0);
}
```

Kommen wir nun zu unserer Methode `update`. Diese unterscheidet sich nur geringfügig von der bereits definierten Methode in unserer anderen `Observer`-Klasse. Zuerst ermitteln wir den Index des Objektes, das sich geändert hat. Anstatt nun jedoch eine Nachricht auf dem Bildschirm auszugeben, erhöhen wir lediglich den entsprechenden Zähler:

```java
/** Wenn ein Name geaendert wird, wird diese Methode aufgerufen */
public void update(java.util.Observable n,Object o) {
  // Finde den Index, der zu dem Namen passt
  int index = 0;
  while (n != namen[index])
    index++;
  // Erhoehe den Zaehler an der entsprechenden Stelle
  zaehler[index]++;
}
```

Anschließend definieren wir noch eine Methode namens `getStatistic`. Diese wertet unser Feld von Zählern aus und gibt die Auswertung in Form einer textuellen Beschreibung (eines `String`) zurück:

```java
/** Erzeuge eine Statistik-Meldung aus den Zaehler-Daten */
public String getStatistic() {
  String res = "";
  for (int i = 0; i < 10; i++)
    res += "Name Nr. " + i + " wurde " + zaehler[i] +
           "-mal geaendert.\n";
  return res;
}
```

Unsere Klasse `StatisticObserver` ist somit komplett. Kommen wir nun zu unserem eigentlichen `Hauptprogramm`:

```java
import Prog1Tools.IOTools;
/** Aendert die im Observer gespeicherten Namen zufaellig */
public class Hauptprogramm {
  /** Die main-Routine */
  public static void main(String[] args) {
    // Initialisiere den Observer
    Observer obs = new Observer();
    // Initialisiere die Statistik
    StatisticObserver statistic = new StatisticObserver(obs);
    // Fuehre fuenf Namensaenderungen durch
    for (int i = 0; i < 5; i++) {
      int index = (int)(Math.random() * 10);
      obs.getName(index).setName(IOTools.readLine("Name:"));
    }
    // Gib die Statistik aus
    System.out.println("Zum Schluss noch die Statistik:");
    System.out.println(statistic.getStatistic());
  }
}
```

Wie Sie sehen, haben wir lediglich zwei winzige Modifikationen vorgenommen:

1. Zu Beginn unserer `main`-Methode haben wir eine Instanz unserer neuen Klasse `StatisticObserver` erzeugt (Zeile 9) und

2.2 Das Observer-Pattern

2. gegen Ende das Ergebnis dieser Statistik auf dem Bildschirm ausgegeben (Zeile 16 und 17).

Weitere Änderungen, etwa bei der Belegung der Namensfelder, waren nicht notwendig. *Unsere Statistik hat sich sämtliche Daten, die sie benötigt, selbstständig aus den Namensobjekten geholt!*
Spätestens mit diesem Hauptprogramm sollte der Nutzen des Observer-Patterns langsam, aber sicher deutlich werden. Wie in einem Baukastensystem können wir mit wenig Aufwand eine komplette Statistik an unsere gegebenen Namensobjekte hängen. Dabei müssen wir an keiner Stelle in unserem Hauptprogramm besondere Rücksicht darauf nehmen, ob wir nun *mit* oder *ohne* Statistik arbeiten. Wir können weiterhin unsere Namenswerte mit `setName` setzen und darauf vertrauen, dass unsere Statistik automatisch benachrichtigt wird.
Der Nutzen dieses Baukastensystems wird noch deutlicher, wenn man bedenkt, dass wir uns nicht auf diese beiden Observer beschränken müssen. Vielleicht möchte ein anderer Programmierer zusätzlich sämtliche Namensänderungen protokollieren und eine Historie der Namensentwicklungen einer bestimmten Person erstellen. Eine Programmiererin möchte vielleicht dafür sorgen, dass bei einer bestimmten Namensänderung ein „Alarm" ausgelöst wird (Beispiel: eine prominente Frau nimmt wieder ihren Mädchennamen an – soll die Boulevardpresse verständigt werden?). All dies kann völlig problemlos und unabhängig von den anderen Komponenten geschehen, indem diese Entwickler ihre eigenen Observer definieren.
Nach so viel „Philosophie" wollen wir aber wieder zur Praxis kommen und am Beispiel zeigen, dass unsere Änderung auch tatsächlich funktioniert. Es folgt eine mögliche Bildschirmausgabe bei der Ausführung unseres Programms:

```
─────────────────────────── Konsole ───────────────────────────
Name:Lieschen Mueller
Name Nr. 9 wurde geaendert.
Neuer Name: Lieschen Mueller

Name:Kalle Karlsson
Name Nr. 9 wurde geaendert.
Neuer Name: Kalle Karlsson

Name:Mark Mustermann
Name Nr. 6 wurde geaendert.
Neuer Name: Mark Mustermann

Name:Jan Jannick
Name Nr. 4 wurde geaendert.
Neuer Name: Jan Jannick

Name:Wolf Wolfram
Name Nr. 9 wurde geaendert.
Neuer Name: Wolf Wolfram
```

```
Zum Schluss noch die Statistik:
Name Nr. 0 wurde 0-mal geaendert.
Name Nr. 1 wurde 0-mal geaendert.
Name Nr. 2 wurde 0-mal geaendert.
Name Nr. 3 wurde 0-mal geaendert.
Name Nr. 4 wurde 1-mal geaendert.
Name Nr. 5 wurde 0-mal geaendert.
Name Nr. 6 wurde 1-mal geaendert.
Name Nr. 7 wurde 0-mal geaendert.
Name Nr. 8 wurde 0-mal geaendert.
Name Nr. 9 wurde 3-mal geaendert.
```

2.2.4 Variationen des Pattern

Wie bereits in der Einleitung erwähnt, handelt es sich bei Entwurfsmustern lediglich um eine bestimmte Idee. Daher wundern wir uns nicht darüber, dass es bei der Vielzahl von Programmierern auf dieser Welt viele unterschiedliche Ansätze gibt, das Pattern zu realisieren.

Die wohl einfachste Modifikation ist eine Veränderung der Namen. Nicht jeder lernt das Konzept des Observers unter diesem Namen kennen. Einige Programmierer lernen Java beispielsweise über dessen Grafikklassen kennen.[2] Sie werden dann den Observer vielleicht unter einem anderen Namen, etwa **Listener**, kennen. Andere kennen zwar das Wort `Observer`, nennen aber die `update`-Methode vielleicht `notify` oder `objectHasChanged`. Derartige Abwandlungen sind im Allgemeinen leicht zu verstehen.

Eine andere oft auftretende Modifikation ist es, die Argumente der `update`-Methode anders zu formulieren. Erinnern Sie sich beispielsweise an unser `GameModel`. Die Methode `buttonPressed` besaß statt des einen Objektarguments zwei ganzzahlige Parameter vom Typ **int**, die die Zeile und Spalte des Knopfes angaben, der gedrückt wurde. Der entsprechende Observer wurde gar nicht erst übergeben, da unser Modell nur an eine einzige `GameEngine` gebunden war. Unsere Methode `firePressed` verfügte sogar über gar keine Argumente – es ist klar, dass an dieser Stelle nur der Feuerknopf betätigt werden konnte.

Andere Entwickler übergeben statt des allgemeinen Objektarguments eine spezielle Klasse, die sie zu diesem Zweck entworfen haben. So wird etwa in der Grafikprogrammierung von Java mit so genannten **Events** gearbeitet. Diese Objekte modellieren ganz spezielle Ereignisse in der Grafik, etwa das Drücken eines

---

[2] Es ist der Ansatz so manches Einsteigerbuchs, die Leserinnen und Leser zunächst mit einem „nützlichen" Beispiel zu konfrontieren. Sie finden dann auf den ersten Seiten oft ein komplettes Programm mit grafischer Oberfläche und so viel Neuem und Unbekanntem, dass der Einsteiger gut daran tut, zunächst einmal gehörig beeindruckt zu sein. Anschließend verwenden die Autoren das halbe Buch (oder sogar mehr) darauf, den Lesern dieses eine gewaltige Programm zu erklären. Gegen Ende haben Sie dann oft einen Entwickler, der hervorragend mit Fenstern und Feuerknöpfen umgehen kann. Oft reicht sein Grundlagenwissen aber über die **for**-Schleife nicht hinaus.

Mausknopfes oder eine Tastatureingabe. Durch die Verwendung dieser speziellen Objekte sind die Programmierer in der Lage, den Informationsfluss aus der Grafik heraus besser zu strukturieren.[3] Wer von einem speziellen Objekt Informationen erhalten will, registriert sich dort ganz einfach als `EventListener` (wie gesagt, die Namensgebung ist hier ein wenig anders).

Was Ihnen diese Beispiele aus der Arbeit mit Java zeigen sollen, ist die Notwendigkeit, flexibel zu sein. Ein Entwurfsmuster ist kein starres Konstrukt, das Sie auf Gedeih und Verderb so anwenden müssen, wie Sie es in der Fachliteratur vorfinden. Vergessen Sie nicht, dass es sich nur um eine Idee handelt – um einen kleinen Denkanstoß.

2.2.5 Zusammenfassung

Das **Observer-Pattern** beschreibt die Idee, bestimmte Objekte auf Veränderungen ihres Zustandes zu überwachen. Diese überwachten Objekte, die so genannten **Observables**, informieren alle ihnen bekannt gemachten **Observer** hinsichtlich der Veränderungen. Was die verschiedenen Observer mit diesen Änderungen anfangen, ist jedoch einzig und allein ihre eigene Aufgabe.

Das Observer-Pattern entkoppelt die Veränderung der Daten und die daraus resultierenden Aktionen. Ein Entwickler, der etwa Daten in einem Objekt setzt, muss sich nicht um die Aktualisierung aller mit diesen Daten verbundenen Objekte kümmern. Er geht davon aus, dass dies durch die angehängten Observer automatisch geschieht.

Das Observer-Pattern ist eines der in Java wohl am häufigsten verwendeten Entwurfsmuster. Die komplette Behandlung von Benutzereingaben (etwa Mausklicks und Tastatureingaben) in einer grafischen Oberfläche wird über diesen Mechanismus gesteuert. Hierbei wurde das Muster zwar leicht modifiziert (die Observer heißen Listener; es werden spezielle `Event`-Objekte übergeben), doch das Prinzip entspricht unserem einfachen Beispiel mit der Namensklasse und der aufgeschalteten Statistik.

2.2.6 Übungsaufgaben

Aufgabe 2.1

Stellen Sie sich vor, die Namensklasse wird in einer Behörde eingesetzt. Um groben Unfug zu vermeiden, existiert eine Liste von Namen (Mistkerl, Depp, Schnarchnase, ...), die nicht vergeben werden dürfen. Schreiben Sie einen speziellen Observer, der die Namensobjekte auf diese Texte hin überwacht. Entspricht ein eingegebener Name einem dieser Worte (verwenden Sie die `equals`-Methode zur Überprüfung), so setzen Sie das Objekt auf den alten Namen zurück.

---

[3] In den ersten Tagen von Java haben die Entwickler noch ohne das Observer-Pattern gearbeitet. Konnte in einem grafischen Objekt beispielsweise eine Maus gedrückt werden, so verwendeten sie eine Methode namens `mouseClicked`. Dieser Ansatz, für jedes auftretende Ereignis eine eigene Methode zu definieren, erwies sich jedoch mit der Zeit als viel zu unflexibel.

2.3 Das Composite-Pattern

2.3.1 Zugrunde liegende Idee

Das Composite-Pattern ist auf den ersten Blick nur schwer zu verstehen. Wir wollen deshalb mit einem konkreten Beispiel beginnen, bevor wir auf das eigentliche Objektmodell eingehen.

Früher oder später haben wir uns in der Schule alle mit den so genannten Kurvendiskussionen befassen müssen. Dabei war eine Funktion f gegeben, etwa

$$f(x) = 3 \cdot x^2 + 7 \cdot x + 5$$

und wir mussten zu dieser Funktion Dinge wie Nullstellen, Hoch- und Tiefpunkte oder die Wendepunkte bestimmen. Zu diesem Zweck ermittelten wir die Ableitung f' der Funktion, in diesem Fall also

$$f'(x) = 6 \cdot x + 7$$

Diese Ableitung wird dann auf gewisse Kriterien (etwa Nullstellen oder Vorzeichenwechsel) hin untersucht.

Wir wollen in Java nun ein Programm schreiben, das die Ableitung der obigen Funktion automatisch berechnet und diese (etwa an der Stelle $x = 2$) auswertet. Zu diesem Zweck muss unser Programm in der Lage sein, eine Funktion automatisch abzuleiten. Aber wie um Himmels willen sollen wir das bewerkstelligen?

Wie so oft wollen wir uns hierbei nicht von komplizierten Anforderungen beeindrucken lassen, sondern arbeiten systematisch und fangen zunächst klein an. Wir wissen, dass unsere Funktion in der Lage sein soll, an einer gewissen Stelle ausgewertet zu werden – wir benötigen also eine Methode `getFunktionswert`, die den Wert von $f(x)$ berechnet. Ferner wollen wir in der Lage sein, die Ableitung zu erhalten. Bei der Ableitung handelt es sich wieder um eine Funktion, das heißt, eine entsprechende Methode `getAbleitung` müsste aus einem wie auch immer gearteten Funktionsobjekt wieder eine Funktion erstellen können. Mit Hilfe dieses Wissens können wir eine allgemeine Schnittstelle in Form einer abstrakten Klasse `Funktion` definieren:

```
1  /** Diese Klasse repraesentiert eine Funktion */
2  public abstract class Funktion {
3
4    /** Werte die Funktion an einer gewissen Stelle aus */
5    public abstract double getFunktionswert(double x);
6
7    /** Berechne die Ableitung der Funktion */
8    public abstract Funktion getAbleitung();
9  }
```

Kommen wir nun zu der wohl einfachsten aller Funktionen – wir beginnen mit den konstanten Funktionen

$$f_C(x) = C$$

2.3 Das Composite-Pattern

für eine beliebig gewählte reelle Zahl C. Wie Sie aus der Schule wahrscheinlich noch wissen, ist die Ableitung einer Konstanten immer gleich Null, also

$$f'_C(x) = 0$$

und somit wieder konstant. Wir können also eine erste Funktionsklasse definieren, indem wir von unserer Klasse Funktion wie folgt ableiten:

```java
/** Die konstante Funktion */
public class Konstante extends Funktion {

  /** Diese Konstante wird immer zurueckgegeben */
  private double konstante;

  /** Konstruktor. Setzt die Konstante auf einen bestimmten Wert */
  public Konstante(double konstante) {
    this.konstante = konstante;
  }
  /** Werte die Funktion an einer gewissen Stelle aus */
  public double getFunktionswert(double x) {
    return konstante;
  }
  /** Berechne die Ableitung der Funktion (ist immer =0) */
  public Funktion getAbleitung() {
    return new Konstante(0);
  }
}
```

Unsere Methoden getFunktionsWert und getAbleitung sind in diesem Fall denkbar einfach. Es ist egal, wie der Wert von x lautet; unsere Methode getFunktionswert wird immer den Wert zurückliefern, der in konstante gespeichert ist. Da die Ableitung einer konstanten Funktion an jeder Stelle (konstant) Null ist, wird die Ableitung unserer konstanten Funktion wieder eine konstante Funktion sein – nämlich die Konstante Null.

Wir wollen den Schwierigkeitsgrad nun etwas erhöhen und betrachten die Funktion

$$f_{id}(x) = x$$

Diese Funktion, auch als die identische Funktion bezeichnet, liefert als Ergebnis der Funktionsauswertung an der Stelle x immer wieder das originale x zurück. Die Ableitung der Funktion ist konstant 1, also

$$f'_{id}(x) = 1$$

Wir haben also eine Funktion, die als Wert immer x und als Ableitung immer 1 zurückliefert. Die entsprechende Realisierung in Java kostet uns nur wenige Zeilen:

```java
/** Diese Klasse repraesentiert die identische Funktion */
public class Id extends Funktion {

  /** Werte die Funktion an einer gewissen Stelle aus */
```

```
5    public double getFunktionswert(double x) {
6      return x;
7    }
8    /** Berechne die Ableitung der Funktion (ist immer =1) */
9    public Funktion getAbleitung() {
10     return new Konstante(1);
11   }
12 }
```

Wie soll man aber bei einer so komplizierten Funktion wie
$$f(x) = 3 \cdot x^2 + 7 \cdot x + 5$$
vorgehen? Soll man aus dieser Funktion ebenfalls eine eigene Klasse machen? Wenn ja, welchen Zweck hat dann die Programmierung mit Java? Sobald wir eine andere Funktion wie etwa
$$g(x) = 3 \cdot x^2 + 7 \cdot x + 25$$
realisieren müssen, müssen wir ja doch wieder eine neue Funktionsklasse schreiben und die Ableitung von Hand berechnen!

Natürlich hätten wir das Beispiel nicht gewählt, wenn dem wirklich so wäre! Obige Funktion (und jede andere entsprechende Funktion) f lässt sich nämlich in eine Anzahl von Grundfunktionen auseinander nehmen:

$$
\begin{aligned}
f_1(x) &&&= 3 \\
f_2(x) &&&= 5 \\
f_3(x) &&&= 7 \\
f_4(x) &&&= x \\
f_5(x) &= x^2 \\
&= x \cdot x &&= f_5(x) \cdot f_5(x) \quad f_4(x) \cdot f_4(x) \\
f_6(x) &= 7 \cdot x &&= f_3(x) \cdot f_4(x) \\
f_7(x) &= 7 \cdot x + 5 &&= f_6(x) + f_2(x) \\
f_8(x) &= 3 \cdot x^2 &&= f_1(x) \cdot f_5(x) \\
f_9(x) &= 3 \cdot x^2 + 7 \cdot x + 5 &&= f_8(x) + f_7(x)
\end{aligned}
$$

Bei diesen Formeln handelt es sich keineswegs um Hexenwerk. Wenn wir den Wert einer Funktion mit Hilfe eines Taschenrechners, im Kopf oder auf einem Blatt Papier berechnen, dann nehmen wir diese mit Hilfe einiger weniger Regeln wie „Punkt- vor Strichrechnung" auseinander. Wir berechnen die Ergebnisse vieler kleiner Bruchstücke (eine Teilsumme hier, ein Zwischenergebnis dort) und setzen diese **Komponenten** nach und nach zum Gesamtergebnis zusammen. Um eben dieses Zusammensetzen (englisch: **composite**) geht es im nachfolgenden Entwurfsmuster.

2.3.2 Das Objektmodell

Da wir im Gegensatz zum Observer für das **Composite-Pattern** keine Standard-Implementierung in Java besitzen, werden wir uns in diesem Abschnitt mit eingedeutschten Begriffen begnügen.

2.3 Das Composite-Pattern

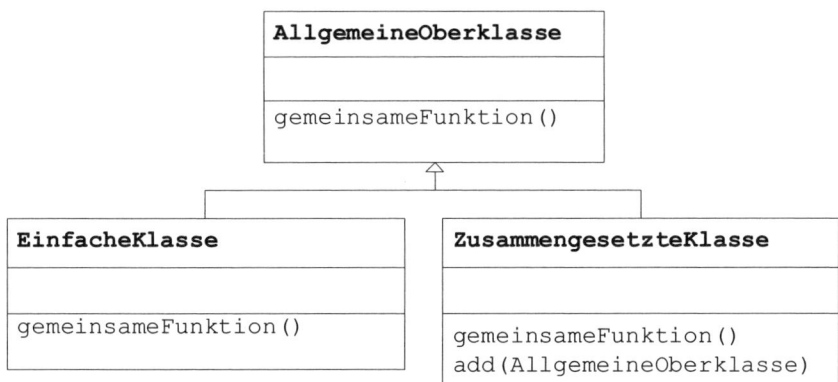

Abbildung 2.2: Das Composite-Pattern

Abbildung 2.2 zeigt das grundlegende Objektmodell, auf dem die Idee des Entwurfsmusters beruht. Wir beginnen mit einer abstrakten Klasse AllgemeineOberklasse. In dieser Klasse definieren wir Methoden, die für all unsere entworfenen Objekte gelten sollen. In unserem Anwendungsbeispiel wäre die Klasse also mit der Klasse Funktion gleichzusetzen. Bei den gemeinsamen Methoden handelt es sich entsprechend um die Methoden getFunktionswert und getAbleitung.

Im Anschluss starten wir damit, Subklassen unserer allgemeinen Oberklasse zu bilden. Wir beginnen mit einfachen, grundlegenden Klassen. Eine EinfacheKlasse stellt eine Implementierung der vorgegebenen Schnittstelle dar. In unserem Beispiel haben wir zwei derartige Klassen gebildet: die Klassen Konstante (konstante Funktion f_C) und Id (identische Funktion f_{id}).

Mit Hilfe dieser einfachen Klassen wollen wir nun beliebig komplexe Gebilde erschaffen. Zu diesem Zweck müssen wir in der Lage sein, die Klassen zusammenzusetzen. Eine (oder mehrere) ZusammengesetzteKlassen erfüllen genau diesen Zweck. Diese Klassen sind dazu da, andere AllgemeineKlassen aneinander zu fügen (sowohl einfache als auch zusammengesetzte Klassen). Hierzu wird oft eine Methode add formuliert, mit der man die verschiedenen Klassen aneinander reiht. Man kann sich aber auch andere Möglichkeiten überlegen (etwa im Konstruktor).

Bislang haben wir in unserem Anwendungsfall keine Beispiele für eine zusammengesetzte Klasse formuliert. Wir werden dies im folgenden Abschnitt nachholen.

2.3.3 Beispiel-Realisierung

2.3.3.1 Summe zweier Funktionen

Kommen wir also nun zu den zusammengesetzten Funktionen. Wir beginnen damit, eine Klasse Summe zu entwerfen, die zwei beliebige Funktionen $a(x)$ und $b(x)$ in der Form

$$s(x) = a(x) + b(x)$$

addiert.

Um die Addition zu bewerkstelligen, speichern wir die Funktionen $a(x)$ und $b(x)$ in gleichnamigen Instanzvariablen:

```java
/** Diese Klasse repraesentiert eine Summe */
public class Summe extends Funktion {

  /** Der erste Summand */
  private Funktion a;

  /** Der zweite Summand */
  private Funktion b;

  /** Konstruktor */
  public Summe(Funktion a, Funktion b) {
    this.a = a;
    this.b = b;
  }
```

Wenn wir nun die Summe an einer Stelle x auswerten wollen, müssen wir lediglich das Resultat der beiden Teilfunktionen addieren:

```java
/** Werte die Funktion an einer gewissen Stelle aus */
public double getFunktionswert(double x) {
  return a.getFunktionswert(x) + b.getFunktionswert(x);
}
```

Das war doch eigentlich gar nicht so schwer. Wie sieht es aber mit der Ableitung aus?

Die Ableitung einer Summe berechnet sich nach der folgenden einfachen Regel:

$$s'(x) = a'(x) + b'(x)$$

Um also die Ableitung unserer Summe als Funktion darzustellen, müssen wir lediglich unsere beiden Teilfunktionen ableiten und diese in einer Summe zusammenfassen:

```java
/** Berechne die Ableitung der Funktion */
public Funktion getAbleitung() {
  return new Summe(a.getAbleitung(), b.getAbleitung());
}
```

Hierbei ist es vollkommen egal, wie kompliziert unsere Funktionen a und b sein mögen – die Methode getAbleitung funktioniert in jedem Fall. Wir können beispielsweise die Funktion

$$s_1(x) = x + 1$$

2.3 Das Composite-Pattern

erzeugen, indem wir sie aus unseren Grundfunktionen

$$s_1(x) = f_{id}(x) + f_1(x)$$

zusammensetzen:

```
Funktion s1 = new Summe(new Id(),new Konstante(1));
```

Ebenso kann eine zusammengesetzte Funktion auch aus anderen zusammengesetzten Funktionen bestehen, wie etwa das Beispiel

$$s_2(x) = x + s_1(x)$$

zeigt:

```
Funktion s2 = new Summe(new Id(),s1);
```

Wir können sogar die Ableitung einer Funktion in die Summe mit einfließen lassen. So erzeugen wir etwa die Funktion

$$s_3(x) = s_1(x) + s_2'(x)$$

durch das Kommando

```
Funktion s3 = new Summe(s1,s2.getAbleitung());
```

Die Ableitung unserer Funktion erhalten wir durch den einfachen Aufruf

```
s3.getAbleitung();
```

Da das Ergebnis unserer Methode wieder ein Funktionsobjekt ist, können wir den Vorgang beliebig oft wiederholen. Die zweite Ableitung erhalten wir etwa durch

```
s3.getAbleitung().getAbleitung();
```

Der Computer setzt uns die entsprechenden Ableitungen automatisch korrekt zusammen.

2.3.3.2 Produkt zweier Funktionen

Kommen wir nun zurück zu unserer Ausgangsfunktion

$$f(x) = 3 \cdot x^2 + 7 \cdot x + 5.$$

Um diese Funktion auf dem Rechner korrekt darstellen zu können, fehlt uns nur noch eine letzte wichtige Grundfunktion: das *Produkt*

$$p(x) = a(x) \cdot b(x)$$

zweier Funktionen. Wir entwerfen zu diesem Zweck wieder eine Klasse `ZusammengesetzteKlasse` mit dem Namen `Produkt`, die die Ableitung nach der Formel

$$p'(x) = \underbrace{\underbrace{a'(x) \cdot b(x)}_{\texttt{teil1}} + \underbrace{a(x) \cdot b'(x)}_{\texttt{teil2}}}_{\texttt{gesamt}}$$

berechnet:

```java
/** Diese Klasse repraesentiert ein Produkt */
public class Produkt extends Funktion {

  /** Der Multiplikator */
  private Funktion a;

  /** Der Multiplikand */
  private Funktion b;

  /** Konstruktor */
  public Produkt(Funktion a, Funktion b)  {
    this.a = a;
    this.b = b;
  }
  /** Werte die Funktion an einer gewissen Stelle aus */
  public double getFunktionswert(double x) {
    return a.getFunktionswert(x) * b.getFunktionswert(x);
  }
  /** Berechne die Ableitung der Funktion */
  public Funktion getAbleitung() {
    Funktion teil1 = new Produkt(a.getAbleitung(),b);
    Funktion teil2 = new Produkt(a,b.getAbleitung());
    Funktion gesamt = new Summe(teil1,teil2);
    return gesamt;
  }
}
```

Mit dieser letzten Klasse haben wir alle notwendigen Bauteile beisammen, um unsere Funktion f zusammensetzen zu können. Wir erinnern uns an die einzelnen Schritte, die es dabei zu tun gilt:

$$\begin{aligned}
f_1(x) &&&= 3 \\
f_2(x) &&&= 5 \\
f_3(x) &&&= 7 \\
f_4(x) &&&= x \\
f_5(x) &= x^2 \\
&= x \cdot x &&= \cancel{f_5(x) \cdot f_5(x)} \quad f_4(x) \cdot f_4(x) \\
f_6(x) &= 7 \cdot x &&= f_3(x) + f_4(x) \\
f_7(x) &= 7 \cdot x + 5 &&= f_6(x) + f_2(x) \\
f_8(x) &= 3 \cdot x^2 &&= f_1(x) \cdot f_5(x) \\
f_9(x) &= 3 \cdot x^2 + 7 \cdot x + 5 &&= f_8(x) + f_7(x)
\end{aligned}$$

Diese Schritte gilt es nun in Java umzusetzen:

```java
Funktion f_1 = new Konstante(3);
Funktion f_2 = new Konstante(5);
Funktion f_3 = new Konstante(7);
Funktion f_4 = new Id();
Funktion f_5 = new Produkt(f_4,f_4);
Funktion f_6 = new Summe(f_3,f_4);
Funktion f_7 = new Summe(f_6,f_2);
Funktion f_8 = new Produkt(f_1,f_5);
Funktion f_9 = new Summe(f_8,f_7);
```

Unser Funktionsobjekt `f_9` entspricht damit genau unserer Funktion f_9, die es zu konstruieren galt. Wir können diese durch die Zuweisung

```
Funktion f = f_9;
```

mit unserem Funktionsnamen f identifizieren. Die Ableitung f' dieser schon recht komplizierten Funktion erhalten wir dann einfach durch die Zuweisung

```
Funktion df = f.getAbleitung();
```

2.3.4 Variationen des Pattern

Eine der wohl bekanntesten Anwendungen des Composite-Pattern in Java ist das **Abstract Window Toolkit** (kurz **AWT**). Diese zu Java gehörende Klassensammlung ermöglicht es dem Benutzer, komplette Oberflächen mit Feuerköpfen, Schriftzügen, Fenstern und so weiter durch das Zusammensetzen einfacher Klassen zu modellieren.
Wir wollen hier kurz die Analogie zwischen dem uns bekannten Pattern und der Klassenstruktur dieser grafischen Komponenten hervorheben. Unsere `AllgemeineOberklasse` trägt hierbei den Namen `java.awt.Component`. Dabei handelt es sich um die Repräsentation eines beliebigen Objektes, das eine visuelle Darstellung auf dem Bildschirm besitzen kann. Entsprechend besitzt die Klasse (unter anderem) eine Methode `paint`, mit der das entsprechende Objekt gezeichnet werden kann.
Von der Klasse `Component` leiten sich verschiedene einfache Grundklassen ab. Dazu zählt etwa die Klasse `java.awt.Button`, die einen Knopf auf dem Bildschirm darstellt. Andere Beispiele wären `java.awt.Canvas` (engl. für Leinwand, also eine Zeichenfläche) oder `java.awt.Label` (ein Schriftzug). Hierbei handelt es sich also um einfache Klassen wie die Klassen `Id` und `Konstante` in unserem einführenden Beispiel.
Eine weitere Subklasse unserer Klasse `Component` ist die Klasse `Container`. Die Klasse `Container` ist die Oberklasse aller Grafikklassen, die einfache `Component`-Objekte zusammensetzen. Sie verfügt über verschiedene `add`-Methoden, mit deren Hilfe diverse Komponenten einem `Container` hinzugefügt werden können. Von der Klasse `Container` leiten sich nun die verschiedenen `ZusammengesetzteKlassen` ab, etwa die Klassen `java.awt.Panel` und `java.awt.Window`. In der entsprechenden Fachliteratur werden Sie nähere Informationen über die verschiedenen `Container`-Klassen und deren Anwendung finden.
Wir wollen an dieser Stelle natürlich noch nicht in die Tiefen der GUI-Programmierung einsteigen – dafür ist in Kapitel 5 noch mehr als genug Zeit. Wie Abbildung 2.3 jedoch zeigt, handelt es sich hierbei um ein wunderschönes Beispiel für die Umsetzung des Musters. Wir haben tatsächlich eine `add`-Methode, mit der man beliebig viele Komponenten in einem `Container` zusammenfügen kann. Wir lernen ferner eine leichte Variation unseres Musters kennen: die Programmierer haben zur besseren Übersicht generalisiert und alle zusammengesetzten

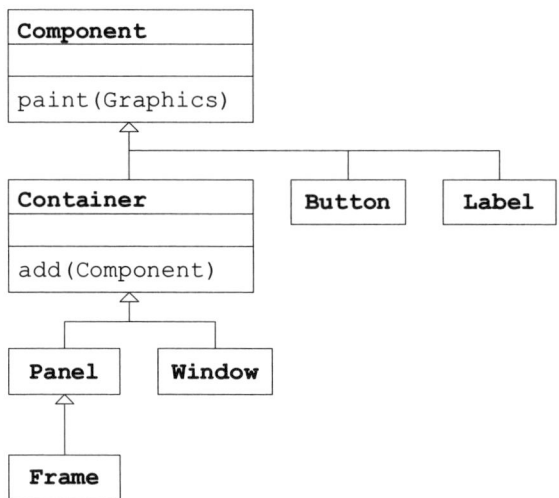

Abbildung 2.3: Das Composite-Pattern im Abstract Window Toolkit

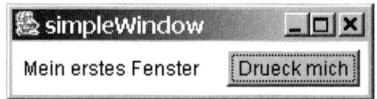

Abbildung 2.4: Ein einfaches Fenster

Klassen in einer gemeinsamen Oberklasse `Container` zusammengefasst.
Eine einfache Anwendung zeigt, wie simpel der Einsatz dieser Grafikobjekte sein kann – sofern man das Composite-Pattern einmal verstanden hat. Wir wollen ein einfaches Fenster bauen, wie es in Abbildung 2.4 dargestellt ist. Zu diesem Zweck benötigen wir folgende Komponenten:

- ein `Label`, auf dem wir die Nachricht „mein erstes Fenster" darstellen können,
- einen `Button`, der mit dem Text „Drueck mich" beschriftet ist und
- einen Rahmen (`Frame`), der den Titel „simpleWindow" trägt.

Diese grafischen Bestandteile können wir durch die Zeilen

```
Label label   = new Label("Mein erstes Fenster");
Button button = new Button("Drueck mich");
Frame frame   = new Frame("simpleWindow");
```

problemlos erzeugen. Nun müssen wir sie nur noch zusammensetzen.
Das Zusammensetzen der einzelnen Teile erfolgt mit der `add`-Methode. Hierbei sei erwähnt, dass in einem `Frame` üblicherweise nur eine einzige Komponente aufgenommen werden sollte.[4] Da wir es jedoch mit zwei (dem `Label`

---

[4]Dies hat mit der Philosophie zu tun, dass der `Frame` (deutsch: Rahmen) den grafischen Inhalt

2.3 Das Composite-Pattern

und dem `Button`) zu tun haben, bündeln wir diese einfach in einer der anderen `Container`-Klassen:

```
Panel panel = new Panel();
panel.add(label);
panel.add(button);
frame.add(panel);
```

Unser Fenster ist somit aus seinen einzelnen Komponenten erfolgreich zusammengebaut. Wir müssen es nun noch auf dem Bildschirm darstellen. Hierzu verwenden wir die Methoden pack[5] und `setVisible`. Unser komplettes Programm sieht nun wie folgt aus:

```java
import java.awt.*;
/** Erzeugt ein einfaches Fenster */
public class simpleWindow {
    /** Hauptprogramm */
    public static void main(String[] args) {
        // Folgende Dinge sollen zu sehen sein:
        Label label = new Label("Mein erstes Fenster");
        Button button = new Button("Drueck mich");
        Frame frame = new Frame("simpleWindow");
        // Setze die Objekte zusammen
        Panel panel = new Panel();
        panel.add(label);
        panel.add(button);
        frame.add(panel);
        // Jetzt muss das Ganze noch gezeichnet werden
        frame.pack();
        frame.setVisible(true);
    }
}
```

2.3.5 Zusammenfassung

Das **Composite-Pattern** stellt eine Art Baukastensystem dar. Aus einer Grundmenge von einfachen Klassen wird durch geschickte Kombination und Verkettung ein größeres Ganzes geschaffen.

Die Idee des **Kompositum**, wie das Entwurfsmuster gelegentlich ins Deutsche übersetzt wird, ist im täglichen Leben allgegenwärtig. Aus einer Menge von Grundbausteinen, den Atomen, entstehen „Verbände" von Atomen: die Moleküle. Aus Aneinanderreihungen von Molekülen entstehen die verschiedensten Baustoffe – so unter anderem die Grundbausteine der menschlichen DNA. Aus den gerade einmal vier Grundinformationsträgern entsteht die so genannte Doppelhelix – und hiermit der gesamte „Bauplan" eines menschlichen, tierischen oder pflanzlichen Lebens.

---

eines Fensters umschließt, so wie ein Bilderrahmen ein Bild umschließt. Dieses Bild, das so genannte `ContentPane`, ist jenes Objekt, das dem Rahmen hinzugefügt wird.

[5] Berechnet die Größe der einzelnen zu zeichnenden Teile.

Auch im objektorientierten Programmieren ist dieses Vorgehen eines der am häufigsten verwendeten Entwurfsmuster. Bekannt ist es quasi jedem erfahrenen Java-Programmierer; selbst wenn er von Entwurfsmustern noch nie etwas gehört haben sollte. Allein das gesamte Abstract Window Toolkit, das die Programmierung grafischer Oberflächen ermöglicht, zwingt jeden Entwickler früher oder später dazu, sich mit der Grundidee des Kompositums zu befassen.

2.3.6 Übungsaufgaben

Aufgabe 2.2

Stellen Sie die Funktion

$$h(x) = 5 \cdot x + \sin(3 \cdot x + 4)$$

mit Hilfe der in diesem Kapitel vorgestellten Klassen dar. Für die hierbei verwendeten trigonometrischen Funktionen entwerfen Sie zwei neue Klassen Sinus und Kosinus, die entsprechend

$$\sin(a(x)) \text{ und } \cos(a(x))$$

darstellen. Für die Ableitungen verwenden Sie folgende Formeln:

$$\sin'(a(x)) = a'(x) \cdot \cos(a(x))$$
$$\cos'(a(x)) = -a'(x) \cdot \sin(a(x))$$

Aufgabe 2.3

Erzeugen Sie ein Fenster, in dem drei Buttons mit der Aufschrift „Eins", „Zwei" und „Drei" zu sehen sind.

Kapitel 3

Einige wichtige Hilfsklassen

Bereits in Band 1 unseres Grundkurses Programmieren in Java haben wir einige Klassen kennen gelernt, die im Paket `java.lang` vordefiniert sind und uns somit – ohne dass wir eine entsprechende **import**-Anweisung zu Beginn unseres Programms verwenden – unmittelbar zur Verfügung stehen. Beispielsweise haben wir gelernt, dass in der Klasse `Math` bzw. `java.lang.Math` zahlreiche nützliche und gebräuchliche mathematische Funktionen in Form von Java-Methoden bereitstehen. Außerdem haben wir uns in Band 1 auch kurz mit der Klasse `String` und einigen ihrer Methoden beschäftigt.

In den folgenden Abschnitten lernen wir weitere interessante vordefinierte Klassen der Sprache Java kennen, die sich für die in den weiteren Kapiteln dieses Buchs behandelten Themen als äußerst nützlich erweisen werden. Auf diese Weise erhalten wir auch Einblick in einige der Pakete, die Java über das Standard-Paket `java.lang` hinaus für uns bereit hält.

3.1 Die Klasse `StringBuffer`

3.1.1 Arbeiten mit `String`-Objekten

Erinnern wir uns an den kurzen Abschnitt über die Klasse `String` in Band 1 und an das, was wir darüber hinaus noch prinzipiell über Zeichenketten in Java gelernt haben, dann ist uns hoffentlich noch bewusst, dass Zeichenketten in Java nicht mittels eines elementaren Datentyps, sondern in Form eines Referenzdatentyps dargestellt werden. Eine Variable vom Typ `String` enthält also nicht selbst eine Zeichenkette, sondern lediglich eine Referenz auf ein `String`-Objekt.

Auch für Zeichenketten-Literale (z. B. `"JavaBuch"`) werden in Java-Programmen implizit Instanzen der Klasse `String` angelegt, d. h. wir können (und müssen) ein Zeichenketten-Literal genauso wie eine Variable vom Typ `String` lediglich als einen Platzhalter für eine Referenz auf ein `String`-Objekt ansehen. Wird ein und dasselbe Zeichenketten-Literal in einem Programm mehrfach verwendet, so

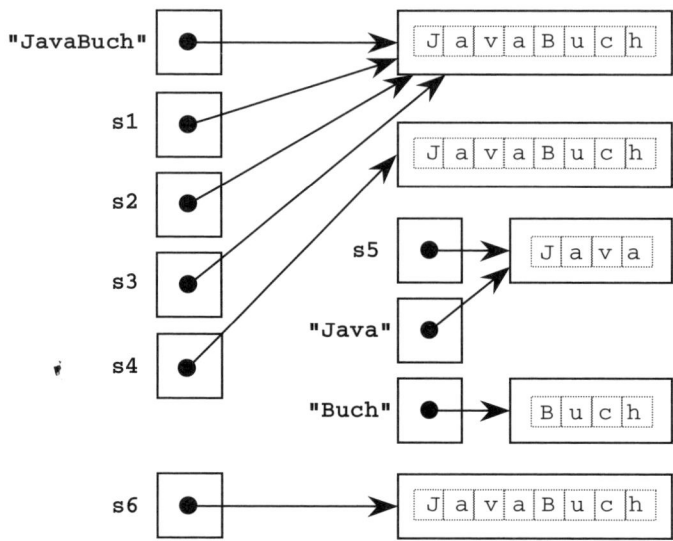

Abbildung 3.1: Arbeiten mit String-Objekten

wird nur ein einziges String-Objekt dazu angelegt. Dabei spielt es keine Rolle, ob diese Zeichenketten-Konstante nur innerhalb einer Klasse oder in mehreren Klassen, die zum Programm gehören, auftaucht.

Auch bei der Konkatenation (Verkettung) von Zeichenketten mit dem +-Operator behandelt der Java-Compiler konstante Zeichenketten auf besondere Art und Weise. Besteht nämlich ein Zeichenkettenausdruck nur aus konstanten Operanden (also Zeichenketten-Literalen), so kann bereits zur Übersetzungszeit das Ergebnis bestimmt und selbst wieder als konstante Zeichenkette aufgefasst werden. Das Programm

```
public class StringRefs {
  public static void main (String[] args) {
    String s1 = "JavaBuch";
    String s2 = "JavaBuch";
    String s3 = "Java" + "Buch";
    String s4 = new String("JavaBuch");
    String s5 = "Java";
    String s6 = s5 + "Buch";
    System.out.println (s1 == "JavaBuch");
    System.out.println (s1 == s2);
    System.out.println (s1 == s3);
    System.out.println (s1 == s4);
    System.out.println (s1 == s6);
    System.out.println (s5 == "Java");
    System.out.println (s1.equals(s6));
  }
}
```

wird also die Zeilen

```
─────────────────── Konsole ───────────────────
true
true
true
false
false
true
true
```

auf unserem Konsolenfenster erzeugen, da wir in den Zeilen 9 bis 14 mit dem Operator == arbeiten, der jeweils nur die Referenzen vergleicht. Im Unterschied dazu liefert natürlich der Vergleich auf Inhalt mit der Methode equals in Zeile 15 auch für s1 und s6 den Wert **true**. In Abbildung 3.1 werden die eben geschilderten Sachverhalte grafisch veranschaulicht.

Wichtig für die Handhabung von Strings in Java ist auch die Tatsache, dass sich der Inhalt einer String-Instanz nach ihrer Erzeugung nicht mehr ändern kann. Wenn wir also versuchen, einen durch die Anweisung

```
String s = "Java" + "Buch";
```

erzeugten String s mit Hilfe der Anweisung

```
s = "Neues" + s;
```

zu verändern (also durch Voranstellen weiterer Zeichen zu verlängern), so wird ein neues String-Objekt erzeugt, das die zusammengefügte Zeichenkette "NeuesJavaBuch" enthält. Das ursprüngliche Objekt mit dem Inhalt "JavaBuch" geht aber bei diesem Vorgang verloren. Da keine Referenz mehr auf das Obekt zeigt, kann es vom Garbage Collector gelöscht werden. Wir haben also nicht das von s referenzierte Objekt verändert, sondern ein neues Objekt erzeugt. Abbildung 3.2 verdeutlicht die Situation vor (1) und nach (2) der „Verlängerung" unseres Strings.

Die in der Klasse String für ihre Objekte zur Verfügung gestellten Methoden, mit denen wir zum Beispiel Teil-Zeichenketten aus einem String-Objekt abgreifen oder Strings in Groß- oder Kleinbuchstaben wandeln können, haben den gleichen Effekt: Alle „Veränderungen" an einem String-Objekt laufen so ab, dass jeweils ein neues String-Objekt generiert und geliefert wird.

3.1.2 Arbeiten mit StringBuffer-Objekten

Die Klasse StringBuffer, die ebenfalls im Standard-Paket java.lang bereitgestellt wird, erlaubt es uns, mit veränderbaren Zeichenketten-Objekten zu arbeiten. Das bedeutet, wir können dem Objekt zusätzliche Zeichen bzw. Zeichenketten hinzufügen oder auch Zeichen bzw. Teilzeichenketten entfernen. Während also die Zeilen

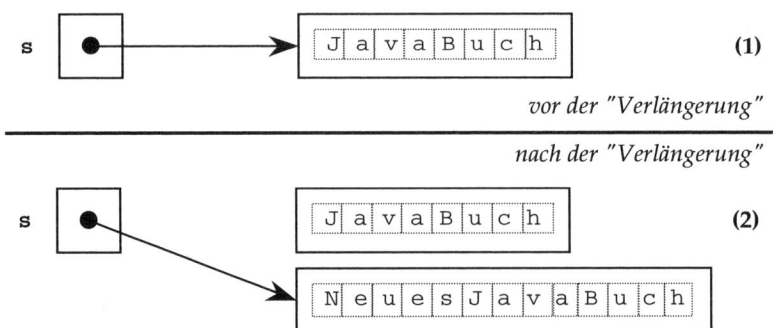

Abbildung 3.2: String-Objekte sind unveränderlich

```
String str = "";
for (int i=1; i<500; i++)
  str = str + "x";
```

insgesamt 500 neue String-Objekte erzeugen würden, wird in den Zeilen

```
StringBuffer buf = new StringBuffer("");
for (int i=1; i<500; i++)
  buf = buf.append("x");
```

nur ein einziges StringBuffer-Objekt benötigt und verwendet. Die zweite Variante ist somit wesentlich effizienter (wir werden uns im Rahmen der Übungsaufgaben nochmals mit den dabei auftretenden Laufzeitunterschieden beschäftigen). Wir sehen in diesem Beispiel aber auch, dass wir bei StringBuffer-Objekten einen Konstruktoraufruf benötigen und dass wir nicht mit dem Operator + arbeiten können. Vielmehr müssen wir auf die Instanzmethode append zurückgreifen. Werfen wir einen Blick in die API-Spezifikation [21] zur verwendeten Java-Version, so können wir feststellen, dass die Klasse StringBuffer neben den üblichen Konstruktoren im Wesentlichen die beiden Methoden append und insert zur Verfügung stellt, die es erlauben, an ein bestehendes StringBuffer-Objekt weitere Zeichen(ketten) anzufügen. Außerdem gibt es entsprechende Methoden zum Löschen bzw. Verändern von Teilen der StringBuffer-Inhalte.

Als wichtigste Konstruktoren stehen

- **public** StringBuffer()
  erzeugt ein StringBuffer-Objekt mit einer leeren Zeichenkette

- **public** StringBuffer(String s)
  erzeugt ein StringBuffer-Objekt, das zu Beginn die durch s spezifizierte Zeichenkette enthält

zur Verfügung. Die für die meisten elementaren Datentypen und für allgemeine Objekte bzw. Strings überladenen Methoden

3.1 Die Klasse StringBuffer

- **public** StringBuffer append(**boolean** b)
- **public** StringBuffer append(**char** c)
- **public** StringBuffer append(**double** d)
- **public** StringBuffer append(**float** f)
- **public** StringBuffer append(**int** i)
- **public** StringBuffer append(**long** l)
- **public** StringBuffer append(Object obj)
- **public** StringBuffer append(String str)

hängen jeweils die String-Darstellung des Arguments an das aufrufende StringBuffer-Objekt an.

Mit diesen Methoden wird auch im Java-System die durch den Operator + in Verbindung mit Zeichenketten durchgeführte Konkatenation realisiert. Die Anweisung

```
s = true + " love";
```

entspricht daher der Anweisung

```
s = new StringBuffer().append(true).append(" love").toString();
```

und resultiert in der Zeichenkette "true love". Möglich wird dies dadurch, dass jede append-Methode immer die Referenz auf das eigene StringBuffer-Objekt (also die **this**-Referenz) als Ergebnis zurückliefert, so dass über den Punkt-Operator gleich wieder auf die Instanzmethode append zugegriffen werden kann. Man nennt dies **invocation chaining** (deutsch: Aufruf-Verkettung). Ganz am Ende wandeln wir dabei übrigens unser StringBuffer-Objekt mit Hilfe der Instanzmethode toString() in eine „normale" Zeichenkette vom Typ String um. Diese Methode, die ja – wie wir bereits aus Band 1 wissen – alle Klassen von der Klasse Object erben, steht natürlich auch den Objekten der Klasse StringBuffer zur Verfügung.

Die ebenfalls für die meisten elementaren Datentypen und für allgemeine Objekte bzw. Strings überladenen Methoden

- **public** StringBuffer insert(**int** offset, **boolean** b)
- **public** StringBuffer insert(**int** offset, **char** c)
- **public** StringBuffer insert(**int** offset, **double** d)
- **public** StringBuffer insert(**int** offset, **float** f)
- **public** StringBuffer insert(**int** offset, **int** i)
- **public** StringBuffer insert(**int** offset, **long** l)
- **public** StringBuffer insert(**int** offset, Object obj)
- **public** StringBuffer insert(**int** offset, String str)

fügen jeweils die `String`-Darstellung des zweiten Methoden-Arguments an der durch `offset` angegebenen Position in das aufrufende `StringBuffer`-Objekt ein. Auch die `insert`-Methoden liefern immer die Referenz auf das eigene `StringBuffer`-Objekt (also die `this`-Referenz) als Ergebnis zurück.
Die Anweisung

```
s = new StringBuffer("Stars").insert(4," War").toString();
```

sorgt also dafür, dass s den Wert `"Star Wars"` enthält.
Um diesen Abschnitt über die Klasse `StringBuffer` abzurunden, wollen wir abschließend nur noch kurz die Funktionsweise einiger weiterer Methoden der Klasse `StringBuffer` angeben.

- **`public` `StringBuffer` `deleteCharAt(int` `index)`**
  entfernt das an Position `index` stehende Zeichen aus dem aufrufenden `StringBuffer`-Objekt.

- **`public` `StringBuffer` `delete(int` `start,` `int` `end)`**
  entfernt den Teilstring, der von Position `start` bis `end`−1 reicht, aus dem aufrufenden `StringBuffer`-Objekt.

- **`void` `setCharAt(int` `index,` `char` `c)`**
  ersetzt das an Position `index` stehende Zeichen durch das Zeichen c.

- **`public` `StringBuffer` `replace(int` `start,` `int` `end,` `String` `s)`**
  ersetzt den Teilstring ab Position `start` bis Position `end`−1 durch den String s.

- **`int` `length()`**
  liefert – genau wie bei Strings – die Länge der aktuell im aufrufenden `StringBuffer`-Objekt gespeicherten Zeichenkette.

3.1.3 Übungsaufgaben

Aufgabe 3.1

Schreiben Sie ein Programm, das die Ausführungszeiten der Operation + für `String`-Objekte und der Methode `append` für `StringBuffer`-Objekte vergleicht, indem ein zunächst leerer String bzw. String-Buffer in einer Schleife jeweils um ein oder mehrere Zeichen verlängert wird. Die gewünschte Anzahl der Schleifendurchgänge sollte eingelesen werden. Ein Ablaufprotokoll könnte daher wie folgt aussehen:

```
─────────────────────── Konsole ───────────────────────
Anzahl der Schleifendurchlaeufe: 10000
10000 mal Operator + fuer String ...
... beendet
10000 mal Methode append fuer StringBuffer ...
... beendet
```

Aufgabe 3.2

Schreiben Sie ein Programm, das eine Textzeile einliest und mit Hilfe der `StringBuffer`-Methoden alle auftretenden Vokale bearbeitet. Jedes A und jedes E soll gelöscht, jedes I und jedes O verdoppelt, jedes U durch ein X ersetzt werden. Ein Beispiel-Programmablauf wäre:

```
────────────────── Konsole ──────────────────
vorher: In Band 1 des Grundkurses haben wir so viel gelernt.
nachher: IIn Bnd 1 ds Grxndkxrss hbn wiir soo viil glrnt.
```

3.2 Die Wrapper-Klassen (Hüll-Klassen)

In Band 1 unseres Programmier-Grundkurses haben wir gelernt, dass in Java zwischen elementaren Datentypen und Referenzdatentypen unterschieden wird. Außerdem wissen wir, dass alle selbstdefinierten Referenzdatentypen (also alle Klassen) von der Klasse `Object`, der Mutter aller Klassen, erben und somit gewisse Eigenschaften gemeinsam haben. Für die elementaren Datentypen gibt es prinzipiell keine solchen Gemeinsamkeiten und auch keinen „Super-Datentyp", der alle elementaren Datentypen umfasst. Aus diesem Grund können wir beispielsweise kein Feld vereinbaren, das in seinen Feldkomponenten Werte von unterschiedlichen elementaren Datentypen (z. B. ein Feldelement vom Typ **boolean** und ein anderes vom Typ **char** etc.) speichern kann. Andererseits wäre es jedoch sehr wohl möglich, in einem Feld mit Komponententyp `Object` Referenzen auf Objekte beliebiger Klassen abzuspeichern.

3.2.1 Arbeiten mit „eingepackten" Daten

Um Werte der elementaren Datentypen genauso handhaben zu können wie Objekte von Referenzdatentypen, stellt Java die so genannten **Wrapper-Klassen** oder **Hüll-Klassen** zur Verfügung. Dieser Name ist Programm, denn mit Hilfe von Objekten der Hüll-Klassen können Werte der elementaren Datentypen „eingewickelt" bzw. „umhüllt" werden.
Als einfaches Beispiel betrachten wir zunächst das Programm

```
 1  public class WrapperBeispiel {
 2    public static void main (String[] args) {
 3      Object[] etwas = new Object[4];
 4
 5      etwas[0] = new Boolean(true);
 6      etwas[1] = new Double(3.1415);
 7      etwas[2] = new Character('x');
 8      etwas[3] = new Integer(12);
 9
10      for (int i=0; i<4; i++)
11        System.out.println(etwas[i]);
12
```

```
13      etwas[2] = new Long(987654321);
14
15      for (int i=0; i<4; i++)
16        System.out.println(etwas[i]);
17    }
18  }
```

in dem wir mit einem Feld namens etwas mit 4 Komponenten vom Typ Object arbeiten. In den Zeilen 5 bis 8 des Programms speichern wir in diesen 4 Komponenten der Reihe nach einen **boolean**-, einen **double**-, einen **char**- und einen **int**-Wert. Dies gelingt uns dadurch, dass wir die elementaren Werte mit Hilfe eines korrespondierenden Wrapper-Objekts einpacken. Dazu müssen wir lediglich dem Konstruktor der entsprechenden Wrapper-Klasse den elementaren Wert übergeben. Die Referenz auf das dabei erzeugte Objekt können wir dann in der Feldkomponente abspeichern. Danach geben wir die Komponenten unseres Object-Feldes auf dem Bildschirm aus und bedienen uns dabei natürlich wieder einmal implizit der Methode toString(), die ohne unser Zutun aufgerufen wird, um die String-Darstellungen unserer Wrapper-Objekte zu erzeugen, wenn sie als Argument in der Ausgabeanweisung auftreten. Im Anschluss daran wollen wir in Komponente 2 anstelle des **char**-Wertes einen **long**-Wert speichern. Auch das lässt sich leicht realisieren, indem wir unseren Wert in ein Wrapper-Objekt „einwickeln". Nach dieser Veränderung unseres Feldes geben wir erneut die Feldkomponenten auf dem Bildschirm aus, so dass die gesamte Bildschirmausgabe wie folgt aussieht:

```
─────────────────────────── Konsole ───────────────────────────
true
3.1415
x
12
true
3.1415
987654321
12
```

Wir werden später noch sehen, dass es im Paket java.util eine Reihe von Klassen gibt, die „Sammlungen" von beliebigen Objekten speichern können. Auch dort können natürlich Werte elementarer Datentypen nur aufgenommen werden, wenn wir auf Wrapper-Klassen zurückgreifen.

3.2.2 Aufbau der Wrapper-Klassen

Generell gibt es in Java zu jedem elementaren Datentyp eine entsprechende Wrapper-Klasse (siehe Tabelle 3.1). Neben dem jeweiligen Konstruktor, der einen Parameter vom korrespondierenden elementaren Datentyp erwartet, enthalten alle Wrapper-Klassen (mit Ausnahme von Character) jeweils noch einen Konstruktor, der ein String-Argument verarbeiten kann. Der per Referenz übergebe-

3.2 Die Wrapper-Klassen (Hüll-Klassen)

elementarer Datentyp	Wrapper-Klasse	Konstruktoren
`byte`	Byte	Byte(`byte` b) Byte(String s)
`short`	Short	Short(`short` s) Short(String s)
`int`	Integer	Integer(`int` i) Integer(String s)
`long`	Long	Long(`long` l) Long(String s)
`float`	Float	Float(`float` f) Float(String s)
`double`	Double	Double(`double` d) Double(String s)
`boolean`	Boolean	Boolean(`boolean` b) Boolean(String s)
`char`	Character	Character(`char` c)

Tabelle 3.1: Die Wrapper-Klassen (Hüll-Klassen) und ihre Konstruktoren

ne String muss dabei eine Zeichenkette sein, die syntaktisch eine Literalkonstante des entsprechenden elementaren Datentyps darstellt:

```
new Long("9876543210");
```

Übergeben wir dem Konstruktor einen String, der diese Bedingung nicht erfüllt, so wird eine Ausnahme geworfen. Versuchen wir beispielsweise, mit der Anweisung

```
new Long("987980356728E789");
```

ein Long-Objekt zu erzeugen, so führt dies während der Laufzeit zu einer NumberFormatException.

Wenn wir eine Zeichenkette in einen numerischen oder logischen Wrapper-Wert wandeln wollen, müssen wir nicht unbedingt einen Konstruktoraufruf verwenden. Die Wrapper-Klassen stellen nämlich auch eine Klassen-Methode valueOf(String s) zur Verfügung, die dasselbe leistet. Anstelle von

```
ii = new Integer("1289");
```

können wir daher auch

```
ii = Integer.valueOf("1289");
```

schreiben, um ein entsprechendes Integer-Objekt ii mit dem Wert 1289 zu erzeugen.

Objekte der Wrapper-Klassen können wir zwar miteinander vergleichen (dazu besitzen alle Wrapper-Objekte die Instanzmethoden equals(...) und compareTo(...)), wir können aber keine Operationen mit ihnen durchführen, wie wir es von den elementaren Datentypen her kennen. Aus diesem Grund benötigt man Methoden, mit denen man die in den Wrapper-Objekten eingepackten Werte wieder „auspacken" kann, um (z. B. im Falle numerischer Daten) mit den elementaren Werten weiterzurechnen. Jedem Wrapper-Objekt steht daher eine Instanzmethode xxxValue() zur Verfügung, wobei xxx jeweils für den korrespondierenden elementaren Datentyp steht (vergleiche auch Tabelle 3.2). Aus unserem obigen Integer-Objekt ii könnten wir also mittels

```
int i = ii.intValue();
```

wieder den ursprünglichen int-Wert erzeugen. Auch Konvertierungen in andere numerische Datentypen sind möglich. Dies liegt unter anderem darin begründet, dass alle numerischen Wrapper-Klassen von der abstrakten Klasse Number erben und deren abstrakte Methoden xxxValue() für die entsprechenden elementaren Typen xxx implementieren.

Wrapper-Klasse	parse-Methode	value-Methoden
Byte	parseByte(String s)	byteValue(), shortValue() intValue(), longValue() floatValue(), doubleValue()
Short	parseShort(String s)	byteValue(), shortValue() intValue(), longValue() floatValue(), doubleValue()
Integer	parseInteger(String s)	byteValue(), shortValue() intValue(), longValue() floatValue(), doubleValue()
Long	parseLong(String s)	byteValue(), shortValue() intValue(), longValue() floatValue(), doubleValue()
Float	parseFloat(String s)	byteValue(), shortValue() intValue(), longValue() floatValue(), doubleValue()
Double	parseDouble(String s)	byteValue(), shortValue() intValue(), longValue() floatValue(), doubleValue()
Boolean		booleanValue()
Character		charValue()

Tabelle 3.2: Die value- und parse-Methoden der Wrapper-Klassen

Die Umwandlung von Zeichenketten in numerische Werte ist eine häufige Anwendung der Wrapper-Klassen. Aus diesem Grund gibt es auch Klassen-Methoden, die das Ein- und das Auspacken in einem Aufwasch erledigen. Die Wrapper-Klasse stellt jeweils die Methode parseXxx(String s) zur Verfügung, um einen Wert des elementaren Typs xxx zu erzeugen. Die nachfolgenden drei Anweisungen liefern daher den gleichen Wert für i.

```
i = new Integer("345").intValue();
i = Integer.valueOf("345").intValue();
i = Integer.parseInt("345");
```

3.2 Die Wrapper-Klassen (Hüll-Klassen)

Auch die parseXxx-Methoden werfen ein NumberFormatException, wenn wir sie auf einen String anwenden, der nicht der Syntax einer entsprechenden Literalkonstante entspricht.

Zu guter Letzt sei noch erwähnt, dass die numerischen Wrapper-Klassen verschiedene Konstanten (genauer **final**-Variablen) zur Bezeichnung spezieller Werte zur Verfügung stellen. Die Konstanten MIN_VALUE und MAX_VALUE repräsentieren in den Klassen Byte, Short, Integer, Long und Character jeweils das kleinste bzw. größte Element des Wertebereichs der korrespondierenden elementaren Datentypen. In den Wrapper-Klassen für Gleitkomma-Typen, also Float und Double, steht MIN_VALUE für den kleinsten positiven Wert und MAX_VALUE für den größten positiven Wert der korrespondierenden elementaren Datentypen. Zusätzlich finden wir dort noch die Konstanten NEGATIVE_INFINITY, POSITIVE_INFINITY und NaN, die für die Werte „minus unendlich", „plus unendlich" und „undefiniert" stehen.

3.2.3 Ein Anwendungsbeispiel

Zum Schluss wollen wir noch ein kleines Beispiel für die Anwendung der Wrapper-Klasse Double betrachten. Wie wir wissen, können wir beim Start einer Klasse mit dem Interpreter java Kommandozeilenargumente in Form von Strings an die main-Methode übergeben. Diesen Sachverhalt wollen wir ausnutzen, um numerische Werte, die wir beim Aufruf einer Klasse Summiere als Parameter aufzählen, zu summieren. In unserem Summations-Programm

```
1  public class Summiere {
2    public static void main (String[] summand) {
3      int i = 0;
4      double ergebnis = 0;
5      try {
6        for (i=0; i < summand.length; i++)
7          ergebnis = ergebnis + Double.parseDouble(summand[i]);
8        System.out.println ("Ergebnis: " + ergebnis);
9      }
10     catch (NumberFormatException e) {
11       System.out.println(i+1 + ". Summand unzulaessig!");
12     }
13   }
14 }
```

haben wir zunächst einmal den üblichen Parameter args der main-Methode passenderweise in summand umbenannt, um unser Programm leichter lesbar zu machen. Die Anweisungen, die mit Hilfe einer **for**-Schleife sämtliche Kommandozeilenargumente abarbeiten und mit der parseDouble-Methode in **double**-Werte wandeln, haben wir allesamt in einen **try**-Block gepackt, so dass wir die eventuell geworfene Ausnahme im zugehörigen **catch**-Block abfangen können. Dabei mussten wir die Laufvariable i außerhalb des **try-catch**-Blocks deklarieren, damit wir in allen Zweigen unseres Programms darauf zugreifen können.

Starten wir unser Programm ohne Kommandozeilenargumente, so wird natürlich nichts summiert und als Ergebnis der Wert 0 geliefert:

```
─────────────────── Konsole ───────────────────
java Summiere
Ergebnis: 0.0
```

Bei korrektem Aufruf mit einer Reihe von Kommandozeilenargumenten reagiert das Programm wie gewünscht:

```
─────────────────── Konsole ───────────────────
java Summiere 1 2 3 4 5 6 7 8 9
Ergebnis: 45.0
```

Als Ergebnis erhalten wir die Summe der angegebenen Argumente als `double`-Wert ausgegeben. Ein Aufruf mit einem nicht zulässigen Summanden (in unserem Beispiel der Buchstabe a, der natürlich keinen `double`-Wert darstellt) beschert uns hingegen die entsprechende Fehlermeldung:

```
─────────────────── Konsole ───────────────────
java Summiere -3 5.0E-4 a 17.4
3. Summand unzulaessig!
```

3.2.4 Übungsaufgaben

Aufgabe 3.3

Schreiben Sie ein Programm, das den größten gemeinsamen Teiler (ggT) von zwei positiven ganzen Zahlen berechnet. Die beiden Zahlen sollen als Kommandozeilenargumente übergeben werden. Zur Berechnung des ggT können Sie in einer Schleife jeweils die kleinere Zahl von der größeren abziehen, bis beide Zahlen gleich sind. Diese Zahl entspricht dann dem ggT.

Aufgabe 3.4

Schreiben Sie ein Programm, das beim Aufruf drei Kommandozeilenargumente übergeben bekommt: eine reelle Zahl, einen Operator (entweder +, -, * oder /) und eine weitere reelle Zahl. Je nach angegebenem Operator sollen die beiden Zahlen addiert, subtrahiert, multipliziert oder dividiert und das Ergebnis ausgegeben werden.

3.3 Die Klassen `BigInteger` und `BigDecimal`

Wenn wir uns an die Einführung der elementaren Datentypen in Band 1 unseres Programmier-Grundkurses erinnern, so wissen wir, dass jeder numerische Datentyp durch seinen Wertebereich und durch seine Operationen festgelegt ist. Dabei

3.3 Die Klassen BigInteger und BigDecimal

ist der Wertebereich der Datentypen durch die Länge des verwendeten Speicherbereichs (wie z. B. 64 Bits für Werte des Typs `long` oder des Typs `double`) festgelegt. Beim Rechnen mit Werten der numerischen Datentypen kann daher der Fall auftreten, dass das Ergebnis einer Operation nicht mehr im Wertebereich des verwendeten Datentyps liegt und daher die entsprechende Operation entweder gar nicht ausgeführt werden kann (z. B. im Falle von ganzzahligen Operationen) oder das Ergebnis noch gerundet werden muss, um es wieder zu einem darstellbaren Wert des Datentyps zu machen.

In numerischen Berechnungen kann es manchmal durchaus sinnvoll oder gar notwendig sein, die Grenzen der fest vorgegebenen Längen (also die Anzahl der verwendeten Ziffern) der elementaren Datentypen zu überschreiten, um dadurch den Wertebereich zu vergrößern bzw. die Genauigkeit von Ergebnissen zu erhöhen. So werden beispielsweise bei Verschlüsselungsverfahren lange Ganzzahlen und bei hochgenauen numerischen Verfahren lange Gleitkommazahlen benötigt. Java stellt dazu im Paket `java.math` (nicht zu verwechseln mit der Klasse `java.lang.Math`) die beiden Klassen `BigInteger` und `BigDecimal` zur Verfügung, deren Objekte beliebig lange bzw. beliebig genaue Ganzzahlen und Gleitkommazahlen darstellen. Wie bei `String`-Objekten kann sich der jeweilige Wert von Instanzen der Klassen `BigInteger` und `BigDecimal` nach ihrer Erzeugung nicht mehr ändern.

3.3.1 Arbeiten mit langen Ganzzahlen

Wir betrachten zunächst die vielleicht einfach anmutende Aufgabe, ausgehend von der Zahl 16 den Wert 16^{32} durch fünfmalige Quadrierung in der Form $((((16^2)^2)^2)^2)^2$ zu berechnen. Ein einfaches Java-Programm, das dieses Problem mittels einer `long`-Variablen (wir „befürchten" ja sicher recht große Zahlen) und einer Schleife für die mehrfache Quadrierung zu lösen versucht, könnte wie folgt aussehen:

```
public class QuadrierungLong {
  public static void main (String[] args) {
    long zahl = 16;
    System.out.println("Zahl vor der Quadrierung: " + zahl);
    for (int i=1; i<=5; i++) {
      zahl = zahl * zahl;
      System.out.println("Zahl nach " + i + ". Quadrierung: " + zahl);
    }
  }
}
```

Ein Start dieses Programms liefert die Ausgabe

```
─────────────────────────── Konsole ───────────────────────────
Zahl vor der Quadrierung: 16
Zahl nach 1. Quadrierung: 256
Zahl nach 2. Quadrierung: 65536
Zahl nach 3. Quadrierung: 4294967296
```

```
Zahl nach 4. Quadrierung: 0
Zahl nach 5. Quadrierung: 0
```

und lässt uns zunächst stutzig werden, da die vierte Quadrierung den Wert 0 und nicht den erwarteten Wert 18446744073709551616 = 16^{16} liefert. Wenn wir uns jedoch daran erinnern, dass der größte positive long-Wert gerade 9223372036854775807 ist, so ist zumindest klar, dass unser Wert nach der vierten Quadrierung etwa doppelt so groß ist und damit nicht mehr im Wertebereich des Datentyps long liegt. Warum aber wird dann gerade der Wert 0 und nicht etwa eine Fehlermeldung wegen Überschreitung des zulässigen Bereichs geliefert?

Die Antwort findet sich in der Java-Sprachspezifikation [4, 14]. Dort ist festgelegt, dass die interne binäre Darstellung von long-Zahlen über das Zweierkomplement erfolgt. Das Bitmuster, das entsteht, wenn man 4294967296 quadriert, entspricht gerade der Darstellung für den long-Wert 0. Dass dieses „Ersatzergebnis" einfach so verwendet wird, ohne den Anwender bzw. die Anwenderin darüber zu informieren, wird ebenfalls in der Sprachspezifikation festgelegt, wo es heißt: „the built-in integer operators do not indicate overflow or underflow". Wir werden also nicht gewarnt!

Wie bereits oben erwähnt, haben wir ja mit der Klasse BigInteger die Möglichkeit, mit Langzahlen zu rechnen, so dass wir unser Programm leicht modifizieren können, um doch noch die richtigen Ergebnisse zu produzieren.

```java
import java.math.*;
public class QuadrierungBigInt {
  public static void main (String[] args) {
    BigInteger zahl = new BigInteger("16");
    System.out.println("Zahl vor der Quadrierung: " + zahl);
    for (int i=1; i<=5; i++) {
      zahl = zahl.multiply(zahl);
      System.out.println("Zahl nach " + i + ". Quadrierung: " + zahl);
    }
  }
}
```

Neben der import-Anweisung fallen drei wesentliche Änderungen gegenüber unserer Vorläufer-Version auf:

- Wir haben die long-Variable durch eine BigInteger-Variable ersetzt.
- Wir können diese Variable nicht mehr einfach initialisieren, sondern benötigen einen Konstruktoraufruf.
- Wir können den Operator * für die Multiplikation nicht mehr benutzen und müssen auf die Instanzmethode multiply des BigInteger-Objekts zurückgreifen.

Ein Start dieses alternativen Programms liefert die Ausgabe

Konsole
```
Zahl vor der Quadrierung: 16
Zahl nach 1. Quadrierung: 256
```

```
Zahl nach 2. Quadrierung: 65536
Zahl nach 3. Quadrierung: 4294967296
Zahl nach 4. Quadrierung: 18446744073709551616
Zahl nach 5. Quadrierung: 340282366920938463463374607431768211456
```

und entspricht nun unseren Erwartungen.

3.3.2 Aufbau der Klasse `BigInteger`

Zur Konstruktion von `BigInteger`-Objekten stehen in der Klasse `BigInteger` mehrere Konstruktoren zur Verfügung. Hier wollen wir nur die beiden wichtigsten anführen, nämlich:

- **public** `BigInteger(String val)`
  erzeugt ein `BigInteger`-Objekt mit dem Wert der durch `val` in `String`-Darstellung angegebenen ganzen Zahl.

- **public** `BigInteger(String val, int radix)`
  erzeugt ein `BigInteger`-Objekt mit dem Wert der durch `val` in `String`-Darstellung zur Basis `radix` angegebenen ganzen Zahl.

Bei Verwendung des erstgenannten Konstruktors muss die `String`-Darstellung der Basis 10 entsprechen. Für beide Konstruktoren gilt grundsätzlich, dass die übergebene Zeichenkette eine beliebig lange Folge von Ziffern zur Basis 10 bzw. `radix` sein darf, wobei das erste Zeichen auch ein Minuszeichen sein kann, um negative Werte zu erzeugen.

Instanzmethode	Verwendung (Bedeutung)
public `BigInteger add(BigInteger val)`	`z = x.add(y)` `(z = x + y)`
public `BigInteger subtract(BigInteger val)`	`z = x.subtract(y)` `(z = x - y)`
public `BigInteger multiply(BigInteger val)`	`z = x.multiply(y)` `(z = x * y)`
public `BigInteger divide(BigInteger val)`	`z = x.divide(y)` `(z = x / y)`
public `BigInteger remainder(BigInteger val)`	`z = x.remainder(y)` `(z = x % y)`
public `BigInteger negate()`	`z = x.negate()` `(z = -x)`

Tabelle 3.3: Die arithmetischen Standardoperationen der `BigInteger`-Klasse

Da es in Java nicht möglich ist, die für die elementaren Datentypen vordefinierten arithmetischen Operatoren auch auf Objekte anzuwenden, müssen die entsprechenden Operationen durch Methodenaufrufe realisiert werden. Dazu werden die in Tabelle 3.3 aufgeführten Instanzmethoden zur Verfügung gestellt. In der zweiten Spalte der Tabelle sind dabei jeweils für drei `BigInteger`-Variablen x, y und z beispielhafte Verwendungen der Methoden angegeben, deren Bedeutung innerhalb der Klammern durch die (für die `BigInteger`-Variablen natürlich unzulässige) Notation, wie sie bei elementaren Datentypen gebräuchlich ist, erklärt wird. Da `BigInteger`-Objekte, wie bereits eingangs erwähnt, unveränderbar sind, verändert ein Methodenaufruf nicht den Wert des Objekts, sondern gibt das Ergebnis der Operation als neues `BigInteger`-Objekt zurück.

Daneben stellt die Klasse `BigInteger` einige weitere Methoden, wie z. B.

- **public** `BigInteger pow(`**int**` k)`
  liefert die k-te Potenz der aufrufenden `BigInteger`-Zahl.

- **public** `BigInteger abs()`
  liefert den Absolutbetrag der aufrufenden `BigInteger`-Zahl.

- **public** `BigInteger gcd(BigInteger val)`
  liefert den größten gemeinsamen Teiler der aufrufenden `BigInteger`-Zahl und der Zahl `val`.

- **public** `BigInteger min(BigInteger val)`
  liefert das Minimum der aufrufenden `BigInteger`-Zahl und der Zahl `val`.

- **public** `BigInteger max(BigInteger val)`
  liefert das Maximum der aufrufenden `BigInteger`-Zahl und der Zahl `val`.

sowie einige bitweise arbeitenden Methoden (ähnlich den bitweise arbeitenden Operatoren für elementare Datentypen) zur Verfügung. Außerdem können natürlich Objekte der Klasse `BigInteger` miteinander verglichen (dazu besitzen alle `BigInteger`-Objekte wie gewohnt die Instanzmethoden `equals(...)` und `compareTo(...)`) und mittels der Methode `toString()` in Strings gewandelt werden. Schließlich stehen jedem `BigInteger`-Objekt Instanzmethoden `xxxValue()` zur Verfügung, wobei xxx jeweils für einen elementaren Datentyp (**int**, **long**, **float**, **double**) steht, um den Wert des Objekts in einen elementaren Wert umzuwandeln.

3.3.3 Übungsaufgaben

Aufgabe 3.5

Schreiben Sie ein Programm, das für eine einzulesende positive Zahl n den Wert

$$n! = n \cdot (n-1) \cdot (n-2) \cdots 3 \cdot 2 \cdot 1,$$

also ihre Fakultät berechnet. Verwenden Sie `BigInteger`-Objekte und implementieren Sie für die Fakultätsberechnung eine Methode.

Aufgabe 3.6

Verwenden Sie die Methode für die Fakultätsberechnung aus Aufgabe 3.5 und schreiben Sie eine Methode bzw. ein Programm, das es ermöglicht, den Binomial-

3.3 Die Klassen `BigInteger` und `BigDecimal`

koeffizienten $\binom{m}{k}$ (sprich: „m über k" oder „k aus m") mit

$$\binom{m}{k} = \frac{m!}{k!(m-k)!} = \prod_{i=1}^{k} \frac{m-i+1}{i}$$

für zwei ganze Zahlen m und k mit $m \geq k \geq 0$ zu berechnen. Implementieren Sie auch eine alternative Version dieser Methode, die auf die Verwendung der Fakultätsmethode verzichtet und die Formel rechts vom zweiten Gleichheitszeichen verwendet. Vergleichen Sie die Laufzeiten beider Methoden.

3.3.4 Arbeiten mit langen Gleitkommazahlen

Wir betrachten zunächst eine Aufgabe, die wir bereits in Band 1 im Zusammenhang mit Ausdrücken von elementaren Datentypen gestellt haben. Mit Hilfe eines Java-Programms wollen wir den Wert

$$s = x_1 y_1 + x_2 y_2 + x_3 y_3 + x_4 y_4 + x_5 y_5 + x_6 y_6$$

für $x_1 = 10^{16}$, $x_2 = 0.1223$, $x_3 = 10^{14}$, $x_4 = 10^{15}$, $x_5 = 3.0$, $x_6 = -10^{12}$ und für $y_1 = 10^{20}$, $y_2 = 2.0$, $y_3 = -10^{22}$, $y_4 = 10^9$, $y_5 = 0.2111$, $y_6 = 10^{12}$ berechnen. Zur Kontrolle der einzelnen Rechenschritte geben wir in unserer Implementierung nicht nur den Endwert unserer Produktsumme aus, sondern auch die Werte der Summanden, also der einzelnen Produkte, die aufsummiert werden.

```java
public class ProduktSummeDouble {
    public static void main (String[] args) {
        double[] x = new double[6];
        double[] y = new double[6];
        double p, s;
        x[0] = 1e16;
        x[1] = 0.1223;
        x[2] = 1e14;
        x[3] = 1e15;
        x[4] = 3.0;
        x[5] = -1e12;
        y[0] = 1e20;
        y[1] = 2.0;
        y[2] = -1e22;
        y[3] = 1e9;
        y[4] = 0.2111;
        y[5] = 1e12;
        s = 0;
        System.out.println("s = " + s);
        for (int i=0; i<6; i++) {
            p = x[i]*y[i];
            System.out.println(" + " + p + " liefert");
            s = s + p;
            System.out.println("s = " + s);
        }
    }
}
```

Unser Programm speichert die x- und y-Werte in je einem Feld mit Komponententyp **double** und gibt jeweils die gebildeten Produkte und die bei der Summation entstehenden Zwischenergebnisse aus.
Ein Start unseres Programms liefert die Ausgabe

```
──────────────── Konsole ────────────────
s = 0.0
  + 1.0E36 liefert
s = 1.0E36
  + 0.2446 liefert
s = 1.0E36
  + -1.0E36 liefert
s = 0.0
  + 1.0E24 liefert
s = 1.0E24
  + 0.6333 liefert
s = 1.0E24
  + -1.0E24 liefert
s = 0.0
```

Mit ein wenig Kopfrechnen stellen wir natürlich fest, dass das richtige Ergebnis für unsere Summe 0.8779 ist. Wenn wir dies mit unserer Programmausgabe vergleichen, sehen wir, dass zwar die einzelnen Produkte, die aufsummiert werden, korrekt erscheinen, aber bereits das dritte ausgegebene Zwischenergebnis (nach der Addition von 0.2446) für s nicht mehr korrekt ist. Dies rührt daher, dass die Größenordnung der beiden Werte 10^{36} und 0.2446 stark unterschiedlich ist und der betragsmäßig kleinere Wert nicht mehr korrekt berücksichtigt werden kann. Prinzipiell ermöglicht das Format des Datentyps **double** die Darstellung von etwa 15 dezimalen Ziffern, so dass eine längere Zahl auf eben diese 15 Ziffern gerundet und ihre tatsächliche Größenordnung mit Hilfe des Exponentenanteils ausgedrückt werden muss. Man stellt sich das am besten so vor, dass man eine Ziffer (ungleich 0) vor dem Dezimalpunkt und weitere 14 Ziffern nach dem Dezimalpunkt verwendet. Bei den Werten 10^{36} und 0.2446 hätten wir es also mit den Werten $1.00\ldots 00 \cdot 10^{36}$ und $2.446 \cdot 10^{-1}$ zu tun. Werden diese beiden Werte addiert, so wirkt sich der kleinere Wert erst jenseits der 36. dezimalen Stelle des bei der Addition entstehenden Ergebnisses aus. Da das Ergebnis aber wieder ein Wert vom Typ **double** sein soll, muss es natürlich auch wieder auf dessen 15-stelliges Format gerundet werden. Bei eben dieser Rundung fällt aber der durch 0.2446 verursachte Anteil komplett unter den Tisch.
Die anschließende Addition der Zahl -10^{36} liefert natürlich als Ergebnis den Wert 0 und genau der gleiche Effekt tritt nochmals bei den beiden letzten Additionen auf, so dass insgesamt natürlich nicht das korrekte Ergebnis berechnet wird, sondern der Wert 0.
Nun wollen wir mit der Klasse BigDecimal versuchen, diese Problematik in den Griff zu bekommen:

3.3 Die Klassen BigInteger und BigDecimal

```java
1   import java.math.*;
2   public class ProduktSummeBigDec {
3     public static void main (String[] args) {
4       BigDecimal[] x = new BigDecimal[6];
5       BigDecimal[] y = new BigDecimal[6];
6       BigDecimal p, s;
7       x[0] = new BigDecimal("1e16");
8       x[1] = new BigDecimal("0.1223");
9       x[2] = new BigDecimal("1e14");
10      x[3] = new BigDecimal("1e15");
11      x[4] = new BigDecimal("3.0");
12      x[5] = new BigDecimal("-1e12");
13      y[0] = new BigDecimal("1e20");
14      y[1] = new BigDecimal("2.0");
15      y[2] = new BigDecimal("-1e22");
16      y[3] = new BigDecimal("1e9");
17      y[4] = new BigDecimal("0.2111");
18      y[5] = new BigDecimal("1e12");
19      s = new BigDecimal("0");
20      System.out.println("s = " + s);
21      for (int i=0; i<6; i++) {
22        p = x[i].multiply(y[i]);
23        System.out.println("  + " + p + " liefert");
24        s = s.add(p);
25        System.out.println("s = " + s);
26      }
27    }
28  }
```

Neben der **import**-Anweisung fallen auch hier wieder drei wesentliche Änderungen gegenüber unserer Vorläufer-Version auf:

- Wir haben alle **double**-Variablen durch BigDecimal-Variablen ersetzt.
- Wir können diese Variablen nicht mehr einfach initialisieren, sondern benötigen Konstruktoraufrufe.
- Wir können die Operatoren + und * für die Addition und Multiplikation nicht mehr benutzen und müssen auf die Instanzmethoden add und multiply der BigDecimal-Objekte zurückgreifen.

Ein Start dieses alternativen Programms liefert die Ausgabe

```
──────────────── Konsole ────────────────
s = 0
  + 1000000000000000000000000000000000000 liefert
s = 1000000000000000000000000000000000000
  + 0.24460 liefert
s = 1000000000000000000000000000000000000.24460
  + -1000000000000000000000000000000000000 liefert
s = 0.24460
  + 1000000000000000000000000 liefert
s = 1000000000000000000000000.24460
  + 0.63330 liefert
```

```
s = 10000000000000000000000000.87790
  + -10000000000000000000000000 liefert
s = 0.87790
```

und produziert demnach die korrekten Ergebnisse.
Im Übrigen können wir hier sehr schön erkennen, wie bei der zweiten Addition der gebrochene Anteil 0.2446 gerade wegfallen würde, wenn wir das Zwischenergebnis auf 15 Stellen runden müssten (wie es ja bei den normalen **double**-Operationen der Fall ist).

3.3.5 Aufbau der Klasse BigDecimal

Objekte der Klasse BigDecimal können beliebig genaue Gleitkommazahlen darstellen. Eine solche lange Gleitkommazahl d besteht prinzipiell aus einer beliebig langen Ziffernfolge z und einer Skalierung s, die die Anzahl der Nachkommastellen festlegt. Das heißt

$$d = \frac{z}{10^s}$$

und für $d = 0.00111$ wäre beispielsweise $z = 111$ und $s = 5$.

Zur Konstruktion von BigDecimal-Objekten stehen in der Klasse BigDecimal mehrere Konstruktoren zur Verfügung, nämlich:

- **public** BigDecimal(String val)
  erzeugt ein BigDecimal-Objekt mit dem Wert der durch val in String-Darstellung angegebenen reellen Zahl.

- **public** BigDecimal(BigInteger val)
  erzeugt ein BigDecimal-Objekt mit dem Wert $d = z$, wobei z der ganzzahlige Wert des BigInteger-Objekts val ist.

- **public** BigDecimal(BigInteger val, **int** scale)
  erzeugt ein BigDecimal-Objekt mit dem Wert $d = \frac{z}{10^s}$, wobei z der ganzzahlige Wert des BigInteger-Objekts val und s der Wert der **int**-Größe scale ist.

Bei Verwendung des erstgenannten Konstruktors muss die String-Darstellung der Syntax einer **double**-Literalkonstante entsprechen. In den beiden alternativen Konstruktoren wird das BigDecimal-Objekt aus einem BigInteger-Objekt konstruiert bzw. gemäß der angegebenen Skalierung erzeugt. Wird kein Skalierungswert angegeben, so wird mit der Skalierung 0 gearbeitet.

Auch BigDecimal-Objekte können nicht mit den für die elementaren Datentypen vordefinierten arithmetischen Operatoren verknüpft werden, die entsprechenden Operationen sind durch Methodenaufrufe zu realisieren. Dazu werden die in Tabelle 3.4 aufgeführten Instanzmethoden zur Verfügung gestellt. In der zweiten Spalte der Tabelle sind dabei jeweils für drei BigDecimal-Variablen x, y und z beispielhafte Verwendungen der Methoden angegeben, deren Bedeutung

3.3 Die Klassen BigInteger und BigDecimal

Instanzmethode	Verwendung (Bedeutung)
`public BigDecimal add(BigDecimal val)`	z = x.add(y) (z = x + y)
`public BigDecimal subtract(BigDecimal val)`	z = x.subtract(y) (z = x - y)
`public BigDecimal multiply(BigDecimal val)`	z = x.multiply(y) (z = x * y)
`public BigDecimal divide(BigDecimal val,` `                       int rd)`	z = x.divide(y,r) (z = x / y)
`public BigDecimal divide(BigDecimal val,` `                       int sc, int rd)`	z = x.divide(y,s,r) (z = x / y)
`public BigDecimal negate()`	z = x.negate() (z = -x)

Tabelle 3.4: Die arithmetischen Standardoperationen der `BigDecimal`-Klasse

innerhalb der Klammern durch die (für die `BigDecimal`-Variablen natürlich unzulässige) Notation, wie sie bei elementaren Datentypen gebräuchlich ist, erklärt wird. Da `BigDecimal`-Objekte, wie bereits eingangs erwähnt, unveränderbar sind, verändert ein Methodenaufruf nicht den Wert des Objekts, sondern gibt das Ergebnis der Operation als neues `BigDecimal`-Objekt zurück.

Die Methoden entsprechen in ihrem Verhalten prinzipiell den Methoden der `BigInteger`-Klasse, ausgenommen die Methoden `divide`, die zusätzliche Parameter aufweisen. In der ersten Variante muss der Methode über den Parameter `rd` mitgeteilt werden, wie (falls notwendig) das Ergebnis der Division gerundet werden soll. Dazu kann `rd` beim Aufruf die Werte

- `BigDecimal.ROUND_CEILING`
 für Rundung Richtung $+\infty$,

- `BigDecimal.ROUND_DOWN`
 für Rundung Richtung 0,

- `BigDecimal.ROUND_FLOOR`
 für Rundung Richtung $-\infty$,

- `BigDecimal.ROUND_HALF_DOWN`
 für Rundung Richtung nächster Nachbar (in der Mitte nach unten),

- `BigDecimal.ROUND_HALF_EVEN`
 für Rundung Richtung nächster Nachbar (in der Mitte zur geraden Zahl),

- `BigDecimal.ROUND_HALF_UP`
 für Rundung Richtung nächster Nachbar (in der Mitte nach oben),

- `BigDecimal.ROUND_UNNECESSARY`
 für Rundung nicht nötig (stellt sicher, dass nicht gerundet wurde),

- `BigDecimal.ROUND_UP`
  für Rundung weg von der 0

annehmen, die in der Klasse `BigDecimal` als finale Klassenvariablen bereitgestellt werden.

In der zweiten Variante von `divide` wird zusätzlich der Skalierungswert *sc* des Ergebnisobjekts explizit festgelegt. Alle anderen Methoden aus Tabelle 3.4 ermitteln den Skalierungswert des Ergebnisobjekts automatisch. Die Methoden `add` und `subtract` bestimmen diesen als Maximum der Skalierungswerte der beiden verknüpften Objekte, während die Methode `multiply` ihn auf die Summe der Skalierungswerte der beiden verknüpften Objekte setzt. Die erste Variante von `divide` und die Methode `negate` übernehmen den Skalierungswert unverändert vom aufrufenden Objekt.

Daneben stellt die Klasse `BigDecimal` einige weitere Methoden, wie z. B.

- **public** `BigDecimal abs()`
  liefert den Absolutbetrag der aufrufenden `BigDecimal`-Zahl.

- **public** `BigDecimal min(BigDecimal val)`
  liefert das Minimum der aufrufenden `BigDecimal`-Zahl und der Zahl `val`.

- **public** `BigDecimal max(BigDecimal val)`
  liefert das Maximum der aufrufenden `BigDecimal`-Zahl und der Zahl `val`.

sowie Methoden zum Auslesen der Skalierung, zum Erzeugen eines neuen Objekts mit veränderter Skalierung bzw. verschobenem Dezimalpunkt.

Außerdem können natürlich Objekte der Klasse `BigDecimal` miteinander verglichen (dazu besitzen alle `BigDecimal`-Objekte wie gewohnt die Instanzmethoden `equals(...)` und `compareTo(...)`) und mittels der Methode `toString()` in Strings gewandelt werden. Schließlich stehen jedem `BigDecimal`-Objekt Instanzmethoden `xxxValue()` zur Verfügung, wobei `xxx` jeweils für einen elementaren Datentyp (`int`, `long`, `float`, `double`) steht, um den Wert des Objekts in einen elementaren Wert umzuwandeln.

3.3.6 Viele Stellen von Nullstellen gefällig?

Zum Schluss des Abschnitts über Langzahlen in Java wollen wir uns noch mit einem kleinen Anwendungsbeispiel beschäftigen. Erinnern Sie sich noch an die Übungsaufgabe aus Band 1, in der wir (im Kontext eines Segelyacht-Trips nach Barbados) das Newton-Verfahren angewendet haben, um die Nullstelle einer Funktion zu berechnen? Wir wollen dieses Thema hier erneut aufgreifen und mit Hilfe der Klasse `BigDecimal` das Verfahren so anpassen, dass wir die Nullstelle(n) einer Funktion auf „viele" Stellen genau berechnen können.

3.3 Die Klassen BigInteger und BigDecimal

Die Nullstelle einer Funktion $f : \mathbb{R} \to \mathbb{R}$, $x \mapsto f(x)$ lässt sich näherungsweise mit Hilfe des Newton-Verfahrens dadurch bestimmen, dass man ausgehend von einem geeigneten Startwert x_0 die Iteration

$$x_k := x_{k-1} - \frac{f(x_{k-1})}{f'(x_{k-1})}, \quad k = 1, 2, 3, \ldots$$

so lange ausführt, bis eine vorgegebene Abbruchbedingung erfüllt ist.

In unserer nachfolgend beschrieben Java-Implementierung wollen wir das Verfahren auf die Funktion $f(x) = x^2 - 2$ anwenden und deren Nullstelle z. B. auf 50 Stellen genau berechnen. Da die Nullstelle gerade $\sqrt{2}$ ist, können wir unser Programm also benutzen, um 50 Stellen von $\sqrt{2}$ zu berechnen.

```java
import java.math.*;
import Prog1Tools.IOTools;
public class BigNewton {
  public static BigDecimal zwei = new BigDecimal("2");

  public static BigDecimal f (BigDecimal x) {        // berechnet f(x)
    return (x.multiply(x)).subtract(zwei);           // x*x - 2
  }

  public static BigDecimal fstrich (BigDecimal x) {  // berechnet f'(x)
    return x.multiply(zwei);                         // x*2
  }

  public static void main (String[] args) {
    System.out.println("Wurzel-2-Berechnung mit Newton-Verfahren");

    String start = IOTools.readString("Startwert fuer Iteration: ");
    int stellen = IOTools.readInteger("Gewuenschte Stellenzahl: ");

    BigDecimal xAlt, xNeu = new BigDecimal(start);
    BigDecimal fx, fsx;
    int runden = BigDecimal.ROUND_HALF_DOWN;
    int k = 0;
    System.out.println("x = " + xNeu);
    do {                                             // Newton-Iteration
      k    = k+1;
      xAlt = xNeu;
      fx   = f(xAlt);
      fsx  = fstrich(xAlt);
      xNeu = xAlt.subtract(fx.divide(fsx,stellen,runden));
      System.out.println("x = " + xNeu);
    } while (!(xNeu.compareTo(xAlt) == 0) && (k < 100));
  }
}
```

Die Berechnung des Funktionswertes $f(x)$ haben wir in eine BigDecimal-Methode namens f mit einem BigDecimal-Parameter x verpackt. Um auch die Werte der Ableitung $f'(x) = 2x$ recht einfach berechnen zu können, programmierten wir eine weitere BigDecimal-Methode namens fstrich, ebenfalls mit einem BigDecimal-Parameter x. Die nötigen Benutzereingaben und das eigentliche Newton-Verfahren implementierten wir unter Verwendung von `BigDecimal`-Objekten innerhalb der `main`-Methode unseres Programms. Bei der benötigten Division haben wir dabei eine der Rundungen zur nächstgelegenen Zahl verwendet.

Unser Programm liest den Startwert x_0 und die gewünschte Stellenzahl ein und bricht die Newton-Iteration ab, wenn zwei aufeinanderfolgende Werte x_k und x_{k-1} (im Programm `xNeu` und `xAlt` genannt) gleich sind oder wenn k den Wert 100 erreicht hat. Innerhalb der Iterations-Schleife werden die berechneten Werte x_k jeweils ausgegeben, damit wir den Verlauf der Iteration verfolgen können. Nachfolgend ein Beispiel-Ablauf.

```
─────────────────────────── Konsole ───────────────────────────
Wurzel-2-Berechnung mit Newton-Verfahren
Startwert fuer Iteration: 2
Gewuenschte Stellenzahl: 50
x = 2
x = 1.50000000000000000000000000000000000000000000000000
x = 1.41666666666666666666666666666666666666666666666667
x = 1.41421568627450980392156862745098039215686274509804
x = 1.41421356237468991062629557889013491011655962211574
x = 1.41421356237309504880168962350253024361498192577620
x = 1.41421356237309504880168872420969807856967187537723
x = 1.41421356237309504880168872420969807856967187537695
x = 1.41421356237309504880168872420969807856967187537695
```

3.3.7 Übungsaufgaben

Aufgabe 3.7

Berechnen Sie in einem Java-Programm den Wert

$$z = \frac{1}{107751}(1682xy^4 + 3x^3 + 29xy^2 - 2x^5 + 832)$$

für $x = 192119201$ und $y = 35675640$ mit dem Datentyp **double** und den Grundoperationen $+$, $-$, $*$ und $/$. Führen Sie die gleiche Berechnung unter Verwendung des Datentyps `BigDecimal` durch und vergleichen Sie die Ergebnisse.

Aufgabe 3.8

Setzen Sie das Langzahl-Newton-Verfahren aus Abschnitt 3.3.6 ein, um die beiden Nullstellen der Funktion $f(x) = x^4 - 3x^2 - 10$ mit der Ableitung $f'(x) = 4x^3 - 6x$ näherungsweise auf 50 Stellen zu berechnen.

3.4 Die Klasse `DecimalFormat`

3.4.1 Standard-Ausgaben in Java

Wenn Sie bereits das eine oder andere Programm geschrieben haben, in dem unterschiedliche `double`-Werte auf das Konsolenfenster ausgegeben werden, so wird Ihnen vielleicht aufgefallen sein, dass die ausgegebenen Werte nicht einheitlich formatiert sind. Je nach Wert einer auszugebenden `double`-Größe wird diese mal mit wenigen und mal mit vielen Nachkommastellen bzw. mal mit und mal ohne Exponentenanteil dargestellt. Wir wollen uns diese Tatsache an einem einfachen Programmbeispiel nochmals verdeutlichen.

```
1  public class StandardFormat {
2    public static void main (String[] args) {
3      double x = 1e-15;
4      for (int i=1; i<=15; i++) {
5        System.out.println(x);
6        x = 111 * x;
7      }
8    }
9  }
```

Unser Programm verwendet den Startwert $x = 10^{-15}$ in Form einer `double`-Variable x. In einer Schleife wird dann jeweils der aktuelle Wert x ausgegeben und anschließend x durch sein Produkt mit 111 ersetzt. Ein Start unseres Programms liefert die Ausgabe

```
────────────────────── Konsole ──────────────────────
1.0E-15
1.1100000000000001E-13
1.2321000000000001E-11
1.367631E-9
1.5180704100000002E-7
1.6850581551000003E-5
0.0018704145521610004
0.20761601528987106
23.045377697175688
2558.0369243865016
283942.09860690165
3.1517572945366085E7
3.4984505969356356E9
3.88328016259855E11
4.310440980484396E13
```

und demonstriert die vielfältigen Formate, die für unsere `double`-Werte in Frage kommen. Wir wollen an dieser Stelle gar nicht erst anfangen, darüber zu grübeln, warum man für bestimmte Werte ein bestimmtes Ausgabeformat verwendet. Genau spezifiziert wird dies in der API-Beschreibung der Methode

```
public static String toString(double d)
```

aus der Wrapper-Klasse `Double`. Diese Methode wird von der Methode `print` bzw. `println` aufgerufen um die `String`-Darstellung des auszugebenden **double**-Werts zu erzeugen. Dort wird beispielsweise festgelegt, dass Werte zwischen 10^{-3} und 10^7 stets ohne Exponentenanteil ausgegeben werden.

Was können wir aber nun tun, wenn wir unsere Ausgaben ein wenig verschönern wollen, indem wir z. B. alle Werte in gleicher Darstellung (nämlich mit Exponentialteil) ausgeben? Die Antwort lautet: Wir setzen ein so genanntes **Format-Objekt** ein.

3.4.2 Arbeiten mit Format-Objekten

Im Paket `java.text` werden verschiedene, teils abstrakte Klassen zur Verfügung gestellt, die es ermöglichen, Formate für die Wandlung von Zahlen oder Daten in Zeichenketten festzulegen. In der obersten Stufe der diesbezüglichen Klassenhierarchie finden wir die abstrakte Klasse `Format`, die in der (ebenfalls abstrakten) Klasse `NumberFormat` spezialisiert wird. Tatsächlich zum Einsatz bringen können wir die Klasse `DecimalFormat`, die von `NumberFormat` erbt und mit deren Hilfe es möglich ist, ein Format-Objekt zu erzeugen, mit dessen Hilfe numerische Werte in formatierte Strings gewandelt werden können.

Die Art und Weise, wie uns ein solches Format-Objekt einen numerischen Wert in eine Zeichenkette wandelt, können wir beim Aufruf des Konstruktors festlegen, indem wir ihm einen String übergeben, der das Muster zur Formatierung darstellt. Dieser String kann verschiedene vordefinierte Platzhalter-Zeichen für die Ziffern des numerischen Wertes und für den Dezimalpunkt bzw. die Exponentenkennung sowie weitere Zeichen enthalten. Die wichtigsten dabei auftretenden Platzhalter haben folgende Bedeutung:

0   Platzhalter für eine Ziffer. Bei Vorkommastellen gibt die Anzahl der Nullen die minimale Anzahl der angezeigten Ziffern, bei Nachkommastellen die genaue Anzahl der angezeigten Ziffern an.

\#   Platzhalter für eine Ziffer. Handelt es sich um eine führende 0, so wird diese nicht angezeigt.

.   Platzhalter für landesspezifische Trennzeichen zwischen Vor- und Nachkommastellen.

,   Platzhalter für landesspezifische Trennzeichen für Vorkommastellen.

%   Erzwingt Darstellung als Prozentzahl.

E   Trennt die Platzhalter für die Mantisse und den Exponenten.

Alle Zeichen, die keine vordefinierte Bedeutung als Platzhalter haben, werden direkt in den String übernommen.

Haben wir ein solches Objekt der Klasse `DecimalFormat` erzeugt, so besitzt dieses die Methoden

3.4 Die Klasse `DecimalFormat`

- **public final** String format(**double** number)
- **public final** String format(**long** number)

mit deren Hilfe wir die numerischen Werte in formatierte Strings wandeln können.
Wenn wir also beispielsweise das Formatobjekt f1 durch

```
DecimalFormat f1 = new DecimalFormat("Wert: 000,000.00000");
```

erzeugt haben, so wird durch

```
System.out.println(f1.format(12.345));
```

die Zeichenkette Wert: 000.012,34500 ausgegeben. Wenn wir hingegen das durch

```
DecimalFormat f2 = new DecimalFormat("Wert: ###,###.#####");
```

erzeugte Formatobjekt f2 verwenden, so wird durch

```
System.out.println(f2.format(12.345));
```

die Zeichenkette Wert: 12,345 ausgegeben.
Im nachfolgenden Programm MyFormats geben wir noch einige weitere Beispiele für „selbstgemachte" Formate zur Ausgabe von numerischen Werten an.

```java
import java.text.*;
public class MyFormats {
    // Verschiedene Formate als Konstanten definieren
    public static final DecimalFormat
        kurz = new DecimalFormat("0.0"),
        lang = new DecimalFormat("00000.00000000000"),
        euro = new DecimalFormat("EUR #0.00"),
        wiss = new DecimalFormat("#.#E000"),
        naja = new DecimalFormat("#,###,##0.00"),
        proz = new DecimalFormat("Anteilig: 0.0%");

    // Methode zur formatierten Ausgabe
    public static void println (double d, DecimalFormat f) {
        System.out.println(f.format(d));
    }

    // Einige Tests
    public static void main (String[] args) {
        double x = 987.654321;
        double y = 0.12345678;
        println (x, kurz);
        println (x, lang);
        println (x, euro);
        println (x, wiss);
        println (x, naja);
        println (x, proz);
        println (y, kurz);
        println (y, lang);
        println (y, euro);
        println (y, wiss);
```

```
31        println (y, naja);
32        println (y, proz);
33     }
34  }
```

Unsere Formatobjekte haben wir dabei als finale Klassenvariablen deklariert. Außerdem haben wir eine Methode `println` geschrieben, die beim Aufruf neben dem **double**-Wert, den sie ausgeben soll, auch das Format, in dem dieser dargestellt werden soll, übergeben bekommt. In der `main`-Methode verwenden wir diese Methode, um die Werte 987.654321 und 0.12345678 mit unterschiedlichen Darstellungen auszugeben. Das Ablaufprotokoll unseres Programm sieht folgendermaßen aus:

```
──────────────── Konsole ────────────────
987,7
00987,65432100000
EUR 987,65
9,9E002
987,65
Anteilig: 98765,4%
0,1
00000,12345678000
EUR 0,12
1,2E-001
0,12
Anteilig: 12,3%
```

3.4.3 Übungsaufgaben

Aufgabe 3.9

Schreiben Sie eine Klasse `FestPunktFormat`, deren Objekte es ermöglichen, **double**-Zahlen in formatierte Strings zu wandeln, die stets genau eine Stelle für das Vorzeichen (+ bei positiven, − bei negativen und Leerzeichen bei Null) sowie eine Vor- und neun Nachkommastellen aufweisen. Statten Sie dazu die Klasse mit drei Klassenkonstanten vom Typ `DecimalFormat` aus, die die benötigten Formate festlegen, und mit einer Instanzmethode `format`, die den formatierten String erzeugt und zurückliefert.

Aufgabe 3.10

Erweitern Sie die Klasse `FestPunktFormat` um einen Konstruktor, der es ermöglicht, bei der Erzeugung von Objekten die Anzahl der darzustellenden Nachkommastellen festzulegen. Es sollen aber stets mindestens eine und maximal 12 Stellen verwendet werden.

3.5 Die Klassen `Date` und `Calendar`

Das Rechnen mit Datums- und Zeitangaben ist bekanntermaßen nicht gerade einfach. Wer schon einmal versucht hat, entsprechende Datentypen und Operationen selbst zu entwerfen, kann davon ein Lied singen. Auch in der Geschichte der Java-Versionen mussten die Entwickler unangenehme Erfahrungen machen, denn die Klassen für Datums- und Zeit-Arithmetik waren nicht von Beginn an fehlerfrei. In den ersten Java-Versionen gab es nur die Klasse `Date`, sie wurde aber später abgespeckt und Teile ihrer Funktionalität in die Klasse `Calendar` verlagert. In diesem Abschnitt wollen wir uns keinesfalls ausführlich der ganzen Problematik widmen, sondern nur einen Einblick in grundlegende Anwendungsarten dieser beiden Klassen aus dem Paket `java.util` geben.

3.5.1 Arbeiten mit „Zeitpunkten"

Objekte der Klasse `Date` können Zeitpunkte (also eine bestimmte Uhrzeit an einem bestimmten Datum) darstellen. Realisiert wird dies dadurch, dass jedes `Date`-Objekt die Millisekunden, die seit dem 1. Januar 1970 um 0.00 Uhr vergangen sind, speichert. Somit ist eine Millisekunde auch die kleinste Zeiteinheit, um die sich zwei `Date`-Zeitpunkte überhaupt unterscheiden können. Zeitpunkte vor dem 1.1.1970 lassen sich darstellen, indem die Anzahl der vergangenen Millisekunden negativ gewählt wird.
Die Klasse `Date` besitzt die zwei Konstruktoren

- **public** `Date()`

- **public** `Date(`**long**` millis)`

zur Erzeugung von Objekten. Wenn wir in einem Java-Programm den augenblicklichen Zeitpunkt in einem `Date`-Objekt festhalten wollen, genügt es, dieses Objekt mit dem ersten Konstruktor zu erzeugen. Wollen wir einen Zeitpunkt fixieren, der aufgrund von Millisekunden, die seit dem 1.1.1970 vergangen sind, bestimmt ist, so müssen wir die zweite Variante des Konstruktors verwenden. Zu beachten ist dabei, dass sich die Millisekundenangaben auf die Zeitzone GMT (Greenwich Mean Time) bezieht. Erzeugt man also den „Zeitachsen-Nullpunkt" mit **new** `Date(0)`, so entspricht dies bei uns dem Zeitpunkt 1.00 Uhr am 1.1.1970. Zur Bearbeitung der Zeitpunkte stellt die Klasse `Date` die nachfolgend beschriebenen Methoden zur Verfügung.

- **public boolean** `after(Date when)`
  liefert **true**, wenn der Zeitpunkt des aufrufenden Objekts nach dem Zeitpunkt `when` liegt, andernfalls **false**.

- **public boolean** `before(Date when)`
  liefert **true**, wenn der Zeitpunkt des aufrufenden Objekts vor dem Zeitpunkt `when` liegt, andernfalls **false**.

- **public long** getTime()
  liefert für den Zeitpunkt des aufrufenden Objekts die Anzahl der Millisekunden nach dem 1. Januar 1970, 0.00 Uhr zurück.

- **public void** setTime(**long** millis)
  setzt das aufrufende Objekt auf den Zeitpunkt, der millis Millisekunden nach dem 1. Januar 1970, 0.00 Uhr liegt.

Außerdem können Objekte der Klasse Date miteinander verglichen (dazu besitzen alle Date-Objekte wie gewohnt die Instanzmethoden equals(...) und compareTo(...)) und mittels der Methode toString() in Strings gewandelt werden.

3.5.2 Auf die Plätze, fertig, los!

Als beispielhafte Anwendung der Klasse Date wollen wir nun ein einfaches Programm schreiben, das als Stoppuhr dienen kann. Den Programmablauf gestalten wir dabei wie folgt:

- Wir fordern die Benutzerin bzw. den Benutzer auf, die Eingabetaste (↩) zu betätigen, um die Stoppuhr zu starten.

- Wurde die Taste gedrückt, halten wir den Startzeitpunkt in einem Date-Objekt fest und geben zur Information diesen Zeitpunkt auf dem Bildschirm aus.

- Wir fordern die Benutzerin bzw. den Benutzer auf, die Eingabetaste zu betätigen, um die Stoppuhr wieder anzuhalten.

- Wurde die Taste gedrückt, halten wir den Stoppzeitpunkt in einem weiteren Date-Objekt fest und geben wieder zur Information diesen Zeitpunkt auf dem Bildschirm aus.

- Zum Schluss berechnen wir die Laufzeit unserer Stoppuhr als Differenz der Millisekunden des Stoppzeitpunktes und des Startzeitpunktes, und wir geben diese Laufzeit auf dem Bildschirm aus.

Unser Programm hat somit die Gestalt

```
1   import Prog1Tools.*;
2   import java.util.*;
3   public class Stoppuhr {
4     public static void main (String[] args) {
5       // Auf Betaetigen der Eingabetaste warten
6       IOTools.readLine("Stoppuhr starten mit Eingabetaste!");
7       // Aktuellen Zeitpunkt im Date-Objekt start festhalten
8       Date start = new Date();
9       // Zeitpunkt ausgeben
10      System.out.println("Startzeitpunkt: " + start);
11      System.out.println();
12      // Statusmeldung anzeigen
13      System.out.println("Die Stoppuhr laeuft ...");
14      System.out.println();
15      // Auf Betaetigen der Eingabetaste warten
```

3.5 Die Klassen Date und Calendar

```
16      IOTools.readLine("Stoppuhr anhalten mit Eingabetaste!");
17      // Aktuellen Zeitpunkt im Date-Objekt stopp festhalten
18      Date stopp = new Date();
19      // Zeitpunkt ausgeben
20      System.out.println("Stoppzeitpunkt: " + stopp);
21      System.out.println();
22      // Laufzeit als Differenz von stopp und start bestimmen
23      long laufzeit = stopp.getTime() - start.getTime();
24      // Laufzeit ausgeben
25      System.out.println("Gesamtlaufzeit: " + laufzeit + " ms");
26   }
27 }
```

und ein Programmablauf könnte beispielsweise so aussehen:

```
───────────── Konsole ─────────────
Stoppuhr starten mit Eingabetaste!
Startzeitpunkt: Thu Mar 06 13:53:33 CET 2003

Die Stoppuhr laeuft ...

Stoppuhr anhalten mit Eingabetaste!
Stoppzeitpunkt: Thu Mar 06 13:53:45 CET 2003

Gesamtlaufzeit: 12128 ms
```

3.5.3 Spezielle Calendar-Klassen

Die Klasse Calendar ist eine abstrakte Klasse, mit deren Hilfe man Date-Objekte nicht nur in Millisekunden, sondern auch in den Einheiten Jahre, Monate, Tage, Stunden, Minuten und Sekunden darstellen kann. Calendar-Objekte sind also keine Kalender im umgangssprachlichen Sinne, sondern repräsentieren – wie Date-Objekte – lediglich bestimmte Zeitpunkte. Die Klasse Calendar ermöglicht es aber außerdem, die einzelnen Komponenten eines bestimmten Zeitpunktes auszulesen und zu verändern.

Zu beachten ist, dass es natürlich – da Calendar abstrakt ist – keine Instanzen der Klasse selbst geben kann. Ein Calendar-Objekt lässt sich daher nur mit Hilfe einer konkreten Tochterklasse erzeugen. Einzige solche Tochterklasse ist zur Zeit die Klasse GregorianCalendar, die Zeitpunkte gemäß dem bei uns üblicherweise verwendeten gregorianischen Kalender modelliert.

Die Klasse Calendar besitzt eine Klassen-Methode getInstance, mit deren Hilfe ein GregorianCalendar-Objekt erzeugt werden kann, das den beim Aufruf der Methode aktuellen Zeitpunkt repräsentiert. Zur Bearbeitung eines Zeitpunkts stellt die Klasse Calendar die nachfolgend beschriebenen Methoden für Calendar-Objekte zur Verfügung.

- **public boolean** after(Object when)
  liefert **true**, wenn der Zeitpunkt des aufrufenden Objekts nach dem Zeitpunkt when liegt, andernfalls **false**.

- **public boolean** before(Object when)
  liefert **true**, wenn der Zeitpunkt des aufrufenden Objekts vor dem Zeitpunkt when liegt, andernfalls **false**.

- **public final** Date getTime()
  liefert den Zeitpunkt des aufrufenden Objekts als Date-Objekt.

- **public final void** setTime(Date date)
  setzt den Zeitpunkt des aufrufenden Objekts auf den als Date-Objekt gegebenen Zeitpunkt.

- **public final void** set(**int** year, **int** month, **int** date)
  stellt Jahr, Monat und Tag des Objekts auf die angegebenen Werte ein.

- **public final void** set(**int** year, **int** month, **int** date, **int** hour, **int** minute)
  stellt Jahr, Monat, Tag, Stunde und Minute des Objekts auf die angegebenen Werte ein.

- **public final void** set(**int** year, **int** month, **int** date, **int** hour, **int** minute, **int** second)
  stellt Jahr, Monat, Tag, Stunde, Minute und Sekunde des Objekts auf die angegebenen Werte ein.

- **public void** add(**int** field, **int** amount)
  schaltet die durch field spezifizierte Einheit des Zeitpunkts um den in amount angegebenen Wert vorwärts (bei positivem Wert) oder rückwärts (bei negativem Wert).

- **public int** get(**int** field)
  liefert den Wert der durch field spezifizierten Einheit des Zeitpunkts.

- **public void** set(**int** field, **int** value)
  setzt den Wert der durch field spezifizierten Einheit des Zeitpunkts auf den Wert value.

Bei den drei zuletzt genannten Methoden ist es jeweils notwendig, über den Parameter field die Komponente zu benennen, die im Zeitpunkt-Objekt verändert bzw. ausgelesen werden soll. Dazu können und sollten die in der Klasse Calendar als finale Klassenvariablen bereitgestellten Werte (z. B. YEAR, MONTH, DAY_OF_MONTH, DAY_OF_YEAR, HOUR_OF_DAY, MINUTE, SECOND oder MILLISECOND) verwendet werden.

Wir wollen dies an einem kurzen Beispielprogramm verdeutlichen, in dem wir den gerade aktuellen Zeitpunkt bestimmen lassen, diesen dann zunächst um 27 Tage in die Zukunft und dann um 4 Jahre in die Vergangenheit verlegen lassen. Außerdem basteln wir uns noch mit Hilfe der Methode set ein närrisches Datum von Hand zusammen. Unser Programm arbeitet dabei mit einer Methode drucke, die uns die Ausgabe von Zeitpunkten so realisiert, dass jeweils das Datum und die Uhrzeit (in Stunden und Minuten) dargestellt werden.

3.5 Die Klassen `Date` und `Calendar`

```
1   import Prog1Tools.*;
2   import java.util.*;
3   public class CalArith {
4     /** Methode zur Ausgabe eines Zeitpunkts */
5     public static void drucke (Calendar t) {
6       System.out.println("Zeitpunkt: "
7                 + t.get(Calendar.DAY_OF_MONTH) + "."
8                 + (t.get(Calendar.MONTH) + 1) + "."
9                 + t.get(Calendar.YEAR) + ",  "
10                + t.get(Calendar.HOUR_OF_DAY) + ":"
11                + t.get(Calendar.MINUTE) + " Uhr");
12    }
13    /** Test-Methode */
14    public static void main (String[] args) {
15      // Aktuellen Zeitpunkt erzeugen
16      Calendar zeit = Calendar.getInstance();
17      // Zeitpunkt ausgeben
18      drucke(zeit);
19      // Zeitpunkt 27 Tage in die Zukunft verlegen
20      zeit.add(Calendar.DAY_OF_MONTH, 27);
21      // Zeitpunkt ausgeben
22      drucke(zeit);
23      // Zeitpunkt 4 Jahre in die Vergangenheit verlegen
24      zeit.add(Calendar.YEAR, -4);
25      // Zeitpunkt ausgeben
26      drucke(zeit);
27      // Zeitpunkt auf den 11.11.1111, 11.11 Uhr
28      zeit.set(1111, 10, 11, 11, 11);
29      // Zeitpunkt ausgeben
30      drucke(zeit);
31    }
32  }
```

Unser Programm meldet sich mit

```
──────────────── Konsole ────────────────
Zeitpunkt: 6.3.2003,   16:40 Uhr
Zeitpunkt: 2.4.2003,   16:40 Uhr
Zeitpunkt: 2.4.1999,   16:40 Uhr
Zeitpunkt: 11.11.1111, 11:11 Uhr
```

Beim Setzen und beim Auslesen der Komponente für den Monat müssen wir beachten, dass im `Calendar`-Objekt die Monate von 0 bis 11 durchnummeriert sind. Wir müssen den entsprechnden Wert also jeweils um 1 erhöhen bzw. erniedrigen.

3.5.4 Und noch mal: Zeitmessung

Zum Schluss des Abschnitts über den Umgang mit Zeitpunkten wollen wir uns noch eine kurze alternative Version unserer Stoppuhr anschauen. Im Unterschied zur Stoppuhr-Version unter Verwendung der Klasse `Date` wollen wir nun die Zeitpunkte als `Calendar`-Objekte erzeugen und uns bei ihrer Ausgabe auf die

Stunden-, Minuten-, Sekunden- und Millisekunden-Angaben beschränken. Außerdem wollen wir die Laufzeit unserer Stoppuhr nicht nur als Millisekunden ausgegeben bekommen, sondern auch in Stunden, Minuten, Sekunden und Millisekunden.

Um Letzteres zu realisieren, wandeln wir die in Millisekunden berechnete Laufzeit mit Hilfe der Methode `setTimeInMillis` einfach in eine `Calendar`-Darstellung, indem wir eines unserer `Calendar`-Objekte auf den entsprechenden Millisekunden-Wert setzen.

Unser Programm hat somit die Gestalt:

```
 1  import Prog1Tools.*;
 2  import java.util.*;
 3  public class CalStoppuhr {
 4    public static void main (String[] args) {
 5      // Auf Betaetigen der Eingabetaste warten
 6      IOTools.readLine("Stoppuhr starten mit Eingabetaste!");
 7      // Aktuellen Zeitpunkt im Calendar-Objekt start festhalten
 8      Calendar start = Calendar.getInstance();
 9      // Zeitpunkt ausgeben
10      System.out.println("Startzeitpunkt: "
11                         + start.get(Calendar.HOUR_OF_DAY) + ":"
12                         + start.get(Calendar.MINUTE) + ":"
13                         + start.get(Calendar.SECOND) + ":"
14                         + start.get(Calendar.MILLISECOND));
15      System.out.println();
16      // Statusmeldung anzeigen
17      System.out.println("Die Stoppuhr laeuft ...");
18      System.out.println();
19      // Auf Betaetigen der Eingabetaste warten
20      IOTools.readLine("Stoppuhr anhalten mit Eingabetaste!");
21      // Aktuellen Zeitpunkt im Calendar-Objekt stopp festhalten
22      Calendar stopp = Calendar.getInstance();
23      // Zeitpunkt ausgeben
24      System.out.println("Stoppzeitpunkt: "
25                         + stopp.get(Calendar.HOUR_OF_DAY) + ":"
26                         + stopp.get(Calendar.MINUTE) + ":"
27                         + stopp.get(Calendar.SECOND) + ":"
28                         + stopp.get(Calendar.MILLISECOND));
29      System.out.println();
30      // Laufzeit als Differenz von stopp und start bestimmen
31      long laufzeit = stopp.getTimeInMillis() - start.getTimeInMillis();
32      // Laufzeit ausgeben
33      System.out.println("Gesamtlaufzeit: " + laufzeit + " ms");
34      // Laufzeit als Zeitpunkt darstellen
35      stopp.setTimeInMillis(laufzeit);
36      // Zeitpunkt ausgeben
37      System.out.println("Gesamtlaufzeit (min:sec:ms): "
38                         + stopp.get(Calendar.MINUTE) + ":"
39                         + stopp.get(Calendar.SECOND) + ":"
40                         + stopp.get(Calendar.MILLISECOND));
41    }
42  }
```

Ein Programmablauf könnte jetzt beispielsweise so aussehen:

3.6 Die Klassen `SimpleDateFormat` und `DateFormat`

```
─────────────────── Konsole ───────────────────
Stoppuhr starten mit Eingabetaste!
Startzeitpunkt: 17:12:31:726

Die Stoppuhr laeuft ...

Stoppuhr anhalten mit Eingabetaste!
Stoppzeitpunkt: 17:12:50:302

Gesamtlaufzeit: 18576 ms
Gesamtlaufzeit (min:sec:ms): 0:18:576
```

3.5.5 Übungsaufgaben

Aufgabe 3.11

Ändern Sie das Stoppuhr-Programm aus Abschnitt 3.5.2 so ab, dass auch Zwischenzeiten genommen werden können und die Uhr erst dann endgültig angehalten wird, wenn durch Eingabe des Zeichens e die Endzeit angefordert wurde.

Aufgabe 3.12

Die Methode `drucke` aus Abschnitt 3.5.4 zeigt Uhrzeiten wie z. B. 3:05 nicht korrekt an, weil die Minuten ohne führende 0 ausgegeben werden. Berichtigen Sie dies. Betten Sie die Methode danach in ein Programm ein, das es ermöglicht, den aktuellen Zeitpunkt um eine einzulesende Anzahl von Jahren, Tagen, Stunden und Minuten in die Zukunft zu verlegen.

3.6 Die Klassen `SimpleDateFormat` und `DateFormat`

3.6.1 Arbeiten mit Format-Objekten für Datum/Zeit-Angaben

Wie wir bereits wissen, stehen im Paket `java.text` verschiedene Klassen zur Verfügung, die es ermöglichen, Formate für die Wandlung von Zahlen oder Daten in Zeichenketten festzulegen. Darunter finden wir auch die Klasse `SimpleDateFormat`, die von der abstrakten Klasse `DateFormat` erbt und mit deren Hilfe es möglich ist, ein Format-Objekt zu erzeugen, mit dessen Hilfe `Date`-Objekte in formatierte Strings gewandelt werden können.
Ähnlich wie bei der Klasse `DecimalFormat` können wir die Art und Weise, wie ein solches Format-Objekt einen Datum/Zeit-Wert in eine Zeichenkette wandelt, beim Aufruf des Konstruktors festlegen, indem wir ihm einen String übergeben, der das Muster zur Formatierung darstellt. Dieser String kann verschiedene vordefinierte Platzhalter-Zeichen für die verschiedenen Bestandteile eines

Date-Objekts sowie weitere Zeichen enthalten. Die wichtigsten dabei auftretenden Platzhalter haben folgende Bedeutung:

yy	Platzhalter für das Jahr (mit zwei Ziffern).
yyyy	Platzhalter für das Jahr (mit vier Ziffern).
M	Platzhalter für den Monat (mit einer oder zwei Ziffern).
MM	Platzhalter für den Monat (mit zwei Ziffern).
MMM	Platzhalter für den Monat (als Text mit drei Buchstaben).
MMMM	Platzhalter für den Monat (als Text).
EE	Platzhalter für den Tag der Woche (als Text mit zwei Buchstaben).
EEEE	Platzhalter für den Tag der Woche (als Text).
d	Platzhalter für den Tag des Monats (mit einer oder zwei Ziffern).
dd	Platzhalter für den Tag des Monats (mit zwei Ziffern).
H	Platzhalter für die Stunden (mit einer oder zwei Ziffern).
HH	Platzhalter für die Stunden (mit zwei Ziffern).
m	Platzhalter für die Minuten (mit einer oder zwei Ziffern).
mm	Platzhalter für die Minuten (mit zwei Ziffern).
s	Platzhalter für die Sekunden (mit einer oder zwei Ziffern).
ss	Platzhalter für die Sekunden (mit zwei Ziffern).
S	Platzhalter für die Millisekunden (mit drei Ziffern).
D	Platzhalter für den Tag des Jahres (als Zahl).
.	Wird als Trennzeichen direkt übernommen.
:	Wird als Trennzeichen direkt übernommen.
,	Wird als Trennzeichen direkt übernommen.

Wollen wir Freitext in unserem Format-String platzieren, so müssen wir diesen in einfache Hochkommas (') einschließen. Soll dieser Freitext selbst ein Hochkomma enthalten, müssen wir zwei Hochkommas hintereinander notieren.

Haben wir ein solches Objekt der Klasse SimpleDateFormat erzeugt, besitzt dieses die Methode

- **public final** String format(Date date)

mit deren Hilfe wir Zeitpunkte in formatierte Strings wandeln können. Wenn wir also beispielsweise am Abend des 6. Februar 2003 ein Date-Objekt d erzeugt haben und das Formatobjekt f1 durch

```
f1 = new SimpleDateFormat("EEEE,' der 'd.' 'MMMM,' 'H:mm' Uhr'"),
```

erzeugt haben, so wird durch

3.6 Die Klassen `SimpleDateFormat` und `DateFormat`

```
System.out.println(f1.format(d));
```

die Zeichenkette

```
Donnerstag, der 6. Februar, 18:38 Uhr
```

ausgegeben. Wenn wir hingegen das durch

```
f2 = new SimpleDateFormat("'Sternzeit 'yyyyMMdd.HHmmssS");
```

erzeugte Formatobjekt `f2` verwenden, so wird durch

```
System.out.println(f2.format(d));
```

die Zeichenkette

```
Sternzeit 20030206.183809126
```

ausgegeben.

Im nachfolgenden Programm `MyDateFormats` geben wir noch einige weitere Beispiele für „selbstgestrickte" Formate zur Ausgabe von Zeitangaben an.

```java
import java.text.*;
import java.util.*;
public class MyDateFormats {
    // Verschiedene Formate als Konstanten definieren
    public static final SimpleDateFormat
        eins = new SimpleDateFormat("dd.MM.yyyy' um 'HH:mm:ss:S"),
        zwei = new SimpleDateFormat("EE, MMM d, ''yy"),
        drei = new SimpleDateFormat("H:mm"),
        vier = new SimpleDateFormat("H' Uhr und 'm' Minuten'"),
        fuen = new SimpleDateFormat("d. MMMM yyyy'  'HH:mm"),
        sech = new SimpleDateFormat("EE, d. MMM yyyy HH:mm:ss"),
        sieb = new SimpleDateFormat("yyMMddHHmmssS");

    // Methode zur formatierten Ausgabe
    public static void println (Date d, SimpleDateFormat f) {
        System.out.println(f.format(d));
    }

    // Einige Tests
    public static void main (String[] args) {
        Date d = new Date();
        println (d, eins);
        println (d, zwei);
        println (d, drei);
        println (d, vier);
        println (d, fuen);
        println (d, sech);
        println (d, sieb);
    }
}
```

Unsere Formatobjekte haben wir dabei wieder als finale Klassenvariablen deklariert. Außerdem haben wir eine Methode `println` geschrieben, die beim Aufruf neben der Referenz auf das `Date`-Objekt, das sie ausgeben soll, auch das Format, in dem dieses darzustellen ist, übergeben bekommt. In der `main`-Methode verwenden wir diese Methode, um den aktuell erzeugten Zeitpunkt in unterschiedlichen Darstellungen auszugeben. Das Ablaufprotokoll unseres Programms sieht am 6. Februar 2003, kurz vor 19 Uhr, folgendermaßen aus:

```
─────────────────────── Konsole ───────────────────────
13.06.2003 um 14:37:51:346
Fr, Jun 13, '03
14:37
14 Uhr und 37 Minuten
13. Juni 2003   14:37
Fr, 13. Jun 2003 14:37:51
030613143751346
```

Abschließend noch einige Bemerkungen zur `DateFormat`-Klasse selbst, die wir zum Beispiel verwenden können, wenn wir lediglich mit bestimmten Standard-Formaten für unsere Datums- und Zeit-Angaben arbeiten wollen. In der Klasse `DateFormat` gibt es dazu so genannte Instanz-erzeugende Klassenmethoden

- **public static final** DateFormat getDateInstance()
- **public static final** DateFormat getDateInstance(**int** style)
- **public static final** DateFormat getDateInstance(**int** style,
                                                        Locale loc)
- **public static final** DateFormat getTimeInstance()
- **public static final** DateFormat getTimeInstance(**int** style)
- **public static final** DateFormat getTimeInstance(**int** style,
                                                        Locale loc)
- **public static final** DateFormat getDateTimeInstance()
- **public static final** DateFormat getDateTimeInstance(
                       int dateStyle, **int** timeStyle)
- **public static final** DateFormat getDateTimeInstance(
                 int dateStyle, **int** timeStyle, Locale loc)

die jeweils ein Format-Objekt erzeugen, das nur das Datum, nur die Zeit oder Datum und Zeit formatiert darstellt. In der Variante ohne Parameter liefern die Methoden jeweils das voreingestellte Format. Mit dem Parameter `style` kann festgelegt werden, welches der vier möglichen Standard-Formate verwendet werden soll. Hierzu dienen die Konstanten SHORT, MEDIUM, LONG und FULL, die in der Klasse `DateFormat` deklariert sind. Will man die Darstellung außerdem in einem bestimmten landesspezifischen Format erzeugen, so kann über den Parameter `loc` vom Typ `Locale` die entsprechende Wahl getroffen werden. Objekte der Klasse `Locale` aus dem Paket `java.util` können eine geografische, politische oder kulturelle Region repräsentieren. Einige solche Regionen werden als

3.6 Die Klassen `SimpleDateFormat` und `DateFormat`

vordefinierte Konstanten (wie z. B. CHINA, FRANCE, ITALY, UK oder US) in der Klasse `Locale` bereitgestellt.

Zuletzt sei noch erwähnt, dass den Objekten der Klasse `DateFormat` auch eine Methode `parse(String s)` zur Verfügung steht, mit deren Hilfe ein Zeitpunkt als Zeichenkette angegeben werden kann, die natürlich in dem durch das `DateFormat`-Objekt festgelegten Format angegeben sein muss (die Methode wirft andernfalls eine `ParseException`).

Im nachfolgenden Programm `MyStandardDateFormats` geben wir noch einige Beispiele für Standard-Formate zur Ausgabe von Zeitangaben an.

```java
import java.text.*;
import java.util.*;
public class MyStandardDateFormats {
  // Verschiedene Stanard-Formate als Konstanten definieren
  public static final DateFormat
    eins = DateFormat.getDateInstance(),
    zwei = DateFormat.getDateInstance(DateFormat.SHORT),
    drei = DateFormat.getDateInstance(DateFormat.LONG,
                                     Locale.FRANCE),
    vier = DateFormat.getTimeInstance(),
    fuen = DateFormat.getTimeInstance(DateFormat.LONG),
    sech = DateFormat.getTimeInstance(DateFormat.FULL,
                                     Locale.US),
    sieb = DateFormat.getDateTimeInstance(),
    acht = DateFormat.getDateTimeInstance(DateFormat.SHORT,
                                         DateFormat.SHORT),
    neun = DateFormat.getDateTimeInstance(DateFormat.LONG,
                                         DateFormat.LONG,
                                         Locale.ITALY);

  // Methode zur formatierten Ausgabe
  public static void println (Date d, DateFormat f) {
    System.out.println(f.format(d));
  }

  // Einige Tests
  public static void main (String[] args) {
    try {
      Date d = acht.parse("11.11.2004 11:11");
      println (d, eins);
      println (d, zwei);
      println (d, drei);
      println (d, vier);
      println (d, fuen);
      println (d, sech);
      println (d, sieb);
      println (d, acht);
      println (d, neun);
    }
    catch (ParseException pe) {
      System.out.println(pe);
    }
  }
}
```

Unsere Formatobjekte haben wir dabei erneut als finale Klassenvariablen deklariert. Außerdem verwenden wir wieder eine Methode `println`, die beim Aufruf neben der Referenz auf das `Date`-Objekt, das sie ausgeben soll, auch das Format, in dem dieses darzustellen ist, übergeben bekommt. In der `main`-Methode verwenden wir diese Methode, um den erzeugten Zeitpunkt (Faschingsmuffel denken mit Grauen an ihn) in unterschiedlichen Darstellungen auszugeben. Das Ablaufprotokoll unseres Programms sieht folgendermaßen aus:

```
─────────────────── Konsole ───────────────────
11.11.2004
11.11.04
11 novembre 2004
11:11:00
11:11:00 CET
11:11:00 AM CET
11.11.2004 11:11:00
11.11.04 11:11
11 novembre 2004 11.11.00 CET
```

3.6.2 Übungsaufgaben

Aufgabe 3.13

Schreiben Sie ein Programm, das Sie beim Start mit einer Meldung der Form

```
Heute ist Samstag, der 14. Juni 2003.
```

begrüßt und anschließend meldet

```
Die Uhr zeigt gerade: 16 Uhr und 55 Minuten.
Neue Zeitanzeige mit ENTER.
```

sowie bei jedem Betätigen der Eingabetaste erneut die Zeit in obiger Form anzeigt.

3.7 Die `Collection`-Klassen

Wir bereits erwähnt, stehen uns im Paket `java.util` eine Reihe von Klassen zur Verfügung, mit deren Objekte wir „Sammlungen" (engl.: Collections) von Objekten speichern und bearbeiten können. Um für alle vordefinierten oder selbst geschriebenen Klassen, die solche Sammlungen modellieren, eine einheitliche Funktionalität sicherzustellen, gibt es im Paket `java.util` eine Interface-Hierarchie, die die Grundstruktur der verschiedenen Ausprägungen von Collections widerspiegelt.

Ganz oben in dieser Hierarchie finden wir das Interface `Collection`, in dem bereits die wesentlichen Eigenschaften fast aller Arten von Collections zusammengefasst sind. Von diesem Interface erben die beiden Interfaces `Set` und `List`. Während das `Collection`-Interface die Art der Sammlung noch offen lässt, spezialisieren diese beiden Interfaces die genaue „Sammel-Strategie" unserer Collection-Objekte. Während ein List-Objekt eine Liste in Form einer geordneten Folge von Elementen repräsentiert, stellt ein Set-Objekt eine Sammlung von Objekten (eine Menge von Objekten) dar, in der keine Duplikate zugelassen sind. Als Sub-Interface von Set existiert außerdem das Interface SortedSet, das die Elemente der Set-Objekte zusätzlich mit einer Ordnung versieht.

Wir wollen uns im Folgenden zunächst mit der Grundstruktur der Collection-Schnittstelle und anschließend etwas genauer mit den Schnittstellen Set und List und ihren Implementierungen in den vordefinierten Klassen TreeSet und HashSet bzw. ArrayList und LinkedList beschäftigen.

3.7.1 „Sammlungen" von Objekten – Der Aufbau des Interface Collection

Generell dient ein **Collection-Objekt** dazu, verschiedene Objekte (die so genannten **Elemente** des Collection-Objekts) zu einer Gruppe zusammenzufassen. Dabei kann sich die Größe eines Collection-Objekts dynamisch an die gewünschte Anzahl seiner Elemente anpassen. Hierin unterscheiden sich übrigens Collection-Objekte von Feld-Objekten, wie wir sie in Band 1 kennen gelernt haben. Ein weiterer Unterschied findet sich in der Tatsache, dass wir in einem Collection-Objekt keine elementaren Werte speichern können. Als Elemente sind lediglich Referenzen, also Werte von Referenzdatentypen zugelassen. Wollen wir dennoch Werte von elementaren Datentypen in Collection-Objekten ablegen, so müssen wir die in Abschnitt 3.2 beschriebenen Wrapper-Klassen einsetzen.

Das Basis-Interface Collection beschreibt bereits ziemlich detailliert die wesentlichen Eigenschaften von einer Vielzahl verschiedenartiger Collections, indem folgende Methoden deklariert werden:

- **public boolean** add(Object o)
  fügt das Objekt o in das aufrufende Collection-Objekt ein (falls möglich bzw. nötig).

- **public boolean** addAll(Collection c)
  fügt alle Elemente der Collection c in das aufrufende Collection-Objekt ein (falls möglich bzw. nötig).

- **public void** clear()
  entfernt alle Elemente aus dem aufrufenden Collection-Objekt.

- **public boolean** contains(Object o)
  liefert **true**, wenn das aufrufende Collection-Objekt das Element o enthält, andernfalls **false**.

- **public boolean** containsAll(Collection c)
  liefert **true**, wenn das aufrufende Collection-Objekt alle Elemente des Collection-Objekts c enthält, andernfalls **false**.

- **`public boolean isEmpty()`**
  liefert **`true`**, wenn das aufrufende `Collection`-Objekt leer ist, andernfalls **`false`**.

- **`public Iterator iterator()`**
  liefert ein `Iterator`-Objekt für das aufrufende `Collection`-Objekt.

- **`public boolean remove(Object o)`**
  entfernt das Objekt o aus dem aufrufenden `Collection`-Objekt (falls möglich bzw. nötig).

- **`public boolean removeAll(Collection c)`**
  entfernt alle Elemente der Collection c aus dem aufrufenden `Collection`-Objekt (falls möglich bzw. nötig).

- **`public boolean retainAll(Collection c)`**
  entfernt alle Elemente, die *nicht* in der Collection c enthalten sind, aus dem aufrufenden `Collection`-Objekt (falls möglich bzw. nötig).

- **`public int size()`**
  liefert die aktuelle Anzahl der Elemente des aufrufenden `Collection`-Objekts.

- **`public Object[] toArray()`**
  wandelt das `Collection`-Objekt in eine Feld mit Komponententyp `Object`.

Die Methoden `add`, `addAll`, `remove`, `removeAll` und `retainAll` liefern den Wert **`true`** zurück, wenn die jeweilige Aktion zu einer Veränderung des Collection-Objekts geführt hat.

Die Methode `iterator` liefert einen so genannten Iterator, auf dessen Bedeutung wir im nachfolgenden Abschnitt genauer eingehen wollen.

3.7.2 „Sammlungen" durchgehen – Der Aufbau des Interface `Iterator`

Ein **Iterator** ermöglicht es, alle Elemente eines Collection-Objekts (wie auch immer es gestaltet sein mag) kontrolliert zu durchlaufen, die Sammlung also Element für Element abzuarbeiten. Das Interface `Iterator` legt fest, welche Operationen ein Iterator zur Verfügung stellen muss, um dieses kontrollierte Durchlaufen zu realisieren. Es deklariert daher folgende Methoden:

- **`public boolean hasNext()`**
  liefert **`true`**, wenn der Iterator noch mindestens ein weiteres Element liefern kann, andernfalls **`false`**.

- **`public Object next()`**
  liefert das jeweils nächste Element.

- **`public void remove()`**
  entfernt das zuletzt mit `next` angesprochene Element aus der zu Grunde liegenden Collection.

3.7 Die `Collection`-Klassen

Bei der Methode `next` gilt es zu beachten, dass diese eine Ausnahme vom Typ `NoSuchElementException` werfen kann. Dies geschieht dann, wenn kein weiteres Element mehr existiert, das von `next` geliefert werden könnte. Allerdings lässt sich diese Situation leicht dadurch vermeiden, dass man vor jedem Aufruf von `next` mit Hilfe der Methode `hasNext` überprüft, ob überhaupt noch weitere Elemente vorhanden sind. Weiterhin sei erwähnt, dass nicht jede Implementierung des `Collection`-Interface das Löschen von Elementen unterstützt. In diesen Fällen wirft die Methode `remove` des Iterators eine `UnsupportedOperationException`.

Arbeiten wir beispielsweise mit einem Collection-Objekt c, so können wir mit Hilfe seiner Instanzmethode `iterator` einen korrespondierenden Iterator erzeugen und in einer Schleife mit Hilfe der Iterator-Methoden `hasNext` und `next` die einzelnen Elemente unserer Collection durchlaufen. Unter Verwendung einer **while**-Schleife könnten wir dies als

```
Iterator it = c.iterator();
while (it.hasNext())
   System.out.println(it.next());
```

formulieren, unter Verwendung einer **for**-Schleife, etwas kürzer, als

```
for (Iterator i = c.iterator(); i.hasNext(); )
   System.out.println(i.next());
```

programmieren. Wir werden im Zusammenhang mit Listen bzw. Mengen weitere Beispiele zum Thema Iterator kennen lernen.

Vielleicht erinnern Sie sich noch an ein Beispiel aus Band 1, in dem wir mit dem Interface `Enumeration` gearbeitet haben. Wenn ja, sind Ihnen vielleicht einige Gemeinsamkeiten mit dem Interface `Iterator` aufgefallen. Dies liegt daran, dass in den älteren Versionen von Java (vor Version 1.2) noch nicht mit Iteratoren, sondern mit Enumerations gearbeitet wurde. Diese gibt es immer noch, in neu entwickelten Programmen sollte aber mit den Iteratoren gearbeitet werden.

3.7.3 Mengen

Unter dem Begriff **Menge** versteht man eine Collection, in der für die Elemente keine Duplikate zugelassen sind. Für diese Spezialform der Collections sind die Interfaces `Set` und `SortedSet` zuständig, wobei `Set` von `Collection` und `SortedSet` von `Set` erbt. Implementiert wird das `Set`-Interface von den beiden Klassen `HashSet` und `TreeSet`.

3.7.3.1 Das Interface `Set`

In Spezialisierung der aus dem Super-Interface `Collection` geerbten Methodendeklarationen legt das `Set`-Interface fest, dass die Methoden `add` und `addAll` so arbeiten müssen, dass keine Duplikate in ein `Set`-Objekt aufgenommen werden. Mit Hilfe der Methode `equals` wird ein einzufügendes Objekt daher zunächst mit den bereits im `Set`-Objekt enthaltenen Elementen verglichen. Wenn keiner

dieser Vergleiche `true` liefert, wird das neue Element eingefügt, andernfalls bleibt das `Set`-Objekt unverändert und die Methode `add` liefert `false` als Ergebnis.
Die aus der Mathematik bekannten Mengen-Operationen „Vereinigung", „Schnitt" und „Differenz" lassen sich mit den in `Collection` deklarierten Methoden realisieren. Für zwei Mengen u und v liefert `u.addAll(v)` die Menge u ∪ v, während `u.retainAll(v)` die Menge u ∩ v und `u.removeAll(v)` die Menge u \ v liefern, wobei das Ergebnis jeweils im `Set`-Objekt u erzeugt wird.

3.7.3.2 Die Klasse `HashSet`

Zur Konstruktion von `Set`-Objekten enthält die Klasse `HashSet` u. a. die Konstruktoren:

- **`public` `HashSet()`**
  erzeugt eine leere Menge.

- **`public` `HashSet(Collection c)`**
  erzeugt eine Menge, die alle Elemente der Collection c enthält, wobei eventuelle Duplikate eliminiert werden.

Wir wollen nun anhand eines kleinen Beispielprogramms die Anwendung der Klasse demonstrieren. In unserem Programm

```java
import java.util.*;
class ZahlenMenge {
    /** Methode zur Ausgabe von Infos ueber eine Collection */
    public static void printInfo(Collection c) {
        System.out.println("Die Menge enthaelt " + c.size() + " Elemente");
        System.out.println("Ist 3.3 in der Menge enthalten? " +
                          c.contains(new Double(3.3)));
        System.out.println("Alle Elemente der Menge:");
        for (Iterator i = c.iterator(); i.hasNext(); )
            System.out.print(i.next() + "   ");
        System.out.println();
        System.out.println();
    }

    /** Aufbau und Modifikation einer Collection */
    public static void main(String[] args) {
        Collection c = new HashSet();
        c.add(new Double(1.1));
        c.add(new Double(2.2));
        c.add(new Double(3.3));
        c.add(new Double(0.0));
        c.add(new Double(3.3));
        c.add(new Double(4.4));
        printInfo(c);
        c.remove(new Double(3.3));
        c.remove(new Double(0.0));
        c.remove(new Double(4.4));
        printInfo(c);
    }
}
```

verwenden wir eine Collection vom Typ `HashSet` und füllen diese mit den **double**-Werten 1.1, 2.2, 3.3, 0.0, 3.3 und 4.4 (wir müssen dabei natürlich die Wrapper-Klasse `Double` verwenden, da wir ja nur Objekte und keine elementaren Werte in der Collection ablegen können). Mittels der Methode `printInfo` geben wir dann einige Informationen über die erstellte Collection aus: Wir stellen fest, wie viele Elemente in der Collection gespeichert sind, prüfen, ob auch der Wert 3.3 enthalten ist, und geben schließlich (unter Verwendung eines Iterators) alle enthaltenen Elemente auf dem Bildschirm aus. Danach modifizieren wir unsere Collection, indem wir die Werte 3.3, 0.0 und 4.4 wieder entfernen. Schließlich geben wir erneut die Informationen über die aktuelle Collection aus.
Ein Start unseres Programms liefert somit die Ausgabe:

```
―――――――――――――――― Konsole ――――――――――――――――
Die Menge enthaelt 5 Elemente
Ist 3.3 in der Menge enthalten? true
Alle Elemente der Menge:
4.4    3.3    1.1    2.2    0.0

Die Menge enthaelt 2 Elemente
Ist 3.3 in der Menge enthalten? false
Alle Elemente der Menge:
1.1    2.2
```

Wir sehen, dass auf Grund der Verwendung eines `HashSet`-Objekts der Wert 3.3 lediglich einmal in unsere Sammlung aufgenommen wird. Dementsprechend bleiben nach Entfernen der drei Elemente lediglich die Elemente 1.1 und 2.2 übrig.

3.7.3.3 Das Interface `SortedSet`

Wollen wir eine Menge mit dem zusätzlichen Feature versehen, dass ihre Elemente stets aufsteigend sortiert sind, so müssen wir eine Klasse verwenden, die das Interface `SortedSet` implementiert – was auch gewährleistet, dass der Iterator die Mengen-Elemente stets in aufsteigender Reihenfolge durchläuft.
Dies setzt allerdings voraus, dass alle Elemente, die wir in eine sortierte Menge einfügen, miteinander vergleichbar sind. Dazu müssen die einzufügenden Elemente Instanzen einer Klasse sein, die das Interface `Comparable` implementiert. Dieses Interface enthält als einzige Methode

- **public int** compareTo(Object o)
  vergleicht das aufrufende Objekt mit dem Objekt o und liefert einen negativen Wert, den Wert 0 oder einen positiven Wert, je nachdem, ob das aufrufende Objekt kleiner, gleich oder größer als das Objekt o ist,

die in einer Klasse entsprechend zu implementieren ist. Dabei gilt es zu beachten, dass die Methode `compareTo` stets konsistent mit der Methode `equals` implementiert ist. Das bedeutet: Für zwei Objekte a und b muss a.compareTo(b) genau dann 0 liefern, wenn a.equals(b) das Ergebnis **true** liefert. Dies liegt darin begründet, dass SortedSet-Objekte Element-Vergleiche mit compareTo und nicht mit equals ausführen.[1]

Typische Beispiele für Klassen, die das Interface Comparable implementieren, sind übrigens die numerischen Wrapper-Klassen Integer, Double usw., deren Objekte wir daher auch problemlos in SortedSet-Objekte einfügen können.

Zusätzlich zu den üblichen Collection- bzw. Set-Methoden deklariert das Interface weitere Methoden:

- **public** Object first()
  liefert das erste (kleinste) Element der Menge.

- **public** Object last()
  liefert das letzte (größte) Element der Menge.

- **public** SortedSet headSet(Object stop)
  liefert eine Teilmenge mit allen Elementen, die kleiner als stop sind (im Sinne von compareTo).

- **public** SortedSet tailSet(Object start)
  liefert eine Teilmenge mit allen Elementen, die größer oder gleich start sind (im Sinne von compareTo).

- **public** SortedSet subSet(Object start, Object stop)
  liefert eine Teilmenge mit allen Elementen, die größer oder gleich start und kleiner als stop sind (im Sinne von compareTo).

3.7.3.4 Die Klasse TreeSet

Auch die Klasse TreeSet, die das SortedSet-Interface implementiert, enthält zur Konstruktion von Mengen folgende Konstruktoren:

- **public** TreeSet()
  erzeugt eine leere Menge.

- **public** TreeSet(Collection c)
  erzeugt eine Menge, die alle Elemente der Collection c enthält, wobei eventuelle Duplikate eliminiert werden.

Anhand unseres bereits in Abschnitt 3.7.3.2 vorgestellten Beispielprogramms wollen wir nun auch die Anwendung der Klasse TreeSet demonstrieren. In unserem Programm

```
1   import java.util.*;
2   class SortierteZahlenMenge {
3     /** Methode zur Ausgabe von Infos ueber eine Collection */
4     public static void printInfo(Collection c) {
5       System.out.println("Die Menge enthaelt " + c.size() + " Elemente");
```

---

[1] Wir haben diese Methodik bereits in Band 1 genutzt, als wir das Sortieren von Feldern mit selbstdefiniertem Komponententyp mit Hilfe der Methode Arrays.sort realisieren wollten.

3.7 Die Collection-Klassen

```
 6      System.out.println("Ist 3.3 in der Menge enthalten? " +
 7                         c.contains(new Double(3.3)));
 8      System.out.println("Alle Elemente der Menge:");
 9      for (Iterator i = c.iterator(); i.hasNext(); )
10        System.out.print(i.next() + "   ");
11      System.out.println();
12      System.out.println();
13    }
14
15    /** Aufbau und Modifikation einer Collection */
16    public static void main(String[] args) {
17      Collection c = new TreeSet();
18      c.add(new Double(1.1));
19      c.add(new Double(2.2));
20      c.add(new Double(3.3));
21      c.add(new Double(0.0));
22      c.add(new Double(3.3));
23      c.add(new Double(4.4));
24      printInfo(c);
25      c.remove(new Double(3.3));
26      c.remove(new Double(0.0));
27      c.remove(new Double(4.4));
28      printInfo(c);
29    }
30  }
```

verwenden wir nun eine Collection vom Typ `TreeSet`, lassen aber ansonsten das Programm unverändert. Das heißt: Wir füllen unsere Menge wieder mit den „eingepackten" **double**-Werten 1.1, 2.2, 3.3, 0.0, 3.3 und 4.4, geben mittels der Methode `printInfo` Informationen über die erstellte Collection aus (Anzahl der Elemente, Zugehörigkeitstest für 3.3, Aufzählung aller Elemente), modifizieren die Menge, indem wir die Werte 3.3, 0.0 und 4.4 entfernen, und geben schließlich nochmals Informationen über die aktuelle Zusammenstellung der Collection aus. Ein Start dieses Programms liefert die Ausgabe

```
─────────────────────────── Konsole ───────────────────────────
Die Menge enthaelt 5 Elemente
Ist 3.3 in der Menge enthalten? true
Alle Elemente der Menge:
0.0    1.1    2.2    3.3    4.4

Die Menge enthaelt 2 Elemente
Ist 3.3 in der Menge enthalten? false
Alle Elemente der Menge:
1.1    2.2
```

und wir sehen, dass auf Grund der Verwendung eines `TreeSet`-Objekts nach wie vor der Wert 3.3 lediglich einmal in unsere Sammlung aufgenommen wird. Dementsprechend bleiben auch jetzt nach Entfernen der drei Elemente wieder lediglich die Elemente 1.1 und 2.2 übrig. Besonders interessant ist hier allerdings die Aufzählung aller Elemente unserer Menge, da diese nun in aufsteigender Sortierung erfolgt.

3.7.4 Listen

Unter dem Begriff **Liste** versteht man eine geordnete Collection, in der Elemente auch mehrfach vorkommen können. Die Reihenfolge der Elemente wird dabei beim Einfügen festgelegt. Ähnlich wie bei Feldern sind die Elemente einer Liste von 0 beginnend durchnummeriert (indiziert). Für diese Spezialform der Collection ist das Interface `List` zuständig, das von `Collection` erbt und durch die beiden Klassen `ArrayList` und `LinkedList` implementiert wird.

3.7.4.1 Das Interface `List`

In Spezialisierung der aus dem Super-Interface `Collection` geerbten Methodendeklarationen legt das `List`-Interface fest, dass die Methoden `add` und `addAll` die weiteren Elemente jeweils am Ende der Liste einfügen und die Methode `remove` jeweils das erste entsprechende Element in der Liste entfernt. Außerdem deklariert das Interface weitere Methoden:

- **`public void` add(`int` index, Object o)**
  fügt das Objekt o in das aufrufende `List`-Objekt an der Position index ein (die nachfolgenden Elemente werden dabei um eine Position verschoben, indem ihr Index um 1 erhöht wird).

- **`public` Object get(`int` index)**
  liefert das Element an der Position index.

- **`public int` indexOf(Object o)**
  liefert die Position des ersten Auftretens (den kleinsten Index) des Elements o oder den Wert −1, falls o nicht in der Liste vorkommt.

- **`public int` lastIndexOf(Object o)**
  liefert die Position des letzten Auftretens (den größten Index) des Elements o oder den Wert −1, falls o nicht in der Liste vorkommt.

- **`public` Object remove(`int` index)**
  löscht das Element an der Position index (die nachfolgenden Elemente werden dabei um eine Position verschoben, indem ihr Index um 1 erniedrigt wird) und liefert das gelöschte Element als Ergebnis zurück.

- **`public` Object set(`int` index, Object o)**
  setzt das Element an der Position index auf den Wert o und liefert das ehemalige Element an dieser Stelle als Ergebnis zurück.

3.7.4.2 Die Klassen `ArrayList` und `LinkedList`

Beide Namen sind Programm. Während die Klasse `ArrayList` intern mit einem Feld arbeitet, werden die Elemente von Objekten der Klasse `LinkedList` über

3.7 Die Collection-Klassen

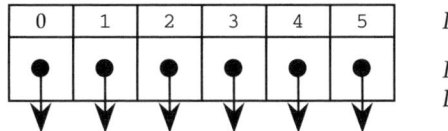

ArrayList-*Speicherung*

LinkedList-*Speicherung*

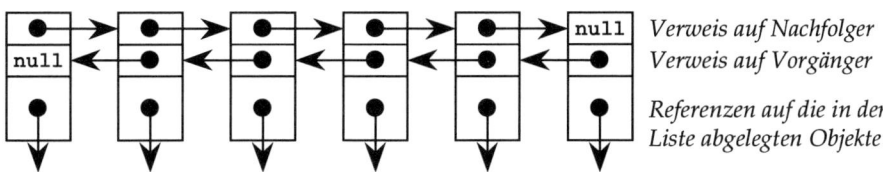

Abbildung 3.3: ArrayList und LinkedList im Vergleich

Referenzen miteinander „verlinkt". Durch diese unterschiedlichen Speicherformen, die durch Abbildung 3.3 verdeutlicht werden, ergeben sich für die beiden Klassen unterschiedliche Laufzeiten bei den Standardoperationen auf ihren Objekten. Während der Zugriff auf Elemente in ArrayList-Objekten in der Regel für alle Elemente gleich schnell erfolgen kann, ist das Einfügen und Löschen von Elementen (aufgrund der notwendigen Verschiebungen der Feldelemente) wesentlich aufwändiger als in LinkedList-Objekten, wo es genügt, die Referenzen auf die jeweiligen Vorgänger- und Nachfolger-Objekte des neuen bzw. gelöschten Objekts richtig zu setzen.

Auch die Klassen ArrayList und LinkedList enthalten je einen Konstruktor ohne Argumente zur Erzeugung einer leeren Liste und einen Konstruktor mit einem Collection-Parameter, der alle Elemente der Collection in die neu erzeugte Liste übernimmt.

Anhand unseres bereits in Abschnitt 3.7.3.2 vorgestellten Beispielprogramms wollen wir nun auch die Anwendung der List-Klassen am Beispiel der Klasse ArrayList demonstrieren. In unserem Programm

```
1   import java.util.*;
2   class ZahlenListe {
3     /** Methode zur Ausgabe von Infos ueber eine Collection */
4     public static void printInfo(Collection c) {
5       System.out.println("Die Liste enthaelt " + c.size() + " Elemente");
6       System.out.println("Ist 3.3 in der Liste enthalten? " +
7                          c.contains(new Double(3.3)));
8       System.out.println("Alle Elemente der Liste:");
9       for (Iterator i = c.iterator(); i.hasNext(); )
10        System.out.print(i.next() + "   ");
11      System.out.println();
12      System.out.println();
13    }
```

```
14
15    /** Aufbau und Modifikation einer Collection */
16    public static void main(String[] args) {
17      Collection c = new ArrayList();
18      c.add(new Double(1.1));
19      c.add(new Double(2.2));
20      c.add(new Double(3.3));
21      c.add(new Double(0.0));
22      c.add(new Double(3.3));
23      c.add(new Double(4.4));
24      printInfo(c);
25      c.remove(new Double(3.3));
26      c.remove(new Double(0.0));
27      c.remove(new Double(4.4));
28      printInfo(c);
29    }
30  }
```

verwenden wir nun eine Collection vom Typ `ArrayList`, lassen aber ansonsten das Programm unverändert. Das heißt, wir füllen unsere Liste mit den „eingepackten" **double**-Werten 1.1, 2.2, 3.3, 0.0, 3.3 und 4.4, geben mittels der Methode `printInfo` Informationen über die erstellte Collection aus (Anzahl der Elemente, Zugehörigkeitstest für 3.3, Aufzählung aller Elemente), modifizieren die Liste, indem wir die Werte 3.3, 0.0 und 4.4 entfernen, und geben schließlich nochmals Informationen über die aktuelle Zusammenstellung der Collection aus.

Ein Start dieses Programms liefert die Ausgabe

```
────────────────────────── Konsole ──────────────────────────
Die Liste enthaelt 6 Elemente
Ist 3.3 in der Liste enthalten? true
Alle Elemente der Liste:
1.1    2.2    3.3    0.0    3.3    4.4

Die Liste enthaelt 3 Elemente
Ist 3.3 in der Liste enthalten? true
Alle Elemente der Liste:
1.1    2.2    3.3
```

und wir sehen, dass auf Grund der Verwendung eines `List`-Objekts der Wert 3.3 zweimal in unsere Sammlung aufgenommen wird. Dementsprechend bleiben nach dem Entfernen der drei Elemente (unter ihnen auch der Wert 3.3) die Elemente 1.1, 2.2 und 3.3 übrig. Zu erkennen ist auch, dass die Aufzählung aller Elemente unserer Liste in der Reihenfolge erfolgt, in der sie ursprünglich in die Liste eingefügt (hinten angehängt) wurden.

3.7.4.3 Suchen und Sortieren – Die Klassen `Collections` und `Arrays`

Im praktischen Umgang mit `Collection`-Objekten wird man häufig mit Aufgaben konfrontiert, die es erfordern, in einer Sammlung nach Objekten zu

3.7 Die `Collection`-Klassen

suchen bzw. Sammlungen zu sortieren. Aus diesem Grund wird im Paket `java.util` auch eine Klasse `Collections` (nicht zu verwechseln mit dem Interface `Collection` ohne „s" am Ende) zur Verfügung gestellt. Darin finden wir (unter anderem) statische Methoden zum Sortieren von Collections und zum Suchen von Elementen in Collections.

- **`public static int` binarySearch(List list, Object o)**
  sucht nach dem Objekt o in der Liste `list`, wobei zuvor sichergestellt sein muss, dass diese bereits aufsteigend sortiert ist (durch die Methode `sort`). Falls o in `list` enthalten ist, liefert die Methode den Index, unter dem o in `list` gespeichert ist, zurück. Andernfalls wird der Wert $-p-1$ als Ergebnis zurückgeliefert. Dabei entspricht p dem Index, unter dem o in `list` sortiert eingefügt werden müsste. Der Wert von p entspricht daher stets entweder dem Index des ersten Elements, das größer als o ist, oder dem Wert `list.size()`. An einem negativen Ergebniswert kann somit abgelesen werden, dass o nicht in `list` enthalten ist.

- **`public static void` sort(List list)**
  sortiert die Liste `list` in aufsteigender Reihenfolge (im Sinne von `compareTo`).

Wenn wir uns an das Thema „Sortieren von Feldern mit selbstdefiniertem Komponententyp", mit dem wir uns am Ende von Band 1 beschäftigten, erinnern, kam auch damals eine Methode `sort` zum Einsatz. Allerdings handelte es sich dabei um die namensgleiche statische Methode der Klasse `Arrays`, die ebenfalls im Paket `java.util` angesiedelt ist. Wirft man einen Blick in die API-Spezifikation [21] zur Klasse `Arrays`, so stellt man fest, dass dort (unter anderem) mehrere Sortier- und Suchmethoden für Felder bereitgestellt werden, die folgende Form haben:

- **`public static int` binarySearch(xxx[] a, xxx v)**
  sucht nach v im Feld a, wobei zuvor sichergestellt sein muss, dass dieses bereits aufsteigend sortiert ist (durch die Methode `sort`). Falls v in a enthalten ist, liefert die Methode den Index, unter dem v in a gespeichert ist, zurück. Andernfalls wird der Wert $-p-1$ als Ergebnis zurückgeliefert. Dabei entspricht p dem Index, unter dem v in a sortiert eingefügt werden müsste. Der Wert von p entspricht daher stets entweder dem Index des ersten Elements, das größer als v ist, oder dem Wert `a.length`. An einem negativen Ergebniswert lässt sich somit erkennen, dass v nicht in a enthalten ist.

- **`public static void` sort(xxx[] a)**
  sortiert das Feld a in aufsteigender Reihenfolge (im Sinne von `compareTo`).

Dabei kann xxx für die elementaren Datentypen **char**, **byte**, **short**, **int**, **long**, **float** und **double**, aber auch für die Klasse `Object` stehen. Weiterhin steht in `Arrays` die Klassenmethode

- **`public static` List asList(Object[] a)**
  liefert das Feld a als `List`-Objekt zurück.

zur Verfügung, die zusammen mit der bereits in Abschnitt 3.7.1 erwähnten Instanzmethode `toArray` als Brücke zwischen Feldern und Collections dient.
Auch die Anwendung der Klasse `Collections` wollen wir anhand eines kleinen Beispielprogramms kurz demonstrieren. In unserem Programm

```java
import java.util.*;
class SortierteZahlenListe {
  /** Methode zur Ausgabe der Listenelemente */
  public static void printList(List l) {
    System.out.println("Die Liste enthaelt die Elemente");
    for (Iterator i = l.iterator(); i.hasNext(); )
      System.out.print(i.next() + "   ");
    System.out.println();
    System.out.println();
  }

  /** Aufbau und Modifikation einer Liste */
  public static void main(String[] args) {
    List l = new ArrayList();
    l.add(new Double(2.2));
    l.add(new Double(1.1));
    l.add(new Double(3.3));
    l.add(new Double(0.0));
    l.add(new Double(7.7));
    l.add(new Double(3.3));
    printList(l);
    Collections.sort(l);
    printList(l);
    System.out.println("Index des Elements mit Wert 0.0: " +
                       Collections.binarySearch(l, new Double(0.0)));
    System.out.println("Index des Elements mit Wert 2.2: " +
                       Collections.binarySearch(l, new Double(2.2)));
    System.out.println("Index des Elements mit Wert 5.5: " +
                       Collections.binarySearch(l, new Double(5.5)));
  }
}
```

verwenden wir eine Liste vom Typ `ArrayList`, die wir zunächst mit den „eingepackten" `double`-Werten 2.2, 1.1, 3.3, 0.0, 7.7 und 3.3 füllen. Mit der Methode `printList` lassen wir dann alle Elemente der Liste auf dem Bildschirm ausgeben. Im Anschluss daran lassen wir die Liste sortieren und ihre Elemente erneut ausgeben. Schließlich suchen wir die Werte 0.0, 2.2 und 5.5 in der Liste und geben dabei die jeweils zurückgelieferte Position auf das Konsolenfenster aus.
Ein Start dieses Programms liefert die Ausgabe

```
─────────────────────────── Konsole ───────────────────────────
Die Liste enthaelt die Elemente
2.2   1.1   3.3   0.0   7.7   3.3

Die Liste enthaelt die Elemente
0.0   1.1   2.2   3.3   3.3   7.7

Index des Elements mit Wert 0.0: 0
```

```
Index des Elements mit Wert 2.2: 2
Index des Elements mit Wert 5.5: -6
```

und wir sehen, dass auf Grund des letzten Rückgabewerts -6 abgelesen werden kann und 5.5 nicht in der Liste enthalten ist. Durch Erhöhung dieses Rückgabewertes um 1 und anschließende Bildung des Absolutbetrages (also $|-6+1|$) wissen wir, dass wir den Wert 5.5 unter dem Index 5 in die Liste eintragen müssten (unter Beibehaltung der Sortierung).

3.7.5 Übungsaufgaben

Aufgabe 3.14

Schreiben Sie ein Programm, das unter Verwendung eines Set-Objekts die Ziehung der Lottozahlen simuliert. Lassen Sie dazu wiederholt eine ganzzahlige Zufallszahl im Zahlenbereich 1 bis 49 generieren und in das Set-Objekt einfügen, bis dieses genau sieben Elemente (einschließlich Zusatzzahl) enthält. Geben Sie dann die Elemente des Set-Objekts auf dem Bildschirm aus.

Aufgabe 3.15

Schreiben Sie ein Programm, das unter Verwendung der Klasse TreeSet die Primzahlen zwischen 2 und n nach der folgenden Methode (Sieb des Eratosthenes) berechnet und ausdruckt:

1. Lies n ein.
2. Erzeuge die Menge T als Menge aller Zahlen von 2 bis n.
3. Erzeuge die zunächst leere Menge S.
4. Setze p auf den Wert 2.
5. Wiederhole

    – Nimm alle (nichttrivialen) Vielfachen von p (also $2p, 3p, \ldots$) in S auf.
    – Falls p noch den Wert 2 hat, setze p auf 3,
      andernfalls erhöhe p so lange um 2, bis für p gilt $p \notin S$.

    so lange, bis gilt $p^2 > n$.
6. Entferne alle Elemente der Menge S aus der Menge T.
7. Gib alle Elemente der Menge T aus (je 10 Werte in einer Zeile).

3.8 Die Klasse StringTokenizer

Nachdem wir uns nun ausgiebig mit den verschiedenen Collection-Klassen und deren Iteratoren beschäftigt haben, wollen wir in diesem Abschnitt nochmals eine Klasse vorstellen, die das Enumeration-Interface, also den Vorgänger des

`Iterator`-Interface, implementiert. Dazu kehren wir noch einmal zurück zur Thematik Zeichenketten, die wir bereits in Abschnitt 3.1 aufgegriffen hatten.

Im Paket `java.util` finden wir die Klasse `StringTokenizer`, deren Objekte es ermöglichen, Zeichenketten in einzelne Teilzeichenketten, so genannte **Tokens**, zu zerlegen. Dabei versteht man unter einem Token jeweils eine zusammenhängende Folge von Zeichen, die von den im `StringTokenizer`-Objekt festgelegten Trennzeichen eingegrenzt sind. Voreingestellte Trennzeichen sind dabei Leerzeichen, Tabulatorzeichen (\t), Zeilenendezeichen (\n und \r) und Seitenendezeichen (\f). Bei Konstruktion eines `StringTokenizer`-Objekts können aber auch Trennzeichen nach eigenem Wunsch festgelegt werden.

Zur Erzeugung von `StringTokenizer`-Objekten stehen folgende Konstruktoren zur Verfügung:

- **public** `StringTokenizer(String str)`
  erzeugt ein `StringTokenizer`-Objekt unter Verwendung der Standard-Trennzeichen. Die Trennzeichen selbst werden nicht als Tokens behandelt.

- **public** `StringTokenizer(String str, String delim)`
  erzeugt ein `StringTokenizer`-Objekt unter Verwendung der Trennzeichen, die in `delim` angegeben sind. Die Trennzeichen selbst werden nicht als Tokens behandelt.

- **public** `StringTokenizer(String str, String delim` **boolean** `returnDelims)`
  erzeugt ein `StringTokenizer`-Objekt unter Verwendung der Trennzeichen, die in `delim` angegeben sind. Hat `returnDelims` den Wert **true**, so werden die Trennzeichen selbst als Tokens behandelt, andernfalls nicht.

Als Methoden implementiert die `StringTokenizer`-Klasse

- **public int** `countTokens()`
  liefert die Anzahl der Tokens, d. h. die Anzahl möglicher Aufrufe der Methode `nextToken`.

- **public boolean** `hasMoreTokens()`
  liefert **true**, wenn das `StringTokenizer`-Objekt mindestens ein weiteres Token abliefern kann, andernfalls **false**.

- **public boolean** `hasMoreElements()`
  liefert den gleichen Wert wie `hasMoreTokens()`.

- **public** `String nextToken()`
  liefert das nächste Token.

- **public** `Object nextElement()`
  liefert den gleichen Wert wie `nextToken()`.

- **public** `String nextToken(String delim)`
  legt neue Trennzeichen gemäß `delim` für die weitere Verwendung des `StringTokenizer`-Objekts fest und liefert dann das nächste Token.

In unserem Beispielprogramm

3.8 Die Klasse StringTokenizer

```java
import java.util.*;
public class StringTokens {
  /** Methode zur Ausgabe einer String-Zerlegung */
  public static void print(StringTokenizer st) {
    while (st.hasMoreTokens())
      System.out.println(st.nextToken());
    System.out.println();
  }

  /** Beispielprogramm fuer StringTokenizer-Benutzung */
  public static void main(String[] args) {
    // Zu zerlegende Zeichenkette festlegen und ausgeben
    String text = "Dies ist ein ganz toller Text";
    System.out.println("Text als Original-Zeichenkette:");
    System.out.println(text);
    System.out.println();

    // Einen Standard-StringTokenizer erzeugen
    StringTokenizer st1 = new StringTokenizer(text);
    // Text mit Hilfe des Tokenizer-Objekts zerlegen und ausgeben
    System.out.println("Text mit Standard-Tokenizer zerlegt:");
    print(st1);

    // Spezielle Token-Trennzeichen definieren
    String trenner = "eo";

    // Einen StringTokenizer mit diesen Trennzeichen erzeugen
    StringTokenizer st2 = new StringTokenizer(text, trenner);
    // Text mit Hilfe des Tokenizer-Objekts zerlegen und ausgeben
    System.out.println("Text mit e-o-Tokenizer zerlegt:");
    print(st2);

    // Einen StringTokenizer mit diesen Trennzeichen erzeugen
    StringTokenizer st3 = new StringTokenizer(text, trenner, true);
    // Text mit Hilfe des Tokenizer-Objekts zerlegen und ausgeben
    System.out.println("Text mit e-o-Tokenizer zerlegt mit Trenner:");
    print(st3);
  }
}
```

verwenden wir drei verschiedenen StringTokenizer-Objekte für ein und dieselbe Zeichenkette (text). Das Objekt (st1) arbeitet mit den Default-Trennzeichen, während st2 und st3 die Buchstaben e und o als Trennzeichen verwenden. Darüber hinaus wertet st3 die Trennzeichen selbst als Tokens, da wir beim Konstruktoraufruf ein true im dritten Parameter übergeben. Mit Hilfe der Methode print, in der wir in einer Schleife die Methoden hasMoreTokens und nextToken einsetzen, um die jeweilige Zerlegung zu erhalten, lassen wir für die drei StringTokenizer-Objekte die von ihnen generierte Token-Folge auf das Konsolenfenster ausgeben, so dass wir die folgenden Ausgabezeilen erhalten:

```
──────────────── Konsole ────────────────
Text als Original-Zeichenkette:
Dies ist ein ganz toller Text
```

```
Text mit Standard-Tokenizer zerlegt:
Dies
ist
ein
ganz
toller
Text

Text mit e-o-Tokenizer zerlegt:
Di
s ist
in ganz t
ll
r T
xt

Text mit e-o-Tokenizer zerlegt mit Trenner:
Di
e
s ist
e
in ganz t
o
ll
e
r T
e
xt
```

3.8.1 Übungsaufgaben

Aufgabe 3.16

Schreiben Sie ein Programm, das die Benutzerin bzw. den Benutzer auffordert, einen längeren Text (inklusive üblicher Satzzeichen) per Tastatur einzugeben. Das Ende des Texts soll durch Betätigen der Eingabe-Taste signalisiert werden. Ihr Programm soll den Text als Zeichenkette einlesen und ihn mit Hilfe eines `StringTokenizer`-Objekts in seine einzelnen Wörter zerlegen. Diese Wörter sollen in eine Collection aufgenommen werden, so dass am Ende eine sortierte Liste aller im Text vorkommenden Wörter (ohne Duplikate) ausgegeben werden kann.

Kapitel 4

Praxisbeispiele

Willkommen im ersten Praxiskapitel dieses Buchs. In diesen Kapiteln werden wir die Tradition des ersten Bandes fortführen, anhand kleiner Anwendungen das gerade Erlernte zu rekapitulieren und zu vertiefen.

4.1 Rechnen mit rationalen Werten

Wir haben bereits gesehen, dass die Klassen BigInteger und BigDecimal uns die Möglichkeit bieten, mit beliebig langen Ganzzahlen bzw. Dezimalzahlen zu arbeiten. Dies ist eine sehr praktische Sache – in manchen Fällen aber immer noch nicht ausreichend. Es gibt Zahlen, die sich in einem Gleitkommasystem einfach nicht mit endlich vielen Ziffern darstellen lassen. Hierzu zählen neben den irrationalen Zahlen wie $\sqrt{2}$ viele rationale Werte. So hat etwa (wie wir später im Beispiel sehen werden) die Zahl 0.1 keine endliche Darstellung im Binärsystem. Im Dezimalsystem wäre $\frac{1}{3}$ ein vergleichbarer Fall.

In diesem Abschnitt werden wir eine Klasse schreiben, die uns das exakte Rechnen mit beliebigen Bruchzahlen ermöglicht. Wir stellen hierbei eine Bruchzahl durch zwei Zahlen zaehler und nenner dar, wobei nenner nicht negativ oder null sein darf. Ferner wollen wir in unserer Darstellung zaehler und nenner so weit wie möglich kürzen. Dies lässt sich dadurch erreichen, dass wir beide Werte durch ihren größten gemeinsamen Teiler dividieren:

$$\frac{\text{zaehler}}{\text{nenner}} = \frac{\text{zaehler} \div \text{ggt(zaehler,nenner)}}{\text{nenner} \div \text{ggt(zaehler,nenner)}}$$

Anschließend definieren wir die vier Grundrechenarten Addition, Subtraktion,

Multiplikation und Division gemäß den Regeln

$$\frac{a}{b} + \frac{c}{d} = \frac{a \cdot d + c \cdot b}{b \cdot d} \qquad (4.1)$$

$$\frac{a}{b} - \frac{c}{d} = \frac{a}{b} + \frac{-c}{d} \qquad (4.2)$$

$$\frac{a}{b} \cdot \frac{c}{d} = \frac{a \cdot c}{b \cdot d} \qquad (4.3)$$

$$\frac{a}{b} \div \frac{c}{d} = \frac{a \cdot d}{b \cdot c} \qquad (4.4)$$

4.1.1 Variablen und Konstruktoren

Unsere Klasse Bruchzahl besitzt zwei Instanzvariablen vom Typ BigInteger, die Zähler und Nenner des Bruchs repräsentieren:

```
public class Bruchzahl {

  /** Der Zaehler der Bruchzahl */
  private BigInteger zaehler;

  /** Der Nenner der Bruchzahl */
  private BigInteger nenner;
```

Analog zu den Wrapper-Klassen konzipieren wir die Klasse Bruchzahl so, dass ein einmal instantiiertes Objekt nicht mehr veränderbar ist. Wir definieren einen Konstruktor, dem wir Zähler und Nenner als Argumente übergeben. Den Fall, dass ein Benutzer der Klasse versehentlich den Nenner auf Null setzen will, fangen wir ab:

```
/** Konstruktor, dem Zaehler und Nenner als BigInteger
  * uebergeben werden.
  * @param zaehler der Zaehler der Bruchzahl
  * @param nenner der Nenner der Bruchzahl
  **/
public Bruchzahl(BigInteger zaehler,BigInteger nenner) {
  if (nenner.equals(BigInteger.valueOf(0)))
  {
    throw new ArithmeticException("Nenner darf nicht 0 sein.");
  }
  this.zaehler = zaehler;
  this.nenner = nenner;
  // Sonderfall: wir behandeln die Zahl 0
  if (zaehler.equals(BigInteger.valueOf(0)))
    nenner = BigInteger.valueOf(1);
  // Normalfall: die Zahl ist nicht null
  else {
    // Berechne den groessten gemeinsamen Teiler
    BigInteger ggt = zaehler.gcd(nenner);
    // Teile Zaehler und Nenner durch den ggt
    this.zaehler = zaehler.divide(ggt);
    this.nenner = nenner.divide(ggt);
  }
```

4.1 Rechnen mit rationalen Werten

```
    // Sorge dafuer, dass das Vorzeichen im Zaehler steckt
    if (this.nenner.signum() < 0)
    {
      this.nenner = nenner.negate();
      this.zaehler = zaehler.negate();
    }
}
```

Nachdem wir die Werte `zaehler` und `nenner` unserer Instanz gesetzt haben, müssen wir die Werte noch normalisieren – sprich, wir haben dafür zu sorgen, dass der Nenner unserer `Bruchzahl` ein positiver Wert ist und dass `zaehler` und `nenner` gegebenenfalls gekürzt werden. Beachten Sie, dass für die hierzu notwendige Berechnung des größten gemeinsamen Teilers bereits eine Methode in der Klasse `BigInteger` zur Verfügung steht.

Natürlich ist es für die Benutzung der Klasse sehr unbequem, die verschiedenen Zahlenformate manuell in das gewünschte Eingabeformat umrechnen zu müssen. Für ganzzahlige Werte stellen wir deshalb entsprechende Konstruktoren zur Verfügung. Sie sollen dem Programmierer das Leben vereinfachen:

```
/** Konstruktor, dem Zaehler und Nenner
 * als long-Werte uebergeben werden.
 **/
public Bruchzahl(long zaehler, long nenner) {
  this(BigInteger.valueOf(zaehler),BigInteger.valueOf(nenner));
}

/** Konstruktor, der einen long-Wert als Eingabegroesse nimmt.
 * @param zahl eine Gleitkommazahl
 **/
public Bruchzahl(long zahl) {
  this(zahl,1);
}
```

Können wir etwas Ähnliches auch für Gleitkommazahlen bewerkstelligen? Beginnen wir mit einer `BigDecimal`-Zahl. Wenn d die Zahl, n die Anzahl der Nachkommastellen und z die Ziffern der Zahl (das Komma haben wir also herausgestrichen) sind, so gilt:

$$d = \frac{z}{10^n}.$$

Für die Berechnung von n und z stellt uns `BigDecimal` die Methoden `scale()` und `unscaledValue()` zur Verfügung:

```
/** Konstruktor, der eine Gleitkommazahl als Eingabegroesse
 * nimmt.
 * @param zahl eine Gleitkommazahl als BigDecimal
 **/
public Bruchzahl(BigDecimal zahl) {
  this(zahl.unscaledValue(),
    BigInteger.valueOf(10).pow(zahl.scale()));
}
```

Unter Verwendung dieses neuen Konstruktors stehen uns nun alle Umwandlungsmöglichkeiten der Klasse `BigDecimal` zur Verfügung:

```java
/** Konstruktor, der eine Gleitkommazahl als Eingabegroesse
 * nimmt.
 * @param zahl eine Gleitkommazahl in Textrepraesentation,
 *    z.B. "0.123"
 **/
public Bruchzahl(String zahl) {
  this(new BigDecimal(zahl));
}

/** Konstruktor, der einen double-Wert als Eingabegroesse nimmt.
 * @param zahl eine Gleitkommazahl
 **/
public Bruchzahl(double zahl) {
  this(new BigDecimal(zahl));
}
```

Beachten Sie übrigens, dass die Konstruktor-Aufrufe `new Bruchzahl("0.1")` und `new Bruchzahl(0.1)` unterschiedliche Ergebnisse liefern. Während der erste Aufruf wie erwartet die Zahl $\frac{1}{10}$ repräsentiert, erzeugt der zweite Aufruf den Bruch

$$\frac{3602879701896397}{36028797018963968}.$$

Dies ist zwar sehr nahe an $\frac{1}{10}$, trifft aber doch nicht ganz unsere Erwartungen. Der Grund ist der bereits oben erwähnte Umstand, dass 0.1 im Binärsystem nicht mit endlich vielen Stellen dargestellt werden kann. Beim Übersetzen des Programms setzt Java Gleitkommakonstanten deshalb auf jenen Wert, der der dezimalen Darstellung am nächsten liegt. Bei der Ausgabe von **float**- oder **double**-Werten findet der umgekehrte Prozess statt. Man rechnet also schon von Anfang an mit ungenauen Werten.

4.1.2 `toString`, `equals` und `hashCode`

Wie im ersten Teil bereits erwähnt, gibt es drei Methoden, die man bei Klassen oftmals überschreibt:

- die Methode `toString()`, die eine textuelle Darstellung eines Objektes liefert,
- die Methode `equals()`, die zwei Objekte auf Gleichheit prüft, und
- die Methode `hashCode()`, die konsistent mit der Methode `equals()` gehalten werden muss.[1]

Wir wollen in unserer `Bruchzahl`-Klasse diese drei Methoden ebenfalls überschreiben:

---
[1] Zwei Objekte, die gemäß `equals` gleich sind, müssen denselben `hashCode` zurückliefern. Andernfalls funktionieren einige `Collection`-Implementierungen, wie etwa `HashSet` oder `HashMap`, nicht.

```
/** Liefert eine String-Darstellung dieser Zahl */
public String toString() {
  return (nenner.equals(BigInteger.valueOf(1))) ?
    zaehler.toString() :
    (zaehler.toString() + '/' + nenner.toString());
}

/** Vergleicht zwei Objekte auf Gleichheit
  * @param o das zu vergleichende Objekt
  * @return true genau dann, wenn das andere Objekt
  *   auch eine Bruchzahl vom gleichen Inhalt ist.
  **/
public boolean equals(Object o) {
  if (o instanceof Bruchzahl) {
    Bruchzahl b = (Bruchzahl) o;
    return zaehler.equals(b.zaehler) && nenner.equals(b.nenner);
  }
  return false;
}

/** Liefert einen Hashcode fuer dieses Objekt zurueck.
  * @return der Hashcode, berechnet aus Zaehler und Nenner
  **/
public int hashCode() {
  return zaehler.hashCode() * nenner.hashCode();
}
```

Die neue `toString`-Methode gibt Zähler und Nenner unserer Bruchzahl aus. Zwei `Bruchzahl`-Objekte sind gemäß `equals()` genau dann gleich, wenn `zaehler` und `nenner` übereinstimmen.

4.1.3 Die vier Grundrechenarten

Nachdem nun das Grundgerüst unserer `Bruchzahl`-Klasse steht, können wir uns an die Implementierung der Rechenoperationen machen. Die Formeln, wie auf Seite 106 beschrieben, beruhen auf Operationen, die für die Klasse `BigInteger` bereits definiert sind. Wir verwenden diese Operationen sowie unseren `Bruchzahl`-Konstruktor, um das Rechenergebnis als neues `Bruchzahl`-Objekt zurückzugeben. Für die Subtraktion zweier Bruchzahlen definieren wir eine Hilfsmethode namens `negate`. Da auch der Wechsel des Vorzeichens einer Zahl durchaus eine oft verwendete Operation ist, machen wir diese Methode ebenfalls öffentlich zugänglich:

```
/** Addiert zwei Bruchzahlen
  * @param zahl der zweite Summand
  * @return this + zahl
  **/
public Bruchzahl add(Bruchzahl zahl) {
  return new Bruchzahl(
    zaehler.multiply(zahl.nenner).add(nenner.multiply(zahl.zaehler)),
    nenner.multiply(zahl.nenner)
  );
}
```

```java
/** Negiert eine Bruchzahl
 * @return -this
 **/
public Bruchzahl negate() {
  return new Bruchzahl(zaehler.negate(),nenner);
}

/** Subtrahiert zwei Bruchzahlen
 * @param zahl der Subtrahend
 * @return this - zahl
 **/
public Bruchzahl subtract(Bruchzahl zahl) {
  return add(zahl.negate());
}

/** Multipliziert zwei Bruchzahlen
 * @param zahl der zweite Faktor
 * @return this * zahl
 **/
public Bruchzahl multiply(Bruchzahl zahl) {
  return new Bruchzahl(
    zaehler.multiply(zahl.zaehler),
    nenner.multiply(zahl.nenner)
  );
}

/** Dividiert zwei Bruchzahlen
 * @param zahl der Divisor
 * @return this / zahl
 **/
public Bruchzahl divide(Bruchzahl zahl) {
  return new Bruchzahl(
    zaehler.multiply(zahl.nenner),
    nenner.multiply(zahl.zaehler)
  );
}
```

Damit ist unsere `Bruchklasse` komplett. Wir fügen zu guter Letzt lediglich noch eine `main`-Methode an, in der wir einige Funktionen unserer Klasse demonstrieren können:

```java
/** Ein kleiner Test unserer Implementierung */
public static void main(String[] args) {
  // Gib einige umgewandelte Zahlen aus
  System.out.println(new Bruchzahl(1,3));
  System.out.println(new Bruchzahl(2,-6));
  System.out.println(new Bruchzahl(3));
  System.out.println(new Bruchzahl(0.1)); // Achtung!
  System.out.println(new Bruchzahl("0.1"));
  System.out.println(new Bruchzahl(0));
  // Fuehre einige Rechenoperationen aus
  System.out.println(new Bruchzahl(1,3).add(new Bruchzahl(1,6)));
  System.out.println(new Bruchzahl(1,3).subtract(new Bruchzahl(1,6)));
  System.out.println(new Bruchzahl(2,3).multiply(new Bruchzahl(1,6)));
  System.out.println(new Bruchzahl(1,3).divide(new Bruchzahl(1,6)));
```

```
    // Vergleiche zwei Objekte auf Gleichheit
    System.out.println(new Bruchzahl(1,-3).equals(new Bruchzahl(-2,6)));
  }
```

Führen wir diese Methode aus, erhalten wir folgende Ausgabe:

```
―――――――――――――――――――― Konsole ――――――――――――――――――――
1/3
-2/6
3
3602879701896397/36028797018963968
1/10
0
1/2
1/6
1/9
2
true
```

4.2 Wem die Stunde schlägt

In diesem Beispiel werden wir ein Programm namens `WieSpaet` schreiben, das die Systemzeit erfragt und formatiert in der Form

```
―――――――――――――――――――― Konsole ――――――――――――――――――――
Es ist gerade 14:16 Uhr und 04 Sekunden.
```

auf dem Bildschirm ausgibt. Klingt einfach? Sollte es eigentlich auch sein. Dennoch werden wir vor Ende des Abschnittes insgesamt sage und schreibe *sechs* .java-Dateien formuliert haben, um diese simple Aufgabe zu lösen.

Um es vorwegzunehmen: Die Autoren dieses Buchs sind weder übergeschnappt, noch wollen sie den Leser dazu verleiten, mit Kanonen auf Spatzen zu schießen. Tatsächlich legen wir mit diesem Code den Grundstein zum ehrgeizigsten Mini-Projekt dieses Buchs. Noch bevor das Buch zu Ende ist, werden wir eine Applikation geschrieben haben, die

- eine Digital- oder Analoguhr grafisch auf dem Bildschirm darstellt,
- die Zeit im Sekundentakt aktualisiert und sogar in der Lage ist,
- sich sowohl lokal auf dem Rechner als auch über das Internet starten zu lassen und
- sich mit Hilfe eines Zeit-Servers im Netzwerk selbst zu stellen.

Da dieses Vorhaben zu groß für ein einzelnes Praxiskapitel ist (und wir ferner noch gar nicht das Wissen haben, um diese Funktionalität vollständig zu realisieren), teilen wir unser Projekt in verschiedene Schritte auf. Jeder einzelne Schritt

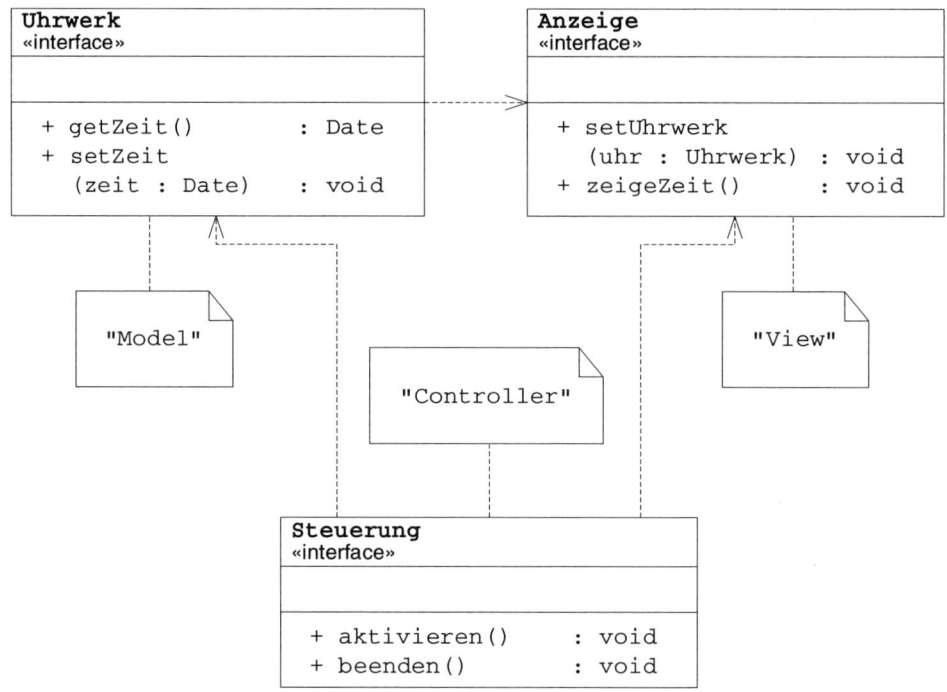

Abbildung 4.1: Aufbau einer Uhr – in Klassen gesehen

wird zu einem funktionsfähigen Programm resultieren, das uns dem eigentlichen Ziel einen kleinen Schritt näher bringt. Dieser Ansatz, die so genannte **Iterative Entwicklung**, ist heutzutage in vielen kommerziellen Projekten üblich. Sie ist Bestandteil verschiedener Entwicklungsstile, beispielsweise des **Extreme Programming**.

In unserer ersten Iteration werden wir oben genanntes Programm schreiben – wir werden es aber so entwerfen, dass wir in den nächsten Praxiskapiteln Schritt für Schritt zu unserem großen Ziel gelangen.

4.2.1 Designphase

Lösen wir uns einen Moment lang von der konkreten Aufgabe. Wie funktioniert eigentlich eine Digitaluhr?
Da wäre zum einen natürlich die LED-Anzeige. Diese Anzeige stellt dem Benutzer eine „grafische Oberfläche" zur Verfügung, von der er die Zeit ablesen kann. Die Anzeige weiß natürlich nicht von alleine, wie spät es ist. Diese Informationen erhält sie von einem Uhrwerk, dass innerhalb des Gehäuses die Sekunden zählt. Dieses Uhrwerk liefert die genaue Zeit zurück und kann (falls es sich nicht um eine Funkuhr handelt) vom Träger der Uhr auch gestellt werden. Zwischen

4.2 Wem die Stunde schlägt

Uhrwerk und Anzeige befindet sich eine wie auch immer geartete Logik, die die Abläufe zwischen Uhrwerk und Anzeige aktiv steuert.

In unserem Modell (Abbildung 4.1) bilden wir diese drei Bestandteile einer Uhr – Uhrwerk (Model), Anzeige (View) und Steuerung (Controller) – mit Hilfe von Interfaces nach, wir benutzen also das Model-View-Controller-Pattern (vergleiche auch Kapitel 2). In Java-Code sehen diese Interfaces wie folgt aus:

```java
import java.util.Date;

/** Dieses Interface stellt das Zeitmessungsinstrument
 *  einer Uhr dar.
 **/
public interface Uhrwerk {

    /** Gibt die aktuelle Uhrzeit in Form eines Date-Objektes
     *  zurueck.
     *  @return die aktuelle Zeit
     **/
    public Date getZeit();

    /** Stellt das Werk dieser Uhr auf eine bestimmte Zeit.
     *  Diese Methode ist optional und muss nicht immer
     *  implementiert sein.
     *  @param zeit die aktuelle Uhrzeit
     *  @exception UnsupportedOperationException falls diese Methode
     *     nicht unterstuetzt wird
     **/
    public void setZeit(Date zeit) throws UnsupportedOperationException;
}
```

```java
/** Dieses Interface repraesentiert die Darstellung der
 *  Uhrzeit gemaess einem gegebenen Uhrwerk.
 **/
public interface Anzeige {

    /** Nennt der Anzeige das Uhrwerk, das verwendet werden
     *  soll.
     *  @param uhr das zu verwendende Uhrwerk
     **/
    public void setUhrwerk(Uhrwerk uhr);

    /** Weist die Anzeige an, die aktuelle Uhrzeit aus dem
     *  Uhrwerk auszulesen und darzustellen.
     **/
    public void zeigeZeit();

}
```

```java
/** Implementierungen dieses Interfaces koordinieren die
 *  Interaktion zwischen dem Uhrwerk und der Zeitanzeige.
 *  Waehrend die anderen Interfaces passive Klassen
 *  darstellen, ist die Steuerung das aktive Glied zwischen
 *  "Model" und "View"
 **/
```

```java
7   public interface Steuerung {
8
9     /** Diese Methode signalisiert der Steuerung, dass
10     * sie mit ihrer Arbeit beginnen soll.
11     **/
12    public void aktivieren();
13
14    /** Diese Methode signalisiert der Steuerung, dass
15     * sie ihre Arbeit jetzt beenden kann.
16     **/
17    public void beenden();
18
19  }
```

Die konkreten Implementierungen dieser Klassen sind austauschbar. Ob wir (wie in dieser Stufe) die Zeit lediglich auf der Konsole ausgeben oder (wie im weiteren Verlauf des Buchs) eine grafische Anzeige vorziehen, ist für das Konzept eher zweitrangig. Auf diese Weise kann unser Programm wachsen, indem wir lediglich einzelne Bestandteile der konkreten Ausprägungen eines Interface verändern.

Übrigens noch ein Hinweis für die Freunde von Entwurfsmustern: diese Art von Design hat im Vokabular von Software-Entwicklern einen festen Namen, den Sie bereits kennen. Ersetzen Sie Uhrwerk durch *Model*, Anzeige durch *View* und Steuerung durch *Controller*, so haben wir einen klassischen Fall des bereits zuvor erwähnten MVC-Patterns.

4.2.2 Modell und View

Beginnen wir mit der Klasse Systemzeit, einer einfachen Realisierung des Uhrwerk-Interface. Diese Klasse verwendet die interne Uhr des Computers, um die Zeit zu messen. Da Java keine direkte Manipulation der Systemzeit erlaubt, ist ein Stellen der inneren Uhr nicht möglich:

```java
1   import java.util.Date;
2
3   /** Diese Implementierung des Uhrwerk-Interfaces erhaelt ihre
4    * Zeitinformationen von der lokalen Uhr des Computers.
5    * Entsprechend ist es auch nicht moeglich, die Zeit dieses
6    * Uhrwerks vor- oder zurueckzustellen.
7    **/
8   public class Systemzeit implements Uhrwerk {
9
10    /** Gibt die aktuelle Uhrzeit in Form eines Date-Objektes
11     * zurueck.
12     * @return die aktuelle Zeit
13     **/
14    public Date getZeit() {
15      return new Date();
16    }
17
18    /** Stellt das Werk dieser Uhr auf eine bestimmte Zeit.
19     * Diese Methode ist optional und muss nicht immer
20     * implementiert sein.
```

4.2 Wem die Stunde schlägt

```
21       * @param zeit die aktuelle Uhrzeit
22       * @exception UnsupportedOperationException falls diese Methode
23       *   nicht unterstuetzt wird
24       **/
25      public void setZeit(Date zeit) throws UnsupportedOperationException {
26        throw new UnsupportedOperationException();
27      }
28
29    }
```

Auch unser View, die Klasse `KonsolenAnzeige`, ist nicht wesentlich komplexer. Wir verwenden ein `SimpleDateFormat`-Objekt, um die Formatierung unserer Zeit auf dem Bildschirm zu erzielen:

```
    private static SimpleDateFormat FORMAT = new SimpleDateFormat
      ("'Es ist gerade' HH:mm 'Uhr und' ss 'Sekunden.'");
```

Diese Klassenvariable verwenden wir in der Methode `zeigeZeit`, um die vom `Uhrwerk` erfragte Zeit auszugeben:

```
    /** Weist die Anzeige an, die aktuelle Uhrzeit aus dem
     * Uhrwerk auszulesen und darzustellen.
     **/
    public void zeigeZeit() {
      System.out.println(FORMAT.format(uhrwerk.getZeit()));
    }
```

Das Uhrwerk selbst haben wir in einer Instanzvariablen gesichert, die wir mit der Methode `setUhrwerk()` manipulieren können:

```
    /** Dieses Uhrwerk wird fuer die Zeitdarstellung verwendet. */
    private Uhrwerk uhrwerk;

    /** Nennt der Anzeige das Uhrwerk, das verwendet werden
     * soll.
     * @param uhr das zu verwendende Uhrwerk
     **/
    public void setUhrwerk(Uhrwerk uhr) {
      uhrwerk = uhr;
    }
```

4.2.3 Controller und Hauptprogramm

Kommen wir nun zur Klasse `WieSpaet`, die unser Steuerungsinterface realisiert. Auch diese Klasse ist alles andere als komplex – wir befinden uns ja auch in der allerersten Iteration unseres Mini-Projektes.

```
1    /** Eine einfache Uhr-Steuerung mit Main-Methode:
2     * zeige die aktuelle Systemzeit an und beende
3     * das Programm
4     **/
5    public class WieSpaet implements Steuerung {
6
7      /** Die verwendete Anzeige */
```

```java
 8    private Anzeige anzeige;
 9
10    /** Konstruktor.
11     * @param uhrwerk das zu verwendende Uhrwerk
12     * @param anzeige die zu verwendende Anzeige
13     **/
14    public WieSpaet(Uhrwerk uhrwerk,Anzeige anzeige) {
15      this.anzeige = anzeige;
16      // Gehe sicher, dass das Uhrwerk gesetzt ist
17      anzeige.setUhrwerk(uhrwerk);
18    }
19
20    /** Diese Methode signalisiert der Steuerung, dass
21     * sie mit ihrer Arbeit beginnen soll.
22     **/
23    public void aktivieren() {
24      anzeige.zeigeZeit();
25    }
26
27    /** Diese Methode signalisiert der Steuerung, dass
28     * sie ihre Arbeit jetzt beenden kann.
29     **/
30    public void beenden() {
31      // Keine besonderen Aktionen notwendig
32    }
33
34    /** Main-Methode: zeigt die Zeit einmal an */
35    public static void main(String[] args) {
36      // Instantiiere ein einzelnes Steuerungsobjekt
37      Steuerung steuerung =
38        new WieSpaet(new Systemzeit(),new KonsolenAnzeige());
39      // Aktiviere die Steuerung und gebe somit die Zeit aus
40      steuerung.aktivieren();
41      // Beende die Steuerung und das Programm
42      steuerung.beenden();
43    }
44
45  }
```

4.2.4 Ausblick

Werfen wir einen Blick auf das folgende Programm:

```java
 1  import java.text.SimpleDateFormat;
 2  import java.util.Date;
 3  /** Gibt die aktuelle Uhrzeit auf dem Bildschirm aus. */
 4  public class OhneSchnoerkel {
 5    /** Main-Methode */
 6    public static void main(String[] args) {
 7      System.out.println(new SimpleDateFormat(
 8        ("'Es ist gerade' HH:mm 'Uhr und' ss 'Sekunden.'"))
 9        .format(new Date()));
10    }
11  }
```

Es bewirkt genau dasselbe, was wir gerade mit drei Interfaces und ebenso vielen Klassen mühsam erzielt haben. Wozu also der ganze Aufwand?

Diese Frage ist wie so oft auch diesmal nicht in einem Satz zu beantworten. Wir können natürlich auf unser „höheres Ziel" verweisen und auf die langfristige Perspektive unseres Modells bauen. Doch was hilft das dem Anwender, der *wirklich* nur die Zeit auf dem Bildschirm ausgegeben haben möchte?

Wenn wir diesen Fall aus kommerzieller Sicht betrachten, so ist unsere Implementierung natürlich ein Fiasko. Wir haben ein Vielfaches an Code und Zeit investiert und somit die Gewinnspanne unseres Projektes deutlich verringert. Wenn wir also wissen, dass die Anforderungen unseres Kunden feststehen, so ist der Ansatz „ohne Schnörkel" durchaus zu vertreten.

Doch nehmen wir einmal an, der Kunde ist mit seiner Anwendung so zufrieden, dass er einen Folgeauftrag vergibt. Statt die Uhrzeit nur zu sehen, möchte er sie mit dem Programm auch setzen können. Oder vielleicht möchte er auch herausfinden, wie die Systemzeit gerade auf einem *anderen* Computer im Firmennetzwerk gesetzt ist. Für keine dieser Anforderungen ist Raum im Ansatz des schnörkellosen Programms vorhanden. Jeder Folgeauftrag bedeutet also eine komplette Neuentwicklung; die Wiederverwertung von bereits verwendetem Code ist somit gleich null. Auf lange Sicht verliert das Unternehmen mit diesem Ansatz also mehr, als es gewinnt.

Natürlich wirken diese Fälle bei einem so kleinen Beispiel arg konstruiert, aber sie sind weniger weit von der Praxis entfernt, als man vielleicht annimmt. Viele kleine und mittelständische Softwarehäuser leben von Auftragsarbeit, konzentrieren sich auf einen Marktsektor und versuchen, zu *dem* Experten für diese Branche zu werden. Für diese Firmen ist es überlebenswichtig, Lösungen aus der Schublade und mit minimalem Entwicklungsaufwand generieren zu können. Um konkurrenzfähig zu bleiben, müssen sie oft Projektpreise unter den Entwicklungskosten anbieten und ihre Ausgaben auf mehrere Projekte umverteilen. Ihre Existenz hängt also davon ab, dass ein Großteil ihres Codes wiederverwertbar und in mehr als einem Projekt einsetzbar ist.

4.3 Die Türme von Hanoi

Bei den Türmen von Hanoi handelt es sich um ein klassisches Problem, das in viele Programmierkurse Einzug gehalten hat. Entsprechend soll es auch in diesem Buch nicht fehlen.

Gegeben sind drei Stangen. Auf der einen Stange ist eine Anzahl von Scheiben aufgereiht, nach Größe sortiert (siehe Abbildung 4.2). Aufgabenstellung sei es, die Scheiben von der ersten auf die zweite Stange zu versetzen.

Um das Ganze nicht allzu einfach zu machen, sind einige Grundregeln für das Verschieben gegeben:

- Es darf pro Zug immer nur eine Scheibe bewegt werden.
- Eine größere Scheibe darf niemals auf eine kleinere Scheibe gelegt werden.

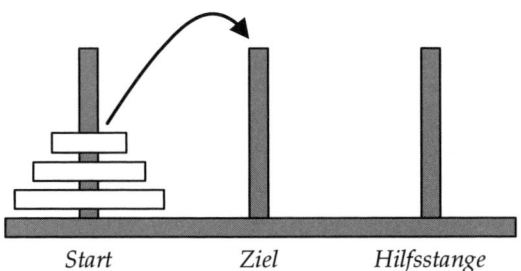

Start   Ziel   Hilfsstange

Abbildung 4.2: Die Türme von Hanoi

Wir wollen ein Programm erstellen, das die durchzuführenden Züge für eine beliebige Anzahl von Scheiben berechnet und auf dem Bildschirm ausgibt.

4.3.1 Designphase

So wie das Achtdamen-Problem aus Band 1 handelt es sich bei den Türmen um ein klassisches Beispiel für einen rekursiven Ansatz. Wo wir im ersten Band jedoch mit einer kompliziert anmutenden (und daher fehleranfälligen) Indizierung auf einem Feld gearbeitet haben, wollen wir dieses Mal ein solides Objektmodell für uns arbeiten lassen.
Abbildung 4.3 zeigt ein Modell, das in seiner Struktur der Wirklichkeit aus Abbildung 4.2 nachempfunden ist. Eine Klasse Hanoi repräsentiert das Spielbrett und damit die zu lösende Aufgabe. Einem Konstruktor wird die Anzahl der Scheiben übergeben; eine Instanzvariable zaehler registriert die Anzahl der benötigten Züge. Mit Hilfe der toString-Methode können wir den Zustand des Spielbrettes zu einem bestimmten Zeitpunkt ausgeben.
Eine Instanz der Klasse Hanoi hat eine Assoziation zu drei Stange-Objekten. Jedes dieser Objekte repräsentiert eine der drei Stangen des Spiels. Mit Hilfe von getHoehe() lässt sich die Anzahl der Scheiben erfragen, die sich auf der Stange momentan befinden. Der Aufruf von entferne() entfernt die oberste Scheibe von der Stange. Die Methode fuegeEin() reiht eine Scheibe auf der Stange auf, wobei sichergestellt werden muss, dass niemals eine größere auf eine kleinere Scheibe gelegt wird. Der Erfolg des Einfügens wird durch den Booleschen Rückgabewert **true** signalisiert.
Um die Breite der einzelnen Scheiben miteinander vergleichen zu können, müssen Instanzen der Klasse Scheibe Informationen über ihre Breite liefern können. Auch dieser Punkt ist im Design berücksichtigt.

4.3.2 Die Klasse Scheibe

Beginnen wir mit der einfachsten der drei Klassen. Die Klasse Scheibe vermerkt die Breite mit Hilfe von Instanzvariablen und ist in der Lage, diesen Inhalt in

4.3 Die Türme von Hanoi

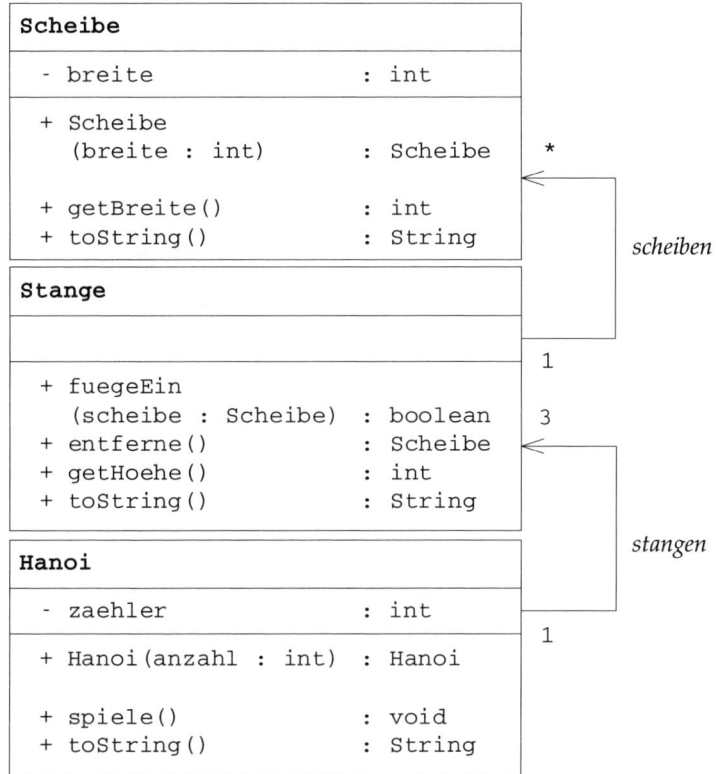

Abbildung 4.3: Türme von Hanoi – Klassendesign

formatierter Weise als `String` zurückzuliefern:

```java
import java.text.DecimalFormat;

/** Diese Klasse repraesentiert eine einzelne Scheibe,
 * die waehrend des Tuerme-von-Hanoi-Spieles hin- und
 * hergeschoben wird.
 **/
public class Scheibe {

    /** Formatierungs-Objekt fuer die Breite */
    private final static DecimalFormat FORMAT = new DecimalFormat("00");

    /** Wie breit ist die Scheibe ? */
    public int breite;

    /** Konstruktor.
     * @param breite die Breite der Scheibe.
     **/
    public Scheibe(int breite) {
        this.breite = breite;
```

(Handschriftliche Annotation bei Zeile 13/14: `public` durchgestrichen, ersetzt durch `PRIVATE`)

```
20      }
21
22      /** Liefert die Breite der Scheibe zurueck
23       * @return die Breite der Scheibe
24       **/
25      public int getBreite() {
26        return breite;
27      }
28      /** Gibt eine String-Repraesentation des Objektes zurueck.
29       * @return eine textuelle Darstellung der Stange
30       **/
31      public String toString() {
32        return "(" + FORMAT.format(breite) + ")";
33      }
34    }
```

Für die formatierte Ausgabe in der `toString`-Methode verwenden wir ein `DecimalFormat`-Objekt. Wir geben die Zahl immer zweistellig aus und garantieren somit, dass jede `toString`-Repräsentation eines Scheiben-Objektes gleich breit ist.[2]

4.3.3 Die Klasse Stange

Kommen wir nun zu einer einzelnen `Stange`. Unsere Stangen müssen eine ständig wechselnde Anzahl von `Scheibe`-Objekten in der Reihenfolge beherbergen, in der sie aufgereiht wurden. Wir verwenden zur Speicherung eine Liste.

```
/** Diese Klasse repraesentiert eine Stange, auf
 * der einzelne Scheiben aufgereiht werden koennen.
 **/
public class Stange {

  /** Die einzelnen Scheiben werden in einer Liste
   * abgelegt.
   **/
  private List scheiben = new ArrayList();
```

Die Anzahl der gespeicherten Stangen zu erfahren, ist somit lediglich ein Aufruf der `size`-Methode unserer zugrunde liegenden `Collection`:

```
/** Gib die Hoehe des Turms aus
 * @return die Anzahl der Scheiben, die auf der Stange
 * aufgereiht sind.
 **/
public int getHoehe() {
  return scheiben.size();
}
```

Auch das Entfernen von Stangen ist mittels der `remove`-Methode leicht zu realisieren:

---

[2] Wir gehen davon aus, dass wir keine Scheibe breiter als 99 haben. Schon mit 16 Scheiben würde unsere Lösung über 65000 Lösungsschritte erfordern, so dass eine Bildschirmausgabe nicht mehr sinnvoll wäre.

4.3 Die Türme von Hanoi

```
/** Entfernt das oberste Element vom Turm.
 * @return das oberste Element, null, falls
 * die Stange leer ist.
 **/
public Scheibe entferne() {
  if (scheiben.isEmpty()) {
    return null;
  }
  return (Scheibe)scheiben.remove(0);
}
```

Wie sieht es jedoch mit dem Einfügen aus? Hier müssen wir die Breite unserer `Scheibe` mit der Breite des obersten Elements vergleichen. Das oberste Element sei in unserer Liste immer das Element an der Stelle 0, und wir können es mit Hilfe der `get`-Methode auslesen. Die Einfügeoperation selbst übernimmt für uns die Methode `set()`:

```
/** Fuegt der Stange genau dann eine einzelne Scheibe
 * hinzu, wenn nicht schon eine kleinere Scheibe auf
 * der Stange sitzt.
 * @param scheibe die hinzugefuegte Scheibe
 * @return true, wenn das Einfuegen erfolgreich war
 **/
public boolean fuegeEin(Scheibe scheibe) {
  // Test: haben wir versucht, null einzufuegen?
  if (scheibe == null)
    return false;
  // Test: ist die Stange leer?
  if (!scheiben.isEmpty()) {
    // Hole die oberste Scheibe aus der Liste
    Scheibe oben = (Scheibe) scheiben.get(0);
    // Vergleiche die Breiten der Scheiben
    if (oben.getBreite() < scheibe.getBreite())
      return false;
  }
  // Fuehre die Operation durch
  scheiben.add(0,scheibe);
  return true;
}
```

Kommen wir nun zur Methode `toString()`. Hier müssen wir durch den ganzen Inhalt unserer Liste iterieren (unter Verwendung eines `Iterator`) und die jeweiligen `toString()`-Ausgaben der `Scheibe`-Objekte miteinander verknüpfen. Wir verwenden einen `StringBuffer`, um während der Iteration die Zwischenergebnisse abzuspeichern:

```
/** Gibt eine String-Repraesentation des Objektes zurueck.
 * @return eine textuelle Darstellung der Stange
 **/
public String toString() {
  // Wir speichern das Ergebnis in einem StringBuffer zwischen
  StringBuffer res = new StringBuffer("||=");
  // ... und iterieren durch die Liste
  for (Iterator it = scheiben.iterator(); it.hasNext(); ) {
    res.insert(2,it.next());    // impliziter Aufruf von toString()
```

```
      res.insert(2,'=');
    }
    // Fertig :-)
    return res.toString();
  }
}
```

Das Endergebnis dieser Methode stellt eine Stange auf der Konsole beispielsweise wie folgt dar:

──────────────── Konsole ────────────────
| | |=(11)=(10)=(09)=(08)=(07)=

4.3.4 Die Klasse `Hanoi`, erster Teil

Nun bleibt nur noch die Implementierung der Klasse `Hanoi` – Spielbrett und Spieler in einem. Wir wollen uns zuerst um das Spielbrett an sich kümmern; der Methode `spiele()` ist ein eigener Abschnitt gewidmet.

Abbildung 4.3 zeigt, dass Instanzen dieser Klasse neben der `zaehler`-Variablen auch eine Assoziation zu genau drei `Stange`-Objekten besitzen. Es stellt sich die Frage, wie wir diese Assoziation realisieren. Für die Beziehung zwischen `Stange` und `Scheibe` haben wir eine Liste verwendet. Sollten wir dies hier auch tun?

Obwohl die Verwendung einer `Collection` durchaus möglich wäre, fällt die Wahl in diesem Falle auf den Einsatz eines Arrays:

```
/** Dieses Programm loest das Tuerme-von-Hanoi-Problem
  * und gibt die Loesung auf dem Bildschirm aus.
  **/
public class Hanoi {

  /** Ein Zaehler fuer die Zuege */
  private int zaehler;

  /** Die drei Tuerme */
  private Stange[] stangen = {
    new Stange(),new Stange(),new Stange()
  };
```

Der Grund ist die spezielle Beziehung zwischen Spielbrett und Stangen. Ein Spielbrett hat *genau* drei Stangen. Es werden keine Stangen hinzugefügt oder weggenommen. Es werden auch keine Stangen ausgetauscht. Die Flexibilität unserer `Collection`-Klassen wird in diesem Fall also nicht benötigt.

Im nächsten Schritt bauen wir einen Konstruktor. Hier verwenden wir die Methode `fuegeEin`, um die erste Stange mit den zu verschiebenden Scheiben zu füllen:

4.3 Die Türme von Hanoi

```java
/** Konstruktor
  * @param anzahl die Anzahl der Scheiben
 **/
public Hanoi(int anzahl) {
  for (int i = anzahl; i > 0; i--)
    stangen[0].fuegeEin(new Scheibe(i));
}
```

Ferner definieren wir eine `toString`-Methode, mit der wir den Zustand des Bretts auf dem Bildschirm ausgeben werden. Beachten Sie, wie die `toString`-Methode der `Stange`-Objekte aufgerufen wird, die die `toString`-Methode der `Scheibe`-Objekte aufruft...

```java
/** Liefert eine String-Darstellung des
  * aktuellen Zustandes.
  * @return die drei Stangen in textueller Darstellung
 **/
public String toString() {
  StringBuffer res = new StringBuffer();
  res.append("Start:        ");
  res.append(stangen[0].toString());
  res.append('\n');
  res.append("Ziel:         ");
  res.append(stangen[1].toString());
  res.append('\n');
  res.append("Hilfsstange: ");
  res.append(stangen[2].toString());
  return res.toString();
}
```

Zu guter Letzt definieren wir noch die `main`-Methode. Hier verwenden wir die Methode `parseInt()` der `Integer`-Hilfsklasse, um die Anzahl der Scheiben von der Kommandozeile einzulesen. Anschließend instantiieren wir das Spielbrett und rufen den Algorithmus auf:

```java
/** main-Methode: Erhaelt die Anzahl der Scheiben als
  * Kommandozeilenparameter und startet den Algorithmus.
 **/
public static void main(String[] args) {
  if (args.length != 1) {
    System.out.println("Korrekter Aufruf: Hanoi <Anzahl Scheiben>");
    return;
  }
  int anzahl = Integer.parseInt(args[0]);
  new Hanoi(anzahl).spiele();
}
```

4.3.5 Der Algorithmus

So wie das Achtdamenproblem sind die Türme von Hanoi ein klassisches Beispiel für die Lösung von Problemen mittels rekursiver Methoden. Unser Versuch, die Scheiben vom Start zum Ziel zu transportieren, spielt sich nach folgendem Schema ab:

- Wenn wir nur eine Scheibe verschieben müssen, so tun wir das, andernfalls
- verschieben wir alle bis auf die größte Scheibe auf den Hilfsturm,
- versetzen die größte Scheibe zu ihrem Ziel und
- versetzen danach die anderen Scheiben vom Hilfsturm zu ihrem Ziel.

Hierbei betrachten wir jeweils die `Stange` als Hilfsturm, der für den jeweiligen Rekursionsschritt weder Start noch Ziel ist. In Java-Code sieht diese Schiebeoperation (für eine Scheibe) wie folgt aus:

```
boolean ok = stangen[ziel].fuegeEin(stangen[start].entferne());
```

Der Inhalt der Variable `ok` muss hierbei immer **true** sein – sonst haben wir einen Programmierfehler begangen. Seit Version 1.4 bietet Java eine elegante Lösung für die Überprüfung derartiger Annahmen: die so genannten **Assertions**. Fügen wir die Zeile

```
assert ok;
```

nach unserer Verschiebeoperation ein, überprüft Java während des Ablaufs unseres Programms automatisch den Zustand dieser Variablen. Setzt man den Wert auf **false**, wird ein so genannter `AssertionError` geworfen. Wir verringern somit die Wahrscheinlichkeit, dass ein Programmierfehler unentdeckt bleibt.

Falls Sie eine ältere Version von Java verwenden oder aus anderen Gründen auf die Assertion verzichten wollen (etwa aus Gründen der Abwärtskompatibilität), so können Sie die Zeile bedenkenlos aus dem Code löschen. Ansonsten gilt es zu beachten, dass Sie beim Übersetzen mit `javac` einen zusätzlichen Parameter angeben müssen, der die Assertions aktiviert:

Konsole
```
javac -source 1.4 Hanoi.java
```

Doch zurück zu unserem Algorithmus. Werfen wir einen Blick auf die vollständige rekursive Methode:

```
/** Der eigentliche (rekursive) Verschiebe-Algorithmus.
 * @param kleinste die kleinste zu verschiebende Scheibe
 * @param groesste die groesste zu verschiebende Scheibe
 * @param start index der Stange, von der wir starten
 * @param ziel index der Stange, auf die wir schieben
 */
private void rekursion(int kleinste, int groesste, int start, int ziel) {
  // Falls kleinste == groesste ist, sind wir am Ende der
  // Rekursion (und koennen direkt verschieben)
  if ( kleinste == groesste ) {
    // Die eigentliche Verschiebung
    boolean ok = stangen[ziel].fuegeEin(stangen[start].entferne());
    assert ok;
    // Gib den Zustand der Tuerme aus
    System.out.println("Zug : " + (++zaehler));
    System.out.println(this);
```

4.3 Die Türme von Hanoi

```
      System.out.println();
    }
    // Andernfalls muessen wir etwas mehr tun
    else {
      // Schiebe die kleineren Scheiben auf einen anderen Turm
      rekursion(kleinste, groesste - 1, start, 3 - start - ziel);
      // Dann verschiebe die groesste Scheibe
      rekursion(groesste,groesste,start,ziel);
      // Danach schiebe die ganzen kleineren ebenfalls aufs Ziel
      rekursion(kleinste, groesste - 1, 3 - start - ziel, ziel);
    }
  }
```

Beim rekursiven Aufruf unserer Methode verwenden wir einen kleinen Trick, um die jeweils zu verwendende Hilfsstange zu berechnen. Da wir unsere Stangen über den Index innerhalb eines Feldes ansprechen und die Summe der drei Indizes $0+1+2=3$ ist, können wir den jeweils verbleibenden Index einfach errechnen, indem wir Start- und Zielindex von der Gesamtsumme 3 abziehen:

```
      rekursion(kleinste, groesste - 1, start, 3 - start - ziel);
```

Natürlich ist unsere rekursive Hilfsmethode nur zum internen Gebrauch bestimmt. Wie wir aber nun sehen, ist die Methode `spiele()` nicht viel mehr als der Aufruf unserer Hilfsmethode mit den richtigen Parametern:

```
  /** Fuehre den "Tuerme von Hanoi"-Algorithmus durch */
  public void spiele() {
    if (zaehler > 0)
      return;
    System.out.println("Ausgangszustand:");
    System.out.println(this);
    System.out.println();
    rekursion(1,stangen[0].getHoehe(),0,1);
  }
```

Somit ist unser Programm komplett. Der folgende Ausdruck zeigt das Ergebnis für drei Scheiben:

```
──────────────────────── Konsole ────────────────────────
Ausgangszustand:
Start:        ||=(03)=(02)=(01)=
Ziel:         ||=
Hilfsstange:  ||=

Zug : 1
Start:        ||=(03)=(02)=
Ziel:         ||=(01)=
Hilfsstange:  ||=

Zug : 2
Start:        ||=(03)=
Ziel:         ||=(01)=
Hilfsstange:  ||=(02)=
```

```
Zug : 3
Start:         ||=(03)=
Ziel:          ||=
Hilfsstange:   ||=(02)=(01)=

Zug : 4
Start:         ||=
Ziel:          ||=(03)=
Hilfsstange:   ||=(02)=(01)=

Zug : 5
Start:         ||=(01)=
Ziel:          ||=(03)=
Hilfsstange:   ||=(02)=

Zug : 6
Start:         ||=(01)=
Ziel:          ||=(03)=(02)=
Hilfsstange:   ||=

Zug : 7
Start:         ||=
Ziel:          ||=(03)=(02)=(01)=
Hilfsstange:   ||=
```

Teil II
Grafische Oberflächen in Java

Bereits im ersten Band unseres Grundkurses haben wir uns einen kleinen Ausblick in die Welt des **Abstract Window Toolkit** (abgekürzt **AWT**) gegönnt. Wir haben gesehen, dass es sich dabei um die Teile des Java-Systems handelt, die es ermöglichen, unsere Programme nicht nur im Konsolenfenster agieren zu lassen, sondern sie mit einer grafischen Oberfläche in Form eines eigenen Fensters mit Knöpfen, Menüs oder Ähnlichem auszustatten. Dieses Thema, das natürlich bei der Entwicklung kommerzieller Systeme eine wichtige Rolle spielt, wollen wir nun in den folgenden Kapiteln wieder aufgreifen.

Vielleicht haben Sie ja bereits in Band 1 den Eindruck gewonnen, das Programmieren von grafischen Oberflächen sei gar nicht so schwer. Wir werden versuchen, Ihren ersten Eindruck zu bestätigen. Allerdings setzt natürlich auch diese Art der Programmierung ein gewisses Know-how voraus, um die nötigen Zusammenhänge zu verstehen. Dennoch werden Sie bald feststellen, dass es sich dabei prinzipiell lediglich um den geschickten Einsatz vorgefertigter Klassen aus der umfangreichen Java-Klassenbibliothek handelt.

Wir werden uns in Kapitel 5 mit Applikationen (also eigenständigen Anwendungsprogrammen) mit grafischen Benutzeroberflächen und in Kapitel 10 mit Applets (also Programmen, die über das Internet verbreitet und innerhalb eines Browsers wie zum Beispiel *Netscape Navigator* oder *Microsoft Internet Explorer* ausgeführt werden können) beschäftigen. Für beide Varianten der Programmentwicklung bietet die Java-Klassenbibliothek plattformunabhängige Bausteine an, um portable Programme mit grafischen Benutzungsoberflächen zu entwickeln.

Die entsprechenden Klassen werden (seit der Version 1.2 des JDK) unter dem Oberbegriff **Java Foundation Classes** (abgekürzt **JFC**) zusammengefasst. Zu ihnen gehören aber nicht nur die Klassen des bereits erwähnten AWT, sondern auch eine Reihe „moderner" Klassen, die erst in den jüngeren Java-Versionen in die Klassenbibliothek aufgenommen wurden und unter der Bezeichnung **Swing** geführt werden. Diese Swing-Klassen bauen auf den AWT-Klassen auf, stellen eine Vielzahl zusätzlicher Elemente bereit und ermöglichen es, sehr komplexe grafische Oberflächen zu gestalten. Diese bieten dann unter anderem (als besonderen „Luxus") die Möglichkeit, ein Programm sogar noch zur Laufzeit in seinem Aussehen (Look) und seiner Bedienbarkeit (Feel) zu verändern (man spricht daher auch von „pluggable look and feel").

Für unseren Grundkurs Programmieren haben wir uns entschlossen, beim Thema „Grafische Oberflächen in Java" den Schwerpunkt auf das Arbeiten mit den Swing-Klassen zu legen. Aus diesem Grund werden wir im nachfolgenden Kapitel 5 lediglich kurz auf die ursprüngliche AWT-Programmierung eingehen und uns dann nur noch mit der Swing-Programmierung beschäftigen – natürlich unter Einbeziehung der dabei benötigten AWT-Elemente, die für die Behandlung von Tastatur-, Maus- oder Fensterereignissen zur Programmablaufsteuerung benötigt werden.

Was wir bereits in der Einleitung (Kapitel 1) erwähnt haben, gilt ganz besonders für diesen Teil des Buchs: Die Klassenbibliothek des JDK enthält ein große Zahl von Klassen für die Programmierung von grafischen Oberflächen, und natürlich können und wollen wir diese nicht alle behandeln und im Detail erläutern (das würde locker für ein weiteres Buch reichen). Wir werden aber die Leserinnen und Leser anhand einiger ausgewählter Klassen in die Thematik einführen und damit den Grundstock legen, der es ermöglicht, problemlos weiter in die Tiefen der Oberflächen-Programmierung einzutauchen. Auch hierbei profitieren übrigens sowohl erfahrene als auch weniger erfahrene Programmierer(innen) von regelmäßigen Blicken in die API-Spezifikation zur Java-Klassenbibliothek [21]. Nun aber Leinen los!

Kapitel 5

Aufbau grafischer Oberflächen in Frames – von AWT nach Swing

In diesem Kapitel werden wir uns mit der Entwicklung von Programmen beschäftigen, die einerseits (wie unsere bisherigen Programme auch) als Applikationen, also eigenständige Anwendungsprogramme, arbeiten, andererseits aber nicht mehr nur im Konsolenfenster ablaufen, sondern grafische Benutzungsoberflächen aufweisen. Das heißt, unsere Programme werden sich nun in einem eigenen Fenster präsentieren und über eine **grafische Benutzungsschnittstelle** (englisch: **Graphical User Interface**, abgekürzt **GUI**) mit dem Anwender bzw. der Anwenderin interagieren und kommunizieren.
Sie werden sehr bald feststellen, dass die Java-Klassenbibliothek eine große Zahl plattformunabhängiger Bausteine anbietet, um solche Programme mit relativ geringem Aufwand zu entwickeln. Auf den folgenden Seiten werden wir uns zunächst mit der prinzipiellen Vorgehensweise bei der Entwicklung grafischer Oberflächen und danach mit verschiedenen Komponenten, die dabei eine Rolle spielen, beschäftigen.

5.1 Grundsätzliches zum Aufbau grafischer Oberflächen

Der Aufbau einer grafischen Benutzungsoberfläche für eine Applikation erfolgt nach einem einfachen hierarchischen Baukastenprinzip. Aus einer vorgegebenen Menge so genannter Komponenten, von denen einige auch als Behälter (Container) dienen können, wählt man sich Bausteine aus und kombiniert diese, indem man eine Container-Komponente mit weiteren Komponenten (die teilweise selbst wieder Container sein können) bestückt.[1] Wenn Sie sich an Ihre Kindheit zurück erinnern, so haben Sie sicherlich schon einmal eine ähnliche Vorgehensweise in spielerischer Art und Weise praktiziert, wenn Sie mit Ihren Bauklötzen oder LEGO- bzw. DUPLO-Steinen „monumentale" (aus damaliger Sicht zumindest) Bauwerke gefertigt haben. Und genauso, wie Ihre Bauwerke von damals in unterschiedlichen Farben und Formen entstanden sind, ist es auch beim Aufbau von grafischen Oberflächen möglich, das Layout einschließlich eventueller Farbgebungen selbst zu bestimmen bzw. anzupassen. Wer technisch orientierte Baukästen sein Eigen nannte, weiß auch, dass es möglich war und ist, die eigenen Werke mit Komponenten auszustatten, die auf Knopfdruck oder gar über eine kleine Fernsteuerung auf die Wünsche des Spielenden reagieren. Auch dafür findet sich in Java mit der so genannten Ereignisverarbeitung ein entsprechendes Pendant bei der Gestaltung grafischer Oberflächen.

In der Java-Klassenbibliothek finden Sie alle benötigten Klassen, um Ihrem Spieltrieb bei der Erzeugung grafischer Oberflächen für Ihre Programme freien Lauf zu lassen. Diese Klassen (die Java Foundation Classes) lassen sich grob in folgende vier Gruppen einteilen:

- Die Gruppe der **Grundkomponenten** beinhaltet einfache Oberflächen-Elemente wie zum Beispiel Beschriftungen (Labels), Knöpfe (Buttons), Auswahlfelder oder Klapptafeln.

- Die Gruppe der **Container** besteht aus speziellen Komponenten, die selbst wieder Komponenten enthalten können.

- Die Gruppe der **Layout-Manager**, **Farben** und **Fonts** setzt sich aus Klassen zusammen, deren Objekte für die Anordnung und die Gestaltung der einzelnen Komponenten zuständig sind.

- Die Gruppe der **Ereignisse** und **Listener** enthält die Klassen, die für die Erzeugung und Verarbeitung von Ereignissen, also für die Interaktion der Komponenten mit den Anwendern benötigt werden.

Die verschiedenen Klassen finden wir in den Paketen `java.awt` (die AWT-Bibliothek) und `javax.swing` (die Swing-Bibliothek), wobei die Swing-Klassen lediglich die AWT-Klassen der beiden erstgenannten Gruppen ersetzen, während die AWT-Klassen der beiden letztgenannten Gruppen weiter verwendet werden. In Abschnitt 5.5 werden wir uns noch genauer mit der Hierarchie der AWT- und Swing-Klassen beschäftigen.

Wir wollen uns zunächst anhand eines einfachen Beispiels, das wir bereits im Ausblick-Kapitel von Band 1 vorgestellt hatten, ansehen, wie man mit dem AWT bzw. mit Swing ein eigenes Fenster kreieren kann.

---

[1] Vielleicht erinnern Sie sich ja auch noch an unsere Ausführungen über das Composite-Pattern in Kapitel 2. Genau dieses Entwurfsmuster kommt hier zum Tragen.

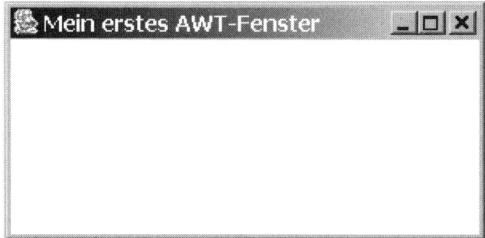

Abbildung 5.1: Ein einfaches, leeres Fenster (mit AWT)

5.2 Ein einfaches Beispiel mit dem AWT

Für ein Programm, das sich mit grafischer Oberfläche präsentiert, benötigen wir zunächst einen Basis-Container (Top-Level-Container), der als Fenster (in der vom Betriebssystem unseres Rechners bekannten Form inklusive Rahmen mit Icon und einigen Knöpfen) auf dem Bildschirm erscheinen kann. Eine Klasse aus dem AWT, die diese Fähigkeiten mitbringt, ist die Klasse Frame. In unserem Programm

```
1   import java.awt.*;
2
3   /** Erzeugt ein einfaches AWT-Fenster auf dem Bildschirm */
4   public class FrameOhneInhaltAWT {
5       // Hauptmethode
6       public static void main(String[] args) {
7           // Erzeuge ein Fenster-Objekt
8           Frame fenster = new Frame();
9           // Setze den Titel des Fensters
10          fenster.setTitle("Mein erstes AWT-Fenster");
11          // Setze die Groesse des Fensters
12          fenster.setSize(300,150);
13          // Stelle das Fenster dar
14          fenster.setVisible(true);
15      }
16  }
```

müssen wir somit die benötigte Klasse aus dem Paket java.awt importieren. In der main-Methode generieren wir dann ein zunächst leeres Fenster, indem wir in Zeile 8 ein Objekt der Klasse Frame mit Hilfe des entsprechenden Konstruktors erzeugen. Dieses so geschaffene Frame-Objekt besitzt verschiedene Attribute, die wir mit Hilfe von set-Methoden (also Instanzmethoden des Frame-Objekts) in unserem Sinne anpassen können. Mit Hilfe der Methode setTitle legen wir in Zeile 10 fest, welcher Text in der Rahmenleiste des Fensters als Fenster-Titel angezeigt werden soll. Ein Aufruf der Methode setSize legt fest, wie breit (300 Pixel auf dem Bildschirm) und wie hoch (150 Pixel auf dem Bildschirm) das Fenster sein soll. Um das Fenster schließlich auf dem Bildschirm erscheinen zu lassen, setzen wir seinen Status auf „sichtbar", indem wir die Methode setVisible verwenden.

Nach dem Compilieren starten wir unsere Klasse `FrameOhneInhaltAWT`, wie wir dies von unseren bisherigen Programmen auch gewohnt sind. Das heißt, wir geben im Konsolenfenster die Kommandozeile

```
──────── Konsole ────────
java FrameOhneInhaltAWT
```

ein und der Java-Interpreter führt die Klasse aus.[2] Wie üblich wird dabei vom Interpreter die Methode `main` aufgerufen und ausgeführt. Da dort ein `Frame`-Objekt erzeugt und schließlich sichtbar gemacht wird, präsentiert sich unser Programm nun, wie in Abbildung 5.1 dargestellt.

Da wir die Fenster-Abbildung auf einem Windows-Betriebssystem aus dem Hause Microsoft generiert haben, erscheint das Fenster im entsprechenden Look und mit einem Rahmen, der links oben durch die berühmte dampfende Java-Kaffeetasse als Java-Programm gekennzeichnet ist. Außerdem finden wir rechts oben im Fenster-Rahmen die üblichen Knöpfe mit den Symbolen _ für das **Minimieren** bzw. **Ikonisieren**, □ für das **Maximieren** bzw. **Wiederherstellen** und × für das **Schließen** bzw. **Beenden** unseres Fensters. Wenn wir mit dem Fenster etwas „herumspielen", stellen wir fest, dass man es auch tatsächlich (wie von anderen Windows-Fenstern gewohnt) mit Hilfe der Maus hin und her bewegen, in seiner Größe verändern, minimieren (d. h. das Fenster als Symbol in die Task-Leiste bewegen) oder maximieren kann. Einzig das Schließen bzw. Beenden des Fensters funktioniert nicht, da diese Funktion in den AWT-Frames standardmäßig nicht aktiviert ist. Um unser Fenster zu beenden, müssen wir daher im Konsolenfenster mit dem Tastaturkommando **Strg-C** (beide Tasten müssen gemeinsam gedrückt werden) bzw. **Ctrl-C** auf englischen Tastaturen unser eigentliches Programm (einschließlich des Fensters) beenden. Den gleichen Effekt erzielen wir natürlich auch durch Beenden bzw. Schließen des Konsolenfensters.

Möglicherweise fragen Sie sich jetzt, wieso unser Programm bzw. unsere Klasse `FrameOhneInhaltAWT` nicht ohnehin unmittelbar nach dem Aufruf der `setVisible`-Methode komplett beendet war. Schließlich ist dies die letzte Anweisung unserer `main`-Methode, und danach waren unsere bisherigen Programme immer beendet. Dass dies beim Arbeiten mit grafischen Komponenten nicht so ist, liegt daran, dass mit dem Erzeugen eines `Frame`-Objekts ein zusätzlicher Programmfluss für das Fenster gestartet wird, der parallel zum Programmfluss der `main`-Methode abgearbeitet wird. Einen solchen parallelen Programmfluss bezeichnet man als Thread (deutsch: Faden). In Kapitel 12 werden wir lernen, dass ein Programm aus sehr vielen Threads bestehen kann und erst dann beendet ist, wenn *alle* seine Threads beendet sind. Unser Programm `FrameOhneInhaltAWT` kann also erst dann terminieren, wenn der Thread, der für die Fenster-Darstellung zuständig ist, beendet ist.

---

[2]Falls wir eine entsprechende Java-Entwicklungsumgebung wie zum Beispiel *JBuilder*, *Forte* bzw. *Sun ONE Studio*, *Eclipse* oder *JOE* bzw. *Legong* einsetzen, können wir natürlich direkt den Start- oder Run-Knopf der Entwicklungsumgebung betätigen, wodurch dann prinzipiell automatisch ein Konsolenfenster geöffnet wird, in dem unser Programm mit Hilfe des Java-Interpreters ausgeführt wird.

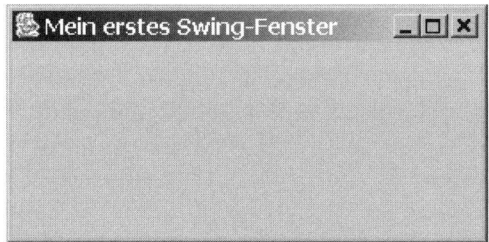

Abbildung 5.2: Ein einfaches, leeres Fenster (mit Swing)

5.3 Let's swing now!

Nun wollen wir unser Beispielprogramm in die Swing-Welt portieren. Dazu müssen wir zunächst die Komponente auswählen, die als Basis-Container dienen kann. In der Swing-Bibliothek heißt die entsprechende Klasse JFrame.[3] In der Swing-Version unseres Programms

```
import javax.swing.*;

/** Erzeuge ein einfaches Swing-Fenster auf dem Bildschirm */
public class FrameOhneInhaltSwing {
  // Hauptmethode
  public static void main(String[] args) {
    // Erzeuge ein Fenster-Objekt
    JFrame fenster = new JFrame();
    // Setze den Titel des Fensters
    fenster.setTitle("Mein erstes Swing-Fenster");
    // Setze die Groesse des Fensters
    fenster.setSize(300,150);
    // Stelle das Fenster dar
    fenster.setVisible(true);
    // Setze das Verhalten des Frames beim Schliessen
    fenster.setDefaultCloseOperation(JFrame.EXIT_ON_CLOSE);
  }
}
```

müssen wir natürlich wiederum die benötigte Klasse aus dem Paket javax.swing importieren. In der main-Methode generieren wir dann wieder unser leeres Fenster, indem wir in Zeile 8 ein Objekt der Klasse JFrame mit Hilfe des entsprechenden Konstruktors erzeugen. Auch dieses JFrame-Objekt besitzt wieder verschiedene Attribute, die wir durch Einsatz seiner set-Methoden anpassen können. In Zeile 10 legen wir mit der Methode setTitle wieder fest, welcher Text in der Rahmenleiste des Fensters als Fenster-Titel angezeigt werden soll, und auch hier bestimmt ein Aufruf der Methode setSize, wie breit und wie hoch unser Fenster sein soll. Schließlich setzen wir den Status des Fensters wie gehabt mit der Methode setVisible auf „sichtbar". Einzige echte

---
[3]Wie wir noch sehen werden, haben die Swing-Klassen generell das vorangestellte J als charakteristisches Kennzeichen in ihrem Namen.

Neuerung in unserem Swing-Programm gegenüber der AWT-Version ist die letzte Anweisung in der `main`-Methode. Hier verwenden wir die Instanzmethode `setDefaultCloseOperation` unseres `JFrame`-Objekts, um festzulegen, wie unser Fenster auf Betätigen des Symbols x reagieren soll. Wir haben uns dafür entschieden, dass mit dem Schließen des Fensters das Programm vollständig terminieren soll, was durch die Konstante `EXIT_ON_CLOSE`, eine Klassenvariable unserer Klasse `JFrame`, ausgedrückt wird.

Wenn wir unsere Klasse `FrameOhneInhaltSwing` nach dem Compilieren starten, so präsentiert sich unser Programm nun wie in Abbildung 5.2 dargestellt. Wir erkennen zunächst, dass der Swing-Frame im Unterschied zum AWT-Frame standardmäßig einen grauen Hintergrund hat. Ferner können wir aber nun nicht nur die üblichen Fenster-Manipulationen durchführen, sondern es gelingt uns auch, mit dem Symbol x das Fenster zu schließen und so unser Programm zu beenden. Wir wollen nun noch eine kleine Veränderung an unserer Klasse vornehmen, so dass diese dann für zukünftige Erweiterungen geeignet ist. Unsere Variante der Klasse `FrameOhneInhaltSwing`, die wir nun der Einfachheit halber auch nur `FrameOhneInhalt` nennen, sieht wie folgt aus:

```java
import javax.swing.*;

/** Erzeuge ein einfaches Swing-Fenster auf dem Bildschirm */
public class FrameOhneInhalt extends JFrame {
    // Konstruktor fuer unseren Frame
    public FrameOhneInhalt () {
        // Hier werden spaeter die Komponenten hinzugefuegt
    }

    public static void main(String[] args) {
        // Erzeuge eine Instanz unseres Frames
        FrameOhneInhalt fenster = new FrameOhneInhalt();
        // Titelleiste definieren
        fenster.setTitle("Frame ohne Inhalt");
        // Setze die Groesse des Frames
        fenster.setSize(300,150);
        // Schalte den Frame sichtbar
        fenster.setVisible(true);
        // Setze das Verhalten des Frames beim Schliessen
        fenster.setDefaultCloseOperation(JFrame.EXIT_ON_CLOSE);
    }
}
```

Programmiertechnisch sind folgende Änderungen zu nennen:

- Die Klasse `FrameOhneInhalt` erbt jetzt von `JFrame`. Wir definieren uns somit unsere eigene Frame-Klasse.

- Die Klasse ist mit einem Konstruktor ausgestattet, der allerdings (zumindest vorerst) einen leeren Rumpf aufweist. Wir werden gleich noch sehen, dass genau dort später die Komponenten unseres Fensters eingefügt werden.

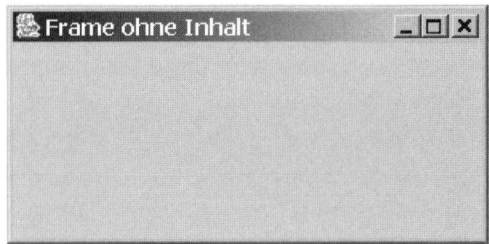

Abbildung 5.3: Ein einfaches, leeres Fenster

- In der main-Methode arbeiten wir nun nicht mehr mit einem JFrame-Objekt, sondern mit einem Objekt unserer selbstdefinierten Klasse FrameOhneInhalt. Natürlich könnte diese main-Methode auch in einer anderen Klasse definiert sein, wir haben sie jedoch der Einfachheit halber gleich mit in unsere Klasse gepackt.

Die Klasse FrameOhneInhalt unterscheidet sich jedoch beim Start in Ihrem Erscheinungsbild nicht von der Klasse FrameOhneInhaltSwing. Einzig der Fenster-Titel ist angepasst, wie in Abbildung 5.3 zu erkennen ist.

Dass wir für obiges Programm und alle zukünftigen Programme mit Frames speziell dieses Design gewählt haben, hat vor allem didaktische Gründe. Wir werden nämlich später sehen, dass sich unsere so gestalteten Applikationen sehr einfach in ein entsprechendes Applet verwandeln lassen (wobei die main-Methode dann entfallen wird). Allerdings ist dieses Design sicherlich nicht der Weisheit letzter Schluss, denn in größeren Programmierprojekten wird man möglicherweise ganz andere Wege beschreiten, um z. B. eine Wiederverwertbarkeit von grafischen Komponenten oder Oberflächen zu erreichen. Davon werden Sie aber in den Praxis-Kapiteln zu diesem Teil des Buchs noch einiges erfahren.

5.4 Etwas „Fill-in" gefällig?

Nichts ist langweiliger als ein Fenster ohne Inhalt, also ohne weitere Komponenten. Darum wollen wir nun einen kleinen Text auf unserem Fenster darstellen, wie in Abbildung 5.4 zu sehen. Dazu verwenden wir eine Swing-Komponente vom Typ JLabel, ein Label, das einen Schriftzug oder ein Icon enthalten kann. In Erweiterung unseres Programms FrameOhneInhaltSwing sorgen wir daher jetzt für etwas „Fill-in" für den Konstruktor unserer Frame-Klasse.

```
1  import java.awt.*;
2  import javax.swing.*;
3
4  /** Erzeuge ein einfaches Swing-Fenster mit einem Textlabel */
5  public class FrameMitText extends JFrame {
6    Container c;              // Container dieses Frames
7    JLabel beschriftung;      // Label, das im Frame erscheinen soll
```

Abbildung 5.4: Ein Fenster mit Beschriftung

```
 8
 9    // Konstruktor fuer unseren Frame mit Textlabel
10    public FrameMitText() {
11      // Bestimme die Referenz auf den eigenen Container
12      c = getContentPane();
13      // Setze das Layout
14      c.setLayout(new FlowLayout());
15      // Erzeuge das Labelobjekt mit Uebergabe des Labeltextes
16      beschriftung = new JLabel("Label-Text im Frame");
17      // Fuege das Label dem Frame hinzu
18      c.add(beschriftung);
19    }
20
21    public static void main(String[] args) {
22      FrameMitText fenster = new FrameMitText();
23      fenster.setTitle("Frame mit Text im Label");
24      fenster.setSize(300,150);
25      fenster.setVisible(true);
26      fenster.setDefaultCloseOperation(JFrame.EXIT_ON_CLOSE);
27    }
28  }
```

Zunächst vereinbaren wir in unserer Klasse FrameMitText zwei Instanzvariablen, die wir im Konstruktor verwenden wollen. Die Variable c vom Typ Container benötigen wir, um eine Referenz auf den Container unseres Frame-Objekts zu speichern. Wir können nämlich Komponenten nicht dem Frame selbst hinzufügen, sondern müssen diese in den eigentlichen Container des Frames (quasi die Fensterscheibe unseres Fensters) einfügen. Abbildung 5.5 verdeutlicht den Unterschied zwischen Frame und Content-Pane (dem Container des Frames). Da wir eine Beschriftung hinzufügen wollen, benötigen wir weiterhin eine Variable vom Typ JLabel, die als Referenz auf das Label, das im Frame erscheinen soll, dient und die wir beschriftung nennen.

Im Konstruktor bestimmen wir zunächst die Referenz auf den Container (die so genannte **Content-Pane**, die Fensterscheibe, auf die wir unsere Komponenten „kleben" können) unseres Frame-Objekts, indem wir die Instanzmethode getContentPane aufrufen, die unsere Frame-Klasse von der Klasse JFrame geerbt hat. Danach legen wir das Layout unseres Containers fest. Wir benutzen dazu eine Instanz-Methode des Container-Objekts namens setLayout und wählen ein

5.5 Die AWT- und Swing-Klassenbibliothek im Überblick

Abbildung 5.5: Ein Frame und sein Container (Content-Pane)

„fließendes" Layout, das es unserer Fensterscheibe erlaubt, die eingefügten Komponenten abhängig von der aktuellen Größe des Frames fließend anzuordnen. Details zu dieser Art von Layout werden wir in Abschnitt 6.4 behandeln. Schließlich erzeugen wir ein Objekt der Klasse JLabel. Dies ist eine Swing-Komponente, die es ermöglicht, den Text darzustellen, den wir ihrem Konstruktor übergeben. Diese Komponente müssen wir dann unserem Container hinzufügen, indem wir dessen Instanzmethode add aufrufen und ihr die Referenz auf unser Label übergeben. Die main-Methode unserer Klasse FrameMitText ist gegenüber der in der Klasse FrameOhneInhalt nahezu unverändert (abgesehen von den fehlenden Kommentaren, die wir auch in unseren weiteren Beispielen jetzt weglassen werden). Einzige wirkliche Änderung ist die Erzeugung des Fensterobjekts, denn jetzt verwenden wir natürlich ein Objekt der Klasse FrameMitText.

5.5 Die AWT- und Swing-Klassenbibliothek im Überblick

Eines der wichtigsten Schlagwörter, mit denen Java in Verbindung gebracht wird, ist sicherlich die Portierbarkeit. Daher sollten natürlich auch Programme, die eine grafische Oberfläche aufweisen, portierbar sein. Um dies sicherzustellen, wurde das Abstract Window Toolkit so gestaltet, dass alle Fenster- und Dialogelemente vom darunter liegenden Betriebssystem zur Verfügung gestellt werden. Man bezeichnet diese Vorgehensweise als **Peer**-Ansatz, weil die AWT-Komponenten alle auszuführenden Aktionen an plattformspezifische GUI-Objekte, Peers genannt, weiterreichen. Komponenten, die solche Peer-Objekte benötigen, werden als **heavyweight** (deutsch: schwergewichtig) bezeichnet. Sie sehen auf unterschiedlichen Betriebssystemen wie z. B. Windows oder Linux auch unterschiedlich aus. Außerdem kann das AWT nur diejenigen GUI-Funktionalitäten bereitstellen, die auf allen unterstützten Plattformen verfügbar sind.

All diese Nachteile haben dafür gesorgt, dass mit der Entwicklung der Swing-Klassen ein etwas anderer Weg eingeschlagen wurde. Fast alle Swing-Kom-

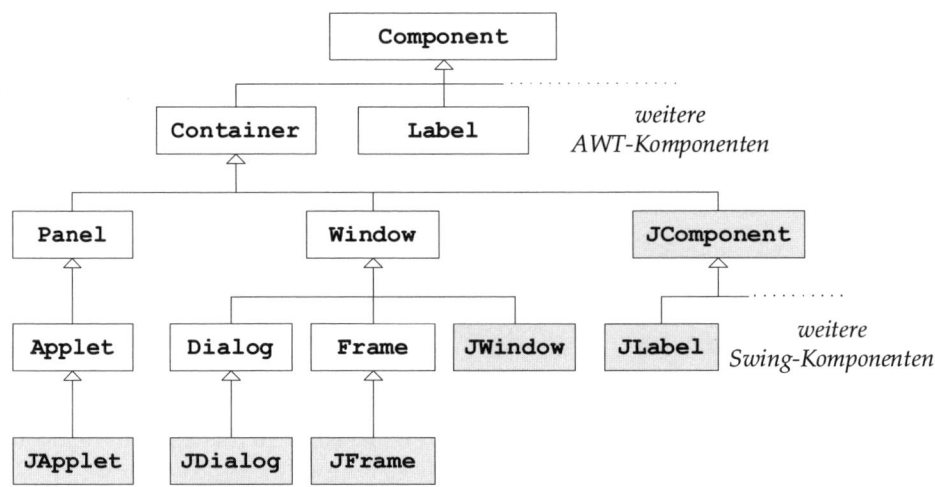

Abbildung 5.6: Die AWT- und Swing-Klassen-Hierachie

ponenten sind vollständig in Java geschrieben und werden deshalb als **lightweight** (deutsch: leichtgewichtig) bezeichnet. Nur wenige Komponenten (z. B. die Top-Level-Container) benutzen noch in minimalem Ausmaß plattformspezifische GUI-Objekte. Form und Funktion der Komponenten sind somit nicht an das Betriebssystem gebunden, auf dem das Programm ausgeführt wird. Die Oberfläche kann plattformunabhängig vollständig selbst gestaltet und auch noch zur Laufzeit des Programms im Look and feel verändert werden. Nicht zuletzt bietet Swing wesentlich mehr Möglichkeiten zur Oberflächengestaltung als das AWT. Allerdings ist Swing kein Ersatz für das AWT, sondern eine Erweiterung.

In Abbildung 5.6 haben wir auszugsweise die Hierarchie der wichtigsten AWT- und Swing-Klassen grafisch dargestellt. Zur Verdeutlichung der Zugehörigkeit sind die Swing-Klassen dabei mit grauem, die AWT-Klassen mit weißem Hintergrund versehen. An oberster Stelle der Hierarchie findet sich die abstrakte Klasse Component, die somit Basis-Klasse für alle AWT- und Swing-Komponenten ist und auch Basis-Methoden zur Verfügung stellt, die allen AWT- und Swing-Komponenten gemeinsam sind. Von Component abgeleitet sind zum einen die Grundkomponenten (Label, Button, ...) des AWT und zum anderen die Klasse Container, die wiederum als Basis-Klasse für alle Container-Klassen (darunter auch die bereits von uns benutzte Klasse JFrame als Subklasse der AWT-Klasse Frame) dient.

Besonders interessant ist der rechte Zweig, beginnend mit der abstrakten Klasse JComponent und deren Subklassen. Hier finden sich sämtliche „leichtgewichtigen" Swing-Grundkomponenten (JLabel, JButton, ...), die insbesondere *nicht* Subklassen der entsprechenden AWT-Klassen sind. In Kapitel 6 werden wir uns ausführlich den Swing-Komponenten widmen. Bereits an dieser Stelle wollen wir jedoch eine kleine Warnung aussprechen: Man sollte niemals AWT- und Swing-Komponenten in einem Fenster mischen, da dies zu unvorhergesehenen Effekten führen kann!

5.6 Übungsaufgaben

Aufgabe 5.1

Schreiben Sie eine Klasse `ZweiFrames`, in deren `main`-Methode zunächst ein Objekt `fenster` der Klasse `FrameMitText` erzeugt, mit `Das erste Fenster` beschriftet und auf 400 × 250 Pixel dimensioniert wird. Danach soll mit Hilfe von Konsoleneingaben das Erscheinungsbild des ursprünglichen Frames `fenster` nachträglich verändert und ein zusätzlicher Frame `fenster2` erzeugt werden. Nach Erzeugen von `fenster` soll nacheinander

- ein neuer Fenster-Titel eingelesen und dieser auf dem Frame `fenster` gesetzt werden,
- eine neue Fenster-Breite und eine neue Fenster-Höhe eingelesen und der Frame `fenster` entsprechend dimensioniert werden,
- nach Betätigung der Eingabetaste der Frame `fenster` unsichtbar werden,
- nach Betätigung der Eingabetaste der Frame `fenster` sichtbar werden,
- nach Betätigung der Eingabetaste der Frame `fenster` mit Hilfe der Methode `setLocation` auf die Koordinaten (300,10) verschoben werden und
- nach Betätigung der Eingabetaste ein zweiter Frame `fenster2` erzeugt, mit `Zweites Fenster` beschriftet, auf 300 × 150 Pixel dimensioniert und sichtbar geschaltet werden.

Auf dem Konsolenfenster könnte somit Folgendes ablaufen:

```
─────────────── Konsole ───────────────
Neuer Fenster-Titel: Ein super Fensterrahmen
<-'
Neue Fenster-Breite: 500
Neue Fenster-Hoehe: 500
<-'
Fenster unsichtbar machen mit Eingabetaste:
<-'
Fenster wieder sichtbar machen mit Eingabetaste:
<-'
Fenster auf die Koordinaten (300,10) verschieben mit Eingabetaste:
<-'
Noch ein Fenster erzeugen mit Eingabetaste:
<-'
```

Aufgabe 5.2

Schreiben Sie eine Klasse `TextFrame`, die in ihrer `main`-Methode einen Frame der Klasse `FrameMitText` erzeugt, beschriftet und dimensioniert. Dabei soll das Programm den gewünschten Rahmentitel, die Breite und die Höhe des Fensters über drei Kommandozeilenparameter übergeben bekommen. Sorgen Sie durch Abfangen der Ausnahmen `ArrayIndexOutOfBoundsException` und `NumberFormatException` dafür, dass bei zu wenig Kommandozeilenparametern die Aufrufsyntax ausgegeben wird und bei unzulässigen Schreibweisen für die Dimensionsangaben die Ganzzahligkeit der Parameter gefordert wird.

Kapitel 6

Swing-Komponenten

In diesem Kapitel werden wir uns zunächst mit den Basisklassen `Component`, `Container` und `JComponent` der AWT- und Swing-Hierarchie beschäftigen. Danach machen wir einen kleinen Ausflug in die Welt der Layout-Manager, Farben und Schriften aus dem AWT. Schließlich werden wir einige Grundkomponenten, Menüs, Toolbars und Container kennen lernen.

6.1 Die abstrakte Klasse `Component`

An oberster Stelle der Klassen-Hierarchie gelegen, stellt die abstrakte Klasse `Component` Basis-Methoden zur Verfügung, die alle AWT- und Swing-Komponenten gemeinsam nutzen können. Einige dieser Methoden wollen wir hier kurz vorstellen:

- **public** `Color getBackground()`
  liefert die Hintergrundfarbe der aufrufenden Komponente.

- **public** `Font getFont()`
  liefert die in der aufrufenden Komponente benutzte Schriftart.

- **public** `Color getForeground()`
  liefert die Vordergrundfarbe (Schriftfarbe) der aufrufenden Komponente.

- **public int** `getHeight()`
  liefert die Höhe der aufrufenden Komponente.

- **public int** `getWidth()`
  liefert die Breite der aufrufenden Komponente.

- **public boolean** `isEnabled()`
  liefert **true**, wenn die aufrufende Komponente aktiviert ist (auf Benutzeraktionen reagieren kann), andernfalls **false**.

- **`public boolean isVisible()`**
  liefert `true`, wenn die aufrufende Komponente sichtbar ist, andernfalls `false`.

- **`public void setBackground(Color c)`**
  setzt die Hintergrundfarbe der aufrufenden Komponente auf die Farbe c.

- **`public void setEnabled(boolean b)`**
  aktiviert (wenn b den Wert `true` hat) bzw. deaktiviert (wenn b den Wert `false` hat) die aufrufende Komponente für Benutzeraktionen.

- **`public void setFont(Font f)`**
  setzt die Schriftart, die in der aufrufenden Komponente, benutzt wird.

- **`public void setForeground(Color c)`**
  setzt die Vordergrundfarbe der aufrufenden Komponente auf die Farbe c.

- **`public void setLocation(int x, int y)`**
  setzt die Komponente an die angegebene Position. Dabei ist x die horizontale und y die vertikale Pixel-Koordinate (jeweils von links oben gemessen) der oberen linken Ecke der Komponente.

- **`public void setSize(int width, int height)`**
  setzt die Breite und Höhe (in Pixel) der aufrufenden Komponente.

- **`public void setVisible(boolean b)`**
  schaltet die aufrufende Komponente sichtbar (wenn b den Wert `true` hat) bzw. unsichtbar (wenn b den Wert `false` hat).

Wie Sie sehen, verwenden einige dieser Methoden die Klassen `Color` und `Font`, deren Objekte spezielle Farben und Schriftarten darstellen können und mit denen wir uns in Abschnitt 6.4 beschäftigen wollen. Zwei der hier genannten Methoden sollten Ihnen bekannt vorkommen, da wir sie in den Abschnitten 5.2 und 5.3 ja bereits eingesetzt haben, um die Größe unseres Frames festzulegen (`setSize`) und um unseren Frame sichtbar zu schalten (`setVisible`). Wie Sie sehen, erbt also sowohl die Klasse `Frame` als auch die Klasse `JFrame` diese Methoden von der Klasse `Component`.

6.2 Die Klasse `Container`

Container sind spezielle Komponenten, die andere Komponenten enthalten können. Aus diesem Grund stellt die Klasse `Container` (über die von `Component` geerbten und teilweise überschriebenen Methoden hinaus) auch spezielle Methoden zur Verfügung, die das Einfügen, Verwalten und Entfernen von Komponenten ermöglichen. Die wichtigsten darunter sind:

- **`public Component add(Component comp)`**
  fügt die Komponente comp dem aufrufenden Container hinzu.

- **public** Component add(Component comp, **int** index)
  fügt die Komponente comp dem aufrufenden Container hinzu. Dabei legt index den Einfüge-Index in der Liste der eingefügten Komponenten an.
- **public void** add(Component comp, Object constraints)
  fügt unter Beachtung der in constraints angegebenen Layout-Bedingung die Komponente comp dem aufrufenden Container hinzu.
- **public** Component[] getComponents()
  liefert eine Liste aller eingefügten Komponenten als Feld mit Komponententyp Component.
- **public void** remove(Component comp)
  entfernt die Komponente comp aus dem aufrufenden Container.
- **public void** setLayout(LayoutManager mgr)
  setzt das Layout des aufrufenden Containers.

Die Komponenten eines Containers werden in einer Liste geführt, wobei die Reihenfolge der Listenelemente standardmäßig durch die Reihenfolge der add-Aufrufe festgelegt wird. Diese Liste dient außerdem der Anordnung der Komponenten entsprechend des festgelegten Layouts. Mit der zweiten Variante der Methode add kann die Position der Komponente bezüglich des gewählten Layouts angegeben werden.

Die Methode setLayout erwartet einen Layout-Manager. Dabei handelt es sich um ein Objekt einer Klasse, die das Interface LayoutManager implementiert. Mit solchen Klassen werden wir uns in Abschnitt 6.4 beschäftigen. Dort werden wir auch sehen, wie die Variante der add-Methode mit Layout-Bedingung eingesetzt wird.

6.3 Die abstrakte Klasse JComponent

Die abstrakte Klasse JComponent dient als Basis-Klasse für sämtliche Swing-Komponenten mit Ausnahme der Top-Level-Container. Gemäß der Klassenhierarchie erbt JComponent von Container (und damit von Component) und passt durch Überschreiben einige der geerbten Methoden für ihre Zwecke an. Außerdem werden einige Methoden zur Verfügung gestellt, die speziell für Swing-Komponenten von Bedeutung sind. Die wichtigsten darunter sind

- **public boolean** isOpaque()
  liefert **true**, wenn die aufrufende Komponente einen undurchsichtigen Hintergrund besitzt, andernfalls **false**.
- **public void** setOpaque(**boolean** b)
  schaltet den Hintergrund der aufrufenden Komponente undurchsichtig (wenn b den Wert **true** hat) bzw. durchsichtig (wenn b den Wert **false** hat).
- **public** String getToolTipText()
  liefert den aktuellen Tooltip-Text der aufrufenden Komponente.

- **`public void` setToolTipText(String text)**
  legt text als Tooltip-Text für die aufrufende Komponente fest.

und wir wollen auf ihre Bedeutung noch kurz eingehen.
Einige Swing-Komponenten (z. B. JLabel) sind standardmäßig mit durchsichtigem Hintergrund ausgestattet. Verändert man beispielsweise die Hintergrundfarbe eines Labels, so stellt man fest, dass dies keinerlei Auswirkungen hat, wenn man nicht gleichzeitig dafür sorgt, dass das Label den Status „opak" bzw. undurchsichtig erhält. Wir werden in Abschnitt 6.4 nochmals darauf zurückkommen.

Jede Swing-Komponente kann mit einem **Tooltip** ausgestattet werden. Dabei handelt es sich um einen Hinweistext, der für den Anwender bzw. die Anwenderin einer grafischen Oberfläche jeweils dann angezeigt wird, wenn er bzw. sie für kurze Zeit mit dem Mauszeiger über der Komponente verweilt. Damit wird es möglich, den Anwendern automatisch Hilfestellungen zur Funktionalität von Komponenten anzubieten. Betrachten wir beispielsweise eine kleine Modifikation unseres Label-Beispiel-Programms

```java
import java.awt.*;
import javax.swing.*;

/** Erzeuge ein einfaches Fenster mit einem Textlabel und Tooltip */
public class FrameMitTextUndToolTip extends JFrame {
    Container c;              // Container dieses Frames
    JLabel beschriftung;      // Label das im Frame erscheinen soll

    // Konstruktor fuer unseren Frame mit Textlabel
    public FrameMitTextUndToolTip() {
        // Bestimme die Referenz auf den eigenen Container
        c = getContentPane();
        // Setze das Layout
        c.setLayout(new FlowLayout());
        // Erzeuge das Labelobjekt mit Uebergabe des Labeltextes
        beschriftung = new JLabel("Label-Text im Frame");
        // Fuege das Label dem Frame hinzu
        c.add(beschriftung);
        // Fuege dem Label einen Tooltip hinzu
        beschriftung.setToolTipText("Des isch nur en Tescht!");
    }

    public static void main(String[] args) {
        FrameMitTextUndToolTip fenster = new FrameMitTextUndToolTip();
        fenster.setTitle("Frame mit Text im Label mit Tooltip");
        fenster.setSize(400,150);
        fenster.setVisible(true);
        fenster.setDefaultCloseOperation(JFrame.EXIT_ON_CLOSE);
    }
}
```

in der wir in Zeile 20 einen Tooltip-Text ergänzt haben, so erhalten wir mittels Bewegen der Maus über das Label, einer ruhigen Hand und etwas Geduld den in Abbildung 6.1 dargestellten Effekt.

Abbildung 6.1: Ein Fenster mit Beschriftung und Tooltip

6.4 Layout-Manager, Farben und Schriften

In diesem Abschnitt wollen wir uns mit einigen Klassen aus dem Paket `java.awt` beschäftigen, die für die Anordnung und Gestaltung der einzelnen Komponenten einer grafischen Oberfläche zuständig sind.

6.4.1 Die Klasse `Color`

In Abschnitt 6.1 haben wir bereits gesehen, dass schon in der abstrakten Klasse `Component` Methoden bereitgestellt werden, die es ermöglichen, Vorder- und Hintergrundfarbe von Komponenten zu bearbeiten. Diese Methoden arbeiten mit Objekten der Klasse `Color`. Ein solches `Color`-Objekt legt eine Farbe durch ihre Anteile an Rot (R), Grün (G) und Blau (B) fest. Man spricht daher auch von **RGB-Werten** bzw. vom **RGB-Farbmodell**. Dabei werden die Rot-, Grün- und Blau-Anteile jeweils als drei `int`-Werte im Bereich 0 bis 255 oder alternativ als drei `float`-Werte im Bereich 0.0 bis 1.0 angegeben. Entsprechend können die beiden Konstruktoren

- `public Color(int r, int g, int b)`
  erzeugt ein `Color`-Objekt entsprechend den angegebenen RGB-Werten.
- `public Color(float r, float g, float b)`
  erzeugt ein `Color`-Objekt entsprechend den angegebenen RGB-Werten.

verwendet werden, wobei die `float`-RGB-Werte jeweils mittels Division der `int`-RGB-Werte durch 255 zu ermitteln sind. Zur Vereinfachung beim Einsatz von Standardfarben werden in der Klasse `Color` die Konstanten (finale Klassenvariablen) BLACK, BLUE, CYAN, DARK_GRAY, GRAY, GREEN, LIGHT_GRAY, MAGENTA, ORANGE, PINK, RED, WHITE und YELLOW für die entsprechenden häufig verwendeten Farben zur Verfügung gestellt.[1] Wenn wir also beispielsweise die Farbe Gelb benötigen, müssen wir uns kein `Color`-Objekt mit den RGB Werten 255, 255 und

---

[1] Die Schreibweise der Konstanten in durchgängig großen Buchstaben gemäß der üblichen Java-Konvention hat sich bei den `Color`-Konstanten erst in der Version 1.4 durchgesetzt. In älteren Versionen werden die vordefinierten Farben in reinen Kleinbuchstaben notiert.

Abbildung 6.2: Schwarzes Label mit weißer Schrift

0 erzeugen (Gelb entsteht ja bekanntlich durch Mischen von Rot und Grün), sondern können direkt das vorgefertigte Objekt Color.YELLOW verwenden.
Unser Programmbeispiel

```
1  import java.awt.*;
2  import javax.swing.*;
3
4  /** Erzeuge ein Swing-Fenster mit schwarzem Textlabel */
5  public class FrameMitSchwarzemLabel extends JFrame {
6    Container c;                    // Container dieses Frames
7    FarbigesLabel schwarzesLabel;   // Label, das im Frame erscheinen soll
8
9    public FrameMitSchwarzemLabel() {  // Konstruktor
10     c = getContentPane();             // Container bestimmen
11     c.setLayout(new FlowLayout());    // Layout setzen
12
13     // Erzeuge das Labelobjekt mit Uebergabe des Labeltextes
14     schwarzesLabel = new FarbigesLabel("schwarzes Label",
15                            new Color(255,255,255),
16                            Color.BLACK);
17
18     // Fuege das Label dem Frame hinzu
19     c.add(schwarzesLabel);
20   }
21
22   public static void main(String[] args) {
23     FrameMitSchwarzemLabel fenster = new FrameMitSchwarzemLabel();
24     fenster.setTitle("Frame mit schwarzem Label");
25     fenster.setSize(300,60);
26     fenster.setVisible(true);
27     fenster.setDefaultCloseOperation(JFrame.EXIT_ON_CLOSE);
28   }
29 }
```

arbeitet mit den Farben Weiß (selbst erzeugt mit den RGB-Werten 255, 255 und 255) und Schwarz (unter Verwendung des vordefinierten Color-Objekts), um ein Label mit weißer Schriftfarbe auf schwarzem Hintergrund zu erzeugen und darzustellen. Wir greifen dabei auf die selbst geschriebene Label-Klasse

```
1  import java.awt.*;
2  import javax.swing.*;
3
4  public class FarbigesLabel extends JLabel {
5    public FarbigesLabel(String text,Color fG,Color bG) { // Konstruktor
6      // Uebergabe des Labeltextes an den Super-Konstruktor
7      super(text);
8      // Setze den Hintergrund des Labels auf undurchsichtig
```

```
 9      setOpaque(true);
10      // Setze die Farbe der Beschriftung des Labels
11      setForeground(fG);
12      // Setze die Hintergrundfarbe des Labels
13      setBackground(bG);
14    }
15 }
```

zurück, die von `JLabel` erbt und mit einem Konstruktor ausgestattet ist, der neben der Beschriftung auch noch die Vorder- und Hintergrundfarbe des Labels übergeben bekommt. Beachten Sie, dass ein Label in Swing standardmäßig nicht opak, also durchsichtig, ist. Daher benötigen wir den Aufruf der Methode `setOpaque`.

Ein Start unserer Klasse `FrameMitSchwarzemLabel` liefert schließlich das in Abbildung 6.2 dargestellte Fenster.

6.4.2 Die Klasse `Font`

Wie in Abschnitt 6.1 beschrieben, stellt die Klasse `Component` auch die Methode `setFont` zur Verfügung, die es ermöglicht, die Schriftart festzulegen, die in einer Komponente verwendet wird. Diese Methode arbeitet mit einem Objekt der Klasse `Font`, das eine Schriftart durch den Namen der Font-Familie, den Schriftstil und die Schriftgröße festlegt. Als Konstruktor kann daher

- **public** Font(String name, **int** style, **int** size)
  erzeugt ein Font-Objekt entsprechend den angegebenen Werten für Font-Familie, Stil und Größe.

eingesetzt werden.

Wie man sieht, wird die Font-Familie durch eine Zeichenkette angegeben. Prinzipiell kann beim Erzeugen eines Objekts hier ein üblicher Font-Name verwendet werden, allerdings ist nicht sichergestellt, dass jede Schriftart auf jedem Rechner verfügbar ist. In Java-Systemen sind jedoch die Font-Familien Monospaced (eine nichtproportionale Schrift wie z. B. Courier), SansSerif (eine Schrift ohne Serifen wie z. B. Arial bzw. Helvetica) und Serif (eine Schrift mit Serifen wie z. B. Roman) auf jeden Fall verfügbar.[2] Diese werden dann üblicherweise einer tatsächlich auf dem ausführenden System vorhandenen Schriftart zugeordnet.

Der Schrift-Stil muss durch einen ganzzahligen Wert spezifiziert werden, wobei auf die Konstanten BOLD (für fette Schrift), ITALIC (für kursive Schrift) und PLAIN (für normale Schrift) zurückgegriffen werden kann, die als finale Klassenvariablen in der Klasse `Font` vereinbart sind. Soll die Schrift fett *und* kursiv erscheinen, so können die beiden Konstanten addiert und als Schriftstil `Font.BOLD+Font.ITALIC` verwendet werden. Die Schriftgröße ist in Punkt (pt) anzugeben.

Das Label in unserem Programmbeispiel

---

[2] Unter Serifen versteht man kleine „Häkchen" oder „Füßchen" an den Enden der Buchstaben.

Abbildung 6.3: Label mit fetter und kursiver Monospaced-Schrift

```
1   import java.awt.*;
2   import javax.swing.*;
3
4   /** Erzeuge ein Swing-Fenster mit formatiertem Textlabel */
5   public class FrameMitMonospacedText extends JFrame {
6     Container c;           // Container dieses Frames
7     JLabel textLabel;      // Label das im Frame erscheinen soll
8
9     // Konstruktor fuer unseren Frame mit Textlabel
10    public FrameMitMonospacedText() {  // Konstruktor
11      c = getContentPane();             // Container bestimmen
12      c.setLayout(new FlowLayout());    // Layout setzen
13
14      // Erzeuge das Labelobjekt mit Uebergabe des Labeltextes
15      textLabel = new JLabel("Monospaced Text");
16      // Setze die Schriftart fuer die Labelschriftart
17      textLabel.setFont(new Font("Monospaced",Font.BOLD+Font.ITALIC,30));
18
19      // Fuege das Label dem Frame hinzu
20      c.add(textLabel);
21    }
22
23    public static void main(String[] args) {
24      FrameMitMonospacedText fenster = new FrameMitMonospacedText();
25      fenster.setTitle("Frame mit monospaced Text");
26      fenster.setSize(300,80);
27      fenster.setVisible(true);
28      fenster.setDefaultCloseOperation(JFrame.EXIT_ON_CLOSE);
29    }
30  }
```

haben wir mit einer fetten und kursiven Monospaced-Schriftart in 30-Punkt-Größe beschriftet.

6.4.3 Layout-Manager

Wir haben bereits gesehen, dass ein Layout-Manager die Anordnung der verschiedenen Komponenten in einem Container festlegt und dass ein solcher Layout-Manager durch ein Objekt einer Klasse, die das Interface LayoutManager implementiert, erzeugt wird. Dieses Interface LayoutManager definiert daher Methoden, die für die Anordnung von AWT- und Swing-Komponenten notwendig sind. Java stellt zahlreiche Klassen zur Verfügung, die dieses Interface implementieren und sich letztlich darin unterscheiden, dass sie die Container-Fläche in verschiedene Bereiche aufteilen. Dabei verteilen die Layout-Manager den Gesamtplatz der Container-Fläche abhängig von den eingepflegten Komponenten, wobei (je nach Layout) teilweise Zwischenraum eingefügt wird oder Komponenten in ihrer Größe angepasst bzw. gar nicht angezeigt werden.

Die drei am häufigsten verwendeten Layout-Manager sind `FlowLayout`, `BorderLayout` und `GridLayout`; mit ihnen werden wir uns daher in den nachfolgenden Abschnitten beschäftigen. Ferner gibt es einige spezialisierte Layout-Varianten wie zum Beispiel `BoxLayout`, `CardLayout`, `GridBagLayout` oder `OverlayLayout`. Als Standard-Layout ist in den Container-Klassen das `BorderLayout` eingestellt. Einzige Ausnahme bildet die Klasse `JPanel` (eine Komponente, die wir in Abschnitt 6.5 noch kennen lernen werden), bei der das `FlowLayout` voreingestellt ist.

6.4.3.1 Die Klasse `FlowLayout`

Um die Komponenten in einem Container „fließend" anzuordnen, verwendet man ein Objekt der Klasse `FlowLayout` als Layout-Manager. Fließend bedeutet dabei, dass die Komponenten zeilenweise von links nach rechts in den Container eingefügt werden. Das heißt, die Komponenten werden so lange in der Reihenfolge ihres Einfügens von links nach rechts nebeneinander platziert, bis kein Platz mehr für die nächste Komponente verfügbar ist und mit einer neuen Zeile begonnen werden muss, die dann genauso gefüllt wird. Die Ausrichtung der Komponenten innerhalb der Zeile erfolgt dabei standardmäßig zentriert. Zwischen den Komponenten findet sich horizontal und vertikal jeweils ein Abstand von 5 Pixel. Die Größe der Komponenten wird nicht verändert.

In der Klasse `FlowLayout` finden wir die folgenden Konstruktoren:

- **public** `FlowLayout()`
  erzeugt ein `FlowLayout`-Objekt mit den Standardeinstellungen (zentrierte Ausrichtung der Zeilen, 5-Pixel-Abstände).

- **public** `FlowLayout(int align)`
  erzeugt ein `FlowLayout`-Objekt mit einer Ausrichtung gemäß `align` und der Standardeinstellung für die Abstände.

- **public** `FlowLayout(int align, int hp, int v)`
  erzeugt ein `FlowLayout`-Objekt mit einer Ausrichtung gemäß `align` und horizontalen bzw. vertikalen Abständen von h bzw. v Pixel.

Für die Wahl der Ausrichtung stehen die vordefinierten Konstanten `LEFT` (für linksbündige Ausrichtung), `RIGHT` (für rechtsbündige Ausrichtung) und `CENTER` (für zentrierte Ausrichtung) als finale Klassenvariablen der Klasse `FlowLayout` zur Verfügung.

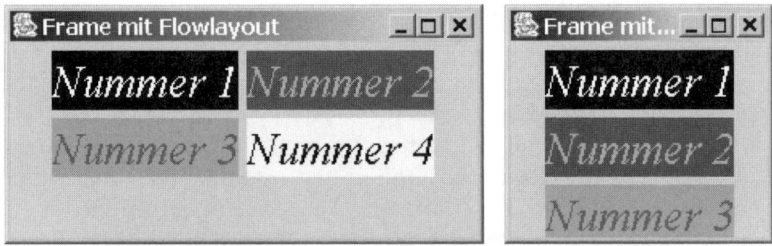
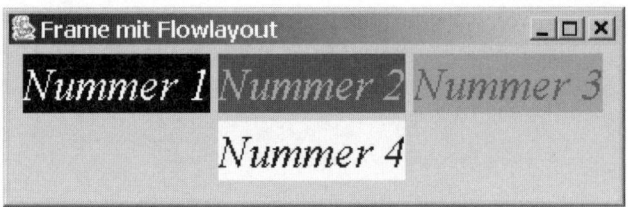

Abbildung 6.4: Das Flow-Layout

In unserem Beispielprogramm

```
 1  import java.awt.*;
 2  import javax.swing.*;
 3
 4  /** Erzeuge ein Swing-Fenster mit Flowlayout */
 5  public class FrameMitFlowLayout extends JFrame {
 6    Container c;              // Container dieses Frames
 7    // Feld fuer Labels, die im Frame erscheinen sollen
 8    FarbigesLabel fl[] = new FarbigesLabel[4];
 9
10    public FrameMitFlowLayout() {    // Konstruktor
11      c = getContentPane();          // Container bestimmen
12      c.setLayout(new FlowLayout()); // Layout setzen
13
14      // Erzeuge die Labelobjekte mit Uebergabe der Labeltexte
15      for (int i = 0; i < 4; i++) {
16        int rgbFg = 255 - i*80;      // Farbwert fuer Vordergrund
17        int rgbBg = i*80;            // Farbwert fuer Hintergrund
18        fl[i] = new FarbigesLabel("Nummer " + (i+1),
19                          new Color(rgbFg,rgbFg,rgbFg),
20                          new Color(rgbBg,rgbBg,rgbBg));
21        fl[i].setFont(new Font("Serif",Font.ITALIC,28));
22      }
23
24      // Fuege die Labels dem Frame hinzu
25      for (int i = 0; i < 4; i++) {
26        c.add(fl[i]);
27      }
28    }
29
30    public static void main(String[] args) {
31      FrameMitFlowLayout fenster = new FrameMitFlowLayout();
```

```
32      fenster.setTitle("Frame mit Flow-Layout");
33      fenster.setSize(300,150);
34      fenster.setVisible(true);
35      fenster.setDefaultCloseOperation(JFrame.EXIT_ON_CLOSE);
36   }
37 }
```

arbeiten wir wiederum mit unserer selbst geschriebenen Klasse `FarbigesLabel` und einem Feld namens `fl` mit vier Komponenten dieses Typs. Im Konstruktor unserer Klasse `FrameMitFlowLayout` erzeugen wir für diese vier Feldkomponenten die entsprechenden Objekte der Klasse `FarbigesLabel`, wobei wir jedes Label mit einem anderen Grauton versehen. Dies gelingt uns, indem wir ausgehend von 0 bzw. 255 die drei RGB-Werte gleichmäßig in Stufen von 80 erhöhen bzw. erniedrigen. Außerdem verwenden wir in jedem Label eine kursive Serifen-Schriftart in 28-Punkt-Größe.

Startet man die Klasse `FrameMitFlowLayout`, so passen zunächst (entsprechend dem Platzbedarf der relativ groß beschrifteten Labels) immer nur zwei der Labels in eine Zeile (siehe Abbildung 6.4, links oben). Verändert man mit der Maus die Breite unseres Frames, so gibt es nur noch Platz für ein Label pro Zeile (rechts oben) oder sogar für drei Labels pro Zeile (unten).

6.4.3.2 Die Klasse `BorderLayout`

Zur Einteilung der Container-Fläche in die fünf Gebiete „Norden", „Süden", „Westen", „Osten" und „Zentrum" (vergleiche Abbildung 6.5) verwendet man ein Objekt der Klasse `BoderLayout` als Layout-Manager. In jedes dieser fünf Gebiete kann eine Komponente eingefügt werden, so dass insgesamt fünf Komponenten erscheinen können. Während die Größe der Komponenten im Norden und Süden durch ihre übliche Höhe und die der Komponenten im Westen und Osten durch ihre übliche Breite bestimmt wird, kann die Größe des zentralen Gebiets je nach Größe des Containers variieren. Dementsprechend wird die Größe der dort eingefügten Komponente angepasst.

Als Konstruktoren der Klasse `BorderLayout` stehen zur Verfügung:

- **public** `BorderLayout()`
  erzeugt ein `BorderLayout`-Objekt mit Standardeinstellung (0-Abstände zwischen den Gebieten).

- `BorderLayout(int h, int v)`
  erzeugt ein `BorderLayout`-Objekt mit horizontalen bzw. vertikalen Abständen von h bzw. v Pixel zwischen den Gebieten.

Beim Einfügen von Komponenten in einen Container mittels der Methode `add` kann mit deren zweitem Parameter auch das Gebiet bestimmt werden, in das die Komponente eingefügt werden soll. Dies geschieht unter Verwendung einer der in `BorderLayout` vordefinierten Klassenkonstanten `NORTH`, `SOUTH`, `WEST`, `EAST` und `CENTER`. Ein Aufruf der Methode `add` ohne „Himmelsrichtung" entspricht einem Aufruf mit `BorderLayout.CENTER`.

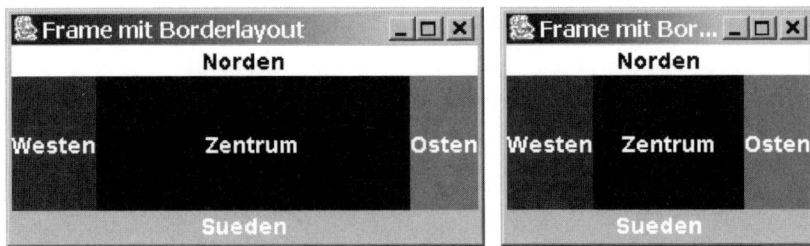

Abbildung 6.5: Das Border-Layout

Zu Verdeutlichung der verschiedenen Gebiete des Border-Layouts haben wir die dort platzierten Labels (wiederum Objekte unserer selbst geschriebenen Klasse FarbigesLabel) auch in unserem Beispielprogramm

```
1   import java.awt.*;
2   import javax.swing.*;
3
4   /** Erzeuge ein Swing-Fenster mit Borderlayout */
5   public class FrameMitBorderLayout extends JFrame {
6     Container c;              // Container dieses Frames
7     // Labelfeld fuer Label, die im Frame erscheinen sollen
8     FarbigesLabel fl[] = new FarbigesLabel[5];
9
10    public FrameMitBorderLayout() {   // Konstruktor
11      c = getContentPane();           // Container bestimmen
12      c.setLayout(new BorderLayout());  // Layout setzen
13
14      /* Erzeuge die Labelobjekte mit Uebergabe der Labeltexte
15         und der Farbe */
16      fl[0] = new FarbigesLabel("Norden", Color.black, Color.white);
17      fl[1] = new FarbigesLabel("Sueden", Color.white, Color.lightGray);
18      fl[2] = new FarbigesLabel("Osten", Color.white, Color.gray);
19      fl[3] = new FarbigesLabel("Westen", Color.white, Color.darkGray);
20      fl[4] = new FarbigesLabel("Zentrum", Color.white, Color.black);
21
22      for (int i = 0; i < 5; i++) {
23        // Setze die Schriftart der Labelbeschriftung
24        fl[i].setFont(new Font("SansSerif",Font.BOLD,14));
25        // Setze die horizontale Position des Labeltextes auf dem Label
26        fl[i].setHorizontalAlignment(JLabel.CENTER);
27      }
28
29      // Fuege die Labels dem Frame hinzu
30      c.add(fl[0],BorderLayout.NORTH);
31      c.add(fl[1],BorderLayout.SOUTH);
32      c.add(fl[2],BorderLayout.EAST);
33      c.add(fl[3],BorderLayout.WEST);
34      c.add(fl[4],BorderLayout.CENTER);
35    }
36
37    public static void main(String[] args) {
```

6.4 Layout-Manager, Farben und Schriften

```
38      FrameMitBorderLayout fenster = new FrameMitBorderLayout();
39      fenster.setTitle("Frame mit Border-Layout");
40      fenster.setSize(300,150);
41      fenster.setVisible(true);
42      fenster.setDefaultCloseOperation(JFrame.EXIT_ON_CLOSE);
43   }
44 }
```

in unterschiedlichen Grautönen eingefärbt. Verändert man mit der Maus die Breite unseres Frames, so kann man feststellen, dass die Größe der Randkomponenten gleich bleibt, während sich die Komponente im Zentrum dynamisch der Gesamtgröße des Frames anpasst (Abbildung 6.5).

6.4.3.3 Die Klasse `GridLayout`

Will man die Container-Fläche in gitter- oder tabellenartig angeordnete Zellen aufteilen, so verwendet man ein Objekt der Klasse `GridLayout` als Layout-Manager. Dabei wird bereits beim Konstruktor-Aufruf festgelegt, wie viele Zeilen bzw. Spalten angelegt werden sollen. Alle eingefügten Komponenten werden dann gemäß dieser Vorgabe in der gleichen Größe dargestellt, so dass der in der Zelle verfügbare Platz voll ausgefüllt ist. Per Default ist zwischen den Komponenten kein Abstand.
Die Klasse `GridLayout` stellt folgende Konstruktoren bereit:

- **public** `GridLayout()`
  erzeugt ein `GridLayout`-Objekt mit Standardeinstellung (keine Abstände zwischen den Zellen).

- **public** `GridLayout(int z, int s)`
  erzeugt ein `GridLayout`-Objekt mit z Zeilen und s Spalten und der Standardeinstellung für die Abstände. Entweder z oder s kann dabei auch den Wert 0 haben, was für „beliebig viele" steht.

- **public** `GridLayout(int z, int s, int h, int v)`
  erzeugt ein `GridLayout`-Objekt mit z Zeilen und s Spalten und horizontalen bzw. vertikalen Abständen von h bzw. v Pixel. Entweder z oder s kann dabei auch den Wert 0 haben, was für „beliebig viele" steht.

In diesem Layout werden die Komponenten in der Reihenfolge der `add`-Aufrufe in die Tabelle bzw. das Gitter eingefügt. Dabei wird in der obersten Zeile begonnen, diese von links nach rechts gefüllt und jeweils mit der darunter liegenden Zeile fortgefahren.
Zur Verdeutlichung der Festlegung der Zellen-Größe haben wir in unserem Beispielprogramm

```
1 import java.awt.*;
2 import javax.swing.*;
3
4 /** Erzeuge ein Swing-Fenster mit Gridlayout */
5 public class FrameMitGridLayout extends JFrame {
```

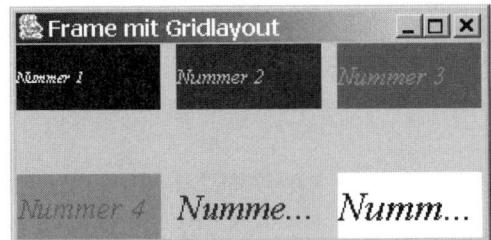

Abbildung 6.6: Das Grid-Layout

```
6    Container c;                    // Container dieses Frames
7    // Feld fuer Labels, die im Frame erscheinen sollen
8    FarbigesLabel fl[] = new FarbigesLabel[6];
9
10   public FrameMitGridLayout() {    // Konstruktor
11     c = getContentPane();          // Container bestimmen
12     c.setLayout(new GridLayout(2,3,10,40)); // Layout setzen
13
14     /* Erzeuge die Labelobjekte mit Uebergabe der Labeltexte
15        und der Farbe */
16     for (int i = 0; i < 6; i++) {
17       int rgbFg = 255 - i*50;
18       int rgbBg = i*50;
19       fl[i] = new FarbigesLabel("Nummer " + (i+1),
20                          new Color(rgbFg,rgbFg,rgbFg),
21                          new Color(rgbBg,rgbBg,rgbBg));
22       fl[i].setFont(new Font("Serif",Font.ITALIC,10 + i*3));
23     }
24
25     // Fuege die Labels dem Frame hinzu
26     for (int i = 0; i < 6; i++) {
27       c.add(fl[i]);
28     }
29   }
30
31   public static void main(String[] args) {
32     FrameMitGridLayout fenster = new FrameMitGridLayout();
33     fenster.setTitle("Frame mit Grid-Layout");
34     fenster.setSize(300,150);
35     fenster.setVisible(true);
36     fenster.setDefaultCloseOperation(JFrame.EXIT_ON_CLOSE);
37   }
38 }
```

ein Grid-Layout mit 2 Zeilen und 3 Spalten sowie einem horizontalen bzw. vertikalen Zellen-Abstand von 10 bzw. 40 Pixel gewählt. Die verschiedenen Labels in den einzelnen Zellen haben wir wieder unterschiedlich eingefärbt und mit unterschiedlich großen Fonts beschriftet. In Abbildung 6.6 ist nun insbesondere zu erkennen, dass die Zellengröße nicht für alle Beschriftungen ausreicht, so dass der Label-Text automatisch gekürzt und mit ... am Ende versehen wird.

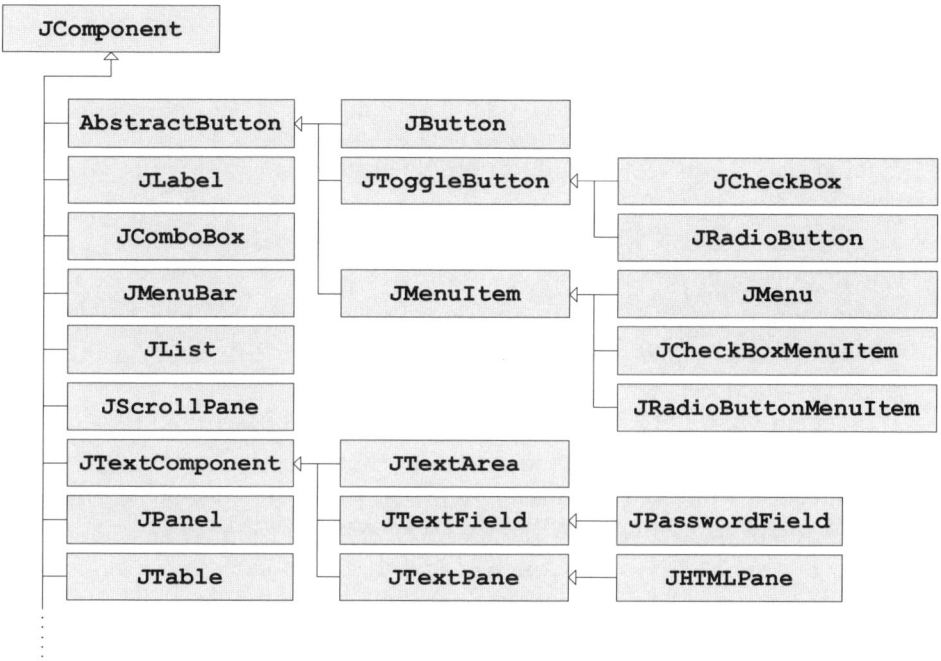

Abbildung 6.7: Einige Swing-Komponenten in der Übersicht

6.5 Einige Grundkomponenten

Abbildung 6.7 stellt in Auszügen die Hierarchie der leichtgewichtigen Swing-Komponenten-Klassen grafisch dar. Alle Grundkomponenten erben ja, wie bereits in Abschnitt 6.3 erwähnt, von der abstrakten Klasse JComponent, die an oberster Stelle der Swing-Komponenten-Hierarchie steht. Aufgrund der Mächtigkeit der Swing-Bibliothek ist es natürlich nicht möglich, alle Grundkomponenten ausführlich zu behandeln, ohne den Rahmen dieses Grundkurses zu sprengen. In diesem Abschnitt wollen wir uns daher mit einigen ausgewählten Beispielen für Swing-Grundkomponenten beschäftigen.

6.5.1 Die Klasse JLabel

In unseren bisherigen Beispielen haben wir die Klasse JLabel ja bereits mehrfach verwendet, wir wollen sie jedoch in diesem Abschnitt nochmals im Detail behandeln. Ein Label kann nicht nur zur Darstellung von Text, sondern auch von Bildern verwendet werden, wobei auch beides kombiniert werden kann. Für Text und Bilder kann die horizontale und vertikale Ausrichtung innerhalb des Labels festgelegt werden. Die horizontale Default-Ausrichtung für Texte ist „linksbündig", die

für Bilder „zentriert", während in beiden Fällen als vertikale Ausrichtung „zentriert" verwendet wird.
Als Konstruktoren stehen

- **public** JLabel()
  erzeugt ein JLabel-Objekt mit leerem Inhalt.
- **public** JLabel(String text)
  erzeugt ein JLabel-Objekt, das mit dem Text text beschriftet ist.
- **public** JLabel(String text, **int** hAlign)
  erzeugt ein JLabel-Objekt, das mit dem Text text beschriftet ist, wobei eine horizontale Ausrichtung gemäß hAlign verwendet wird.
- **public** JLabel(Icon image)
  erzeugt ein JLabel-Objekt, das mit dem Bild image beschriftet ist.
- **public** JLabel(Icon image, **int** hAlign)
  erzeugt ein JLabel-Objekt, das mit dem Bild image beschriftet ist, wobei eine horizontale Ausrichtung gemäß hAlign verwendet wird.
- **public** JLabel(String text, Icon image, **int** hAlign)
  erzeugt ein JLabel-Objekt, das mit dem Text text und dem Bild image beschriftet ist, wobei eine horizontale Ausrichtung gemäß hAlign verwendet wird.

zur Verfügung. Bei deren Aufruf können die Klassenkonstanten LEFT, RIGHT und CENTER zur Spezifikation der horizontalen Ausrichtung verwendet werden. Will man ein Bildobjekt angeben, so muss man ein Objekt einer Klasse verwenden, das das Interface Icon implementiert. In der Regel geschieht dies durch ein Objekt der Klasse ImageIcon. Deren Konstruktor

- **public** ImageIcon(String filename)
  erzeugt ein ImageIcon-Objekt aus dem Bild in der Datei filename.

erwartet lediglich einen String, der den Dateinamen spezifiziert, unter dem das darzustellende Bild abgelegt ist.
Die wichtigsten Methoden der Klasse JLabel sind

- **public** Icon getIcon()
  liefert das auf dem Label-Objekt dargestellte Bild.
- **public** String getText()
  liefert den auf dem Label-Objekt dargestellten Text.
- **public void** setIcon(Icon icon)
  setzt das auf dem Label-Objekt dargestellte Bild.
- **public void** setText(String text)
  setzt den auf dem Label-Objekt dargestellten Text.
- **public void** setHorizontalAlignment(**int** align)
  setzt die horizontale Ausrichtung von Bild und Text.

6.5 Einige Grundkomponenten

- **public void** setVerticalAlignment(**int** align)
  setzt die vertikale Ausrichtung von Bild und Text.
- **public void** setHorizontalTextPosition(**int** pos)
  setzt die horizontale Position des Label-Texts relativ zum Bild.
- **public void** setVerticalTextPosition(**int** pos)
  setzt die vertikale Position des Label-Texts relativ zum Bild.

wobei für die vertikale Ausrichtung bzw. Positionierung die Klassenkonstanten TOP (für oben), BOTTOM (für unten) und CENTER verwendet werden können. Im nachfolgenden Beispielprogramm stellen wir in einem Label sowohl einen Text als auch ein Bild dar.

```
1  import java.awt.*;
2  import javax.swing.*;
3
4  /** Erzeuge ein einfaches Swing-Fenster mit einem Label */
5  public class FrameMitBild extends JFrame {
6    Container c;              // Container dieses Frames
7    JLabel lab;               // Label das im Frame erscheinen soll
8
9    // Konstruktor fuer unseren Frame mit Textlabel
10   public FrameMitBild() {
11     c = getContentPane();           // Container bestimmen
12     c.setLayout(new FlowLayout());  // Layout setzen
13
14     // Bildobjekt erzeugen
15     Icon bild = new ImageIcon("babycat.jpg");
16     // Label mit Text und Bild beschriften
17     lab = new JLabel("Spotty", bild, JLabel.CENTER);
18     // Text unter das Bild setzen
19     lab.setHorizontalTextPosition(JLabel.CENTER);
20     lab.setVerticalTextPosition(JLabel.BOTTOM);
21     // Fuege das Label dem Frame hinzu
22     c.add(lab);
23   }
24
25   public static void main(String[] args) {
26     FrameMitBild fenster = new FrameMitBild();
27     fenster.setTitle("Label mit Bild und Text");
28     fenster.setSize(250,185);
29     fenster.setVisible(true);
30     fenster.setDefaultCloseOperation(JFrame.EXIT_ON_CLOSE);
31   }
32 }
```

6.5.2 Die abstrakte Klasse AbstractButton

Mit den Klassen JButton und JToggleButton bietet Java zwei verschiedene Arten von Schaltflächen bzw. Knöpfen an. Während Objekte der Klassen JButton einfache Schaltflächen bzw. Knöpfe oder Tasten darstellen, mit denen Aktionen ausgelöst werden können, haben Objekte der Klasse JToggleButton

Abbildung 6.8: Ein Label mit Text und Bild

die Funktion von Schaltern, die an- oder ausgeschaltet (bzw. „selektiert" oder „nicht selektiert") sein können. Toggle-Buttons gibt es durch die Klassen `JCheckBox` und `JRadioButton` auch in spezialisierter Form. Es handelt sich dann um kleine Kästchen, die mit Markierungen oder Häkchen versehen werden können.

Wie Labels können auch Buttons mit Text, mit einem Bild oder mit Text *und* Bild beschriftet werden. Die Basisfunktionalitäten für alle Arten von Buttons sind in der abstrakten Klasse `AbstractButton` bereitgestellt, von der alle anderen Button-Klassen erben (vergleiche auch Abbildung 6.7). Einige dieser Basis-Methoden wollen wir hier vorstellen.

- **public** `Icon getIcon()`
  liefert das auf dem Button-Objekt dargestellte Bild.

- **public** `String getText()`
  liefert den auf dem Button-Objekt dargestellten Text.

- **public void** `setIcon(Icon icon)`
  setzt das auf dem Button-Objekt dargestellte Bild.

- **public void** `setText(String text)`
  setzt den auf dem Button-Objekt dargestellten Text.

- **public void** `setHorizontalAlignment(`**int** `align)`
  setzt die horizontale Ausrichtung von Bild und Text.

- **public void** `setVerticalAlignment(`**int** `align)`
  setzt die vertikale Ausrichtung von Bild und Text.

- **public void** `setHorizontalTextPosition(`**int** `pos)`
  setzt die horizontale Position des Button-Texts relativ zum Bild.

- **public void** `setVerticalTextPosition(`**int** `pos)`
  setzt die vertikale Position des Button-Texts relativ zum Bild.

- **public boolean** `isSelected()`
  liefert **true**, wenn der Toggle-Button selektiert ist, andernfalls **false**.

6.5 Einige Grundkomponenten

- **public void** `setSelected(`**boolean** `b)`
  setzt den Zustand des Toggle-Buttons auf „selektiert", falls b den Wert **true** hat, oder andernfalls auf „nicht selektiert".

- **public boolean** `isFocusPainted()`
  liefert **true**, wenn sich der Button im Modus „Fokus wird angezeigt" befindet, andernfalls **false**.

- **public void** `setFocusPainted(`**boolean** `b)`
  setzt den Modus „Fokus wird angezeigt", falls b den Wert **true** hat, oder andernfalls den Modus „Fokus wird nicht angezeigt".

Die ersten acht Methoden entsprechen den gleichnamigen Methoden der Klasse `JLabel`. Für die horizontale und vertikale Ausrichtung bzw. Positionierung können wie üblich auch für Button-Objekte die Klassenkonstanten `LEFT`, `RIGHT`, `TOP`, `BOTTOM` und `CENTER` verwendet werden.

Die beiden letzten Methoden beziehen sich auf den so genannten **Fokus** bzw. **Tastaturfokus**, eine (sichtbare oder unsichtbare) Markierung, die anzeigt, welche Komponente gerade „anvisiert" wird und daher auch Tastaturkommandos empfangen kann. Der Fokus kann innerhalb eines Fensters mit Hilfe der Tabulator-Taste an eine andere Komponente übergeben werden. Hält man die Alt-Taste gedrückt, so übergibt die Tabulatortaste den Fokus an ein anderes Fenster. Ein Button kann (sofern das Fenster, in dem er sich befindet, und der Button selbst den Tastaturfokus besitzen) auch mit Hilfe der Leertaste „gedrückt" werden. Per Default wird der Fokus bei Buttons grafisch angezeigt.

6.5.3 Die Klasse `JButton`

Die Klasse `JButton` stellt zur Erzeugung von einfachen Schaltflächen (Knöpfen, Tasten) die Konstruktoren

- **public** `JButton()`
  erzeugt ein `JButton`-Objekt mit leerem Inhalt.

- **public** `JButton(String text)`
  erzeugt ein `JButton`-Objekt mit dem Text `text` beschriftet.

- **public** `JButton(Icon image)`
  erzeugt ein `JButton`-Objekt mit dem Bild `image` beschriftet.

- **public** `JButton(String text, Icon image)`
  erzeugt ein `JButton`-Objekt mit dem Text `text` und dem Bild `image` beschriftet.

bereit. Wir wollen in einem Beispielprogramm vier Tasten mit Text-Beschriftungen verwenden.

Abbildung 6.9: Frame mit Buttons nach dem Start und mit gedrücktem Button

```java
import java.awt.*;
import javax.swing.*;

/** Erzeuge ein Swing-Fenster mit Buttons */
public class FrameMitButtons extends JFrame {
  Container c;              // Container dieses Frames
  // Feld fuer Buttons, die im Frame erscheinen sollen
  JButton b[] = new JButton[4];

  public FrameMitButtons() {    // Konstruktor
    c = getContentPane();                  // Container bestimmen
    c.setLayout(new FlowLayout());         // Layout setzen

    // Erzeuge die Button-Objekte
    for (int i = 0; i < 4; i++) {
      b[i] = new JButton("Taste " + (i+1));
      b[i].setFont(new Font("SansSerif",Font.ITALIC,24));
    }

    // Fuege die Buttons dem Frame hinzu
    for (int i = 0; i < 4; i++) {
      c.add(b[i]);
    }
  }

  public static void main(String[] args) {
    FrameMitButtons fenster = new FrameMitButtons();
    fenster.setTitle("Frame mit Buttons");
    fenster.setSize(250,130);
    fenster.setVisible(true);
    fenster.setDefaultCloseOperation(JFrame.EXIT_ON_CLOSE);
  }
}
```

Die vier Tasten legen wir als Komponenten eines Feldes namens b an, wobei wir sie in einer kursiven Schriftart ohne Serifen in 24-Punkt-Größe beschriften und nummerieren. Eingefügt in unseren Frame bzw. dessen Content-Pane werden sie gemäß dem Flow-Layout. Startet man die Klasse FrameMitButtons, so sieht man, dass sich die vier Tasten durch eine Umrandung vom Hintergrund abgrenzen (siehe Abbildung 6.9, links). Ferner erkennt man an einem etwas kleineren bläulichen Rahmen innerhalb der Taste 1, dass diese gerade den Fokus besitzt. Wir könnten sie daher, auch ohne die Maus zu benutzen, durch Drücken der Leertaste auf unserer PC-Tastatur betätigen. Mit der Tabulator-Taste können wir den Fokus an die nächste Taste weitergeben, so dass diese nun mit der Leertaste zu betätigen ist. Wenn wir eine Taste mit der Maus oder der Tastatur betätigen, stellen wir außerdem fest, dass sich ihre Darstellung verändert. In gedrücktem Zustand wird der Hintergrund dunkelgrau eingefärbt (siehe Abbildung 6.9, rechts).

6.5.4 Die Klasse `JToggleButton`

Zur Erzeugung von „echten" Schaltern, die sich ihren Zustand (an/aus bzw. selektiert/nicht selektiert) merken können, stellt die Klasse `JToggleButton` die Konstruktoren

- **public** `JToggleButton()`
  erzeugt ein `JToggleButton`-Objekt mit leerem Inhalt und zu Beginn nicht selektiert.

- **public** `JToggleButton(String text)`
  erzeugt ein `JToggleButton`-Objekt mit dem Text `text` beschriftet und zu Beginn nicht selektiert.

- **public** `JToggleButton(String text, **boolean** selected)`
  erzeugt ein `JToggleButton`-Objekt mit dem Text `text` beschriftet und zu Beginn selektiert, falls `selected` den Wert **true** hat, andernfalls nicht selektiert.

- **public** `JToggleButton(Icon image)`
  erzeugt ein `JToggleButton`-Objekt mit dem Bild `image` beschriftet und zu Beginn nicht selektiert.

- **public** `JToggleButton(Icon image, **boolean** selected)`
  erzeugt ein `JToggleButton`-Objekt mit dem Bild `image` beschriftet und zu Beginn selektiert, falls `selected` den Wert **true** hat, andernfalls nicht selektiert.

- **public** `JToggleButton(String text, Icon image)`
  erzeugt ein `JToggleButton`-Objekt mit dem Text `text` und dem Bild `image` beschriftet und zu Beginn nicht selektiert.

- **public** `JToggleButton(String text, Icon image,`
  `                        **boolean** selected)`
  erzeugt ein `JToggleButton`-Objekt mit dem Text `text` und dem Bild `image` beschriftet und zu Beginn selektiert, falls `selected` den Wert **true** hat, andernfalls nicht selektiert.

bereit. Wir modifizieren nun unser Beispielprogramm mit den vier Tasten mit Text-Beschriftungen und machen aus ihnen „echte" Schalter:

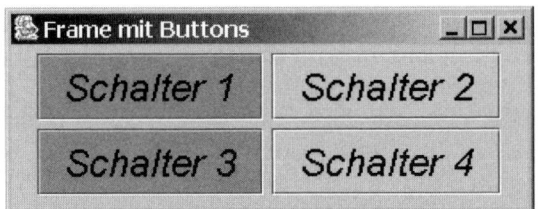

Abbildung 6.10: Frame mit Toggle-Buttons

```
1   import java.awt.*;
2   import javax.swing.*;
3
4   /** Erzeuge ein Swing-Fenster mit Toggle-Buttons */
5   public class FrameMitToggleButtons extends JFrame {
6     Container c;              // Container dieses Frames
7     // Feld fuer Toggle-Buttons, die im Frame erscheinen sollen
8     JToggleButton b[] = new JToggleButton[4];
9
10    public FrameMitToggleButtons() {  // Konstruktor
11      c = getContentPane();           // Container bestimmen
12      c.setLayout(new FlowLayout());  // Layout setzen
13
14      // Erzeuge die Button-Objekte
15      for (int i = 0; i < 4; i++) {
16        b[i] = new JToggleButton("Schalter " + (i+1));
17        b[i].setFont(new Font("SansSerif",Font.ITALIC,24));
18      }
19
20      b[0].setSelected(true);
21      b[2].setSelected(true);
22
23      // Fuege die Buttons dem Frame hinzu
24      for (int i = 0; i < 4; i++) {
25        c.add(b[i]);
26      }
27    }
28
29    public static void main(String[] args) {
30      FrameMitToggleButtons fenster = new FrameMitToggleButtons();
31      fenster.setTitle("Frame mit Buttons");
32      fenster.setSize(330,130);
33      fenster.setVisible(true);
34      fenster.setDefaultCloseOperation(JFrame.EXIT_ON_CLOSE);
35    }
36  }
```

Die vier Schalter legen wir als JToggleButton-Komponenten des Feldes b an, wobei wir nach dem Erzeugen der Buttons mit Hilfe der von AbstractButton geerbten Methode setSelected noch dafür sorgen, dass Schalter 1 und Schalter 3 (also b[0] und b[2]) zum Programmstart bereits auf „an" stehen (also selektiert sind), wie dies in Abbildung 6.10 deutlich wird. Wenn wir nun einen der

Schalter mit der Maus oder der Tastatur betätigen, stellen wir fest, dass sich ihre Darstellung verändert. Die Hintergrundfarbe wechselt von Hellgrau nach Dunkelgrau (oder umgekehrt), und der jeweilige Zustand bleibt erhalten, auch wenn wir die Maustaste bzw. die Leertaste wieder loslassen.

6.5.5 Die Klasse `JCheckBox`

Objekte der Klasse `JCheckBox` werden als zunächst leere Kästchen dargestellt, die man mit der Maus oder mit der Leertaste „ankreuzen" und in den Zustand „selektiert" bringen kann. Der „selektiert"-Zustand wird dann durch ein kleines Häkchen gekennzeichnet. Zur Erzeugung dieser Häkchen-Kästchen stellt die Klasse `JCheckBox` die Konstruktoren

- **public** `JCheckBox()`
  erzeugt ein `JCheckBox`-Objekt mit leerem Inhalt und zu Beginn nicht selektiert.

- **public** `JCheckBox(String text)`
  erzeugt ein `JCheckBox`-Objekt mit dem Text `text` beschriftet und zu Beginn nicht selektiert.

- **public** `JCheckBox(String text,` **boolean** `selected)`
  erzeugt ein `JCheckBox`-Objekt mit dem Text `text` beschriftet und zu Beginn selektiert, falls `selected` den Wert **true** hat, andernfalls nicht selektiert.

- **public** `JCheckBox(Icon image)`
  erzeugt ein `JCheckBox`-Objekt mit dem Bild `image` beschriftet und zu Beginn nicht selektiert.

- **public** `JCheckBox(Icon image,` **boolean** `selected)`
  erzeugt ein `JCheckBox`-Objekt mit dem Bild `image` beschriftet und zu Beginn selektiert, falls `selected` den Wert **true** hat, andernfalls nicht selektiert.

- **public** `JCheckBox(String text, Icon image)`
  erzeugt ein `JCheckBox`-Objekt mit dem Text `text` und dem Bild `image` beschriftet und zu Beginn nicht selektiert.

- **public** `JCheckBox(String text, Icon image,` **boolean** `selected)`
  erzeugt ein `JCheckBox`-Objekt mit dem Text `text` und dem Bild `image` beschriftet und zu Beginn selektiert, falls `selected` den Wert **true** hat, andernfalls nicht selektiert.

bereit. Nun machen wir in unserem Beispielprogramm aus den vier Schaltern einfach Häkchen-Kästchen

```
1  import java.awt.*;
2  import javax.swing.*;
3
4  /** Erzeuge ein Swing-Fenster mit CheckBoxes */
5  public class FrameMitCheckBoxes extends JFrame {
6      Container c;          // Container dieses Frames
```

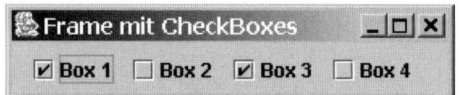

Abbildung 6.11: Frame mit Check-Boxes

```
7     // Feld fuer Check-Boxes, die im Frame erscheinen sollen
8     JCheckBox cb[] = new JCheckBox[4];
9
10    public FrameMitCheckBoxes() {    // Konstruktor
11      c = getContentPane();                // Container bestimmen
12      c.setLayout(new FlowLayout());       // Layout setzen
13
14      // Erzeuge die Button-Objekte
15      for (int i = 0; i < 4; i++)
16        cb[i] = new JCheckBox("Box " + (i+1));
17
18      cb[0].setSelected(true);
19      cb[2].setSelected(true);
20
21      // Fuege die Buttons dem Frame hinzu
22      for (int i = 0; i < 4; i++) {
23        c.add(cb[i]);
24      }
25    }
26
27    public static void main(String[] args) {
28      FrameMitCheckBoxes fenster = new FrameMitCheckBoxes();
29      fenster.setTitle("Frame mit CheckBoxes");
30      fenster.setSize(280,60);
31      fenster.setVisible(true);
32      fenster.setDefaultCloseOperation(JFrame.EXIT_ON_CLOSE);
33    }
34  }
```

indem wir sie als JCheckBox-Komponenten des Feldes cb anlegen. Wir sorgen mit Hilfe der von AbstractButton geerbten Methode setSelected dafür, dass Box 1 und Box 3 (also cb[0] und cb[2]) zum Programmstart bereits auf „angekreuzt" stehen (also selektiert sind), wie in Abbildung 6.11 verdeutlicht. Wenn wir nun eines der Kästchen mit der Maus oder der Leertaste bedienen, stellen wir fest, dass wir dadurch das Häkchen entfernen oder hinzufügen können. Wie bei den Toggle-Buttons bleibt der jeweilige Zustand natürlich erhalten, wenn wir die Maustaste bzw. die Leertaste wieder loslassen. Wir stellen weiter fest, dass mehrere Kästchen gleichzeitig angekreuzt sein können.

6.5.6 Die Klassen JRadioButton und ButtonGroup

Objekte der Klasse JRadioButton werden als zunächst leere Kreise dargestellt, die man mit der Maus oder mit der Leertaste „ankreuzen" und in den Zustand „selektiert" bringen kann. Der „selektiert"-Zustand wird dann durch einen

Punkt (einen ausgefüllten kleinen Kreis) gekennzeichnet. In der Regel werden JRadioButton-Objekte in Verbindung mit einem ButtonGroup-Objekt eingesetzt, um die Markierungen zu gruppieren, so dass stets *höchstens eine* Markierung pro Gruppe aktiviert sein kann. Zur Erzeugung der Häkchen-Kreise stellt die Klasse JRadioButton die Konstruktoren

- **public** JRadioButton()
  erzeugt ein JRadioButton-Objekt mit leerem Inhalt und zu Beginn nicht selektiert.
- **public** JRadioButton(String text)
  erzeugt ein JRadioButton-Objekt mit dem Text text beschriftet und zu Beginn nicht selektiert.
- **public** JRadioButton(String text, **boolean** selected)
  erzeugt ein JRadioButton-Objekt mit dem Text text beschriftet und zu Beginn selektiert, falls selected den Wert **true** hat, andernfalls nicht selektiert.
- **public** JRadioButton(Icon image)
  erzeugt ein JRadioButton-Objekt mit dem Bild image beschriftet und zu Beginn nicht selektiert.
- **public** JRadioButton(Icon image, **boolean** selected)
  erzeugt ein JRadioButton-Objekt mit dem Bild image beschriftet und zu Beginn selektiert, falls selected den Wert **true** hat, andernfalls nicht selektiert.
- **public** JRadioButton(String text, Icon image)
  erzeugt ein JRadioButton-Objekt mit dem Text text und dem Bild image beschriftet und zu Beginn nicht selektiert.
- **public** JRadioButton(String text, Icon image,
                         boolean selected)
  erzeugt ein JRadioButton-Objekt mit dem Text text und dem Bild image beschriftet und zu Beginn selektiert, falls selected den Wert **true** hat, andernfalls nicht selektiert.

bereit. Für die Gruppierung benötigt man zusätzlich ein Objekt der Klasse ButtonGroup, das mit dem Konstruktor

- **public** ButtonGroup()

erzeugt werden kann und die Methoden

- **public void** add(AbstractButton b)
  fügt b der Gruppierung hinzu.
- **public void** remove(AbstractButton b)
  entfernt b aus der Gruppierung.

bereitstellt.[3]

---
[3] ButtonGroup-Objekte können auch zur Gruppierung von JToggleButton-Objekten eingesetzt werden.

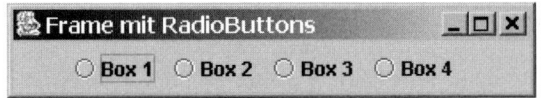

Abbildung 6.12: Frame mit Radio-Buttons

Unser Beispielprogramm

```
1   import java.awt.*;
2   import javax.swing.*;
3
4   /** Erzeuge ein Swing-Fenster mit RadioButtons */
5   public class FrameMitRadioButtons extends JFrame {
6     Container c;              // Container dieses Frames
7     // Feld fuer Radio-Buttons, die im Frame erscheinen sollen
8     JRadioButton rb[] = new JRadioButton[4];
9
10    public FrameMitRadioButtons() {   // Konstruktor
11      c = getContentPane();            // Container bestimmen
12      c.setLayout(new FlowLayout());   // Layout setzen
13
14      // Gruppe erzeugen
15      ButtonGroup bg = new ButtonGroup();
16
17      // Erzeuge die Button-Objekte und fuege
18      // sie dem Frame und der Gruppe hinzu
19      for (int i = 0; i < 4; i++) {
20        rb[i] = new JRadioButton("Box " + (i+1));  // erzeugen
21        bg.add(rb[i]);  // der Gruppe hinzufuegen
22        c.add(rb[i]);   // dem Frame hinzufuegen
23      }
24    }
25
26    public static void main(String[] args) {
27      FrameMitRadioButtons fenster = new FrameMitRadioButtons();
28      fenster.setTitle("Frame mit RadioButtons");
29      fenster.setSize(330,60);
30      fenster.setVisible(true);
31      fenster.setDefaultCloseOperation(JFrame.EXIT_ON_CLOSE);
32    }
33  }
```

gruppiert die vier `JRadioButton`-Objekte aus dem Feld `rb` im `ButtonGroup`-Objekt `bg` und präsentiert sich zum Programmstart wie in Abbildung 6.12 zu sehen. Wenn wir nun einen der Kreise mit der Maus oder der Leertaste bedienen, stellen wir fest, dass wir dadurch die Markierung aktivieren können, wobei der Zustand natürlich erhalten bleibt, wenn wir die Maustaste bzw. die Leertaste wieder loslassen. Allerdings gelingt es uns nicht, durch erneutes Drücken die Markierung wieder zu entfernen. Aufgrund der Gruppierung der `JRadioButton`-Objekte ist es vielmehr so, dass die Markierung erst verschwindet, wenn eines der bisher nicht markierten Objekte betätigt wird.

6.5.7 Die Klasse `JComboBox`

Ein Objekt der Klasse `JComboBox` ist eine aufklappbare Auswahlliste, die man mit Hilfe der Maus oder der Tastatur aufklappen und in der man einen Eintrag auswählen kann. Angezeigt wird dabei jeweils der ausgewählte Eintrag und ein Pfeil nach unten, der andeutet, dass es sich um eine aufklappbare Liste handelt. Als Konstruktoren stehen unter anderem

- **`public` `JComboBox()`**
  erzeugt ein `JComboBox`-Objekt ohne Einträge.
- **`public` `JComboBox(Object[] items)`**
  erzeugt ein `JComboBox`-Objekt, dessen Einträge durch die Komponenten der Feldes `items` festgelegt sind.

zur Verfügung. Zur Bearbeitung eines `JComboBox`-Objekts können neben den geerbten Methoden die Instanzmethoden

- **`public void` `addItem(Object item)`**
  fügt dem aufrufenden `JComboBox`-Objekt den Eintrag `item` (am Ende der Liste) hinzu.
- **`public` `Object` `getItemAt(int index)`**
  liefert den Eintrag an der Position `index` des aufrufenden `JComboBox`-Objekts.
- **`public int` `getItemCount()`**
  liefert die Anzahl der Einträge des aufrufenden `JComboBox`-Objekts.
- **`public int` `getSelectedIndex()`**
  liefert den Index (die Position) des gerade ausgewählten Eintrags des aufrufenden `JComboBox`-Objekts.
- **`public` `Object` `getSelectedItem()`**
  liefert den gerade ausgewählten Eintrag des aufrufenden `JComboBox`-Objekts.
- **`public void` `public boolean` `isEditable()`**
  liefert **`true`**, falls das aufrufende `JComboBox`-Objekt editierbar ist, oder **`false`**, andernfalls.
- **`public void` `removeAllItems()`**
  entfernt alle Einträge aus dem aufrufenden `JComboBox`-Objekt.
- **`public void` `removeItem(Object item)`**
  entfernt den Eintrag `item` aus dem aufrufenden `JComboBox`-Objekt.
- **`public void` `removeItemAt(int index)`**
  entfernt den Eintrag an der Position `index` aus dem aufrufenden `JComboBox`-Objekt.
- **`public void` `setEditable(boolean b)`**
  setzt das aufrufende `JComboBox`-Objekt in den Modus „editierbar", falls b den Wert **`true`** hat, oder andernfalls „nicht editierbar".

- **public void** setSelectedIndex(**int** index)
  legt den Eintrag unter dem Index (der Position) index als gerade ausgewählten Eintrag des aufrufenden JComboBox-Objekts fest.

- **public void** setSelectedItem(Object item)
  legt den Eintrag item als gerade ausgewählten Eintrag des aufrufenden JComboBox-Objekts fest.

eingesetzt werden. Zu den Methoden, die sich auf den „editierbar"-Modus beziehen, ist zu bemerken, dass es ein editierbares JComboBox-Objekt erlaubt, einen ausgewählten Eintrag nachträglich zu bearbeiten (verändern).
Im Beispielprogramm

```
1  import java.awt.*;
2  import javax.swing.*;
3
4  /** Erzeuge ein Swing-Fenster mit ComboBoxes */
5  public class FrameMitComboBoxes extends JFrame {
6    Container c;              // Container dieses Frames
7    // Combo-Boxes, die im Frame erscheinen sollen
8    JComboBox vornamen, nachnamen;
9
10   public FrameMitComboBoxes() {   // Konstruktor
11     c = getContentPane();         // Container bestimmen
12     c.setLayout(new FlowLayout()); // Layout setzen
13
14     // Eintraege fuer Vornamen-Combo-Box festlegen
15     String[] namen = new String[] { "Bilbo", "Frodo", "Samwise",
16                                     "Meriadoc", "Peregrin" };
17
18     vornamen = new JComboBox(namen);  // Combo-Box mit Eintraegen
19     nachnamen = new JComboBox();      // Leere Combo-Box
20     nachnamen.addItem("Baggins");     // Eintraege hinzufuegen
21     nachnamen.addItem("Brandybuck");
22     nachnamen.addItem("Gamgee");
23     nachnamen.addItem("Took");
24     // Den dritten Nachnamen (Index 2) selektieren
25     nachnamen.setSelectedIndex(2);
26     // Combo-Boxes dem Frame hinzufuegen
27     c.add(vornamen);
28     c.add(nachnamen);
29   }
30
31   public static void main(String[] args) {
32     FrameMitComboBoxes fenster = new FrameMitComboBoxes();
33     fenster.setTitle("Frame mit ComboBoxes");
34     fenster.setSize(240,160);
35     fenster.setVisible(true);
36     fenster.setDefaultCloseOperation(JFrame.EXIT_ON_CLOSE);
37   }
38 }
```

arbeiten wir mit zwei verschiedenen Combo-Boxes. Dabei geben wir die Einträge der ersten Box (vornamen) bereits beim Erzeugen in Form eines String-Feldes

6.5 Einige Grundkomponenten

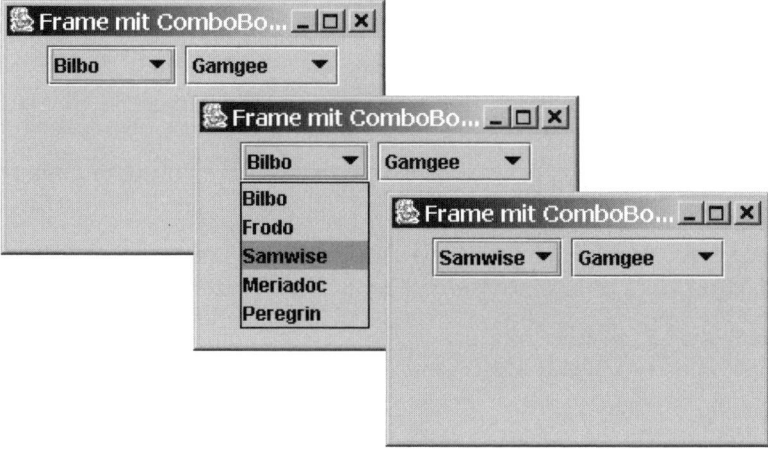

Abbildung 6.13: Frame mit Combo-Boxes

an, während wir die zweite Box (nachnamen) zunächst als leere Box erzeugen und ihr erst danach mit addItem-Aufrufen Einträge hinzufügen. Außerdem legen wir mit Hilfe von setSelectedIndex fest, dass in der zweiten Combo-Box der dritte Eintrag (mit dem Index 2) gerade ausgewählt sein soll.

Wenn wir unser Programm starten, zeigen beide Combo-Boxes jeweils den zur Zeit selektierten Eintrag an. Während in der ersten Auswahlliste der Vorname „Bilbo" als erster Listeneintrag standardmäßig selektiert ist, haben wir in der zweiten Auswahlliste dafür gesorgt, dass der dritte Nachname „Gamgee" selektiert ist (siehe Abbildung 6.13, hinten links). Mit einem Mausklick oder der Leertaste (falls die richtige Auswahlliste den Fokus besitzt) können wir nun[4] einen anderen Eintrag auswählen. Wenn wir also beispielsweise den richtigen Vornamen zum Nachnamen „Gamgee" selektieren wollen, klappen wir entweder die Listeneinträge auf und wählen mit der Maus oder mit den Cursor-Tasten den gewünschten Eintrag (Abbildung 6.13, Mitte), oder wir geben direkt den Anfangsbuchstaben (falls wir ihn kennen) des Eintrags an, den wir auswählen möchten. Der gewählte Eintrag wird dann in der Combo-Box angezeigt (Abbildung 6.13, rechts vorne).

6.5.8 Die Klasse JList

Im Unterschied zum JComboBox-Objekt stellt ein Objekt der Klasse JList eine Auswahlliste dar, die bereits aufgeklappt ist, also komplett angezeigt wird (sofern genügend Platz im Container vorhanden ist), und in der man mit Hilfe der Maus oder der Tastatur nicht nur einen einzelnen, sondern auch mehrere Einträge auswählen kann. Die gewählten Einträge erscheinen dann entsprechend markiert.

---

[4]Fans der Herr-der-Ringe-Saga haben sicher entdeckt, woher die Namen kommen, und wissen, welcher Vorname zu welchem Nachnamen gehört.

JList-Objekte lassen sich mit den Konstruktoren

- **public** JList()
  erzeugt ein JList-Objekt ohne Einträge.

- **public** JList(Object[] items)
  erzeugt ein JList-Objekt, dessen Einträge durch die Komponenten der Feldes items festgelegt sind.

konstruieren. Zur Verwaltung eines JList-Objekts dienen (wie üblich neben den geerbten Methoden) unter anderem die Instanzmethoden

- **public void** clearSelection()
  macht alle Auswahlmarkierungen des aufrufenden JList-Objekts rückgängig.

- **public int** getMaxSelectionIndex()
  liefert den größten Index der gerade ausgewählten Einträge des aufrufenden JList-Objekts.

- **public int** getMinSelectionIndex()
  liefert den kleinsten Index der gerade ausgewählten Einträge des aufrufenden JList-Objekts.

- **public int**[] getSelectedIndices()
  liefert die Indices aller gerade ausgewählten Einträge des aufrufenden JList-Objekts in Form eines **int**-Feldes.

- **public** Object[] getSelectedValues()
  liefert alle gerade ausgewählten Einträge des aufrufenden JList-Objekts in Form eines Object-Feldes.

- **public int** getSelectionMode()
  liefert den aktuellen Auswahlmodus des aufrufenden JList-Objekts.

- **public boolean** isSelectedIndex(**int** index)
  liefert **true**, falls der Eintrag unter Index index des aufrufenden JList-Objekts selektiert ist, oder **false**, andernfalls.

- **public boolean** isSelectionEmpty()
  liefert **true**, falls kein Eintrag des aufrufenden JList-Objekts selektiert ist, oder **false**, andernfalls.

- **public void** setSelectedIndex(**int** index)
  legt den Eintrag unter dem Index (der Position) index als gerade ausgewählten Eintrag des aufrufenden JList-Objekts fest.

- **public void** setSelectedIndices(**int**[] indices)
  legt alle Einträge unter den in indices angegebenen Indices als gerade ausgewählte Einträge des aufrufenden JList-Objekts fest.

- **public void** setSelectionMode(**int** mode)
  setzt den aktuellen Auswahlmodus des aufrufenden JList-Objekts.

6.5 Einige Grundkomponenten

Für die Wahl des Auswahlmodus eines `JList`-Objekts werden die Konstanten

- `ListSelectionModel.SINGLE_SELECTION`
  (nur ein Eintrag selektierbar)

- `ListSelectionModel.SINGLE_INTERVAL_SELECTION`
  (alle Einträge in einem zusammenhängenden Bereich selektierbar)

- `ListSelectionModel.MULTIPLE_INTERVAL_SELECTION`
  (beliebig viele Einträge in beliebiger Kombination, auch nicht zusammenhängend, selektierbar)

aus dem Interface `ListSelectionModel` bereitgestellt. Dabei ist der zuletzt genannte Modus voreingestellt. Dies wird auch in unserem Beispielprogramm

```java
import java.awt.*;
import javax.swing.*;

/** Erzeuge ein Swing-Fenster mit Liste */
public class FrameMitListe extends JFrame {
  Container c;              // Container dieses Frames
  // Liste und Combo-Box, die im Frame erscheinen sollen
  JList vornamen;
  JComboBox nachnamen;

  public FrameMitListe() {  // Konstruktor
    c = getContentPane();                  // Container bestimmen
    c.setLayout(new FlowLayout());         // Layout setzen

    // Eintraege fuer Vornamen-Combo-Box festlegen
    String[] namen = new String[] { "Bilbo", "Frodo", "Samwise",
                                    "Meriadoc", "Peregrin" };
    vornamen = new JList(namen);           // Liste mit Eintraegen
    nachnamen = new JComboBox();           // Leere Combo-Box
    nachnamen.addItem("Baggins");          // Eintraege hinzufuegen
    nachnamen.addItem("Brandybuck");
    nachnamen.addItem("Gamgee");
    nachnamen.addItem("Took");
    // Liste und Combo-Box dem Frame hinzufuegen
    c.add(vornamen);
    c.add(nachnamen);
  }

  public static void main(String[] args) {
    FrameMitListe fenster = new FrameMitListe();
    fenster.setTitle("Frame mit Liste");
    fenster.setSize(240,160);
    fenster.setVisible(true);
    fenster.setDefaultCloseOperation(JFrame.EXIT_ON_CLOSE);
  }
}
```

deutlich, in dem wir in Abwandlung unseres `JComboBox`-Beispiels unsere erste Combo-Box durch eine Liste ersetzt haben.

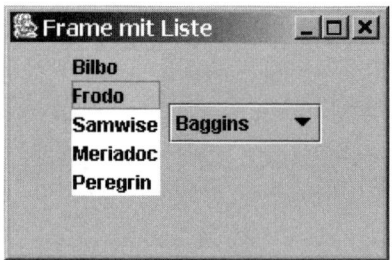

Abbildung 6.14: Frame mit Liste

Starten wir unser Programm, so wird die Liste der Vornamen komplett angezeigt, während die Nachnamen-Liste (als Combo-Box) nur den zur Zeit selektierten Eintrag anzeigt. In der Liste haben wir nun die Möglichkeit, mehrere Einträge zu markieren, also beispielsweise beide Hobbits[5] mit Nachnamen „Baggins" zu selektieren (siehe Abbildung 6.14).
Prinzipiell bieten sich mehre Möglichkeiten an, Einträge des `JList`-Objekts auszuwählen:

- Mit Hilfe der Maus oder der Cursor-Tasten kann ein einzelner Eintrag gewählt werden.

- Bei gedrückter Taste „Steuerung" (Strg) bzw. auf englischen Tastaturen „Control" (Ctrl) können mit der Maus weitere Einträge markiert werden oder die Markierung von Einträgen wieder rückgängig gemacht werden.

- Bei gedrückter Umschalt-Taste bzw. Shift-Taste (⇑) kann mit der Maus oder mit den Cursor-Tasten ein ganzer Bereich von Einträgen markiert werden.

Hier hilft ein wenig Herumspielen, um sich mit der Methodik vertraut zu machen.

6.5.9 Die abstrakte Klasse `JTextComponent`

Java stellt verschiedene Klassen zur Eingabe von Texten bereit. Mit den Klassen `JTextField` und `JPasswordField` können einzeilige, mit `JTextArea` mehrzeilige Texteingaben verarbeitet werden. Daneben gibt es noch die Klassen `JEditorPane` und `JTextPane`, die auch formatierte Texte (z. B. HTML-Dokumente) verarbeiten können. In der abstrakten Klasse `JTextComponent` (aus dem Paket `javax.swing.text`), von der alle anderen Text-Komponenten erben (siehe Abbildung 6.7), werden die Basis-Methoden bereitgestellt, von denen wir einige hier vorstellen möchten.

---

[5] Auch hier wieder ein Begriff aus Tolkiens Fantasiewelt „Mittelerde".

6.5 Einige Grundkomponenten

- **public void** copy()
  kopiert den gerade markierten Textteil der Text-Komponente in die Zwischenablage des Betriebssystems.

- **public void** cut()
  kopiert den gerade markierten Textteil der Text-Komponente in die Zwischenablage des Betriebssystems und löscht ihn gleichzeitig innerhalb der Text-Komponente.

- **public void** paste()
  fügt den Text, der sich gerade in der Zwischenablage des Betriebssystems befindet, in die Text-Komponente ein. Falls zuvor ein Textteil der Text-Komponente markiert wurde, wird dieser durch den eingefügten Text ersetzt.

- **public** String getSelectedText()
  liefert den gerade markierten Textteil der Text-Komponente.

- **public** String getText()
  liefert den kompletten Text der Text-Komponente.

- **public boolean** isEditable()
  liefert **true**, falls die Text-Komponente editierbar ist, oder andernfalls **false**.

- **public void** setEditable(**boolean** b)
  setzt die Text-Komponente in den Modus „editierbar", falls b den Wert **true** hat, oder andernfalls in den Modus „nicht editierbar".

- **public void** setText(String t)
  setzt den Text der Text-Komponente auf den Inhalt von t.

6.5.10 Die Klassen JTextField und JPasswordField

Beide Text-Komponenten erlauben die Eingabe und die Bearbeitung einer einzelnen Textzeile. Während ein JTextField-Objekt die Textzeile lesbar darstellt, wird diese in einem JPasswordField-Objekt unlesbar (mittels einer entsprechenden Anzahl von Ersatz-Zeichen, den „Echo-Zeichen") dargestellt.
Die Klasse JTextField stellt unter anderem die Konstruktoren

- **public** JTextField()
  erzeugt ein leeres JTextField-Objekt. Der String-Wert des dargestellten Texts ist **null**.

- **public** JTextField(String text)
  erzeugt ein JTextField-Objekt, das den Text text enthält.

und (neben den geerbten Methoden) die Instanzmethode

- **public void** setHorizontalAlignment(**int** alignment)
  setzt die horizontale Ausrichtung der Textzeile.

zur Verfügung. Für die Wahl der Ausrichtung stehen die gewohnten Konstanten LEFT (für linksbündige Ausrichtung), RIGHT (für rechtsbündige Ausrichtung) und CENTER (für zentrierte Ausrichtung).

Für die Klasse JPasswordField stehen prinzipiell die gleichen Konstruktoren wie für die Klasse JTextField zur Verfügung. Neben den von JTextField geerbten Methoden besitzt JPasswordField auch noch Methoden, um das Echo-Zeichen zu verändern. Insbesondere aber überschreibt die Klasse JPasswordField die Methoden

- **public void** copy()
  verursacht lediglich ein Fehler-Signal, da die Operation unzulässig ist.
- **public void** cut()
  verursacht lediglich ein Fehler-Signal, da die Operation unzulässig ist.

um sicherzustellen, dass ein Text, der in ein JPasswordField-Objekt eingegeben wurde, nicht in die Zwischenablage kopiert werden kann.

Beide Arten von Textfeldern verwenden wir in unserem Beispielprogramm

```java
import java.awt.*;
import javax.swing.*;

/** Erzeuge ein Swing-Fenster mit Textfeldern */
public class FrameMitTextFeldern extends JFrame {
  Container c;                   // Container dieses Frames
  JLabel name, passwd;           // Labels
  JTextField tf;                 // Textfeld
  JPasswordField pf;             // Passwortfeld

  public FrameMitTextFeldern() {    // Konstruktor
    c = getContentPane();           // Container bestimmen
    c.setLayout(new GridLayout(2,2)); // Layout setzen

    // Erzeuge die Labels und Textfelder
    name = new JLabel("Name:",JLabel.RIGHT);
    passwd = new JLabel("Passwort:",JLabel.RIGHT);
    tf = new JTextField();
    pf = new JPasswordField();

    // Setze die Schriftart
    Font schrift = new Font("SansSerif",Font.BOLD,18);
    name.setFont(schrift);;
    passwd.setFont(schrift);;
    tf.setFont(schrift);;
    pf.setFont(schrift);;

    // Fuege die Komponenten hinzu
    c.add(name);
    c.add(tf);
    c.add(passwd);
    c.add(pf);
  }

  public static void main(String[] args) {
```

6.5 Einige Grundkomponenten

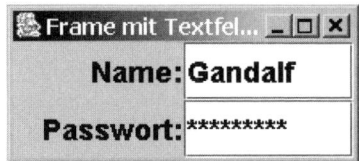

Abbildung 6.15: Frame mit Textfeldern

```
36      FrameMitTextFeldern fenster = new FrameMitTextFeldern();
37      fenster.setTitle("Frame mit Textfeldern");
38      fenster.setSize(220,100);
39      fenster.setVisible(true);
40      fenster.setDefaultCloseOperation(JFrame.EXIT_ON_CLOSE);
41    }
42  }
```

mit dem wir einen Eingabe-Dialog simulieren, wie er zum Beispiel beim Login auf einem Rechner abläuft. Wir verwenden ein Grid-Layout mit zwei Zeilen und zwei Spalten, um sowohl zwei Labels (mit rechtsbündig ausgerichteter Beschriftung) als auch die beiden Textfelder, davon eines als Passwort-Feld ausgelegt, zu positionieren. In allen vier Komponenten verwenden wir außerdem eine serifenlose fettgedruckte 18-Punkt-Schriftart.

Nach dem Programmstart können sowohl im oberen als auch im unteren Textfeld beliebige Zeichen eingegeben werden (sofern das entsprechende Feld den Fokus besitzt). Allerdings zeigt nur das obere diese Zeichen auch tatsächlich an, während das untere Passwort-Feld nur *-Symbole verwendet (siehe Abbildung 6.15). Im oberen Textfeld ist es auch problemlos möglich, einige oder alle eingegebenen Zeichen mit Maus oder Cursor-Tasten zu markieren und auf den markierten Text die üblichen Tastaturkommandos Ctrl-C bzw. Strg-C (zum Kopieren in die Zwischenablage), Ctrl-X bzw. Strg-X (zum Löschen und Kopieren in die Zwischenablage) sowie Ctrl-V bzw. Strg-V (zum Einfügen aus der Zwischenablage) anzuwenden.[6] Im Passwortfeld funktioniert nur das letztgenannte Kommando, während die beiden erstgenannten (im Passwortfeld unzulässigen) Kommandos wie erwartet einen Warnton erzeugen.

6.5.11 Die Klasse JTextArea

Diese Art einer Text-Komponente erlaubt die Eingabe und die Bearbeitung mehrzeiliger Texte. Unter anderem stehen die Konstruktoren

- **public** JTextArea()
  erzeugt ein leeres JTextArea-Objekt. Der String-Wert des dargestellten Texts ist **null**.

---

[6]Der Mechanismus für das Kopieren, Löschen und Einfügen wird von der virtuellen Maschine automatisch gesteuert, indem bei Bedarf die Methoden copy, cut und paste aufgerufen werden.

- **public** JTextArea(String text)
  erzeugt ein JTextArea-Objekt, das den Text text enthält.

und die Instanzmethoden

- **public int** getLineCount()
  liefert die Anzahl der Zeilen.
- **public boolean** getLineWrap()
  liefert **true**, wenn der automatische Zeilenumbruch aktiviert ist, andernfalls **false**.
- **public boolean** getWrapStyleWord()
  liefert **true**, wenn wortweiser Zeilenumbruch aktiviert ist, andernfalls **false**.
- **public void** setLineWrap(**boolean** wrap)
  aktiviert (falls wrap den Wert **true** hat) bzw. deaktiviert (andernfalls) den automatischen Zeilenumbruch.
- **public void** setWrapStyleWord(**boolean** word)
  aktiviert (falls word den Wert **true** hat) bzw. deaktiviert (andernfalls) den wortweisen Zeilenumbruch.

zur Verfügung. Im Beispielprogramm

```
 1  import java.awt.*;
 2  import javax.swing.*;
 3
 4  /** Erzeuge ein Swing-Fenster mit TextArea */
 5  public class FrameMitTextArea extends JFrame {
 6    Container c;             // Container dieses Frames
 7    JLabel info;             // Label
 8    JTextArea ta;            // TextArea
 9
10    public FrameMitTextArea() {    // Konstruktor
11      c = getContentPane();               // Container bestimmen
12
13      // Erzeuge Label und TextArea
14      info = new JLabel("Hier kann Text bearbeitet werden");
15      ta = new JTextArea("Einiges an Text steht auch schon hier rum.");
16
17      // Setze die Schriftart
18      Font schrift = new Font("SansSerif",Font.BOLD+Font.ITALIC,16);
19      ta.setFont(schrift);
20
21      // Automatischen Umbruch aktivieren
22      ta.setLineWrap(true);
23      ta.setWrapStyleWord(true);
24
25      // Fuege die Komponenten hinzu
26      c.add(info,BorderLayout.NORTH);
27      c.add(ta);
28    }
29
30    public static void main(String[] args) {
```

6.5 Einige Grundkomponenten

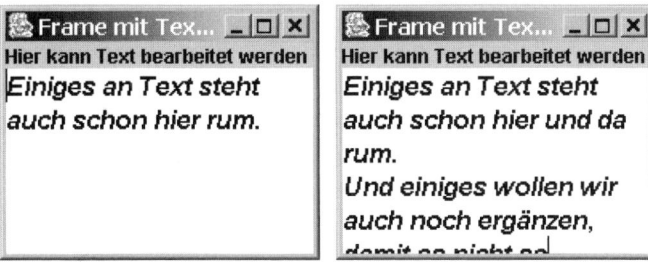

Abbildung 6.16: Frame mit mehrzeiligem Textfeld

```
31      FrameMitTextArea fenster = new FrameMitTextArea();
32      fenster.setTitle("Frame mit TextArea");
33      fenster.setSize(200,160);
34      fenster.setVisible(true);
35      fenster.setDefaultCloseOperation(JFrame.EXIT_ON_CLOSE);
36   }
37 }
```

erzeugen wir einen mehrzeiligen Textbereich, in dem bereits ein Text enthalten ist. Wir verwenden darin eine serifenlose fettgedruckte und kursive 16-Punkt-Schriftart. Außerdem aktivieren wir den wortweise durchgeführten automatischen Zeilenumbruch, so dass beim Programmstart der Text (aufgrund seiner Breite) bereits in zwei Zeilen dargestellt wird (auch wenn intern im entsprechenden String *kein* Zeilenendezeichen vorkommt (siehe Abbildung 6.16). Der Text kann beliebig bearbeitet und ergänzt werden. Darüber hinaus funktionieren natürlich auch in Textbereichen die üblichen Tastaturkommandos zum Markieren, Kopieren, Löschen oder Verschieben von Textteilen.

Geben wir so viel Text ein, dass dieser nicht mehr in den durch die Fensterrahmengröße vorgegebenen Textbereich passt, so wird dieser nicht mehr angezeigt. Um ihn wieder sichtbar zu machen, müssen wir das Fenster mit der Maus nach unten hin vergrößern. Alternativ dazu gibt es aber auch die Möglichkeit, unsere JTextArea-Komponente in eine JScrollPane einzubetten, die einen Schieberegler bereitstellt, um den angezeigten Ausschnitt der JTextArea-Komponente zu verschieben. Im nachfolgenden Abschnitt werden wir uns mit diesem Thema beschäftigen.

6.5.12 Die Klasse JScrollPane

Objekte der Klasse JScrollPane sind in der Lage, andere Komponenten in einen Darstellungsbereich einzubetten, der mit horizontalen und vertikalen Bildlaufleisten ausgestattet ist. Dies ermöglicht es, ausschnittsweise Sichten auf eine Komponente zu erhalten, wobei der Ausschnitt mit Hilfe von Schiebereglern (englisch: scrollbars) bestimmt werden kann. Als Konstruktoren werden unter anderem

- `JScrollPane(Component view)`
  erzeugt ein `JScrollPane`-Objekt, das den Inhalt der Komponente `view` anzeigt. Vertikale und/oder horizontale Schieberegler erscheinen erst, wenn der Inhalt der Komponente zu groß für die Darstellung wird.

- **public** `JScrollPane(Component view,` **int** `vScr,` **int** `hScr)`
  erzeugt ein `JScrollPane`-Objekt, das den Inhalt der Komponente `view` anzeigt. Die Parameter `vScr` und `hScr` legen fest, wann vertikale und horizontale Schieberegler erscheinen.

bereitgestellt. Um festzulegen, ob die Schieberegler nur falls nötig, grundsätzlich nie oder grundsätzlich immer sichtbar sind, können die Klassenkonstanten

VERTICAL_SCROLLBAR_AS_NEEDED,
VERTICAL_SCROLLBAR_NEVER und
VERTICAL_SCROLLBAR_ALWAYS

für den vertikalen Regler und

HORIZONTAL_SCROLLBAR_AS_NEEDED,
HORIZONTAL_SCROLLBAR_NEVER und
HORIZONTAL_SCROLLBAR_ALWAYS

für den horizontalen Regler eingesetzt werden. Diese Einstellung für die Regler kann auch noch nach Erzeugung eines `JScrollPane`-Objekts mittels der Instanzmethoden

- **public void** `setVerticalScrollBarPolicy(`**int** `policy)`
  legt fest, wann der vertikale Schieberegler sichtbar wird.

- **public void** `setHorizontalScrollBarPolicy(`**int** `policy)`
  legt fest, wann der horizontale Schieberegler sichtbar wird.

verändert werden.
Unser Beispielprogramm `FrameMitTextArea` aus dem vorigen Abschnitt haben wir nun leicht modifiziert:

```
1  import java.awt.*;
2  import javax.swing.*;
3
4  /** Erzeuge ein Swing-Fenster mit ScrollTextArea */
5  public class FrameMitScrollText extends JFrame {
6    Container c;          // Container dieses Frames
7    JLabel info;          // Label
8    JTextArea ta;         // TextArea
9    JScrollPane sp;       // ScrollPane
10
11   public FrameMitScrollText() {    // Konstruktor
12     c = getContentPane();          // Container bestimmen
13
14     // Erzeuge Label und TextArea
15     info = new JLabel("Hier kann Text bearbeitet werden");
```

6.5 Einige Grundkomponenten

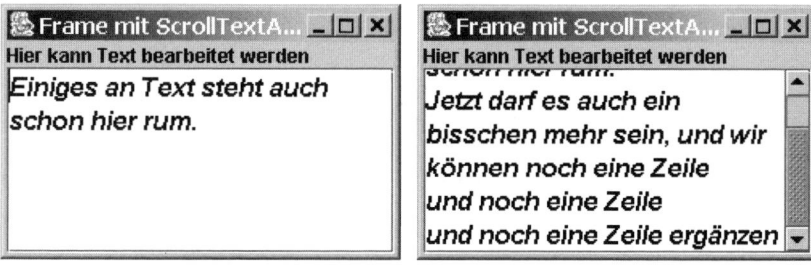

Abbildung 6.17: Frame mit mehrzeiligem Textfeld und Bildlaufleiste

```
16      ta = new JTextArea("Einiges an Text steht auch schon hier rum.");
17
18      // Setze die Schriftart
19      Font schrift = new Font("SansSerif",Font.BOLD+Font.ITALIC,16);
20      ta.setFont(schrift);
21
22      ta.setLineWrap(true);          // Automatischer Zeilenumbruch
23      ta.setWrapStyleWord(true);     // wortweise
24
25      sp = new JScrollPane(ta);      // Scrollpane erzeugen
26
27      // Fuege die Komponenten hinzu
28      c.add(info,BorderLayout.NORTH);
29      c.add(sp);
30    }
31
32    public static void main(String[] args) {
33      FrameMitScrollText fenster = new FrameMitScrollText();
34      fenster.setTitle("Frame mit ScrollTextArea");
35      fenster.setSize(250,160);
36      fenster.setVisible(true);
37      fenster.setDefaultCloseOperation(JFrame.EXIT_ON_CLOSE);
38    }
39  }
```

Nach wie vor erzeugen wir einen mehrzeiligen Textbereich, in dem bereits ein Text enthalten und der automatische wortweise durchgeführte Zeilenumbruch aktiviert ist. Wir fügen diesen allerdings nicht direkt unserem Container hinzu, sondern betten ihn in das JScrollPane-Objekt ein.
Beim Programmstart sieht es zunächst so aus, als hätte sich nichts geändert (siehe Abbildung 6.17, links). Wenn wir aber zusätzlichen Text eingeben, bis schließlich irgendwann nicht mehr der gesamte Text angezeigt werden kann, so erscheint am rechten Rand unseres JTextArea-Objekts eine Bildlaufleiste. Mit dem Schieberegler können wir dann die verschiedenen Textstellen, die gerade nicht sichtbar sind, wieder erreichen (siehe Abbildung 6.17, rechts). Ein horizontaler Schieberegler wird nicht angezeigt, da wir für unser JTextArea-Objekt Zeilenumbruch eingestellt haben.

Weitere Einsatzgebiete von `JScrollPane`-Objekten sind natürlich Oberflächen, die mit den bereits erwähnten, hier aber nicht näher behandelten `JEditorPane`- und `JTextPane`-Komponenten arbeiten. Ebenso bilden sie sinnvolle Ergänzungen für Objekte der Klasse `JTable`. Dabei handelt es sich um spezielle Komponenten, die es ermöglichen, die Inhalte von Tabellen, also zweidimensionalen Feldern, automatisch auf der grafischen Oberfläche darzustellen und zu bearbeiten.

6.5.13 Die Klasse `JPanel`

Zum Schluss unseres Ausflugs in die Welt der Swing-Grundkomponenten wollen wir uns noch kurz mit der Klasse `JPanel` beschäftigen, die eigentlich gar keine echte Grundkomponente ist. Eigentlich fällt die Klasse nämlich in die Gruppe der Container, denn sie kann selbst wieder Komponenten enthalten und dient hauptsächlich der Strukturierung von Oberflächen. Allerdings ist sie, im Gegensatz zu den Top-Level-Containern, eine lightweight Komponente und hat ein Flow-Layout voreingestellt.

Allen `JPanel`-Objekten, die z. B. mit den Konstruktoren

- **public** `JPanel()`
  erzeugt einen leeren Container.

- **public** `JPanel(LayoutManager layout)`
  erzeugt einen leeren Container mit dem angegebenen Layout.

erzeugt werden können, stehen aufgrund der Vererbungshierarchie die üblichen Methoden aus den Klassen `JComponent`, `Container` und `Component` zur Verfügung.

Zu Strukturierung der Oberfläche haben wir in unserem Beispielprogramm

```java
1   import java.awt.*;
2   import javax.swing.*;
3
4   /** Erzeuge ein einfaches Swing-Fenster mit mehreren Panels */
5   public class FrameMitPanels extends JFrame {
6     Container c;            // Container dieses Frames
7     JPanel jp1, jp2, jp3;   // Panels
8
9     // Konstruktor fuer unseren Frame mit Textlabel
10    public FrameMitPanels() {
11      c = getContentPane();             // Container bestimmen
12
13      // Panels erzeugen
14      jp1 = new JPanel();
15      jp2 = new JPanel();
16      jp3 = new JPanel(new GridLayout(2,3));
17
18      // Vier Tasten in Panel 1 einfuegen
19      for (int i=1; i<=4; i++)
20        jp1.add(new JButton("Taste " + i));
21
22      // Bildobjekt erzeugen
```

6.5 Einige Grundkomponenten

Abbildung 6.18: Frame mit drei Panels

```
23     Icon bild = new ImageIcon("babycatSmall.jpg");
24
25     // Bild drei mal in Panel 2 einfuegen
26     for (int i=1; i<=3; i++)
27       jp2.add(new JLabel(bild));
28
29     // Sechs Haekchen-Kaestchen in Panel 3 einfuegen
30     for (int i=1; i<=6; i++)
31       jp3.add(new JCheckBox("Auswahl-Box " + i));
32
33     // Panels in den Container einfuegen
34     c.add(jp1,BorderLayout.NORTH);
35     c.add(jp2,BorderLayout.CENTER);
36     c.add(jp3,BorderLayout.SOUTH);
37   }
38
39   public static void main(String[] args) {
40     FrameMitPanels fenster = new FrameMitPanels();
41     fenster.setTitle("Label mit Panels");
42     fenster.setSize(350,200);
43     fenster.setVisible(true);
44     fenster.setDefaultCloseOperation(JFrame.EXIT_ON_CLOSE);
45   }
46 }
```

drei Panels eingesetzt, die wir im Norden, im Zentrum und im Süden unseres eigentlichen Frame-Containers (der Content-Pane) platzieren (siehe Abbildung 6.18). Im obersten Panel arbeiten wir mit dem voreingestellten Flow-Layout und fügen vier Tasten (JButton-Objekte) ein. Für das mittlere Panel verwenden wir ebenfalls das voreingestellte Flow-Layout. Hier fügen wir drei mal das gleiche Bild (mit Hilfe von Labels) ein. Im südlichen Panel benutzen wir ein Grid-Layout mit zwei Zeilen und drei Spalten, in die wir sechs Häkchen-Kästchen (JCheckBox-Objekte) einpflegen.

6.6 Spezielle Container, Menüs und Toolbars

In diesem Abschnitt wollen wir noch einige Klassen aus der Gruppe der Container vorstellen. Zum einen werden wir uns etwas genauer mit einigen Top-Level-Containern beschäftigen, zum anderen werden wir uns ansehen, wie man diese mit Menüs und Werkzeugleisten (Toolbars) ausstatten kann, um den Anwendern von Programmen mögliche Aktionen in übersichtlicher Form anzubieten. Auf die Klasse `JApplet` werden wir erst in Kapitel 10 zu sprechen kommen.

6.6.1 Die Klasse `JFrame`

Unsere bisherigen Programme haben wir fast alle so geschrieben, dass wir eine Klasse entworfen haben, die von der Klasse `JFrame`, dem wichtigsten Swing-Top-Level-Container, erbt. Die Klasse `JFrame` erbt von der AWT-Klasse `Frame` (vergleiche Abbildung 5.6), so dass ihre Objekte sich als Fenster mit Rahmen präsentieren. In der Titelleiste des Rahmens finden sich die üblichen System-Menü-Einträge. Für die Erzeugung von `JFrame`-Objekten steht neben dem Default-Konstruktor auch ein Konstruktor mit `String`-Parameter zur Verfügung, dem der Text für die Titelleiste übergeben werden kann. Neben der Content-Pane, auf der Komponenten eingefügt werden können, kann ein `JFrame`-Objekt auch eine eigene Menüleiste und eine Werkzeugleiste erhalten.

Zusätzlich zu den bereits in Kapitel 6 erwähnten Methoden der Klassen `Component` und `Container` stellt die Klasse `JFrame` einige weitere (teilweise von `Window` bzw. `Frame` geerbte) Methoden wie zum Beispiel

- **public void** dispose()
  zerstört das aufrufende `JFrame`-Objekt.

- **public** Container getContentPane()
  liefert die Content-Pane des aufrufenden `JFrame`-Objekts.

- **public void** setDefaultCloseOperation(**int** operation)
  legt die Operation fest, die beim Schließen des Fensters ausgeführt wird.

- **public void** setTitle(String title)
  setzt den Titel-Text im Rahmen des aufrufenden `JFrame`-Objekts.

- **public void** pack()
  passt die Größe des Fensters so an, dass gerade noch alle darin platzierten Komponenten Platz finden.

- **public void** setJMenuBar(JMenuBar menubar)
  setzt die Menüleiste des aufrufenden `JFrame`-Objekts.

bereit. Während wir die drei erstgenannten Methoden in unseren bisherigen Beispielen bereits benutzt haben, werden wir die letztgenannte Methode erst in Abschnitt 6.6.4 in Verbindung mit Menüs einsetzen. Zur Methode `setDefaultCloseOperation` ist noch zu ergänzen, dass es grundsätzlich die vier Möglichkeiten bzw. vordefinierten Konstanten DO_NOTHING_ON_CLOSE (ohne Reaktion), `HIDE_ON_CLOSE` (Fenster verstecken), `DISPOSE_ON_CLOSE` (Fenster zerstören) und `EXIT_ON_CLOSE` (Programm beenden) für den `int`-Parameter gibt.

Bei komplexeren Programmen mit grafischen Oberflächen (zum Beispiel gängiger Textverarbeitungssoftware) ist es heutzutage üblich, dass mehrere Fenster (für verschiedene geöffnete Dokumente) innerhalb eines Hauptfensters verwendet werden. Solche geschachtelten Fenster-Objekte können in Java mit der Klasse `JInternalFrame` erzeugt werden. Auf ihre Anwendung wollen wir an dieser Stelle jedoch nicht näher eingehen.

6.6.2 Die Klasse `JWindow`

Wie `JFrame` ist auch `JWindow` ein Top-Level-Container, dessen Objekte ebenfalls als Fenster erscheinen, jedoch keinen Rahmen besitzen. Erzeugt werden rahmenlose Fenster mit den Konstruktoren

- **`public JWindow()`**
  erzeugt ein rahmenloses Fenster.

- **`public JWindow(Frame owner)`**
  erzeugt ein rahmenloses Fenster, das dem `Frame`-Objekt owner gehört.

- **`public JWindow(Window owner)`**
  erzeugt ein rahmenloses Fenster, das dem `Window`-Objekt owner gehört.

wobei die Angabe eines Besitzers bewirkt, dass das Fenster vom `owner`-Objekt abhängig, d. h. zusammen mit ihm minimiert und maximiert wird. Als Methoden stehen unter anderem

- **`public void dispose()`**
  zerstört das aufrufende `JWindow`-Objekt.

- **`public Container getContentPane()`**
  liefert die Content-Pane des aufrufenden `JWindow`-Objekts.

- **`public void pack()`**
  passt die Größe des Fensters so an, dass gerade noch alle eingepflegten Komponenten Platz finden.

zur Verfügung.

6.6.3 Die Klasse `JDialog`

Diese dritte Art von Top-Level-Container wird, wie der Name schon sagt, dazu eingesetzt, Dialogfenster darzustellen. Dabei handelt es sich um Fenster, die nur temporär auf dem Bildschirm erscheinen, bis das Programm mit dem Benutzer bzw. der Benutzerin einen Dialog abgewickelt hat. Eine Besonderheit des Dialog-Fensters ist, dass man es **modal** gestalten kann, d. h. dass man ein übergeordnetes Fenster (den Besitzer des Dialogfensters) für Benutzereingaben sperren kann, bis das Dialogfenster selbst abgearbeitet ist. Diese Eigenschaft spiegelt sich bereits in den Konstruktoren

- **public** JDialog()
  erzeugt ein nicht-modales Dialog-Fenster.

- **public** JDialog(Frame owner)
  erzeugt ein nicht-modales Dialog-Fenster, das dem Frame-Objekt owner gehört.

- **public** JDialog(Frame owner, **boolean** modal)
  erzeugt ein modales (falls modal den Wert **true** hat) oder nicht-modales (andernfalls) Dialog-Fenster, das dem Frame-Objekt owner gehört.

- **public** JDialog(Frame owner, String title)
  erzeugt ein nicht-modales Dialog-Fenster, das dem Frame-Objekt owner gehört, mit der Titelleistenbeschriftung title.

- **public** JDialog(Frame owner, String title, **boolean** modal)
  erzeugt ein modales (falls modal den Wert **true** hat) oder nicht-modales (andernfalls) Dialog-Fenster, das dem Frame-Objekt owner gehört, mit der Titelleistenbeschriftung title.

- **public** JDialog(Dialog owner)
  erzeugt ein nicht-modales Dialog-Fenster, das dem Dialog-Objekt owner gehört.

- **public** JDialog(Dialog owner, **boolean** modal)
  erzeugt ein modales (falls modal den Wert **true** hat) oder nicht-modales (andernfalls) Dialog-Fenster, das dem Dialog-Objekt owner gehört.

- **public** JDialog(Dialog owner, String title)
  erzeugt ein nicht-modales Dialog-Fenster, das dem Dialog-Objekt owner gehört, mit der Titelleistenbeschriftung title.

- **public** JDialog(Dialog owner, String title, **boolean** modal)
  erzeugt ein modales (falls modal den Wert **true** hat) oder nicht-modales (andernfalls) Dialog-Fenster, das dem Dialog-Objekt owner gehört, mit der Titelleistenbeschriftung title.

und auch in den bereitgestellten Instanzmethoden

- **public void** dispose()
  zerstört das aufrufende JDialog-Objekt.

- **public** Container getContentPane()
  liefert die Content-Pane des aufrufenden JDialog-Objekts.

- **public boolean** isModal()
  liefert **true**, wenn das aufrufende JDialog-Objekt modal ist, oder andernfalls **false**.

- **public void** setModal(**boolean** b)
  setzt das aufrufende JDialog-Objekt auf modal, wenn b den Wert **true** hat, oder andernfalls auf nicht-modal.

- **public void** setDefaultCloseOperation(**int** operation)
  legt die Operation fest, die beim Schließen des Fensters ausgeführt wird.

- **public void** setTitle(String title)
  setzt den Titel-Text im Rahmen des aufrufenden JDialog-Objekts.

- **public void** pack()
  passt die Größe des Fensters so an, dass gerade noch alle eingefügten Komponenten Platz finden.

- **public void** setJMenuBar(JMenuBar menubar)
  setzt die Menüleiste des aufrufenden JDialog-Objekts.

wider. Zur Methode setDefaultCloseOperation ist zu sagen, dass die bei JFrame-Objekten verfügbare Konstante EXIT_ON_CLOSE hier nicht eingesetzt werden kann.

In einem sehr einfachen Beispielprogramm wollen wir nun die Anwendung der drei Fenster-Arten Frame, Window und Dialog kurz demonstrieren.

```java
import javax.swing.*;

/** Erzeuge Top-Level-Container auf dem Bildschirm */
public class TopLevelContainer {
  public static void main(String[] args) {
    // Hauptfenster erzeugen und beschriften
    JFrame f = new JFrame();
    f.getContentPane().add(new JLabel("Frame",JLabel.CENTER));
    f.setTitle("Frame");
    f.setSize(300,150);
    f.setLocation(100,100);
    f.setVisible(true);
    f.setDefaultCloseOperation(JFrame.EXIT_ON_CLOSE);

    // Unterfenster (Window) erzeugen und beschriften
    JWindow w = new JWindow(f);
    w.getContentPane().add(new JLabel("Window",JLabel.CENTER));
    w.setSize(150,150);
    w.setLocation(410,100);
    w.setVisible(true);

    // Modales Unterfenster (Dialog) erzeugen und beschriften
    JDialog d = new JDialog(f,true);
    d.getContentPane().add(new JLabel("Dialog",JLabel.CENTER));
    d.setTitle("Dialog");
    d.setSize(150,100);
    d.setLocation(300,180);
    d.setVisible(true);
    d.setDefaultCloseOperation(JFrame.DISPOSE_ON_CLOSE);
  }
}
```

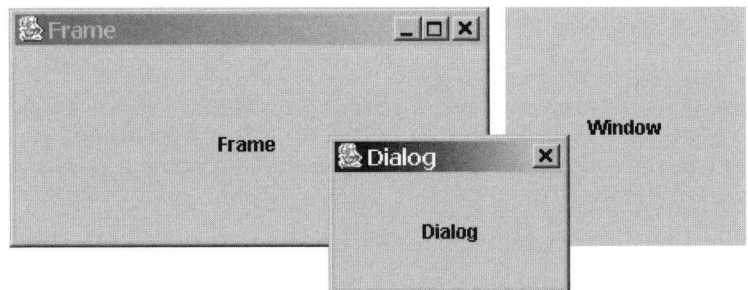

Abbildung 6.19: Frame, Window und Dialog

In der `main`-Methode erzeugen wir darin zunächst einen Frame, der als Hauptfenster dient. Danach konstruieren wir ein `JWindow`-Objekt und ein modales `JDialog`-Objekt, wobei unser Frame zum Besitzer beider Objekte wird. Beim Programmstart sehen wir (siehe Abbildung 6.19) drei Fenster und erkennen die Modalität des `JDialog`-Objekts daran, dass unser Hauptfenster-Frame inaktiv ist und den Fokus auch nicht erlangen kann. Wenn wir mit der Maus auf das Fenster klicken, erhalten wir ein akustisches Fehler-Signal. Erst wenn wir das `JDialog`-Fenster abgearbeitet (in unserem Fall geschlossen) haben, können wir mit dem `JFrame`-Objekt arbeiten. Die Zugehörigkeit des `JWindow`-Objekts zum Besitzer-Frame zeigt sich daran, dass zum Beispiel beim Minimieren (mit _) des Frames beide Fenster minimiert werden.

Abschließend sei noch erwähnt, dass für die Gestaltung einfacher Standard-Dialoge, die z. B. lediglich eine kurze Mitteilung sowie einige mögliche Knöpfe anbieten, auch die Klasse `JOptionPane` zur Verfügung steht. Bei ihren Objekten handelt es sich um leichtgewichtige Dialog-Fenster-Komponenten. Die Klasse bietet aber auch eine Reihe von Klassenmethoden, wie zum Beispiel

- **public static int** showConfirmDialog(Component parent, Object message)

  fordert mit der Meldung `message` eine Bestätigung („Ja", „Nein", „Abbruch") an und liefert die gewählte Option als **int**-Wert zurück.

- **public static** String showInputDialog(Component parent, Object message)

  fordert mit der Meldung `message` eine Eingabe an und liefert diese als String zurück.

- **public static void** showMessageDialog(Component parent, Object message)

  gibt die Meldung `message` aus.

an, deren Aufruf jeweils einen Standard-Dialog erzeugen. Dabei ist für `parent` stets die Komponente anzugeben, für die der Dialog ausgeführt wird. Wir werden diese Art von Dialog in den Praxisbeispielen noch einsetzen.

6.6.4 Die Klasse `JMenuBar`

In Abschnitt 6.6.1 haben wir bereits die Methode `setJMenuBar` erwähnt, mit der man einem `JFrame`-Objekt eine Menüleiste hinzufügen kann. Diese Menüleiste ist dabei (neben der Content-Pane) als zusätzlicher Container des Frames anzusehen und wird als ein Objekt der Klasse `JMenuBar` mit Hilfe des Konstruktors

- **public** `JMenuBar()`
  erzeugt ein neues `JMenuBar`-Objekt.

erzeugt. Eine solche Menüleiste verwaltet eine Liste von Menüs vom Typ `JMenu`. Dazu dienen die Methoden

- **public** `JMenu add(JMenu m)`
  fügt der Menüleiste das Menü `m` hinzu.

- **public** `JMenu getMenu(int index)`
  liefert das Menü an Position `index` der Menüleiste.

- **public** `int getMenuCount()`
  liefert die Anzahl Menüs in der Menüleiste.

Um ein Menü zu erzeugen, setzt man üblicherweise den Konstruktor

- **public** `JMenu(String s)`
  erzeugt ein Menü mit dem Titel `s`.

der Klasse `JMenu` ein. Wie wir aus dem Überblick in Abbildung 6.7 wissen, ist `JMenu` (genau wie `JCheckBoxMenuItem` und `JRadioButtonMenuItem`) Unterklasse von `JMenuItem` und diese wiederum Unterklasse von `AbstractButton`, wir haben es also bei Menüs im Prinzip mit speziellen Buttons zu tun.

Ein Menü (auch **Pulldown-Menü** genannt, weil die Einträge des Menüs nach unten aufklappen) kann verschiedene Einträge enthalten, die wiederum selber Menüs sein können, und ist somit ebenfalls ein spezieller Container. Für den Aufbau und die Verwaltung eines Menüs können die Methoden

- **public** `JMenuItem add(JMenuItem menuItem)`
  fügt dem Menü den Eintrag `menuItem` hinzu.

- **public** `JMenuItem add(String s)`
  erzeugt einen neuen Menü-Eintrag mit dem Titel `s` und fügt diesen dem Menü hinzu.

- **public** `void addSeparator()`
  fügt dem Menü einen Trenner (zur grafischen Verdeutlichung von Gruppierungen) hinzu.

- **public** `JMenuItem getItem(int pos)`
  liefert den Menü-Eintrag an Position `pos` des Menüs.

- **public int** getItemCount()
  liefert die Anzahl der Menü-Einträge des Menüs.
- **public void** remove(JMenuItem item)
  entfernt den Menü-Eintrag item aus dem Menü.
- **public void** removeAll()
  entfernt alle Menü-Einträge aus dem Menü.

eingesetzt werden. Als Menü-Einträge können dabei folgende Komponenten auftreten:

- Objekte der Klasse JMenuItem:
  Einfache Menü-Einträge, die ähnliche Funktionalität wie Buttons bieten.
- Objekte der Klasse JCheckBoxMenuItem:
  Menü-Einträge, die selektiert und deselektiert werden können und somit ähnliche Funktionalität wie Toggle-Buttons bieten.
- Objekte der Klasse JRadioButtonMenuItem:
  Menü-Einträge, die ebenfalls selektiert bzw. deselektiert und zusätzlich mittels eines ButtonGroup-Objekts voneinander abhängig gemacht werden können, daher also ähnliche Funktionalität wie Radio-Buttons bieten.
- Objekte der Klasse JMenu:
  Menü-Einträge, die selbst wieder Menüs (so genannte Untermenüs, deren Einträge nach rechts oder links aufklappen) darstellen.

Für die drei erstgenannten Klassen stehen prinzipiell die gleichen Konstruktoren wie für das jeweilige Button-Analogon zur Verfügung, sie können daher jeweils mit Text, mit einem Bild oder mit Text *und* Bild beschriftet werden.
Für JMenuItem-Objekte können die Methoden

- **public void** setMnemonic(**int** keyCode)
  legt das Tastenkürzel (ein unterstrichener Buchstabe) für den Menü-Eintrag fest, der bei geöffnetem Menü zur Wahl des Menü-Eintrags verwendet werden kann.
- **public void** setAccelerator(KeyStroke keyStroke)
  legt ein spezielles Tastenkürzel (in der Regel eine Kombination aus den Modifizierern Alt-, Shift- oder Ctrl- bzw. Strg-Taste mit einem Buchstaben oder einer Ziffer) für den Menü-Eintrag fest, der auch bei ungeöffnetem Menü zur Aktivierung eines Menü-Eintrages verwendet werden kann.

eingesetzt werden, um die Menü-Einträge auch über Tastaturkommandos anzusteuern. Der Parameter keyCode kann beim Aufruf der Methode setMnemonic mit Hilfe einer der Klassenkonstanten angegeben werden, die in der Klasse KeyEvent aus dem Paket java.awt.event bereit gestellt werden. Die Angabe der gewünschten Tastenkombination im Parameter keyStroke der Methode setAccelerator kann mit Hilfe der Klassenmethode

- **`public static` KeyStroke getKeyStroke(`int` keyCode,`int` mod)**
  erzeugt ein KeyStroke-Objekt zur Taste keyCode mit gleichzeitig gedrückten Modifizierern gemäß mod.

der Klasse KeyStroke (aus dem Paket javax.swing) generiert werden. Dabei kann keyCode wie bei setMnemonic mit Hilfe einer der Klassenkonstanten aus KeyEvent angegeben werden. Der Modifizierer-Wert lässt sich durch eine Kombination der Konstanten SHIFT_MASK, CTRL_MASK, META_MASK und ALT_MASK der Klasse InputEvent aus dem Paket java.awt.event angeben.[7]

Neben den Pulldown-Menüs bietet Swing mit der Klasse JPopupMenu auch so genannte **Popup-Menüs** als Komponenten an. Diese bieten prinzipiell eine ähnliche Funktionalität wie Menüs in einer Menüleiste, werden aber nicht dauerhaft auf der grafischen Oberfläche angezeigt, sondern erscheinen erst, wenn ein bestimmtes Ereignis (z. B. eine Aktion mit der Maus) ausgelöst wird.

6.6.5 Die Klasse JToolBar

Neben der charakteristischen Menüleiste sieht man bei den meisten professionell gestalteten grafischen Oberflächen häufig auch eine Werkzeugleiste (Toolbar). Dieser spezielle Container enthält in der Regel Button-Objekte, die, ähnlich den Tastaturkürzeln, häufig verwendete Menü-Einträge und Funktionalitäten auslösen können. Eine solche Werkzeugleiste kann als Objekt der Klasse JToolBar mit den Konstruktoren

- **`public` JToolBar()**
  erzeugt eine horizontale Werkzeugleiste.
- **`public` JToolBar(`int` orientation)**
  erzeugt eine horizontale oder vertikale Werkzeugleiste.
- **`public` JToolBar(`String` name)**
  erzeugt eine horizontale Werkzeugleiste mit dem Titel name.
- **`public` JToolBar(`String` name, `int` orientation)**
  erzeugt eine horizontale oder vertikale Werkzeugleiste mit dem Titel name.

erzeugt werden. Die gewählte Orientierung kann man dabei mit den Klassenkonstanten HORIZONTAL und VERTICAL angeben.

Mit Hilfe ihrer Instanzmethode add können einer Werkzeugleiste Komponenten hinzugefügt werden. Ebenso wird mit der Methode add eines Containers die Werkzeugleiste dem Container hinzugefügt. Eine spezielle Eigenschaft der Werkzeugleiste ist die Möglichkeit, sie zur Laufzeit des Programms innerhalb des Containers anders zu platzieren, indem man sie an ihrem „Griff" anfasst und verschiebt. Schiebt man sie sogar aus dem eigentlichen Container hinaus, wird

---

[7]Einige Rechnerhersteller (z. B. Sun) bieten auch Tastaturen mit einer Meta-Taste, die meistens mit einer Raute beschriftet ist. Diese Taste hat auch in einigen Softwareprodukten spezielle Bedeutung. Auf Standard-Tastaturen können dann andere Tasten (z. B. die Esc- oder die Alt-Taste) deren Funktion übernehmen.

die Werkzeugleiste in einem eigenen Fenster mit Titelleiste dargestellt. Man kann diese Fähigkeit auch unterbinden, indem man einen Aufruf der Instanzmethode `setFloatable(`**`false`**`)` verwendet.

Im nachfolgenden Beispielprogramm, das die Vorstufe zu einem einfachen „Wechselbilderrahmen" bildet, haben wir unsere Oberflächen-Komponenten teilweise in ein Menü der Menüleiste und teilweise in eine Werkzeugleiste gepackt.

```java
import java.awt.*;
import java.awt.event.*;
import javax.swing.*;

/** Erzeuge ein einfaches Swing-Fenster mit einem Menue einer
    Toolbar und einem Textlabel */
public class FrameMitMenuBar extends JFrame {
  Container c;                // Container dieses Frames
  JMenuBar menuBar;           // Menueleiste
  JMenu menu;                 // Menue
  JMenuItem menuItem;         // Menue-Eintrag
  JToolBar toolBar;           // Werkzeugleiste
  JButton button;             // Knoepfe der Werkzeugleiste
  JLabel textLabel;           // Label, das im Frame erscheinen soll

  // Konstruktor
  public FrameMitMenuBar() {
    // Bestimme die Referenz auf den eigenen Container
    c = getContentPane();

    // Erzeuge die Menueleiste.
    menuBar = new JMenuBar();
    // Erzeuge ein Menue
    menu = new JMenu("Bilder");
    menu.setMnemonic(KeyEvent.VK_B);
    // Erzeuge die Menue-Eintraege und fuege sie dem Menue hinzu
    menuItem = new JMenuItem("Hund");
    menuItem.setMnemonic(java.awt.event.KeyEvent.VK_H);
    menu.add(menuItem);
    menuItem = new JMenuItem("Katze");
    menuItem.setMnemonic(java.awt.event.KeyEvent.VK_K);
    menu.add(menuItem);
    menuItem = new JMenuItem("Maus");
    menuItem.setMnemonic(java.awt.event.KeyEvent.VK_M);
    menu.add(menuItem);
    // Fuege das Menue der Menueleiste hinzu
    menuBar.add(menu);
    // Fuegt das Menue dem Frame hinzu
    setJMenuBar(menuBar);

    // Erzeuge die Werkzeugleiste
    toolBar = new JToolBar("Rahmenfarbe");
    // Erzeuge die Knoepfe
    button = new JButton(new ImageIcon("images/rot.gif"));
    button.setToolTipText("roter Rahmen");
    toolBar.add(button);
    button = new JButton(new ImageIcon("images/gruen.gif"));
    button.setToolTipText("gruener Rahmen");
```

6.6 Spezielle Container, Menüs und Toolbars

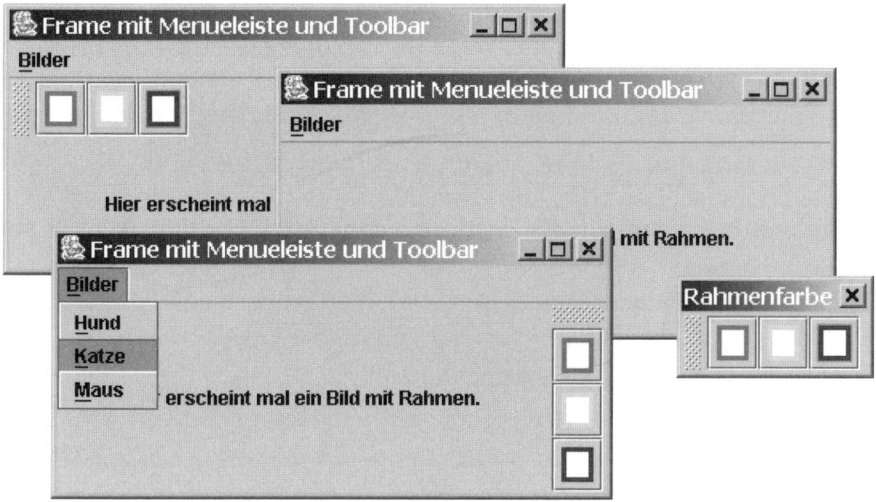

Abbildung 6.20: Frame mit Menüleiste und Werkzeugleiste

```
49      toolBar.add(button);
50      button = new JButton(new ImageIcon("images/blau.gif"));
51      button.setToolTipText("blauer Rahmen");
52      toolBar.add(button);
53
54      // Erzeuge das Labelobjekt
55      textLabel = new JLabel("Hier erscheint mal ein Bild mit Rahmen.",
56                             JLabel.CENTER);
57      // Fuege Label und Toolbar dem Container hinzu
58      c.add(textLabel, BorderLayout.CENTER);
59      c.add(toolBar, BorderLayout.NORTH);
60    }
61
62    public static void main(String[] args) {
63      FrameMitMenuBar fenster = new FrameMitMenuBar();
64      fenster.setTitle("Frame mit Menueleiste und Toolbar");
65      fenster.setSize(350,170);
66      fenster.setVisible(true);
67      fenster.setDefaultCloseOperation(JFrame.EXIT_ON_CLOSE);
68    }
69  }
```

Für die Menüleiste haben wir ein Menü namens *Bilder* erzeugt und dort die Menüpunkte *Hund*, *Katze* und *Maus* eingetragen. Sowohl das Menü als auch dessen Einträge haben wir mit den Anfangsbuchstaben als Tastenkürzel ausgestattet. Die Werkzeugleiste namens *Rahmenfarbe* haben wir mit drei Buttons belegt, wobei wir zu deren Beschriftung kleine Grafiken zur Kennzeichnung der späteren Funktionalität eingesetzt haben.

Diese Grafiken liegen im Unterverzeichnis images, was wir beim Erzeugen der ImageIcon-Objekte für die Beschriftung der Buttons berücksichtigt haben.
Leider ist die Verwendung unseres Programms, das sich beim Start wie in Abbildung 6.20 (hinten links) präsentiert, noch relativ unspektakulär. Wir können zwar

- die Werkzeugleiste an ihrem „Griff" (ganz links in der Leiste) mit der Maus (gehaltene linke Maustaste) anpacken und sie an anderer Stelle innerhalb oder außerhalb des Frames wieder loslassen (Abbildung 6.20, Mitte rechts und vorne),
- mit der Maus oder dem Tastenkürzel „Alt-B" das Menü aufklappen und
- mit der Maus oder dem Tastenkürzel „H", „K" oder „M" einen Eintrag auswählen (Abbildung 6.20, vorne) oder
- mit der Maus oder der Tabulator-Taste einen Knopf in der Werkzeugleiste betätigen,

aber leider können wir (zumindest im Moment) damit noch keine selbst festgelegten Aktionen ausführen. Prinzipiell lösen die gewählten Menüpunkte oder die Buttons zwar Ereignisse aus, wir wissen aber bisher noch nicht, wie man auf sie reagieren kann. Damit unser „Wechselbilderrahmen" auch wunschgemäß funktioniert, müssen wir uns also mit dem Thema „Ereignisverarbeitung" auseinander setzen, unserem nächsten Kapitel.

6.7 Übungsaufgaben

Aufgabe 6.1

Skizzieren Sie jeweils das Erscheinungsbild der vier Frames, die vom Programm

```
import java.awt.*;
import javax.swing.*;

public class VierButtonFrame extends JFrame {
  Container c;
  JLabel beschriftung;

  public VierButtonFrame(int i) {
    c = getContentPane();
    if (i==1)
      c.setLayout(new FlowLayout());
    else if (i==2)
      c.setLayout(new BorderLayout());
    else if (i==3)
      c.setLayout(new GridLayout());
    else
      c.setLayout(new GridLayout(0,1));

    c.add(new JButton("A"));
    c.add(new JButton("B"));
    c.add(new JButton("C"));
```

```
22      c.add(new JButton("D"));
23    }
24
25    public static void main(String[] args) {
26      VierButtonFrame[] fenster = new VierButtonFrame[4];
27      for (int i=0; i<4; i++) {
28        fenster[i] = new VierButtonFrame(i+1);
29        fenster[i].setTitle("Fenster " + (i+1));
30        fenster[i].setSize(200,200);
31        fenster[i].setLocation(i*200,0);
32        fenster[i].setVisible(true);
33        fenster[i].setDefaultCloseOperation(JFrame.EXIT_ON_CLOSE);
34      }
35    }
36  }
```

erzeugt werden.

Aufgabe 6.2

Ändern Sie das Programm `VierButtonFrame` so ab, dass jedes `JButton`-Objekt mit einer zufällig gewählten Hintergrundfarbe versehen wird. Die RGB-Werte der Farben sollen als Tooltips erscheinen, wenn man mit dem Mauszeiger über den entsprechenden Button fährt.

Aufgabe 6.3

Als Entwurf für ein einfaches Noteneingabesystem sei folgende `JFrame`-Klasse gegeben:

```
1   import java.awt.*;
2   import javax.swing.*;
3   public class NotenEingabe extends JFrame {
4     Container c;
5     public NotenEingabe() {
6       c = getContentPane();
7       c.setLayout(new GridLayout(5, 1));
8       c.add(new JCheckBox("sehr gut"));
9       c.add(new JCheckBox("gut"));
10      c.add(new JCheckBox("befriedigend"));
11      c.add(new JCheckBox("ausreichend", true));
12      c.add(new JCheckBox("ungenuegend"));
13    }
14  }
```

Schreiben Sie eine Klasse `NotenEingabeTest`, die in ihrer `main`-Methode ein Objekt der Klasse `NotenEingabe` als Frame mit Breite 150 und Höhe 200 Pixel erzeugt und anzeigt.
Geben Sie außerdem eine alternative Klasse `NotenEingabeNeu` an für Frames, die beim Aufruf prinzipiell die gleiche Gestalt wie `NotenEingabe`-Objekte haben, jedoch sicherstellen, dass bei der Eingabe der Noten nur eine Box, also jeweils genau eine Note markiert (angeschaltet) werden kann. Außerdem soll unterhalb

der Noten-Boxen eine zusätzliche Box platziert werden, die es erlaubt, mittels ihrer Markierung zu kennzeichnen, dass die Note aus einer Wiederholungsprüfung stammt.
Auch ein Objekt dieser Klasse soll schließlich im Programm NotenEingabeTest erzeugt und angezeigt werden.

Aufgabe 6.4

Schreiben Sie ein Programm TextFelderAuslesen, das in seiner main-Methode ein Objekt der Klasse FrameMitTextFeldern aus Abschnitt 6.5.10 erzeugt und anzeigt. Danach sollen im Konsolenfenster mit

```
───────── Konsole ─────────
Geben Sie im Frame in beide Textfelder etwas ein.
Druecken Sie danach hier im Konsolenfenster die Eingabetaste!
```

Texteingaben in der grafischen Oberfläche angefordert werden, und es soll auf das Betätigen der Eingabetaste gewartet werden.
Beim Compilieren Ihres Programms erhalten Sie möglicherweise die Meldung

```
───────── Konsole ─────────
Note: TextFelderAuslesen.java uses or overrides a deprecated API.
Note: Recompile with -deprecation for details.
```

weil Sie die Methode getText auch für die JPasswordField-Komponente eingesetzt haben. Ein Zugriff auf deren Text sollte daher besser durch die Methode getPassword erfolgen, die ein **char**-Feld liefert, das daher vor seiner Ausgabe erst in einen String gewandelt werden muss.

Aufgabe 6.5

Entwerfen Sie einen Frame mit Border-Layout, der beim Start das aktuelle Datum (in einem Label in der Nord-Region) und den „Spruch des Tages" (in einem mehrzeiligen Textfeld in der Zentrums-Region mit automatischem Zeilenumbruch und vertikaler Bildlaufleiste) anzeigt. Verwenden Sie für die Sprüche ein String-Feld, aus dem jeweils zufällig ein Spruch ausgewählt wird.

Kapitel 7

Ereignisverarbeitung

In Abschnitt 5.1 haben wir die Java Foundation Classes in vier Gruppen eingeteilt und zahlreiche Klassen aus den drei erstgenannten Gruppen (Grundkomponenten, Container und Layout-Manager) auf den zurückliegenden Seiten schon kennen gelernt. In diesem Kapitel wollen wir uns nun mit der letztgenannten Gruppe, den Ereignissen (Events) und ihren Empfängern (Listener), beschäftigen, deren Klassen für den ereignisgesteuerten Ablauf von Programmen mit grafischen Oberflächen eingesetzt werden.

Der Mechanismus der Ereignisübermittlung in Java lässt sich sehr gut mit entsprechenden Vorgängen in der „realen Welt" vergleichen. Nehmen wir beispielsweise eine große Trommel als Quelle eines Ereignisses, so können wir durch einen Schlag mit dem Schlägel ein Ereignis auslösen (einen Ton erzeugen), das von einem Empfänger (einem Zuhörer) vernommen werden kann (siehe Abbildung 7.1). In der Programmiersprache Java versteht man unter einem Ereignis (englisch: **event**) etwas, das die Benutzerin bzw. der Benutzer beim Arbeiten mit der grafischen Oberfläche auslösen kann, indem sie bzw. er beispielsweise die Maus bewegt, eine Schaltfläche drückt, einen Menü-Eintrag auswählt oder eine Taste betätigt. Innerhalb eines Java-Programms werden solche Ereignisse als Objekte von Ereignis-Klassen dargestellt. Erzeugt werden dieses Objekte von den so ge-

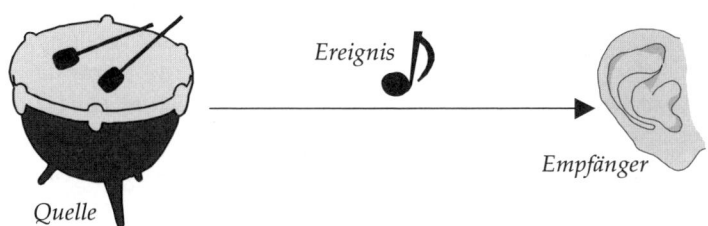

Abbildung 7.1: Quelle, Ereignis und Empfänger

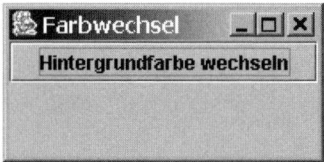

Abbildung 7.2: Frame mit Farbwechsel-Button

nannten **Ereignisquellen** (englisch: **event sources**), die entsprechende Ereignisse auslösen können. Jede Komponente einer grafischen Oberfläche (z. B. ein Knopf, auf den gerade gedrückt wird) kann eine solche Ereignisquelle sein.
Die Gegenstücke zu den Ereignisquellen bilden so genannte **Ereignisempfänger** (englisch: **event listeners**). Dabei handelt es sich um Objekte, die quasi als „Aufpasser" oder „Lauscher" dienen und auf ein eintretendes Ereignis reagieren (z. B. eine bestimmte Aktion starten) können. Damit ein solches Empfänger-Objekt auch tatsächlich Ereignisse von einer Ereignisquelle empfangen kann, muss es nach seiner Erzeugung bei der entsprechenden Ereignisquelle registriert werden. Dieses Modell der Ereignisverarbeitung wird als **Delegation Event Model** bezeichnet und ist seit der Version 1.1 ein Teil des JDK. Prinzipiell ermöglicht es diese Vorgehensweise, die eigentliche Oberflächengestaltung und die Ereignisverarbeitung in getrennten Klassen zu realisieren, sie lässt aber auch andere Varianten der Programmierung zu.

7.1 Zwei einfache Beispiele

Bevor wir uns einer ereignisgesteuerten Ausführung unseres Beispiel-Programms mit Menü und Werkzeugleiste aus Abschnitt 6.6.5 widmen, wollen wir zunächst ein grundlegendes Beispiel behandeln, anhand dessen wir uns mit den wesentlichen Aspekten der Ereignisverarbeitung vertraut machen können.

7.1.1 Zufällige Grautöne als Hintergrund

In einer sehr minimalistischen grafischen Oberfläche, die lediglich einen einzigen Knopf enthält (siehe Abbildung 7.2), soll sich durch Drücken dieses Knopfs die Hintergrundfarbe des Fensters verändern. Um dies zu realisieren, müssen wir natürlich zunächst einmal die Oberfläche an sich gestalten und uns danach um die Ereignisverarbeitung kümmern. Die Grundstruktur unseres Programms entspricht also prinzipiell der unserer Programme aus den letzten Abschnitten:

- Wir schreiben eine eigene Klasse, die von der Klasse JFrame erbt.

- Wir statten diese Klasse mit einem Konstruktor aus, der die Komponenten der grafischen Oberfläche (in unserem speziellen Fall ist das nur ein einziges JButton-Objekt) in den Container des Fensters einbaut.

7.1 Zwei einfache Beispiele

- Wir schreiben eine `main`-Methode, in der ein Objekt unserer Fenster-Klasse erzeugt wird.

Im Hinblick auf die Ereignisverarbeitung müssen wir aber jetzt noch einiges ergänzen.

Wir wissen, dass der Knopf (das `JButton`-Objekt) eine Ereignisquelle ist, d. h. durch Drücken des Knopfs wird ein Ereignis ausgelöst. Um auf dieses Ereignis reagieren zu können, müssen wir nun

- einen Ereignisempfänger erzeugen und
- diesen beim Button registrieren.

Für die Erzeugung des Ereignisempfängers benötigen wir eine Klasse, die über alle erforderlichen Eigenschaften verfügt. Dazu müssen wir insbesondere wissen, auf welche Art von Ereignis unser Empfänger ansprechen soll. Im Falle eines gedrückten Knopfs handelt es sich um ein *Action*-Ereignis (ein Objekt der Klasse `ActionEvent`). Nun gilt es also, eine Klasse zu schreiben, deren Objekte wissen, was beim Empfang eines *Action*-Ereignisses zu tun ist.

Um dies zu gewährleisten, müssen wir uns beim Programmieren unserer Empfänger-Klasse an gewisse „Regeln" halten, die in einem Interface festgelegt sind. Für *Action*-Ereignisse zuständig ist das Interface `ActionListener`, das somit von unserer Empfänger-Klasse implementiert werden muss. Da das `ActionListener`-Interface „weiß", dass für die Bearbeitung des `ActionEvent`-Objekts automatisch die Methode `actionPerformed` aufgerufen wird, sind wir also gezwungen, unsere Empfänger-Klasse mit genau dieser Methode auszustatten. Somit werden wir alles das, was beim Druck auf den Knopf geschehen soll, gerade in den Rumpf dieser Methode packen. Unsere Klasse hat somit die Gestalt

```
class ButtonListener implements ActionListener {
  public void actionPerformed(ActionEvent e) {
    // Hintergrundfarbe des Containers zufaellig aendern
    float zufall = (float) Math.random();
    Color grauton = new Color(zufall,zufall,zufall);
    c.setBackground(grauton);   // Zugriff auf c moeglich, da
  }                             // ButtonListener innere Klasse
}
```

und in unserer Implementierung der Methode `actionPerformed` sorgen wir dafür, dass sich die Hintergrundfarbe des Containers ändert. Wir berechnen dazu zunächst eine Zufallszahl im **float**-Zahlenbereich zwischen 0 und 1, die wir als RGB-Wert einsetzen, um einen neuen Grauton als `Color`-Objekt zu erzeugen. Im Anschluss daran setzen wir den Hintergrund des Containers auf eben diesen Grauton.

Spätestens an dieser Stelle werden Sie vielleicht bemerken, dass wir dazu in der Methode `actionPerformed` Zugriff auf den Container (Variable c) unseres Fensters benötigen. Dieses Problem können wir z. B. dadurch lösen, dass wir die Klasse `ButtonListener` als **innere Klasse** der Klasse `Farbwechsel` realisieren. Als innere Klasse hat sie nämlich Zugriff auf alle Instanzvariablen der äußeren (sie umschließenden) Klasse, also auch auf den Container c. Wir werden in Abschnitt

7.2 sehen, dass es auch andere Möglichkeiten gegeben hätte, diesen Zugriff sicherzustellen.

Unter Verwendung der Klasse `ButtonListener` sind wir nun in der Lage, mit

```
ButtonListener bL = new ButtonListener();
button.addActionListener(bL);
```

das Empfänger-Objekt zu erzeugen und bei der Ereignisquelle zu registrieren. Die dabei eingesetzte Methode `addActionListener` wird in der Klasse `JButton` bereitgestellt und erwartet einen Parameter vom Typ `ActionListener`, d. h. ein Objekt einer Klasse, die das `ActionListener`-Interface implementiert.

Insgesamt hat somit unser Programm die Gestalt

```java
import java.awt.*;
import java.awt.event.*;
import javax.swing.*;

/** Erzeuge ein Swing-Fenster mit einem Button, der in der Lage
    ist die Hintergrundfarbe des Frames zufaellig zu aendern */
public class Farbwechsel extends JFrame {
  Container c;             // Container dieses Frames
  JButton button;          // Knopf

  // Konstruktor
  public Farbwechsel() {
    // Container bestimmen
    c = getContentPane();
    // Button erzeugen und dem Container hinzufuegen
    button = new JButton("Hintergrundfarbe wechseln");
    c.add(button, BorderLayout.NORTH);

    // Listener-Objekt erzeugen und beim Button registrieren
    ButtonListener bL = new ButtonListener();
    button.addActionListener(bL);
  }

  // Innere Button-Listener-Klasse
  class ButtonListener implements ActionListener {
    public void actionPerformed(ActionEvent e) {
      // Hintergrundfarbe des Containers zufaellig aendern
      float zufall = (float) Math.random();
      Color grauton = new Color(zufall,zufall,zufall);
      c.setBackground(grauton);   // Zugriff auf c moeglich, da
    }                             // ButtonListener innere Klasse
  }

  // main-Methode
  public static void main(String[] args) {
    Farbwechsel fenster = new Farbwechsel();
    fenster.setTitle("Farbwechsel");
    fenster.setSize(200,100);
    fenster.setVisible(true);
    fenster.setDefaultCloseOperation(JFrame.EXIT_ON_CLOSE);
  }
}
```

7.1 Zwei einfache Beispiele

Abbildung 7.3: Frame mit Farbwechsel-Button

und präsentiert sich in dieser Form auch mit voller Funktionalität (siehe Abbildung 7.3): Wir können die Hintergrundfarbe wechseln, wenn wir auf den Farbwechsel-Knopf drücken.

Abschließend noch ein Hinweis zu der vom Compiler erzeugten Class-Datei für unsere Klasse `ButtonListener`. Da wir die Klasse als innere Klasse erzeugt haben, nennt der Compiler die zugehörige Bytecode-Datei `Farbwechsel$ButtonListener.class`, so dass sich die Zugehörigkeit der Klasse `ButtonListener` zur Klasse `Farbwechsel` im Namen der Datei widerspiegelt.

7.1.2 Ein interaktiver Bilderrahmen

Nach diesen ersten Erfahrungen mit der Ereignisverarbeitung können wir uns jetzt nochmals unser Programm aus Abschnitt 6.6.5 vornehmen, um auch dieses mit „Leben" zu füllen. Unser modifiziertes Programm sieht wie folgt aus:

```
 1  import java.awt.*;
 2  import java.awt.event.*;
 3  import javax.swing.*;
 4
 5  /** Erzeuge ein Swing-Fenster mit einem Menue, einer
 6      Toolbar und einem Label mit Iconimage */
 7  public class Bilderrahmen extends JFrame {
 8    Container c;           // Container dieses Frames
 9    JMenuBar menuBar;      // Menueleiste
10    JMenu menu;            // Menue
11    JMenuItem menuItem;    // Menue-Eintrag
12    JToolBar toolBar;      // Werkzeugleiste
13    JButton button;        // Knoepfe der Werkzeugleiste
14    JLabel bildLabel;      // Label das im Frame erscheinen soll
15
16    // Konstruktor
17    public Bilderrahmen() {
18      // Bestimme die Referenz auf den eigenen Container
19      c = getContentPane();
20
```

```java
21      // Erzeuge das Listener-Objekt fuer das Menue
22      MenuListener mL = new MenuListener();
23
24      // Erzeuge die Menueleiste.
25      menuBar = new JMenuBar();
26      // Erzeuge ein Menue
27      menu = new JMenu("Bilder");
28      menu.setMnemonic(KeyEvent.VK_B);
29      // Erzeuge die Menue-Eintraege und fuege sie dem Menue hinzu
30      menuItem = new JMenuItem("Hund");
31      menuItem.setMnemonic(KeyEvent.VK_H);
32      menuItem.addActionListener(mL);     // Fuege den Listener hinzu
33      menuItem.setActionCommand("dog");   // Setze die Aktionsbezeichnung
34      menu.add(menuItem);
35      menuItem = new JMenuItem("Katze");
36      menuItem.setMnemonic(KeyEvent.VK_K);
37      menuItem.addActionListener(mL);     // Fuege den Listener hinzu
38      menuItem.setActionCommand("cat");   // Setze die Aktionsbezeichnung
39      menu.add(menuItem);
40      menuItem = new JMenuItem("Maus");
41      menuItem.setMnemonic(KeyEvent.VK_M);
42      menuItem.addActionListener(mL);     // Fuege den Listener hinzu
43      menuItem.setActionCommand("mouse");// Setze die Aktionsbezeichnung
44      menu.add(menuItem);
45      // Fuege das Menue der Menueleiste hinzu
46      menuBar.add(menu);
47      // Fuegt die Menueleiste dem Frame hinzu
48      setJMenuBar(menuBar);
49
50      // Erzeuge das Listener-Objekt fuer die Werkzeugleiste
51      ToolBarListener tL = new ToolBarListener();
52
53      // Erzeuge die Werkzeugleiste
54      toolBar = new JToolBar("Rahmenfarbe");
55      // Erzeuge die Knoepfe
56      button = new JButton(new ImageIcon("images/rot.gif"));
57      button.setToolTipText("roter Rahmen");
58      button.addActionListener(tL);       // Fuege den Listener hinzu
59      button.setActionCommand("rot");     // Setze die Aktionsbezeichnung
60      toolBar.add(button);
61      button = new JButton(new ImageIcon("images/gruen.gif"));
62      button.setToolTipText("gruener Rahmen");
63      button.addActionListener(tL);       // Fuege den Listener hinzu
64      button.setActionCommand("gruen");   // Setze die Aktionsbezeichnung
65      toolBar.add(button);
66      button = new JButton(new ImageIcon("images/blau.gif"));
67      button.setToolTipText("blauer Rahmen");
68      button.addActionListener(tL);       // Fuege den Listener hinzu
69      button.setActionCommand("blau");    // Setze die Aktionsbezeichnung
70      toolBar.add(button);
71
72      // Erzeuge das Label mit Initial-Bild
73      bildLabel = new JLabel(new ImageIcon("images/dog.gif"));
74
75      // Setze die Initial-Hintergrundfarbe des Bilderrahmens und
```

7.1 Zwei einfache Beispiele

```java
76        // fuege das Label und die Toolbar dem Container hinzu
77        c.setBackground(Color.red);
78        c.add(bildLabel, BorderLayout.CENTER);
79        c.add(toolBar, BorderLayout.NORTH);
80     }
81
82     // Innere Listener-Klasse fuer das Menue
83     class MenuListener implements ActionListener {
84        public void actionPerformed(ActionEvent e) {
85           // Bildauswahl abhaengig von der Aktionsbezeichnung aendern
86           bildLabel.setIcon(new ImageIcon("images/"
87                                  + e.getActionCommand()
88                                  + ".gif"));
89        }
90     }
91
92     // Innere Listener-Klasse fuer die Toolbar
93     class ToolBarListener implements ActionListener {
94        public void actionPerformed(ActionEvent e) {
95           // Hintergrundfarbe abhaengig von der Aktionsbezeichnung aendern
96           if (e.getActionCommand() == "rot")
97              c.setBackground(Color.red);
98           else if (e.getActionCommand() == "gruen")
99              c.setBackground(Color.green);
100          else if (e.getActionCommand() == "blau")
101             c.setBackground(Color.blue);
102       }
103    }
104
105    // main-Methode
106    public static void main(String[] args) {
107       Bilderrahmen fenster = new Bilderrahmen();
108       fenster.setTitle("Bilderrahmen");
109       fenster.setSize(180,280);
110       fenster.setVisible(true);
111       fenster.setDefaultCloseOperation(JFrame.EXIT_ON_CLOSE);
112    }
113 }
```

Im Vergleich mit der Klasse `FrameMitMenuBar` erkennen wir in der Klasse `Bilderrahmen` folgende Veränderungen im Programmcode des Konstruktors:

- Im Konstruktor der Klasse `Bilderrahmen` haben wir mit dem Objekt `mL` der Klasse `MenuListener` und mit dem Objekt `tL` der Klasse `ToolBarListener` zwei Empfänger-Objekte erzeugt.

- Mit je einem Aufruf der Methode `addActionListener` haben wir bei jedem Menü-Eintrag das Objekt `mL` als Ereignis-Empfänger registriert.

- Mit je einem Aufruf der Methode `setActionCommand` haben wir für jeden Menü-Eintrag eine Aktionsbezeichnung festgelegt.

- Mit je einem Aufruf der Methode `addActionListener` haben wir bei jedem Toolbar-Button das Objekt `tL` als Ereignis-Empfänger registriert.

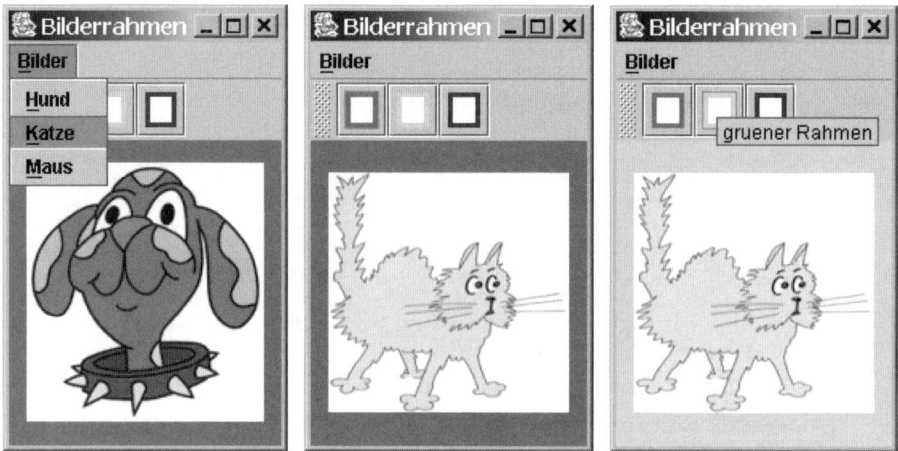

Abbildung 7.4: Anwendung des Bilderrahmens

- Mit je einem Aufruf der Methode `setActionCommand` haben wir für jeden Toolbar-Button eine Aktionsbezeichnung festgelegt.

- Wir haben in unserem Label ein Initial-Bild dargestellt.

- Wir haben den Bilderrahmen mit einer Initial-Hintergrundfarbe eingefärbt.

Während Ihnen die Technik der Listener-Registrierung ja bereits vom Beispiel im letzten Abschnitt klar sein sollte, ist die Anwendung der Methode `setActionCommand` der `JButton`- und der `JMenuItem`-Objekte noch nicht bekannt. Diese Methode ermöglicht es, für eine Ereignis-Quelle eine Zeichenkette (die Aktionsbezeichnung) anzugeben, die jedem erzeugten Ereignis-Objekt automatisch mitgegeben wird. Jeder Ereignis-Empfänger kann diese Zeichenkette abfragen, um z. B. festzustellen, von welcher Quelle das empfangene Ereignis eigentlich kommt bzw. durch welche Aktion es ausgelöst wurde. Diesen Sachverhalt haben wir in unserer Implementierung der Methoden `actionPerformed` der beiden Klassen `MenuListener` und `ToolBarListener` ausgenutzt.

- In der Klasse `MenuListener` sorgt die Methode `actionPerformed` dafür, dass aus dem Verzeichnisnamen `images`, der Aktionsbezeichnung des behandelten Ereignisses und der Endung `.gif` ein neuer Dateiname generiert wird. Dieser Name wird dann verwendet, um das im Fenster dargestellte Bild festzulegen.

- In der Klasse `ToolBarListener` wählt die Methode `actionPerformed` abhängig von der im Ereignis-Objekt gespeicherten Aktionsbezeichnung die entsprechende Farbe als Hintergrundfarbe des Containers.

Mit diesen Modifikationen können wir nun nach dem Start der Klasse `Bilderrahmen` mit Hilfe der Menüeinträge drei verschiedene Bilder auswählen oder mit Hilfe der Knöpfe in der Werkzeugleiste drei verschiedene Rahmenfarben festlegen.

7.2 Programmiervarianten für die Ereignisverarbeitung

Bereits in der Einleitung dieses Kapitels haben wir erwähnt, dass es verschiedene Möglichkeiten gibt, das in Java verwendete Modell der Ereignisverarbeitung programmtechnisch umzusetzen. Man kann dabei prinzipiell vier Varianten unterscheiden:

- Die Listener-Klasse wird als innere Klasse realisiert.
- Die Listener-Klasse wird als anonyme Klasse realisiert.
- Die Container-Klasse wird selbst zur Listener-Klasse.
- Die Listener-Klasse wird als separate Klasse realisiert.

Die verschiedenen Varianten wollen wir nun am Beispiel unserer Klasse `Farbwechsel` näher erläutern.

7.2.1 Innere Klasse als Listener-Klasse

In unseren bisherigen ereignisgesteuerten Beispielprogrammen sind wir jeweils nach dieser ersten Variante vorgegangen. Die Klasse `Farbwechsel`, wie wir sie in Abschnitt 7.1.1 vorgestellt haben, enthält daher eine innere Klasse `ButtonListener`, die durch die Implementierung der Schnittstelle `ActionListener` zur Listener-Klasse wird. Wir verzichten darauf, die Klasse in dieser Form hier nochmals anzugeben.

7.2.2 Anonyme Klasse als Listener-Klasse

Gerade wenn sich die Ereignisverarbeitung so einfach gestaltet wie in unserem Farbwechsel-Programm, in dem lediglich ein einziges Listener-Objekt benötigt wird, kann man es sich sogar ersparen, die Listener-Klasse explizit mit einem Namen zu versehen. Möglich wird dies dadurch, dass man das Listener-Objekt mit Hilfe einer anonymen Klasse erzeugt. Wie wir aus Band 1 unseres Grundkurses wissen, wird dazu erst unmittelbar beim Erzeugen des Objekts die Struktur der (anonymen) Klasse festgelegt. Dazu gibt man hinter dem **new**-Operator einfach den Namen der Superklasse, von der die anonyme Klasse erben soll, oder des Interface, das die anonyme Klasse implementieren soll, an.
Wenn wir diese Technik anwenden, „verkürzt" sich unser Beispielprogramm zu

```java
import java.awt.*;
import java.awt.event.*;
import javax.swing.*;

/** Farbwechsel-Klasse mit anonymer Listener-Klasse */
public class Farbwechsel2 extends JFrame {
  Container c;              // Container dieses Frames
  JButton button;           // Knopf

  // Konstruktor
  public Farbwechsel2() {
    // Container bestimmen
    c = getContentPane();
    // Button erzeugen und dem Container hinzufuegen
    button = new JButton("Hintergrundfarbe wechseln");
    c.add(button, BorderLayout.NORTH);

    // Listener-Objekt erzeugen und beim Button registrieren
    ActionListener bL = new ActionListener() {
        public void actionPerformed(ActionEvent e) {
          // Hintergrundfarbe des Containers zufaellig aendern
          float zufall = (float) Math.random();
          Color grauton = new Color(zufall,zufall,zufall);
          c.setBackground(grauton);
        }
      }; // Ende der anonymen Klassendefinition
    button.addActionListener(bL);
  }

  // main-Methode
  public static void main(String[] args) {
     Farbwechsel2 fenster = new Farbwechsel2();
     fenster.setTitle("Farbwechsel");
     fenster.setSize(200,100);
     fenster.setVisible(true);
     fenster.setDefaultCloseOperation(JFrame.EXIT_ON_CLOSE);
  }
}
```

Diese kompakte Art der Listener-Programmierung wird allerdings in der Regel nur bei kleineren Anwendungen eingesetzt.

Wir wollen noch – wie zuvor bei unserer nicht-anonymen inneren Klasse – einen kurzen Blick auf die vom Compiler erzeugte Class-Datei werfen. Für unsere anonyme Klasse erzeugt der Compiler nun eine Bytecode-Datei mit dem Namen Farbwechsel2$1.class. Die anonymen Klassen werden nämlich lediglich nummeriert, während sich ihre Zugehörigkeit zur Klasse Farbwechsel2 weiterhin im vorderen Teil des Namens widerspiegelt.

7.2.3 Container-Klasse als Listener-Klasse

Die zuletzt beschriebene Variante lässt sich weiter verkürzen, indem man sogar darauf verzichtet, mittels einer inneren oder anonymen Klasse ein eigenes

Listener-Objekt zu erzeugen. Vielmehr verwendet man das Objekt, in dem man sich zur Laufzeit des Programms gerade befindet (also das Objekt der Klasse JFrame), als Listener-Objekt. Um dies möglich zu machen, muss natürlich die Frame-Klasse selbst das entsprechende Listener-Interface implementieren.
Für unser Beispielprogramm

```java
import java.awt.*;
import java.awt.event.*;
import javax.swing.*;

/** Farbwechsel-Klasse selbst als Listener */
public class Farbwechsel3 extends JFrame implements ActionListener {
  Container c;          // Container dieses Frames
  JButton button;       // Knopf

  // Konstruktor
  public Farbwechsel3() {
    // Container bestimmen
    c = getContentPane();
    // Button erzeugen und dem Container hinzufuegen
    button = new JButton("Hintergrundfarbe wechseln");
    c.add(button, BorderLayout.NORTH);

    // Eigenes Objekt beim Button als Listener registrieren
    button.addActionListener(this);
  }

  // Implementierung der Methode des ActionListener-Interface
  public void actionPerformed(ActionEvent e) {
    // Hintergrundfarbe des Containers zufaellig aendern
    float zufall = (float) Math.random();
    Color grauton = new Color(zufall,zufall,zufall);
    c.setBackground(grauton);
  }

  // main-Methode
  public static void main(String[] args) {
    Farbwechsel3 fenster = new Farbwechsel3();
    fenster.setTitle("Farbwechsel");
    fenster.setSize(200,100);
    fenster.setVisible(true);
    fenster.setDefaultCloseOperation(JFrame.EXIT_ON_CLOSE);
  }
}
```

heißt dies, die Klasse Farbwechsel3 erbt zum einen von der Klasse JFrame (wie gehabt), und zum anderen implementiert sie das ActionListener-Interface. Dadurch sind wir gezwungen, die Methode actionPerformed als Instanzmethode in die Klasse Farbwechsel3 aufzunehmen. Da nun zur Laufzeit des Programms das Objekt der Klasse Farbwechsel3 selbst die Rolle des Listeners übernehmen kann, genügt es, mit addActionListener einfach die **this**-Referenz (die Referenz auf das eigene Objekt) registrieren zu lassen.

Auch diese Art der Listener-Programmierung wird in der Regel nur bei kleineren Anwendungen eingesetzt.

7.2.4 Separate Klasse als Listener-Klasse

Diese vierte Variante ermöglicht eine strikte Trennung zwischen der grafischen Oberfläche und der Ereignisverarbeitung. Dazu lagert man die Listener-Klasse vollständig in eine eigenständige Klasse aus. Dabei gilt es jedoch zu beachten, dass die Listener-Klasse, je nach Aufgabenstellung, einen Zugriff auf die Ereignis-Quelle, ihren Container oder andere Objekte benötigt. Dies kann und muss dadurch sichergestellt werden, dass man dem Listener-Objekt die entsprechenden Informationen bzw. Referenzen bereits bei seiner Erzeugung übergibt. Dazu muss natürlich ein spezieller Konstruktor programmiert werden, der diese Aufgaben übernimmt.

In unserem Farbwechsel-Beispiel würde man die Listener-Klasse in der Form

```
 1  import java.awt.*;
 2  import java.awt.event.*;
 3
 4  /** Eigenstaendige Listener-Klasse */
 5  public class ButtonListener implements ActionListener {
 6
 7    Container c;   // Referenz auf den zu beinflussenden Container
 8
 9    public ButtonListener (Container c) {
10      this.c = c; // Referenz auf den zu beinflussenden Container sichern
11    }
12
13    public void actionPerformed(ActionEvent e) {
14      // Hintergrundfarbe des Containers zufaellig aendern
15      float zufall = (float) Math.random();
16      Color grauton = new Color(zufall,zufall,zufall);
17      c.setBackground(grauton);
18    }
19  }
```

implementieren. Da in der Methode `actionPerformed` ja die Hintergrundfarbe des Containers, der den auslösenden Button enthält, geändert werden soll, benötigen wir hier Zugriff auf den Container. Dies geschieht über die Instanzvariable c unserer Klasse `ButtonListener`. Aus diesem Grund müssen wir im Konstruktor der Klasse `ButtonListener` dafür sorgen, dass die Instanzvariable c mit der korrekten Referenz belegt wird. Diese Referenz muss (beim Erzeugen eines `ButtonListener`-Objekts) als Parameter an den Konstruktor übergeben werden.

Unsere Farbwechsel-Klasse

```
 1  import java.awt.*;
 2  import java.awt.event.*;
 3  import javax.swing.*;
 4
 5  /** Farbwechsel-Klasse mit separater Listener-Klasse */
```

```
 6   public class Farbwechsel4 extends JFrame {
 7     Container c;             // Container dieses Frames
 8     JButton button;          // Knopf
 9
10     // Konstruktor
11     public Farbwechsel4() {
12       // Container bestimmen
13       c = getContentPane();
14       // Button erzeugen und dem Container hinzufuegen
15       button = new JButton("Hintergrundfarbe wechseln");
16       c.add(button, BorderLayout.NORTH);
17
18       // Listener-Objekt erzeugen und beim Button registrieren
19       ButtonListener bL = new ButtonListener(c);
20       button.addActionListener(bL);
21     }
22
23     // main-Methode
24     public static void main(String[] args) {
25       Farbwechsel4 fenster = new Farbwechsel4();
26       fenster.setTitle("Farbwechsel");
27       fenster.setSize(200,100);
28       fenster.setVisible(true);
29       fenster.setDefaultCloseOperation(JFrame.EXIT_ON_CLOSE);
30     }
31   }
```

wirkt nun ziemlich abgespeckt – sie muss sich ja auch nicht mehr um die Implementierung der Listener-Klasse kümmern. Wichtig ist jedoch, dass wir beim Erzeugen des `ButtonListener`-Objekts `bL` den Konstruktor mit der richtigen Referenz (die auf den Container) versorgen.

Diese letzte Variante ist aufgrund ihrer objektorientierten Trennung zwischen Oberflächengestaltung und Ereignisverarbeitung insbesondere für die Entwicklung komplexerer Programme geeignet.

Abschließend sei noch angemerkt, dass sich unsere vier Programme `Farbwechsel`, `Farbwechsel2`, `Farbwechsel3` und `Farbwechsel4` in ihrer Funktionalität in keiner Weise unterscheiden.

7.3 Event-Klassen und -Quellen

Viele der AWT- und Swing-Komponenten lösen aufgrund von Aktionen des Benutzers bzw. der Benutzerin Ereignisse aus. Diese werden als Objekte verschiedener Ereignis-Klassen erzeugt und automatisch versendet. In Abbildung 7.5 haben wir auszugsweise die Hierarchie der wichtigsten Ereignis-Klassen grafisch dargestellt. Zur Verdeutlichung der Zugehörigkeit sind die Klassen aus dem Paket `javax.swing.event` dabei mit grauem, die Klassen aus dem Paket `java.awt.event` mit weißem Hintergrund versehen.

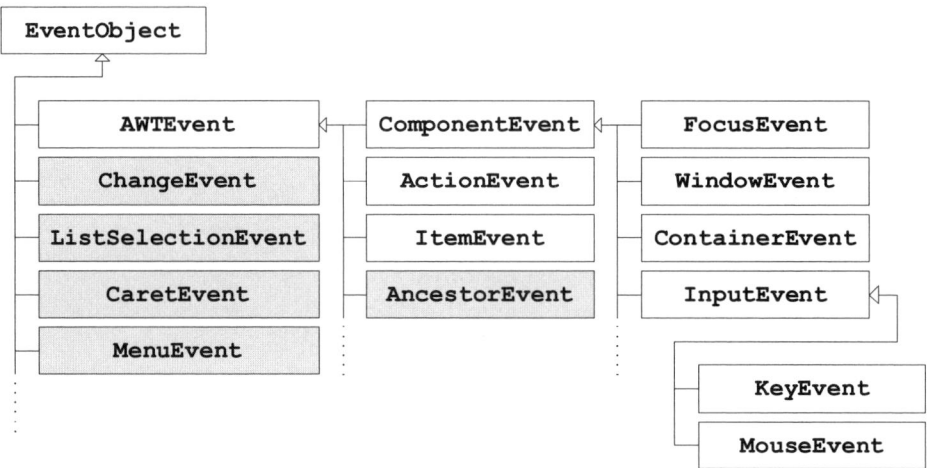

Abbildung 7.5: Auszug aus der Vererbungshierarchie der Ereignis-Klassen

An oberster Stelle der Hierarchie befindet sich die Klasse `EventObject`, die im Paket `java.util` liegt und für alle Ereignis-Objekte die zentrale Instanzmethode

- **public** `Object getSource()`
  liefert die Referenz auf das Objekt, von dem das Ereignis ausgelöst wurde.

bereitstellt. Die darunter liegende Klasse `AWTEvent` liegt ebenfalls nicht im Paket `java.awt.event`, sondern im Paket `java.awt`.

Grundsätzlich wird bei den verschiedenen Ereignissen zwischen den **semantischen Ereignissen** und den **Low-level-Ereignissen** unterschieden. Semantische Ereignisse haben Bezug zu einer Aktion, die auf einer bestimmten Komponente ausgeführt wurde (z. B. Druck auf einen Knopf, Selektieren einer Häkchen-Box oder Eingabe eines Texts in einem Textfeld), und werden daher bevorzugt zum Aufbau von Benutzungsoberflächen eingesetzt. Low-level-Ereignisse können durch Maus oder Tastatur ausgelöst werden. Zu den Low-level-Ereignisklassen aus Abbildung 7.5 zählen alle Subklassen der Klasse `ComponentEvent` sowie die Klassen `MenuEvent` und `AncestorEvent`.

Im Folgenden geben wir eine Übersicht über die wichtigsten Ereignisse, die in den in Kapitel 6 behandelten Komponenten ausgelöst werden können, und deren Bedeutung. Für die drei obersten Klassen der Vererbungs-Hierarchie sind dies:

`Component:`

`ComponentEvent`	Position, Größe oder Sichtbarkeit wurden verändert
`FocusEvent`	Fokus wurde erhalten oder verloren
`KeyEvent`	Tastatur wurde betätigt
`MouseEvent`	Maus wurde bewegt oder betätigt

7.3 Event-Klassen und -Quellen

`Container:`

    `ContainerEvent`   Container-Inhalt wurde verändert

`JComponent:`

    `AncestorEvent`   Umgebender Container hat sich verändert

Die genannten Ereignisse können somit in allen Swing-Komponenten ausgelöst werden. Zusätzliche Ereignisse existieren für die nachfolgend aufgeführten Swing-Komponenten:

`JButton:`

    `ActionEvent`   Knopf wurde betätigt
    `ChangeEvent`   Knopf-Zustand verändert sich

`JToggleButton:`

    `ActionEvent`   Knopf wurde betätigt
    `ChangeEvent`   Knopf-Zustand verändert sich
    `ItemEvent`   Knopf-Zustand wurde umgeschaltet

`JCheckBox` **und** `JRadioButton:`

    `ActionEvent`   Häkchen-Box wurde betätigt
    `ChangeEvent`   Häkchen-Box-Zustand verändert sich
    `ItemEvent`   Häkchen-Box-Zustand wurde umgeschaltet

`JComboBox:`

    `ActionEvent`   Eintrag wurde ausgewählt oder editiert
    `ItemEvent`   Ausgewählter Eintrag hat sich geändert

`JList:`

    `ListSelectionEvent` Ausgewählte Einträge haben sich geändert

`JTextField` **und** `JPasswordField`:

    `CaretEvent`   Position des Cursors hat sich geändert
    `ActionEvent`   Die Eingabetaste wurde betätigt

`JTextArea:`

    `CaretEvent`   Position des Cursors hat sich geändert

`JMenu:`

    `MenuEvent`   Menü-Zustand wurde verändert

`MenuItem`:

`ActionEvent`	Menü-Eintrag wurde betätigt
`ChangeEvent`	Menü-Eintrag-Zustand verändert sich
`ItemEvent`	Menü-Eintrag-Zustand wurde umgeschaltet

Die Top-Level-Container `JFrame` und `JWindow` können zusätzlich zu allen Ereignissen von `Container`-Objekten auch die Ereignisse ihrer Superklasse

`Window`:

`WindowEvent`	Status des Fensters hat sich geändert

auslösen, das als Low-level-Ereignis signalisiert, wenn ein Fenster geöffnet, geschlossen, aktiviert, minimiert bzw. maximiert wird oder wenn es den Fokus erhält bzw. verliert.

Einige der genannten Event-Klassen stellen hilfreiche Instanzmethoden zur Verfügung, die es erlauben, bestimmte Eigenschaften des empfangenen Ereignis-Objekts abzufragen. Unter anderem stellen

die Klasse `MouseEvent` die Methoden

- **public int** `getX()`
  liefert die horizontale Position (innerhalb der Komponente), an der das Ereignis ausgelöst wurde.

- **public int** `getY()`
  liefert die vertikale Position (innerhalb der Komponente), an der das Ereignis ausgelöst wurde.

- **public int** `getClickCount()`
  liefert die Anzahl der schnellen Klicks, die das Ereignis auslösten.

die Klasse `ActionEvent` die Methode

- **public** `String getActionCommand()`
  liefert die Aktionsbezeichnung des Ereignisses.

die Klasse `ItemEvent` die Methoden

- **public** `Object getItem()`
  liefert das Objekt, das mit dem Ereignis verändert wurde.

- **public int** `getStateChange()`
  liefert die Art der Zustandsänderung.

die Klasse `ListSelectionEvent` die Methoden

- **public int** `getFirstIndex()`
  liefert den Index der ersten ausgewählten Zeile der Liste.

- **public int** getLastIndex()
  liefert den Index der letzten ausgewählten Zeile der Liste.

die Klasse WindowEvent die Methode

- **public** Window getWindow()
  liefert das Fenster, das das Ereignis ausgelöst hat.

zur Verfügung.

7.4 Listener-Interfaces und Adapter-Klassen

Alle Interfaces, die zur Implementierung von Listener-Klassen (Ereignisempfänger-Klassen) genutzt werden, sind Subinterfaces von EventListener. Grundsätzlich gibt es zu jeder Ereignis-Klasse

   XxxEvent

ein Interface

   XxxListener

und für einige Klassen auch spezialisierte Interfaces der Form

   XxxYyyListener.

Während die Listener-Interfaces für die semantischen Ereignisse lediglich eine einzige zu implementierende Methode enthalten, umfassen die Low-level-Listener mehrere Methoden, die für die jeweilige Ausprägung des Low-level-Ereignisses zuständig sind.

Für die Listener-Interfaces, die zu den im letzten Abschnitt beschriebenen Ereignissen gehören, geben wir nachfolgend (beginnend bei den semantischen Listener-Interfaces) eine Übersicht über die zu implementierenden Methoden und ihre Bedeutung:

Das Interface ActionListener

- **public void** actionPerformed(ActionEvent e)
  wird ausgeführt, wenn eine Aktion ausgeführt wurde.

Das Interface ChangeListener

- **public void** stateChanged(ChangeEvent e)
  wird ausgeführt, wenn der Zustand der Ereignis-Quelle verändert wurde.

Das Interface ItemListener

- **public void** itemStateChanged(ItemEvent e)
  wird ausgeführt, wenn sich die Ereignis-Quelle in einem veränderten Zustand befindet.

Das Interface `CaretListener`

- **public void** caretUpdate(CaretEvent e)
  wird ausgeführt, wenn die Cursor-Postion aktualisiert wurde.

Das Interface `ListSelectionListener`

- **public void** valueChanged(ListSelectionEvent e)
  wird ausgeführt, wenn die Auswahl der Listen-Einträge geändert wurde.

Das Interface `MouseListener`

- **public void** mousePressed(MouseEvent e)
  wird ausgeführt, wenn die Maustaste gedrückt wurde.
- **public void** mouseReleased(MouseEvent e)
  wird ausgeführt, wenn die Maustaste losgelassen wurde.
- **public void** mouseClicked(MouseEvent e)
  wird ausgeführt, wenn die Maustaste geklickt (gedrückt und wieder losgelassen) wurde.
- **public void** mouseEntered(MouseEvent e)
  wird ausgeführt, wenn die Maus in eine Komponente bewegt wurde.
- **public void** mouseExited(MouseEvent e)
  wird ausgeführt, wenn die Maus aus einer Komponente heraus bewegt wurde.

Das Interface `MouseMotionListener`

- **public void** mouseMoved(MouseEvent e)
  wird ausgeführt, wenn die Maus bewegt wurde.
- **public void** mouseDragged(MouseEvent e)
  wird ausgeführt, wenn die Maus mit gedrückter Maustaste bewegt wurde.

Das Interface `KeyListener`

- **public void** keyPressed(KeyEvent e)
  wird ausgeführt, wenn eine Taste gedrückt wurde.
- **public void** keyReleased(KeyEvent e)
  wird ausgeführt, wenn eine Taste losgelassen wurde.
- **public void** keyTyped(KeyEvent e)
  wird ausgeführt, wenn eine Taste gedrückt und wieder losgelassen wurde.

Das Interface `FocusListener`

- **public void** focusGained(FocusEvent e)
  wird ausgeführt, wenn eine Komponente den Tastatur-Fokus erhalten hat.
- **public void** focusLost(FocusEvent e)
  wird ausgeführt, wenn eine Komponente den Tastatur-Fokus verloren hat.

7.4 Listener-Interfaces und Adapter-Klassen

Das Interface `ComponentListener`

- **public void** `componentResized(ComponentEvent e)`
  wird ausgeführt, wenn die Größe einer Komponente verändert wurde.
- **public void** `componentMoved(ComponentEvent e)`
  wird ausgeführt, wenn die Position einer Komponente verändert wurde.
- **public void** `componentShown(ComponentEvent e)`
  wird ausgeführt, wenn eine Komponente sichtbar geschaltet wurde.
- **public void** `componentHidden(ComponentEvent e)`
  wird ausgeführt, wenn eine Komponente unsichtbar geschaltet wurde.

Das Interface `ContainerListener`

- **public void** `componentAdded(ContainerEvent e)`
  wird ausgeführt, wenn eine Komponente zu einem Container hinzugefügt wurde.
- **public void** `componentRemoved(ContainerEvent e)`
  wird ausgeführt, wenn eine Komponente aus einem Container entfernt wurde.

Das Interface `AncestorListener`

- **public void** `ancestorAdded(AncestorEvent event)`
  wird ausgeführt, wenn eine Komponente oder der Container, der sie enthält, sichtbar geschaltet oder die Komponente einem Container hinzugefügt wird.
- **public void** `ancestorRemoved(AncestorEvent event)`
  wird ausgeführt, wenn eine Komponente oder der Container, der sie enthält, unsichtbar geschaltet oder die Komponente aus einem Container entfernt wird.
- **public void** `ancestorMoved(AncestorEvent event)`
  wird ausgeführt, wenn eine Komponente oder der Container, der sie enthält, bewegt wird.

Das Interface `MenuListener`

- **public void** `menuSelected(MenuEvent e)`
  wird ausgeführt, wenn ein Menü selektiert wurde.
- **public void** `menuDeselected(MenuEvent e)`
  wird ausgeführt, wenn ein Menü deselektiert wurde.

Das Interface `WindowListener`

- **public void** `windowOpened(WindowEvent e)`
  wird ausgeführt, wenn das Fenster das erste Mal sichtbar wurde.
- **public void** `windowClosing(WindowEvent e)`
  wird ausgeführt, wenn das Fenster geschlossen werden soll.

- **public void** windowClosed(WindowEvent e)
  wird ausgeführt, wenn das Fenster geschlossen wurde.
- **public void** windowIconified(WindowEvent e)
  wird ausgeführt, wenn das Fenster minimiert wurde.
- **public void** windowDeiconified(WindowEvent e)
  wird ausgeführt, wenn das Fenster maximiert wurde.
- **public void** windowActivated(WindowEvent e)
  wird ausgeführt, wenn das Fenster aktiviert wurde.
- **public void** windowDeactivated(WindowEvent e)
  wird ausgeführt, wenn das Fenster deaktiviert wurde.

Das Interface WindowFocusListener

- **public void** windowGainedFocus(WindowEvent e)
  wird ausgeführt, wenn das Fenster den Fokus erhalten hat.
- **public void** windowLostFocus(WindowEvent e)
  wird ausgeführt, wenn das Fenster den Fokus verloren hat.

Das Interface WindowStateListener

- **public void** windowStateChanged(WindowEvent e)
  wird ausgeführt, wenn sich der Zustand eines Fensters geändert hat.

Bei der Implementierung von Interfaces ist grundsätzlich gefordert, dass alle Methoden implementiert werden müssen. Dies kann bei der Implementierung der Low-level-Listener-Interfaces lästig werden, wenn man für eine grafische Oberfläche lediglich eine der Methoden benötigt. In diesem Fall würde man die nicht benötigten Methoden mit einem leeren Rumpf implementieren. Zur Vereinfachung dieses häufig auftretenden Prozesses gibt es zu allen Listener-Interfaces, die mehr als eine Methode vorschreiben, so genannte **Adapter-Klassen**. Dabei handelt es sich um abstrakte Klassen, die das entsprechende Interface implementieren und alle Methoden mit leeren Rümpfen versehen. Die selbst geschriebene Listener-Klasse kann dann von der Adapter-Klasse erben.

Ist der Name des Interface XxxListener, so lautet der zugehörige Name der Adapterklasse XxxAdapter. Bei der Deklaration einer eigenen Listener-Klasse verwendet man somit anstelle von

    class EigenerListener **implements** XxxListener { ... }

die Form

    class EigenerListener **extends** XxxAdapter { ... }.

Wir wollen diese Technik an einem einfachen Beispielprogramm, das mit WindowEvent-Objekten arbeitet, demonstrieren:

7.4 Listener-Interfaces und Adapter-Klassen

```java
import java.awt.*;
import java.awt.event.*;
import javax.swing.*;

/** Erzeuge ein Swing-Fenster mit zwei Toggle-Buttons,
 *  die zum Schliessen des Fensters aktiviert sein muessen
 */
public class CloseToggleButtons extends JFrame {
  Container c;             // Container dieses Frames
  JLabel l;                // Label
  JToggleButton b1, b2;    // Toggle-Buttons

  public CloseToggleButtons() {  // Konstruktor
    c = getContentPane();                  // Container bestimmen
    c.setLayout(new FlowLayout());         // Layout setzen

    // Erzeuge die Label- und Button-Objekte
    l = new JLabel("Zum Schliessen des Fensters " +
                   "beide Schalter aktivieren!");
    b1 = new JToggleButton("Schalter 1");
    b2 = new JToggleButton("Schalter 2");

    // Fuege die Komponenten dem Frame hinzu
    c.add(l);
    c.add(b1);
    c.add(b2);

    // Registriere WindowListener beim Frame
    addWindowListener(new ClosingListener());
  }

  // Innere Listener-Klasse
  public class ClosingListener extends WindowAdapter {
    public void windowClosing(WindowEvent e) {
      if (b1.isSelected() && b2.isSelected()) {
        e.getWindow().dispose();
        System.exit(0);
      }
      else
        JOptionPane.showMessageDialog(c,
            "Vor dem Schliessen erst beide Schalter aktivieren!");
    }
  }

  // main-Methode
  public static void main(String[] args) {
    CloseToggleButtons fenster = new CloseToggleButtons();
    fenster.setTitle("CloseToggleButtons");
    fenster.setSize(400,100);
    fenster.setVisible(true);
    // Setze das Verhalten des Frames beim Schliessen auf "Nichtstun"
    fenster.setDefaultCloseOperation(JFrame.DO_NOTHING_ON_CLOSE);
  }
}
```

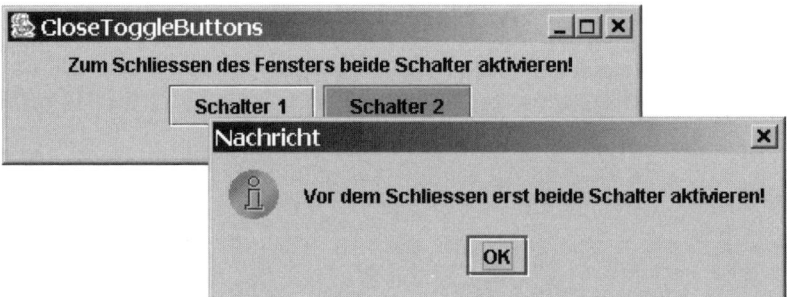

Abbildung 7.6: Abfangen von Fenster-Ereignissen

Die darin verwendete Oberfläche enthält zwei Schalter in Form von `JToggleButton`-Objekten sowie ein Label, das den Anwender bzw. die Anwenderin darüber informiert, dass das Fenster nur geschlossen werden kann, wenn beide Schalter aktiviert sind. Mit Hilfe der Methode `addWindowListener` registrieren wir bei unserem Frame ein Objekt der Klasse `ClosingListener`. Diese Klasse haben wir als innere Klasse so implementiert, dass sie von der (zum Interface `WindowListener` gehörenden) Adapter-Klasse `WindowAdapter` erbt. Insofern genügt es, in der Klasse `ClosingListener` lediglich die Methode `windowClosing` zu implementieren, die auf die Aktion „Fenster schließen" reagiert.

In dieser Methode haben wir dafür gesorgt, dass zunächst mit Hilfe der Instanzmethoden `isSelected` überprüft wird, ob beide Schalter aktiviert sind. Falls dies der Fall ist, wird über das Ereignis-Objekt zunächst die Referenz auf das Fenster, das das Ereignis ausgelöst hat, ermittelt, danach durch dessen Instanzmethode `dispose` das Fenster zerstört und das Programm mittels der Methode `System.exit` beendet. Sind nicht beide Schalter aktiviert, greifen wir auf eine Klassenmethode der in Abschnitt 6.6.3 erwähnten Klasse `JOptionPane` zurück, die es ermöglicht, ein modales Dialogfenster zu erzeugen, das lediglich eine Mitteilung mit einem OK-Button präsentiert.[1] Damit in unserem Frame das Window-Ereignis auch tatsächlich auf diese Art und Weise bearbeitet werden kann, haben wir außerdem in der `main`-Methode dafür gesorgt, dass die Default-Einstellung beim Schließen des Frames nicht mehr „Exit", sondern „Nichtstun" ist.

Abbildung 7.6 zeigt sowohl unser Frame-Objekt, wie es sich beim Programmstart präsentiert, als auch das Dialogfenster, das erscheint, wenn beim Mausklick auf × nicht beide Schalter aktiviert sind.

---

[1] Die Klasse `JOptionPane` bietet weitere Methoden, um Dialogfenster mit Titel, Icon und Hinweistexten (Infos, Fehlermeldungen, Warnungen oder Fragen) anzuzeigen. Dabei können die Dialogfenster auch verschiedene Buttons (z. B. JA, NEIN oder ABBRUCH) anbieten, mit denen der Dialog beendet werden kann.

7.5 Listener-Registrierung bei den Event-Quellen

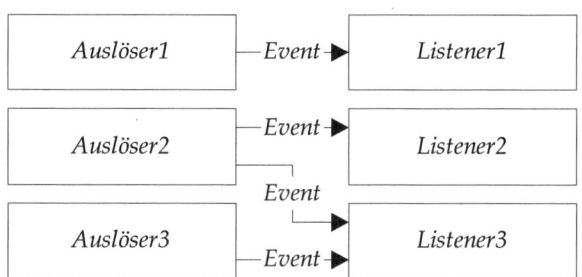

Abbildung 7.7: Verschiedene Auslöser-Listener-Konstellationen

7.5 Listener-Registrierung bei den Event-Quellen

Was wir an den Beispielen der Abschnitte 7.1 und 7.4 bereits für die Interfaces `ActionListener` und `WindowListener` gesehen haben, hat Methode. Grundsätzlich muss jedes Listener-Objekt, das aus einem Interface

    `XxxListener`

hervorgeht, mittels der zugehörigen Instanzmethode

    `addXxxListener()`

der entsprechenden Ereignisquelle bei dieser registriert werden, damit es auch tatsächlich Ereignisse von ihr empfangen kann. Soll ein Listener nachträglich wieder abgemeldet bzw. entfernt werden, so kann analog die Instanzmethode

    `removeXxxListener()`

der Ereignisquelle eingesetzt werden.

Wie in Abbildung 7.7 dargestellt, muss nicht zwangsweise jedes Listener-Objekt für genau ein Ereignis bzw. genau eine auslösende Komponente (wie *Listener1* für *Auslöser1*) zuständig sein. Vielmehr können auch mehrere Listener bei einer Komponente (wie *Listener2* und *Listener3* bei *Auslöser2*) oder ein Listener bei mehreren Komponenten (wie *Listener3* bei *Auslöser2* und *Auslöser3*) registriert sein.

In unserem Beispielprogramm

```
 1  import java.awt.*;
 2  import java.awt.event.*;
 3  import javax.swing.*;
 4
 5  /** Erzeuge ein Swing-Fenster, das mit Buttons und
 6   *  Combo-Box sein Look and feel aendern kann
 7   */
 8  public class LookAndFeel extends JFrame {
 9     Container c;              // Container dieses Frames
10     JButton b1, b2, b3;       // Buttons
11     JComboBox cb;             // Combo-Box
```

```
12      JFrame f = this;           // Referenz auf dieses Frame
13
14      public LookAndFeel() {  // Konstruktor
15        c = getContentPane();              // Container bestimmen
16        c.setLayout(new FlowLayout());     // Layout setzen
17
18        // Erzeuge die Buttons und die Combo-Box
19        b1 = new JButton("Metal");
20        b2 = new JButton("Motif");
21        b3 = new JButton("Windows");
22        cb = new JComboBox();
23        cb.addItem("Metal");
24        cb.addItem("Motif");
25        cb.addItem("Windows");
26
27        // Fuege die Komponenten dem Frame hinzu
28        c.add(b1);
29        c.add(b2);
30        c.add(b3);
31        c.add(cb);
32
33        // Erzeuge den Listener und registriere ihn
34        LafListener ll = new LafListener();
35        b1.addActionListener(ll);
36        b2.addActionListener(ll);
37        b3.addActionListener(ll);
38        cb.addItemListener(ll);
39      }
40
41      // Innere Listener-Klasse
42      public class LafListener implements ItemListener,ActionListener {
43        //
44        String[] laf =
45                {"javax.swing.plaf.metal.MetalLookAndFeel",
46                 "com.sun.java.swing.plaf.motif.MotifLookAndFeel",
47                 "com.sun.java.swing.plaf.windows.WindowsLookAndFeel"};
48
49        // Fuer das ItemListener-Interface
50        public void itemStateChanged(ItemEvent e) {
51          try {
52            int i = cb.getSelectedIndex();
53            UIManager.setLookAndFeel(laf[i]);
54          }
55          catch (Exception ex) {
56            System.err.println(ex);
57          }
58          SwingUtilities.updateComponentTreeUI(f);
59        }
60
61        // Fuer das ActionListener-Interface
62        public void actionPerformed(ActionEvent e) {
63          try {
64            int i;
65            if (e.getSource() == b1)
66              i = 0;
```

7.5 Listener-Registrierung bei den Event-Quellen

```
67            else if (e.getSource() == b2)
68               i = 1;
69            else
70               i = 2;
71            UIManager.setLookAndFeel(laf[i]);
72            cb.setSelectedIndex(i);
73         }
74         catch (Exception ex) {
75            System.err.println(ex);
76         }
77         SwingUtilities.updateComponentTreeUI(f);
78      }
79   }
80
81   public static void main(String[] args) {
82      LookAndFeel fenster = new LookAndFeel();
83      fenster.setTitle("Look and feel einstellen");
84      fenster.setSize(250,100);
85      fenster.setVisible(true);
86      fenster.setDefaultCloseOperation(JFrame.EXIT_ON_CLOSE);
87   }
88 }
```

haben wir die grafische Oberfläche so gestaltet, dass zum einen drei Buttons und zum anderen eine Combo-Box bereitstehen, um die Einstellung des Look and feel zu ändern. Dazu haben wir bei den drei Buttons und bei der Combo-Box das gleiche Listener-Objekt 11 registriert. Um dies zu ermöglichen, muss die Klasse LafListener sowohl das Interface ItemListener als auch das Interface ActionListener implementieren.

Die drei von Swing standardmäßig unterstützten Look-and-feel-Varianten

- Metal Look and feel (Java Standard)
- Motif Look and feel
- Windows Look and feel (auf Windows-Rechnern)

haben wir im String-Feld laf des Listener-Objekts durch die vorgeschriebenen Zeichenketten festgelegt.

In der Methode itemStateChanged, die wir für das Interface ItemListener implementieren müssen, haben wir dafür gesorgt, dass zunächst der Index des gewählten Combo-Box-Eintrags mit getSelectedIndex bestimmt wird. Das Look and feel wird dann mit Hilfe der Klassenmethode setLookAndFeel der Klasse UIManager auf eine der drei Varianten eingestellt. Die Klassenmethode updateComponentTreeUI der Klasse SwingUtilities sorgt schließlich dafür, dass alle Komponenten unserer grafischen Oberfläche neu dargestellt werden.

Die Methode actionPerformed, die wir für das Interface ActionListener implementieren müssen, realisiert dieselbe Funktionalität in Abhängigkeit vom jeweils gedrückten Button. Zusätzlich wird aber dafür gesorgt, dass beim Umstellen des Look and feel mit einem Button auch der entsprechende Eintrag der

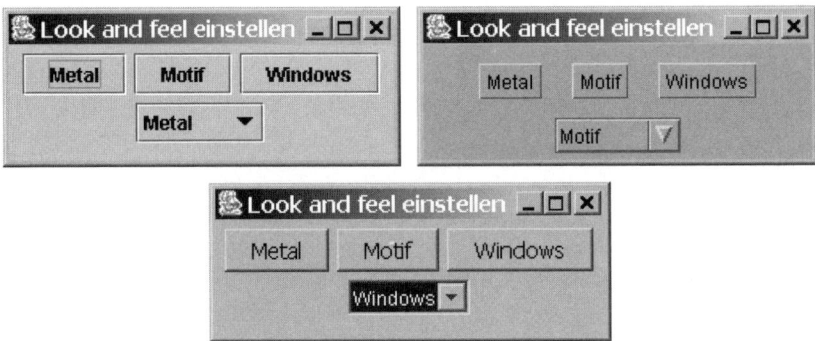

Abbildung 7.8: Zwei Varianten zur Einstellung des Look and feel

Combo-Box selektiert wird, damit deren Anzeige konform mit dem tatsächlichen Look and feel geht.
Abbildung 7.8 zeigt unseren Frame in den drei Varianten des Look and feel.

7.6 Auf die Plätze, fertig, los!

Als weitere beispielhafte Anwendung des bisher Gelernten wollen wir nun noch eine grafische Oberfläche für unser Stoppuhr-Programm aus Kapitel 3 schreiben. Wenn sie eine Gestalt wie in Abbildung 7.9 haben soll, müssen wir folgende Komponenten in unseren Container einfügen:

- Vier JLabel-Objekte für die Anzeige von Start-, Stopp- und Laufzeit sowie der Status-Information unten rechts.
- Drei JButton-Objekte für den Start-, den Stopp- und den Neu-Knopf.
- Ein JComboBox-Objekt für die Auswahl des Anzeigeformats für die gemessene Laufzeit.

An Funktionalität soll Folgendes angeboten sein:

- Zu Beginn sollen in allen Labels in der linken Spalte lediglich zwei Striche angezeigt werden. Das Status-Label rechts unten informiert über die Start-Möglichkeit. Nur der Start-Knopf ist benutzbar.
- Wurde die Start-Taste gedrückt, so wird der Startzeitpunkt in einem Date-Objekt festgehalten und dieser Zeitpunkt im Start-Label angezeigt. Das Status-Label informiert über die Stopp-Möglichkeit. Nur der Stopp-Knopf ist benutzbar.
- Wurde die Stopp-Taste betätigt, so wird der Stoppzeitpunkt in einem weiteren Date-Objekt festgehalten und dieser Zeitpunkt im Stopp-Label angezeigt. Das Laufzeit-Label stellt die Laufzeit unserer Stoppuhr (die Differenz der Millisekunden des Stoppzeitpunktes und des Startzeitpunktes) dar. Das Status-Label

7.6 Auf die Plätze, fertig, los!

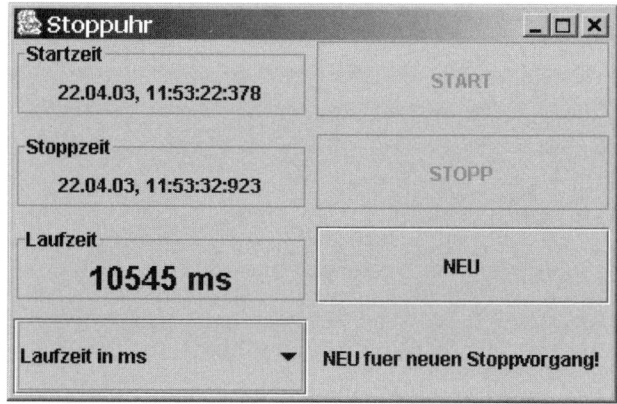

Abbildung 7.9: Eine grafische Variante unserer Stoppuhr

informiert über die Möglichkeit des Neustarts. Nur der Neu-Knopf ist benutzbar.

- Die Combo-Box links unten ermöglicht es, jederzeit das Darstellungs-Format der Laufzeit-Anzeige von ms nach min:sec:ms umzustellen.

Wir benötigen somit Listener-Objekte für die drei Buttons und für die Combo-Box, so dass wir folgende Listener-Klassen schreiben müssen:

- Eine Klasse `KnopfListener`, die das Interface `ActionListener` implementiert, deren Methode `actionPerformed` abhängig vom gedrückten Knopf das `Date`-Objekt für die Startzeit oder das für die Stoppzeit erzeugt oder beide auf **null** zurücksetzt und anschließend alle Anzeige-Labels und Button-Zustände aktualisiert.

- Eine Klasse `BoxListener`, die das Interface `ItemListener` implementiert, deren Methode `itemStateChanged` die Anzeige der Laufzeit von ms in min:sec:ms oder umgekehrt umstellt.

In unserem Programm arbeiten wir mit zwei Hilfsmethoden:

- **public** `String differenzString()`
  bestimmt die Laufzeit in ms oder in min:sec:ms und liefert diese als Zeichenkette zurück.

- **public void** `anzeigeAktualisieren()`
  aktualisiert alle Anzeige-Labels und Buttons bezüglich ihrer Beschriftungen und setzt die Aktivierungs-Zustände der Buttons abhängig vom aktuellen Zustand des Zeitmessungsvorgangs, der am Vorhandensein der beiden `Date`-Objekte abgelesen werden kann.

Unser Programm hat somit die folgende Gestalt:

```java
import java.util.*;
import java.text.*;
import java.awt.*;
import java.awt.event.*;
import javax.swing.*;
import javax.swing.border.*;

/** Erzeuge ein Swing-Fenster mit Stoppuhrfunktion */
public class StoppuhrFrame extends JFrame {
  Container c;
  JButton    startButton, stoppButton, neuButton;
  JLabel     startZeit, stoppZeit, differenz, status;
  JComboBox ergebnisFormat;
  Date       startZeitObj = null, stoppZeitObj = null;
  Font       schriftGross = new Font("SansSerif",Font.BOLD,20),
             schriftKlein = new Font("SansSerif",Font.BOLD,12);
  SimpleDateFormat
             form  = new SimpleDateFormat("dd.MM.yy, HH:mm:ss:SS");

  // Konstruktor
  public StoppuhrFrame() {
    c = getContentPane();
    c.setLayout(new GridLayout(4, 2, 5, 10));

    startZeit = new JLabel("--", JLabel.CENTER);
    startZeit.setFont(schriftKlein);
    startZeit.setBorder(new TitledBorder("Startzeit"));
    stoppZeit = new JLabel("--", JLabel.CENTER);
    stoppZeit.setFont(schriftKlein);
    stoppZeit.setBorder(new TitledBorder("Stoppzeit"));
    differenz = new JLabel("--", JLabel.CENTER);
    differenz.setFont(schriftGross);
    differenz.setBorder(new TitledBorder("Laufzeit"));

    KnopfListener kL = new KnopfListener();

    startButton = new JButton("START");
    startButton.setToolTipText("startet die Stoppuhr");
    startButton.addActionListener(kL);
    stoppButton = new JButton("STOPP");
    stoppButton.setToolTipText("stoppt die Stoppuhr");
    stoppButton.addActionListener(kL);
    neuButton = new JButton("NEU");
    neuButton.setToolTipText("loescht alle Felder");
    neuButton.addActionListener(kL);

    ergebnisFormat = new JComboBox();
    ergebnisFormat.addItem("Laufzeit in ms");
    ergebnisFormat.addItem("Laufzeit in min:sec:ms");
    ergebnisFormat.addItemListener(new BoxListener());

    status = new JLabel("START druecken!", JLabel.CENTER);
    status.setFont(schriftGross);
```

7.6 Auf die Plätze, fertig, los!   225

```
55      stoppButton.setEnabled(false);
56      neuButton.setEnabled(false);
57
58      c.add(startZeit);
59      c.add(startButton);
60      c.add(stoppZeit);
61      c.add(stoppButton);
62      c.add(differenz);
63      c.add(neuButton);
64      c.add(ergebnisFormat);
65      c.add(status);
66    }
67
68    // Bestimmung der Laufzeit in ms oder in min:sec:ms als String
69    public String differenzString() {
70      long diffZeit = (stoppZeitObj.getTime() - startZeitObj.getTime());
71      if (ergebnisFormat.getSelectedIndex() == 0)
72        return (diffZeit + " ms");
73      else {
74        long ms = diffZeit % 1000;
75        diffZeit = diffZeit / 1000;
76        long s = diffZeit % 60;
77        diffZeit = diffZeit / 60;
78        long m = diffZeit % 60;
79        return (m + ":" + s + ":" + ms);
80      }
81    }
82
83    // Aktualisierung aller Anzeige-Labels und Buttons
84    public void anzeigeAktualisieren() {
85      if ((startZeitObj != null) && (stoppZeitObj != null)) {
86        startButton.setEnabled(false);
87        stoppButton.setEnabled(false);
88        neuButton.setEnabled(true);
89        startZeit.setText(form.format(startZeitObj));
90        stoppZeit.setText(form.format(stoppZeitObj));
91        differenz.setText(differenzString());
92        status.setText("NEU fuer neuen Stoppvorgang!");
93        status.setFont(schriftKlein);
94      }
95      else if (startZeitObj != null) {
96        startButton.setEnabled(false);
97        stoppButton.setEnabled(true);
98        neuButton.setEnabled(false);
99        startZeit.setText(form.format(startZeitObj));
100       status.setText("Uhr laeuft!");
101       status.setFont(schriftGross);
102     }
103     else {
104       startButton.setEnabled(true);
105       stoppButton.setEnabled(false);
106       neuButton.setEnabled(false);
107       startZeit.setText("--");
108       stoppZeit.setText("--");
109       differenz.setText("--");
```

```java
110         status.setText("START druecken!");
111         status.setFont(schriftGross);
112       }
113     }
114
115     // Listener fuer die Buttons
116     class KnopfListener implements ActionListener {
117       public void actionPerformed(ActionEvent e) {
118         if (e.getSource() == startButton)
119           startZeitObj = new Date();
120         else if (e.getSource() == stoppButton)
121           stoppZeitObj = new Date();
122         else if (e.getSource() == neuButton) {
123           startZeitObj = null;
124           stoppZeitObj = null;
125         }
126         anzeigeAktualisieren();
127       }
128     }
129
130     // Listener fuer die Combo-Box
131     class BoxListener implements ItemListener {
132       public void itemStateChanged(ItemEvent e) {
133         anzeigeAktualisieren();
134       }
135     }
136
137     // main-Methode
138     public static void main(String[] args) {
139       StoppuhrFrame fenster = new StoppuhrFrame();
140       fenster.setTitle("Stoppuhr");
141       fenster.setSize(380,250);
142       fenster.setVisible(true);
143       fenster.setDefaultCloseOperation(JFrame.EXIT_ON_CLOSE);
144     }
145   }
```

7.7 Übungsaufgaben

Aufgabe 7.1

Erstellen Sie ein Java-Programm mit grafischer Oberfläche, das jeweils das aktuelle Datum in drei unterschiedlichen Formaten anzeigen kann und die in Abbildung 7.10 dargestellte Oberfläche und Funktionalität haben soll. Der Frame soll also beim Start die im linken Bild dargestellte Form haben und der bzw. die Benutzer(in) soll durch Auswahl in der Klapptafel eine andere Darstellungsform für das Datum wählen können (z. B. eine Anzeige ohne die Jahreszahl).
Verwenden Sie in Ihrem Programm private Variablen `beschriftung`, `datumsAnzeige` vom Typ `JLabel`, `formatAuswahl` vom Typ `JComboBox`, `datum` vom Typ `Date` sowie `kurz`, `mittel` und `lang` vom Typ

7.7 Übungsaufgaben

Abbildung 7.10: Frame aus Aufgabe 7.1

`SimpleDateFormat` für die benötigten Swing-Komponenten und die Darstellung des Datums.
Implementieren Sie den Konstruktor so, dass die benötigten Swing-Komponenten erzeugt und in der richtigen Reihenfolge in den Frame eingefügt werden, das Datum erzeugt, für die Beschriftung des `datumsAnzeige`-Labels verwendet und bei der Auswahl-Klapptafel ein Event-Listener registriert wird, den Sie als Objekt einer inneren Klasse `AnzeigeListener` erzeugen können. Diese Klasse muss das Interface `ItemListener` implementieren und die Methode `itemStateChanged` so überschreiben, dass bei Änderung der Auswahl der entsprechende Auswahl-Index des `JComboBox`-Objekts bestimmt und (abhängig von dessen Wert) das entsprechende Darstellungsformat für das aktuelle Datum gewählt und zur Beschriftung des `datumsAnzeige`-Labels verwendet wird.

Aufgabe 7.2

Ändern Sie das Programm aus Aufgabe 7.1 so ab, dass das Darstellungs-Format für die Datumsanzeige nicht über eine Klapptafel, sondern über Menü-Einträge verändert werden kann. Dabei sollen die Menü-Einträge auch über Tastaturkürzel angesprochen werden können. Beachten Sie, dass die Ereignisbehandlung für diese Variante des Programms nicht mehr über eine Implementierung des Interface `ItemListener` realisiert werden kann, da für Menü-Ereignisse das Interface `ActionListener` zuständig ist.

Aufgabe 7.3

Schreiben Sie ein Programm in Form eines Frames, dessen grafische Oberfläche es ermöglicht, per Mausklick die Hintergrundfarbe auf einen zufälligen Rot-, Grün- oder Blau-Wert zu verändern.
Statten Sie dazu den Container Ihres Frames in einem Flow-Layout mit drei Auswahl-Kästchen aus (siehe Abbildung 7.11), von denen jeweils nur eines aktiviert sein darf. Zu Beginn soll „rot" eingestellt sein. Registrieren Sie beim Container einen Listener vom Typ `MausHorcher`, der auf Mausklicks innerhalb des Frames reagiert.
Realisieren Sie die Ereignisbehandlung in einer inneren Klasse `MausHorcher`. Sorgen Sie dafür, dass bei jedem Mausklick zunächst ein Zufallswert bestimmt wird, der (abhängig von der per Markierung eingestellten Farbe) als Rot-, Grün-

Abbildung 7.11: Frame aus Aufgabe 7.3

oder Blau-Wert verwendet wird, um die Content-Pane des Frames entsprechend einzufärben. Die beiden anderen RGB-Werte müssen hier den Wert 0 haben.

Aufgabe 7.4

Ändern Sie das Programm aus Aufgabe 7.3 so ab, dass die Ereignisbehandlung nicht über eine innere, sondern über eine eigenständige Klasse `MausLauscher` realisiert wird. Diese Klasse soll nicht das Interface `MouseListener` implementieren, sondern von der Klasse `MouseAdapter` erben. Beachten Sie dabei, dass dazu im Listener-Objekt Referenzen auf alle benötigten Objekte (die Content-Pane und die Auswahl-Kästchen) aus dem Frame benötigt werden. Sie müssen daher auch einen Konstruktor schreiben, dem die Referenzen auf diese Objekte als Parameter übergeben werden.

Aufgabe 7.5

Schreiben Sie eine grafische Java-Applikation, die es ermöglicht, zwei Zahlen einzugeben, die danach als Operanden für eine der vier Grundrechenarten verwendet werden. Optisch soll sich Ihr „Rechner" etwa wie in Abbildung 7.12 präsentieren.
Verwenden Sie zwei Textfelder für die Eingabe der beiden Operanden und ein Label für die Ausgabe des Ergebniswerts sowie drei Labels für die zugehörige Beschriftung. Für die auszuführenden Operationen benötigen Sie fünf jeweils mit einer der vier Grundrechenarten bzw. dem Text `"Alles loeschen"` beschriftete Buttons, bei denen jeweils ein eigenes Event-Listener-Objekt vom Typ `OperatorListener` registriert ist.
Die zugehörige Ereignis-Behandlung soll für alle `JButton`-Objekte über ein und dieselbe innere Klasse `OperatorListener` realisiert werden, die das Interface `ActionListener` implementiert. Welche Operation bei Knopfdruck ausgeführt werden muss, soll dabei beim Erzeugen des Listener-Objekts als char-Wert (+, -, *, / oder l für Löschen) übergeben werden. Dieser Wert ist daher in der `actionPerformed`-Methode zu berücksichtigen.
Wird eine der fünf Schaltflächen betätigt, muss also zunächst festgestellt werden, ob es sich um den Lösch-Knopf handelt. Wenn ja, sind alle Eingabefelder und das Ergebnisfeld zu löschen. In allen anderen Fällen muss die entsprechende arithmetische Operation ausgeführt werden. Dazu müssen zunächst die beiden Textfelder

7.7 Übungsaufgaben

Abbildung 7.12: Frame aus Aufgabe 7.5

ausgelesen und in `double`-Werte umgewandelt werden. Danach kann die Berechnung durchgeführt und das Ergebnis in dem dafür vorgesehenen Label angezeigt werden.

Denken Sie auch daran, im Falle unzulässiger Eingaben die entsprechenden Exceptions abzufangen und über das Ergebnisfeld eine entsprechende Fehlermeldung anzuzeigen.

Aufgabe 7.6

Schreiben Sie eine Java-Klasse, die als einfaches Euro-Umrechnungsprogramm dienen kann. Nach dem Start soll sich die grafische Oberfläche wie in Abbildung 7.13 präsentieren. Dabei sollen die zweite und vierte Zeile jeweils ein Textfeld zur Eingabe *und* Ausgabe darstellen. In der dritten Zeile soll mit Hilfe eines `JComboBox`-Objekts (Klapptafel) die Umrechnungswährung eingestellt werden können. Nach Eingabe eines Euro-Betrags in der zweiten Zeile soll beim Druck auf die Eingabetaste in die eingestellte Währung umgerechnet und der Betrag in der untersten Zeile angezeigt werden. Wählt man in der Klapptafel eine andere Währung aus, so soll ebenfalls sofort in die neu eingestellte Währung umgerechnet und der Betrag in der untersten Zeile angezeigt werden. Nach Eingabe eines Betrags in der untersten Zeile soll beim Druck auf die Eingabetaste gemäß der eingestellten Währung in Euro umgerechnet und der Euro-Betrag in der zweiten Zeile angezeigt werden.

Für Ihre Implementierung steht Ihnen die Klasse

```
public class EuroConverter {
    // Waehrungs-Kennungen
    static final int
      DEM = 0, ATS = 1, FRF = 2, BEF = 3, LUF = 4, NLG = 5,
      ESP = 6, PTE = 7, ITL = 8, FIM = 9, IEP = 10, GDR = 11;
    // Umrechnungsfaktoren
    private static final double[] faktor = new double[] {
      1.95583, 13.7603, 6.55957, 40.3399, 40.3399, 2.20371,
      166.386, 200.482, 1936.27, 5.94573, 0.787564, 340.750
    };
    // Ausgeschriebene Bezeichnungen der Waehrungen
    private static final String[] bezeichnung = new String[] {
      "Deutsche Mark", "Oesterreichische Schilling",
      "Franzoesische Franc", "Belgische Franc",
      "Luxemburgische Franc", "Niederlaendische Gulden",
```

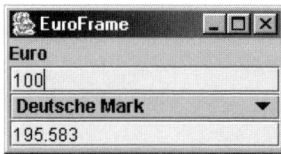  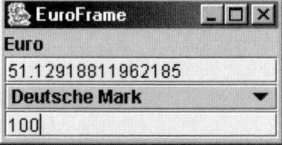

Abbildung 7.13: Frame aus Aufgabe 7.6

```
16        "Spanische Peseten", "Portugiesische Escudos", "Italienische Lire",
17        "Finnische Mark", "Irische Pfund", "Griechische Drachmen"
18    };
19    // liefert die Bezeichnung zur Waehrungs-Kennung 'kennung'
20    static String getBezeichnung(int kennung) {
21       return bezeichnung[kennung];
22    }
23    // konvertiert den Euro-Wert 'euro' in die durch die
24    // Waehrungs-Kennung 'kennung' spezifizierte Waehrung
25    static double convertFromEuro(double euro, int kennung) {
26       return faktor[kennung] * euro;
27    }
28    // konvertiert den Wert 'sonst' der durch die Waehrungs-Kennung
29    // 'kennung' spezifizierten Waehrung in den entsprechenden Euro-Wert
30    static double convertToEuro(double sonst, int kennung) {
31       return sonst / faktor[kennung];
32    }
33 }
```

zur Verfügung, die neben den *Währungskennungen* DEM, ATS, ..., GDR auch die drei von Ihnen benötigten Klassen-Methoden getBezeichnung, convertFromEuro und convertToEuro bereitstellt.

Statten Sie die grafische Oberfläche Ihres Programms mit einem geeigneten Layout und den benötigten Swing-Komponenten aus. Verwenden Sie eine geeignete Schleife über die Währungs-Kennungen und die Methode getBezeichnung, um der JComboBox-Komponente alle benötigten Einträge hinzuzufügen. Verknüpfen Sie die beiden Textfelder und das JComboBox-Objekt mit je einem Event-Listener. Die zugehörige Ereignis-Behandlung soll wie folgt arbeiten:

- Wird nach Eingabe eines Betrags im *oberen* Textfeld die *Eingabetaste betätigt* oder der *Klapptafel-Eintrag geändert,* so soll der double-Wert aus dem *oberen* Textfeld ausgelesen, mit Hilfe der EuroConverter-Klasse in die eingestellte Währung umgerechnet und der neue Betrag im *unteren* Textfeld angezeigt werden.

- Wird nach Eingabe eines Betrags im *unteren* Textfeld die *Eingabetaste betätigt*, so soll der double-Wert aus dem *unteren* Textfeld ausgelesen, mit Hilfe der EuroConverter-Klasse in Euro umgerechnet und der neue Betrag im *oberen* Textfeld angezeigt werden.

Kapitel 8

Praxisbeispiele

8.1 Wem die Stunde schlägt, Iteration 2

Erinnern wir uns an unser Uhren-Projekt von Seite 111. Wir haben uns viel vorgenommen – die Realisierung einer Zeitansage (wahlweise analog oder digital) mit diversen mehr oder minder anspruchsvollen Features. Mit Hilfe eines iterativen Ansatzes wollen wir, beginnend von einer einfachen Zeitausgabe auf der Konsole, zu einer ausgereiften Anwendung gelangen. Unsere ersten Schritte waren:

- ein flexibler Entwurf (basierend auf dem MVC-Pattern), der uns eine schrittweise Entwicklung erlaubt (Design), und
- eine Konsolen-basierte Rumpfimplementierung (Iteration 1), auf der wir in den weiteren Praxiskapiteln aufbauen wollten.

Mit unserem neu gewonnenen Wissen über Swing-Programmierung können wir es nun wagen, an die grafische Umsetzung unseres Vorsatzes zu gehen. In diesem Abschnitt werden wir die Applikation so erweitern, dass

- die Zeit statt auf der Konsole in einem eigenen Fenster dargestellt wird,
- die Darstellung der Zeit wie eine Digitaluhr aussieht und
- das Fenster ein Menue besitzt, mit dem sich die Anwendung beenden lässt.

Dies ist die zweite Iteration in unserem Uhren-Projekt. Sollten Sie mit dem Design und den bisher programmierten Klassen nicht mehr vertraut sein, können Sie in Abschnitt 4.2 Ihr Wissen ein wenig auffrischen.

8.1.1 Eine Digitalanzeige

Beginnen wir mit der eigentlichen Digitalanzeige. Um diese in unserem Design verwenden zu können, muss unsere Klasse das Interface `Anzeige` implementieren. Wie aber bewerkstelligen wir die grafische Repräsentierung?

Die Darstellung einer Uhrzeit im digitalen Format ist nicht viel mehr als die Anzeige einer Zeile Text. Für die Darstellung einer Textzeile verwendet man der Einfachheit halber eine `Label`-Subklasse. In Kombination mit einer `DateFormat`-Instanz ist die formatierte Darstellung also eine Leichtigkeit:

```java
import javax.swing.JLabel;
import java.awt.Font;
import java.awt.Color;
import java.text.SimpleDateFormat;

/** Digitalanzeige: Stellt die Uhrzeit in Form einer digitalen
 * Anzeige dar.
 **/
public class DigitalAnzeige extends JLabel implements Anzeige {

    /** Dieses Format-Objekt wird fuer die textuelle Darstellung
     * der Uhrzeit verwendet.
     **/
    private static SimpleDateFormat FORMAT = new SimpleDateFormat
        ("HH:mm:ss");

    /** Dieses Uhrwerk wird fuer die Zeitdarstellung verwendet. */
    private Uhrwerk uhrwerk;

    /** Konstruktor */
    public DigitalAnzeige()
    {
        // Setze einen Standard-Text fuer das Label
        setFont(new Font("Monospaced",Font.BOLD,30));
        setText("00:00:00");
        // Veraendere das Aussehen
        setOpaque(true);
        setBackground(Color.BLACK);
        setForeground(Color.GREEN);
    }

    /** Nennt der Anzeige das Uhrwerk, das verwendet werden
     * soll.
     * @param uhr das zu verwendende Uhrwerk
     **/
    public void setUhrwerk(Uhrwerk uhr) {
        uhrwerk = uhr;
    }

    /** Weist die Anzeige an, die aktuelle Uhrzeit aus dem
     * Uhrwerk auszulesen und darzustellen.
     **/
    public void zeigeZeit() {
        setText(FORMAT.format(uhrwerk.getZeit()));
    }

}
```

8.1 Wem die Stunde schlägt, Iteration 2

Beachten Sie an diesem Programmcode folgende Besonderheiten:

- Anstatt ganze Pakete zu importieren, haben wir in den `import`-Anweisungen lediglich bestimmte Klassennamen angegeben:

    ```
    import javax.swing.JLabel;
    import java.awt.Font;
    import java.awt.Color;
    import java.text.SimpleDateFormat;
    ```

    Manche Softwareentwickler ziehen diese Schreibweise vor, da sie somit genau wissen, *welche* Klassen sie aus welchen Paketen beziehen. Ein weiterer Vorteil dieser Schreibweise ist, dass bei gleichen Klassennamen in unterschiedlichen Paketen (etwa `java.util.Date` und `java.sql.Date`) keine Doppeldeutigkeiten entstehen.

- Digitalanzeigen sind in den seltensten Fällen schwarz auf grauem Hintergrund. Wir setzen deshalb explizite Farben, um unserer Uhr den typischen Radiowecker-Look zu geben:

    ```
    setOpaque(true);
    setBackground(Color.BLACK);
    setForeground(Color.GREEN);
    ```

Wir werden diese Anzeige nun verwenden, um unsere grafische Uhr zusammenzubauen.

8.1.2 Eine neue Steuerung

Natürlich reicht die Definition einer neuen `Anzeige` nicht aus, um unsere Uhr auf magische Weise auf dem Bildschirm erscheinen zu lassen. Unsere momentane Steuerungsklasse ist noch sehr einfach und fuer die Verwendung eines grafischen Displays nicht ausgelegt. Wir werden dieses Versäumnis nun nachholen.
Unsere Klasse `SwingUhr` implementiert das Interface `Steuerung` und kann somit die zuvor entworfene Digitalanzeige kontrollieren. Im weiteren Verlauf der Iterationen werden wir die Klasse um diverse weitere Steuerungsroutinen erweitern (etwa den Wechsel zwischen digitaler und analoger Darstellung), so dass die Klasse zentraler Einstiegspunkt für unsere Anwendung werden kann. Unsere `SwingUhr` soll vielseitig einsetzbar sein – ob als eigenständige Applikation oder als Komponente in einem größeren Programm (Stichwort Wiederverwendbarkeit), sollte keine Rolle spielen. Wir leiten die Klasse deshalb von `JPanel` ab und erlauben dem Programmierer somit, diese Swing-Komponente in einer Vielzahl von Anwendungen mit anderen Programmbausteinen zu kombinieren:

```
public class SwingUhr extends JPanel implements Steuerung {

    /** Unsere DigitalAnzeige */
    private Anzeige digital;

    /** unser einfaches Systemzeit-Uhrwerk */
```

[Handschriftliche Notiz: JPANEL + JCOMPONENT AUS SWING-PAKET IMPORTIEREN]

```
private Uhrwerk systemZeit;

/** Eine Referenz auf das gerade verwendete Anzeigen-Objekt */
private JComponent aktuell;
```

Wie Sie sehen, definieren wir drei Instanzvariablen:

- Eine Variable `digital` verwaltet die `DigitalAnzeige`-Instanz, die wir intern für die Darstellung verwenden.
- Unter `systemZeit` speichern wir das `UhrWerk`, von dem wir unsere Zeitangaben erhalten.
- Im Laufe der Zeit werden wir zwischen verschiedenen `Anzeige`-Implementierungen (analog/digital) hin- und herschalten wollen. Unter `aktuell` halten wir deshalb immer eine Referenz auf jene Anzeige, die gerade aktuell verwendet wird. Wir gehen hierbei davon aus, dass sich jede von uns verwendete Darstellung von der Klasse `JComponent` ableitet.

Da die Verwendung unserer digitalen Darstellung zu einem gewissen Zeitpunkt von außen an- und abschaltbar sein soll, extrahieren wir die für das Layout notwendigen Anweisungen in eine eigene Methode namens `setDigital`:

```
public void setDigital()
{
  // Fall: Wir sind ohnehin schon auf der digitalen Anzeige
  if (aktuell != null && aktuell.equals(digital))
    return;
  // Andernfalls loeschen wir die aktuelle Komponente und ersetzen
  // sie durch die Digitalanzeige
  if (aktuell != null)
    remove(aktuell);
  aktuell = (JComponent) digital;
  add(aktuell);
}
```

Diese Methode wird dann von unserem Konstruktor aufgerufen:

```
public SwingUhr() {
  // Erzeuge die Instanzen fuer Uhrwerk und Anzeige
  digital = new DigitalAnzeige();
  systemZeit = new Systemzeit();
  // Gehe sicher, dass das Uhrwerk gesetzt ist
  digital.setUhrwerk(systemZeit);
  // Leite die DigitalAnzeige an die Oberflaeche weiter
  setDigital();
}
```

Es verbleibt nun nur noch die Implementierung der restlichen `Steuerung`-Methoden. Momentan sind diese noch relativ frei von Code und Bedeutung. Dies wird sich aber im nächsten Teil dieses Buchs wesentlich ändern.

```
/** Diese Methode signalisiert der Steuerung, dass
  * sie mit ihrer Arbeit beginnen soll.
  **/
```

```
public void aktivieren() {
  digital.zeigeZeit();
}

/** Diese Methode signalisiert der Steuerung, dass
 * sie ihre Arbeit jetzt beenden kann.
 **/
public void beenden() {
  // Keine besonderen Aktionen notwendig
}
```

8.1.3 Nicht aus dem Rahmen fallen!

Wir haben mit unserer SwingUhr eine grafische Komponente geschaffen, die sich in vielerlei Zusammenhängen einsetzen lässt. Wir wollen nun eine JavaUhr programmieren, die sich diesen Umstand zunutze macht.

Unsere Klasse wird sich von der Klasse JFrame ableiten. Entsprechend werden wir wie gewohnt eine main-Methode verfassen, die ein Fenster dieser Klasse instantiiert und auf dem Bildschirm darstellt:

```
public static void main(String[] args) {
  // Erzeuge unseren JavaUhr-Frame
  JavaUhr uhr = new JavaUhr();
  uhr.setTitle("Java Uhr");
  uhr.pack();
  uhr.setVisible(true);
}
```

Doch nun zu unserer eigentlichen Klasse. Wir verwenden eine private Instanz unserer SwingUhr, die wir anzeige nennen. Da es sich hierbei um eine aktive Komponente handelt,[1] wollen wir die Methode aktivieren bzw. beenden aufrufen, wenn unser Fenster geöffnet oder geschlossen wird. Wir automatisieren diesen Vorgang, indem wir die Methode setVisible überschreiben:

```
public void setVisible(boolean value) {
  if (value != isVisible()) {
    super.setVisible(value);
    if (value)
      anzeige.aktivieren();
    else
      anzeige.beenden();
  }
}
```

Das eigentliche Layout nehmen wir im Konstruktor der Klasse vor. Im ersten Schritt setzen wir den Inhalt unseres Fensters durch die Methode setContentPane auf eine SwingUhr-Instanz:[2]

---
[1] Sobald wir gelernt haben, *wie*, aktualisiert die Komponente ihre Anzeige automatisch im Sekundentakt

[2] Die Methode setContentPane ist das Gegenstück zu getContentPane, die wir bislang in den Beispielen verwendet haben. Während wir also bislang einen Container vom Fenster bezogen und hier das Layout eingefügt haben, übergeben wir in diesem Praxisbeispiel das Layout komplett.

```
anzeige = new SwingUhr();
setContentPane(anzeige);
```

Ferner wollen wir für unser Fenster auch ein Menü definieren. Für den Moment haben wir nur einen Menüpunkt: das Beenden des Programms. Dies wird sich aber in naher Zukunft ändern.

```
JMenuBar bar = new JMenuBar();
JMenu system = new JMenu("System");
JMenuItem beenden = new JMenuItem("Beenden");
bar.add(system);
system.add(beenden);
setJMenuBar(bar);
```

Wie soll sich aber unser Fenster verhalten, wenn man das Menü aufruft oder es zu schließen versucht? Wir definieren das Verhalten in einer Methode namens beenden und lassen diese in beiden Fällen aufrufen:

```
// Erzeuge einen Listener fuer das Beenden-Menue
beenden.addActionListener(new ActionListener() {
  public void actionPerformed(ActionEvent e) {
    beenden();
  }
});
// Verwende dieselbe Aktion auch, wenn wir das Fenster
// schliessen wollen
addWindowListener(new WindowAdapter() {
  public void windowClosing(WindowEvent e) {
    beenden();
  }
});
```

Beachten Sie, dass wir für das Schließen des Fensters nicht die setDefaultCloseOperation-Methode einsetzen. Wir definieren vielmehr einen WindowListener, indem wir aus dem WindowAdapter eine anonyme Klasse bilden.

Wie soll nun unsere beenden-Methode aussehen? Üblicherweise sollte das Programm seinen Benutzer vor dem Beenden fragen, ob er sich dessen wirklich sicher ist. Gerade dies scheint aber mit nicht geringem Aufwand verbunden. Wir müssen einen Dialog bauen, den Dialog mit ActionListenern versehen und das Ergebnis in die Methode beenden zurückfließen lassen. Geht das denn nicht einfacher?

Glücklicherweise lautet die Antwort hierauf „ja". Das Paket javax.swing bietet uns eine Sammlung von Hilfsmethoden an, um häufig vorkommende Ja/Nein-Dialoge vom System bauen zu lassen. Diese statischen Methoden der Klasse JoptionPane können wir wie Aufrufe unserer guten alten IOTools behandeln: das Ergebnis wird von der Methode selbst zurückgeliefert. Der Benutzer hat das Beenden genau dann bestätigt, wenn das Ergebnis der Methode showConfirmDialog die Konstante JOptionPane.YES_OPTION zurückliefert:

```
  private void beenden() {
    // Frage den Benutzer, ob er das Ernst meint!
    int bistDuSicher = JOptionPane.showConfirmDialog(this,
      "Programm wirklich beenden?");
    // Falls ja, beende das Programm
    if (bistDuSicher == JOptionPane.YES_OPTION) {
      setVisible(false);
      System.exit(0);
    }
  }
```

Für die Freunde und Liebhaber des Entwurfsmuster-Konzeptes sei an dieser Stelle ein neuer Pattern-Name erwähnt. Eine Klasse, die wie JOptionPane eine Anzahl gleichartiger Produkte zur Verfügung stellt (in diesem Fall Ja/Nein-Dialoge), bezeichnet man als eine **Fabrik** (englisch: **factory**). Die Fabrik verbirgt vor dem Benutzer, wie das Produkt tatsächlich erzeugt wird, und gibt dem Programmierer lediglich das Endergebnis zur Weiterverarbeitung.

8.1.4 Zusammenfassung

Am Ende der zweiten Iteration haben wir erneut ein lauffähiges Programm: die Klasse JavaUhr. Unsere neue Klasse sieht aus wie eine Digitaluhr und hat bereits erste Ansätze von grafischer Darstellung und menüorientierter Steuerung. Zwar fehlt noch immer die Analoguhr, und unsere Uhr ist leider auch stehengeblieben,[3] doch haben wir ja auch noch einige Iterationen in diesem Buch vor uns.

8.2 Body-Mass-Index

Der Body-Mass-Index ist eine sehr einfache Kenngröße bezüglich der Frage, ob eine Person über- oder untergewichtig ist. Er berechnet sich gemäß der Formel

$$BMI = \frac{\text{Gewicht in kg}}{(\text{Körpergröße in m})^2}$$

Tabelle 8.1 zeigt, wie aus dem Body-Mass-Index geschlossen wird, ob eine Person über- oder untergewichtig ist. Es ist zu beachten, dass der BMI für Heranwachsende unter 18 Jahren normalerweise keine Aussagekraft hat.

In diesem Abschnitt wollen wir ein einfach zu bedienendes Programm schreiben, das die Benutzerin bzw. den Benutzer ihren bzw. seinen BMI berechnen lässt und bei zu hohem oder niedrigem Wert eine Warnung anzeigt.

8.2.1 Design und Layout

Auch wenn man eigentlich nicht auf das Resultat spicken sollte, bevor man es geschrieben hat, wollen wir hier eine Ausnahme machen. Bitte werfen Sie einen Blick auf Abbildung 8.1.

---
[3]Die Uhrzeit wird noch nicht aktualisiert.

18 bis 34 Jahre			
BMI: unter 19 Untergewicht	BMI: 19 bis 24 Gesunder Bereich	BMI: 25 bis 30 Übergewicht	BMI: über 30 Fettleibigkeit
35 Jahre und mehr			
BMI: unter 19 Untergewicht	BMI: 19 bis 26 Gesunder Bereich	BMI: 27 bis 30 Übergewicht	BMI: über 30 Fettleibigkeit

Tabelle 8.1: BMI-Verteilung

Wie man sieht, ist das Layout ein wenig an einer Arztwaage orientiert. Anstelle von Eingabefeldern für Gewicht, Alter und Körpergröße verwenden wir drei Schieberegler (`javax.swing.JSlider`). Links von den Schiebereglern bezeichnen wir die einzustellende Größe, rechts zeigen wir den gerade gesetzten Wert. Unter diesen Reglern stellen wir das Ergebnis und eine eventuelle Warnung (bei gefährlich hohem oder niedrigem BMI) dar.

Unsere grafische Oberfläche setzt sich also nur aus einer Anzahl von `Label`- und `JSlider`-Instanzen zusammen, die wir in unserer Klasse als Instanzvariablen definieren:

```
JSlider alter = new JSlider(18,100,25);
JSlider gewicht = new JSlider(40,200,75);
JSlider groesse = new JSlider(120,210,175);
JLabel label1 = new JLabel("Alter (in Jahren): ");
JLabel label2 = new JLabel("Gewicht (in kg): ");
JLabel label3 = new JLabel("Groesse (in cm): ");
JLabel alterAktuell = new JLabel();
JLabel gewichtAktuell = new JLabel();
JLabel groesseAktuell = new JLabel();
JLabel bmi = new JLabel(" ");
JLabel warnung = new JLabel(" ");
```

Bitte beachten Sie, dass wir den `JSlider`-Objekten den Wertebereich (kleinster und größter Wert, den der Schieberegler annehmen kann) im Konstruktor übergeben.

Auch können wir gewisse Grundeinstellungen an den Labeln, etwa bezüglich Farbgebung oder textueller Ausrichtung, bereits vornehmen:

```
// Einige Labels wollen sollen farbig sein -
// hierzu muessen wir den opaque-"Schalter" setzen
warnung.setOpaque(true);
bmi.setOpaque(true);
// Der Text in diesen Labeln soll ausserdem zentriert sein
warnung.setHorizontalAlignment(SwingConstants.CENTER);
bmi.setHorizontalAlignment(SwingConstants.CENTER);
// Fuer unsere aktuell gesetzten Werte sollen die Zahlen nach
// rechts ausgerichtet werden.
alterAktuell.setHorizontalAlignment(SwingConstants.RIGHT);
gewichtAktuell.setHorizontalAlignment(SwingConstants.RIGHT);
groesseAktuell.setHorizontalAlignment(SwingConstants.RIGHT);
```

8.2 Body-Mass-Index

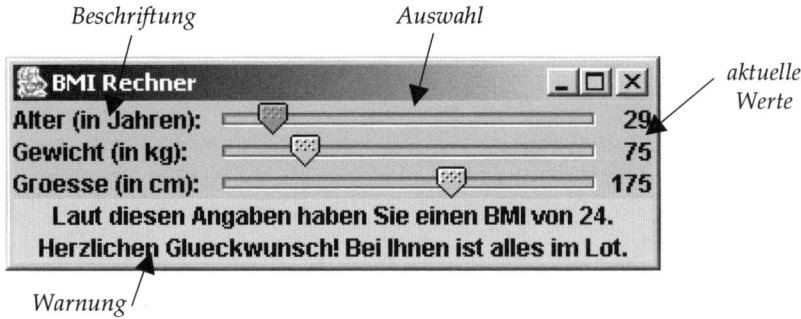

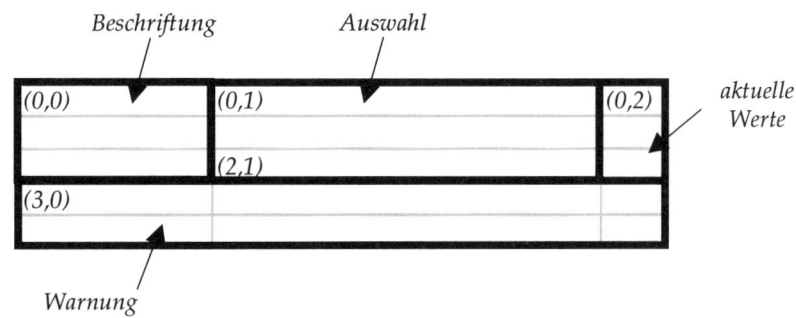

Abbildung 8.1: Das GridBagLayout am Beispiel des BMI-Rechners

Wie aber bekommen wir das komplexe Design aus Abbildung 8.1 am besten realisiert?
Wenn wir die schematische Aufzeichnung unter dem eigentlichen Bildschirmfoto betrachten, erkennen wir gewisse Ähnlichkeiten mit einer Tabelle. Wenn man einmal vom Warnungsbereich absieht, sind alle JLabel- und JSlider-Instanzen in einer einfachen Tabelle untergebracht. Alle Objekte einer Spalte haben die gleiche Breite, allerdings können unterschiedliche Spalten unterschiedlich breit sein (sonst wäre es ein Leichtes, das GridLayout zu verwenden). Wir benötigen also ein Layout, das

- Objekte in einer „Tabelle" darstellt,
- die Breite der Spalten auf die Breite des Inhaltes abstimmt,
- unterschiedliche Breiten für unterschiedliche Spalten zulässt und
- ein Objekt (die Warnungen) auf die Breite von mehreren Spalten ziehen kann.

Dies und noch viel mehr kann die Klasse java.awt.GridBagLayout. Das GridBagLayout ist in seinen Möglichkeiten so vielfältig (und deshalb in seiner Verwendung so komplex), dass für jedes mit dem Layout eingefügte Objekt eine Vielzahl von Optionen und Parameter gesetzt werden müssen. In welche Zeile und Spalte soll das Objekt? Soll es so hoch bzw. breit sein wie die anderen Objekte

in derselben Zeile bzw. Spalte? Wenn nicht, wie soll es innerhalb der Zelle ausgerichtet werden? Wie viel Abstand zu seinen Nachbarn soll das Objekt haben?
Damit sich der Programmierer nicht um alle möglichen Optionen scheren muss, haben die Entwickler von Java alle Optionen in ein eigenes Objekt ausgelagert – die Klasse `GridBagConstraints`. Eine Instanz der Klasse `GridBagConstraints` ist bereits mit einer Menge von Standardwerten voreingestellt. Wir müssen nur noch verändern, was vom Standard abweicht. In unserem Fall sind dies die folgenden Instanzvariablen:[4]

- Die Variablen `gridx` und `gridy`, die die Spalten- bzw. Zeilennummer des darzustellenden Objektes angeben. Es wird immer von Null an gezählt.
- Die Variable `gridwidth`, die die Anzahl der Spalten angibt, die ein darzustellendes Objekt einnimmt.
- Die Variable `fill`, die wir auf `GridBagConstraints.HORIZONTAL` setzen. Dies besagt, dass das darzustellende Objekt immer so weit gestreckt wird, dass alle Objekte in derselben Spalte gleich weit sind.

Diese Schalter reichen vollkommen aus, um für unseren Entwurf alle nötigen Einstellungen zu setzen. Für die Vielzahl weiterer Einstellungen sei auf die Dokumentation der entsprechenden Klasse verwiesen.
Um ein Objekt mit Hilfe des `GridBagLayout` darzustellen, gehen wir wie folgt vor:

- Zuerst erzeugen wir ein `GridBagConstraints`-Objekt, in dem wir alle notwendigen Optionen setzen.
- Danach verwenden wir eine Methode namens `setConstraints` im GridBagLayout, um die Einstellungen für die Komponente zu registrieren.
- Schließlich fügen wir die Komponente wie gewohnt mit `add` in den umschließenden Container ein.

Übrigens sind `GridBagConstraints`-Objekte wiederverwertbar. Nachdem die `setConstraints`-Methode aufgerufen wurde, können die Einstellungen für das nächste darzustellende Objekt einfach überschrieben werden.
Nun aber zu unserem Code. Wir verwenden eine Schleife, um die verschiedenen Zeilen unseres Layouts zu setzen:

```
GridBagLayout gridbag = new GridBagLayout();
setLayout(gridbag);
GridBagConstraints constraints = new GridBagConstraints();
// Das Layout soll keine "Luecken" hinterlassen,
// sondern alle Komponenten einer Spalte so weit strecken,
// dass sie gleich weit sind
constraints.fill = GridBagConstraints.HORIZONTAL;
// Setze die einzelnen Eingabefelder in einer Schleife
```

---

[4]Der OO-gestählte Leser wird hier gleich bemerken, dass das Setzen von Instanzvariablen ohne get- und set-Methoden nicht gerade ideal im Sinne der Datenkapselung ist. Die Autoren geben diesen Lesern voll und ganz recht.

8.2 Body-Mass-Index

```java
JSlider[] sliders = {alter,gewicht,groesse};
JLabel[] labels = {label1,label2,label3};
JLabel[] aktuell = {alterAktuell,gewichtAktuell,groesseAktuell};
for (int i = 0; i < 3; i++) {
  // Setze die Zeile, in der wir uns befinden
  constraints.gridy = i;
  // Setze den Label
  constraints.gridx = 0;
  gridbag.setConstraints(labels[i],constraints);
  this.add(labels[i]);
  // Setze den Slider
  constraints.gridx = 1;
  gridbag.setConstraints(sliders[i],constraints);
  this.add(sliders[i]);
  // Setze die Darstellung der gesetzten Werte
  constraints.gridx = 2;
  gridbag.setConstraints(aktuell[i],constraints);
  this.add(aktuell[i]);
}
```

Zu guter Letzt setzen wir noch die Label für unsere Warnungen. Wie bereits erwähnt, verwenden wir den Schalter `gridwidth`, um unsere Label über alle drei Spalten zu strecken:

```java
constraints.gridx = 0;
constraints.gridy = 3;
constraints.gridwidth = 3;
gridbag.setConstraints(bmi,constraints);
this.add(bmi);
constraints.gridy = 4;
gridbag.setConstraints(warnung,constraints);
this.add(warnung);
```

Somit ist unser Layout fertig. Wir müssen das Fenster also nur noch mit der entsprechenden Anwendungslogik versehen.

8.2.2 Events und Anwendungslogik

Im Falle des BMI-Rechners ist ziemlich klar, was unser Programm eigentlich bewerkstelligen soll. Sobald einer der Schieberegler bewegt wird, soll es den Body-Mass-Index errechnen und mit dem Inhalt von Tabelle 8.1 vergleichen. Abhängig vom Ergebnis sollen der BMI und eine eventuelle Warnung ausgegeben werden. Bevor wir die eigentliche Logik realisieren, wollen wir die Werte aus der Tabelle in unser Programm übernehmen. Wir definieren ein zweidimensionales Feld:

```java
private final static int[][] GRENZEN =
  {{19,25,30},{19,27,30}};
```

Jede Zeile des Feldes stellt die Grenzen aus der Tabelle für eine entsprechende Altersstufe dar. Die Indices entsprechen denen der wie folgt definierten Warnungstexte und Farben:

```java
// Die Nachricht fuer die entsprechende Gewichtsgrenze
private final static String[] WARNUNGEN =
```

```
  { "Laut BMI sind Sie untergewichtig. Bitte essen Sie mehr!",
    "Herzlichen Glueckwunsch! Bei Ihnen ist alles im Lot.",
    "Laut BMI sind Sie uebergewichtig. Bitte tun Sie etwas!",
    "Suchen Sie bitte einen Arzt auf!!!"
  };

  // Die Farben, in denen die Warnungen dargestellt werden sollen
  private final static Color[] FARBEN =
    {Color.RED,Color.GREEN,Color.YELLOW,Color.RED};
```

Kommen wir nun zu unserer Anwendungslogik. Wir lesen die gesetzten Werte aus unseren Schiebereglern mit der Instanzmethode `getValue` aus und aktualisieren hiermit unsere Darstellung. Anschließend berechnen wir den Body-Mass-Index und stellen diesen im Label `bmi` dar. Zu guter Letzt bestimmen wir anhand der Tabelle die darzustellende Warnung und Farbe und leiten sie an `warnung` weiter:

```
/** Diese Methode wird aufgerufen,
 * wann immer ein Slider bewegt wird
 **/
private void setBMI() {
  // Aktualisiere die gesetzten Werte in den Labeln
  alterAktuell.setText(String.valueOf(alter.getValue()));
  gewichtAktuell.setText(String.valueOf(gewicht.getValue()));
  groesseAktuell.setText(String.valueOf(groesse.getValue()));
  // Berechne den BMI und setze das Label
  int berechnet = (int) Math.round(gewicht.getValue() / Math.pow(
     groesse.getValue() / 100.0, 2));
  bmi.setText("Laut diesen Angaben haben Sie einen BMI von "
     + berechnet + ".");
  // Nun finde die Warnung, die zu diesem BMI passt
  int kategorie = alter.getValue() < 35 ? 0 : 1;
  int index = 0;
  for (; index < 3; index++)
    if (berechnet < GRENZEN[kategorie][index])
       break;
  // Setze den entsprechenden Text und die Farbe
  warnung.setText(WARNUNGEN[index]);
  warnung.setBackground(FARBEN[index]);
  bmi.setBackground(FARBEN[index]);
}
```

Unsere Anwendungslogik ist somit in der Methode `setBMI` definiert. Alles, was uns noch verbleibt, ist, sie immer dann aufzurufen, wenn einer unserer Schieberegler bewegt wird:

```
ChangeListener listener = new ChangeListener() {
  public void stateChanged(ChangeEvent e) {
    setBMI();
  }
};
alter.addChangeListener(listener);
gewicht.addChangeListener(listener);
groesse.addChangeListener(listener);
```

8.2 Body-Mass-Index

Beim Verändern eines `JSlider` wird ein so genanntes `ChangeEvent` geworfen, das wir mit unserem `ChangeListener` auffangen. Beachten Sie, dass wir auf den Inhalt des Events hier überhaupt keinen Wert gelegt haben. Wie so oft ist auch hier der Umstand, *dass* das Event ausgelöst wurde, der einzig interessante Punkt.

8.2.3 Das gesamte Programm im Überblick

Zu guter Letzt wollen wir noch einmal einen Blick auf das komplette Programm werfen. Dies ist in einem Band für Fortgeschrittene nicht mehr unbedingt Usus, aber in diesem speziellen Falle hat es seinen Sinn. Schenken Sie insbesondere der Aufteilung in verschiedene Methoden Beachtung. In einer Zeit, in der GUI-Programmierung immer häufiger durch visuelle Editoren statt durch Handarbeit erledigt wird, sollten wir uns eine Trennung von Darstellungs- und Anwendungslogik selbst innerhalb ein und derselben Klasse angewöhnen.

```java
import javax.swing.*;
import java.awt.*;
import javax.swing.event.*;

/** Einfache Berechnung des Body-Mass-Index   */
public class BMI extends JPanel {

    // Verwendete grafische Komponenten
    JSlider alter = new JSlider(18,100,25);
    JSlider gewicht = new JSlider(40,200,75);
    JSlider groesse = new JSlider(120,210,175);
    JLabel label1 = new JLabel("Alter (in Jahren): ");
    JLabel label2 = new JLabel("Gewicht (in kg): ");
    JLabel label3 = new JLabel("Groesse (in cm): ");
    JLabel alterAktuell = new JLabel();
    JLabel gewichtAktuell = new JLabel();
    JLabel groesseAktuell = new JLabel();
    JLabel bmi = new JLabel(" ");
    JLabel warnung = new JLabel(" ");

    // Die Grenzen fuer Unter- und Uebergewicht
    private final static int[][] GRENZEN =
      {{19,25,30},{19,27,30}};

    // Die Nachricht fuer die entsprechende Gewichtsgrenze
    private final static String[] WARNUNGEN =
    { "Laut BMI sind Sie untergewichtig. Bitte essen Sie mehr!",
      "Herzlichen Glueckwunsch! Bei Ihnen ist alles im Lot.",
      "Laut BMI sind Sie uebergewichtig. Bitte tun Sie etwas!",
      "Suchen Sie bitte einen Arzt auf!!!"
    };

    // Die Farben, in denen die Warnungen dargestellt werden sollen
    private final static Color[] FARBEN =
      {Color.RED,Color.GREEN,Color.YELLOW,Color.RED};

    /** Hilfsmethode fuer den Konstruktor: Setze das Design */
    private void setDesign() {
```

```java
39      // Einige Labels wollen sollen farbig sein -
40      // hierzu muessen wir den opaque-"Schalter" setzen
41      warnung.setOpaque(true);
42      bmi.setOpaque(true);
43      // Der Text in diesen Labeln soll ausserdem zentriert sein
44      warnung.setHorizontalAlignment(SwingConstants.CENTER);
45      bmi.setHorizontalAlignment(SwingConstants.CENTER);
46      // Fuer unsere aktuell gesetzten Werte sollen die Zahlen nach
47      // rechts ausgerichtet werden.
48      alterAktuell.setHorizontalAlignment(SwingConstants.RIGHT);
49      gewichtAktuell.setHorizontalAlignment(SwingConstants.RIGHT);
50      groesseAktuell.setHorizontalAlignment(SwingConstants.RIGHT);
51      // Verwende das GridBagLayout
52      GridBagLayout gridbag = new GridBagLayout();
53      setLayout(gridbag);
54      GridBagConstraints constraints = new GridBagConstraints();
55      // Das Layout soll keine "Luecken" hinterlassen,
56      // sondern alle Komponenten einer Spalte so weit strecken,
57      // dass sie gleich weit sind
58      constraints.fill = GridBagConstraints.HORIZONTAL;
59      // Setze die einzelnen Eingabefelder in einer Schleife
60      JSlider[] sliders = {alter,gewicht,groesse};
61      JLabel[] labels = {label1,label2,label3};
62      JLabel[] aktuell = {alterAktuell,gewichtAktuell,groesseAktuell};
63      for (int i = 0; i < 3; i++) {
64          // Setze die Zeile, in der wir uns befinden
65          constraints.gridy = i;
66          // Setze den Label
67          constraints.gridx = 0;
68          gridbag.setConstraints(labels[i],constraints);
69          this.add(labels[i]);
70          // Setze den Slider
71          constraints.gridx = 1;
72          gridbag.setConstraints(sliders[i],constraints);
73          this.add(sliders[i]);
74          // Setze die Darstellung der gesetzten Werte
75          constraints.gridx = 2;
76          gridbag.setConstraints(aktuell[i],constraints);
77          this.add(aktuell[i]);
78      }
79      // Zu guter Letzt setze die Ergebnislabel - und mache
80      // sie so breit wie das Fenster
81      constraints.gridx = 0;
82      constraints.gridy = 3;
83      constraints.gridwidth = 3;
84      gridbag.setConstraints(bmi,constraints);
85      this.add(bmi);
86      constraints.gridy = 4;
87      gridbag.setConstraints(warnung,constraints);
88      this.add(warnung);
89  }
90
91  /** Hilfsmethode fuer den Konstruktor: Setze benoetigte Listener */
92  private void setListeners() {
93      // Bei jedem Wechsel soll die setBMI-Methode aufgerufen werden.
```

8.2 Body-Mass-Index

```java
94        ChangeListener listener = new ChangeListener() {
95          public void stateChanged(ChangeEvent e) {
96            setBMI();
97          }
98        };
99        alter.addChangeListener(listener);
100       gewicht.addChangeListener(listener);
101       groesse.addChangeListener(listener);
102     }
103
104     /** Diese Methode wird aufgerufen,
105      * wann immer ein Slider bewegt wird
106      **/
107     private void setBMI() {
108       // Aktualisiere die gesetzten Werte in den Labeln
109       alterAktuell.setText(String.valueOf(alter.getValue()));
110       gewichtAktuell.setText(String.valueOf(gewicht.getValue()));
111       groesseAktuell.setText(String.valueOf(groesse.getValue()));
112       // Berechne den BMI und setze das Label
113       int berechnet = (int) Math.round(gewicht.getValue() / Math.pow(
114         groesse.getValue() / 100.0, 2));
115       bmi.setText("Laut diesen Angaben haben Sie einen BMI von "
116         + berechnet + ".");
117       // Nun finde die Warnung, die zu diesem BMI passt
118       int kategorie = alter.getValue() < 35 ? 0 : 1;
119       int index = 0;
120       for (; index < 3; index++)
121         if (berechnet < GRENZEN[kategorie][index])
122           break;
123       // Setze den entsprechenden Text und die Farbe
124       warnung.setText(WARNUNGEN[index]);
125       warnung.setBackground(FARBEN[index]);
126       bmi.setBackground(FARBEN[index]);
127     }
128
129     /** Konstruktor */
130     public BMI() {
131       setDesign();
132       setListeners();
133       setBMI();
134     }
135
136     /** Main-Methode */
137     public static void main(String[] args) {
138       JFrame frame = new JFrame();
139       frame.setTitle("BMI Rechner");
140       frame.setContentPane(new BMI());
141       frame.pack();
142       frame.setDefaultCloseOperation(JFrame.EXIT_ON_CLOSE);
143       frame.setVisible(true);
144     }
145   }
```

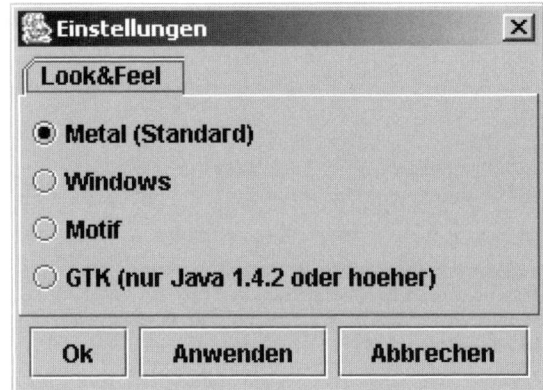

Abbildung 8.2: Einstellungs-Dialog für die Uhren-Anwendung

8.3 Wem die Stunde schlägt, Iteration 3

Und wieder einmal erweitern wir unser Uhren-Programm. In diesem Abschnitt werden wir unser Fenster um einen Einstellungs-Dialog erweitern (siehe Abbildung 8.2). Ziel der Iteration ist es, das Look and feel unserer Applikation durch das Menü wechseln zu können.

8.3.1 Design und Layout

Wir definieren eine Klasse namens `Einstellungen`, die sich von `JDialog` ableitet:

```
public class Einstellungen extends JDialog {
```

Natürlich soll unser Dialog im Laufe der Zeit mehr tun, als nur das Look and feel zu bestimmen. Wie in Abbildung 8.2 gezeigt, entwerfen wir unseren Dialog deshalb als eine Ansammlung von so genannten „Karteireitern" bzw. „Tabs". Jeder, der schon einmal einen Windows-Einstellungsdialog gesehen hat, ist mit dem Prinzip vertraut. Jeder Karteireiter ist fuer das Setzen gewisser Eigenschaften verantwortlich. Durch das Wechseln zwischen den verschiedenen Karteireitern kann man verschiedene Eigenschaften beeinflussen.

Swing unterstützt die Verwendung von Karteireitern durch die Klasse `JTabbedPane` – die wir als Hauptelement unseres Dialoges einsetzen. Im Süden unseres Designs (wir verwenden `BorderLayout`) fügen wir ein `Panel` mit drei `JButtons` hinzu. Diese Schalter stellen die Aktionen „OK", „Abbrechen" und „Anwenden" dar:

```
/** Konstruktor.
  * @param frame das Fenster, zu dem der Dialog gehoert
  *  (Wert kann auch null sein)
  * @param modal besagt, ob der Dialog modal ist
```

8.3 Wem die Stunde schlägt, Iteration 3

```java
 *  @param bestandteile jene Einstellungen, die in diesem
 *  Dialog gesetzt werden koennen.
 **/
public Einstellungen(Frame frame,boolean modal,
   Einstellung[] bestandteile) {

   // SCHRITT 1: GRUNDLEGENDES LAYOUT
   // ================================
   super(frame,modal);
   setTitle("Einstellungen");
   Container content = getContentPane();
   content.setLayout(new BorderLayout());
   // Unser Dialog verwendet ein JTabbedPane fuer
   // die verschiedenen Einstellungsarten
   JTabbedPane optionen = new JTabbedPane();
   content.add(optionen,BorderLayout.CENTER);
   // Fuer die OK/ANWENDEN/ABBRECHEN - Buttons
   // setzen wir ein weiteres Panel
   JPanel buttons = new JPanel();
   content.add(buttons,BorderLayout.SOUTH);

   // SCHRITT 2: SETZE DIE BUTTON-LEISTE,
   // INKLUSIVE DER ACTION-LISTENER
   // ==================================
   buttons.setLayout(new FlowLayout(FlowLayout.RIGHT));
   JButton ok = new JButton("Ok");
   JButton anwenden = new JButton("Anwenden");
   JButton abbrechen = new JButton("Abbrechen");
   buttons.add(ok);
   buttons.add(anwenden);
   buttons.add(abbrechen);
```

Einzelne Karteireiter werden als Panel definiert und mit der Methode `addTab` in unser `JTabbedPane`-Objekt eingefügt. Abhängig davon, welcher Schalter betätigt wird, werden die momentan definierten Einstellungen entweder erzeugt oder verworfen. Es stellt sich hierbei jedoch die Frage, wie wir diese Dinge allgemeingültig realisieren, ohne bereits etwas über die Definition der verschiedenen Karteireiter zu wissen.

Wie Sie vielleicht schon der Signatur des Konstruktors entnommen haben, lösen wir das Problem durch ein neues Interface:

```java
public static interface Einstellung {

   /** Gibt die grafische Komponente zurueck, die im
    * Dialog dargestellt werden soll.
    **/
   public Component getComponent();

   /** Gibt den Titel zurueck, unter dem die Komponente
    * dargestellt werden soll.
    **/
   public String getLabel();

   /** Diese Methode wird aufgerufen, wenn die Einstellungen
    * aus dem Dialog uebernommen werden sollen.
```

```
    **/
    public void anwenden();
}
```

Dieses Interface repräsentiert eine einzelne Einstellung, die mit Hilfe des Dialoges gesetzt werden kann. Konkrete Realisierungen müssen die folgenden Informationen zurückliefern:

- Eine grafische Komponente, die im `JTabbedPane` dargestellt werden kann.
- Eine textuelle Kurzbeschreibung für den Namen des dargestellten Karteireiters.
- Die Ausführungslogik, wenn die gesetzten Einstellungen übernommen werden sollen.

Mit dieser Definition haben wir alle Informationen, um beliebige Einstellungen über den Dialog vornehmen zu können. Wir speichern das im Konstruktor übergebene Feld in einer Instanzvariablen und fügen die Komponenten mittels einer Schleife in das `JTabbedPane` ein:

```
this.bestandteile = (Einstellung[]) bestandteile.clone();
for (int i = 0; i < bestandteile.length; i++)
    optionen.addTab(bestandteile[i].getLabel(),
        bestandteile[i].getComponent());
```

Für das Setzen der verschiedenen Einstellungen definieren wir eine simple Methode, die die anwenden-Methode der `Einstellung`-Objekte nacheinander aufruft:

```
/** Diese Methode wird aufgerufen, wenn der Ok- oder
 *  Anwende-Button gedrueckt wird.
 **/
private void setzeEinstellungen() {
    for (int i = 0; i < bestandteile.length; i++)
        bestandteile[i].anwenden();
}
```

Es obliegt nun den `ActionListener`-Implementierungen der verschiedenen Schalter, ob die Methode aufgerufen wird:

- „OK" führt die Einstellungen aus und schließt den Dialog.
- „Anwenden" führt die Einstellungen ebenfalls aus, lässt den Dialog aber offen.
- „Abbrechen" verwirft die Einstellungen und schließt den Dialog.

Die Listener sind wie folgt durch anonyme Klassen realisiert:

```
ok.addActionListener(new ActionListener() {
    public void actionPerformed(ActionEvent e) {
        setzeEinstellungen();
        setVisible(false);
    }
});
anwenden.addActionListener(new ActionListener() {
```

```
      public void actionPerformed(ActionEvent e) {
        setzeEinstellungen();
      }
    });
    abbrechen.addActionListener(new ActionListener() {
      public void actionPerformed(ActionEvent e) {
        setVisible(false);
      }
    });
```

8.3.2 Wechsel des Look and feel

Kommen wir nun zu jener Klasse, die für das Setzen des Look and feel zuständig ist. Die Implementierung ist recht geradlinig und die Kommentare in dem Listing sollten für sich selbst sprechen. Achten Sie jedoch auf folgende Besonderheiten:

- Zeile 8 und 9: Unsere Klasse implementiert nicht nur das Interface Einstellung, sie ist zugleich die darzustellende Komponente. Aus diesem Grund wird in Zeile 69 this zurückgegeben.
- Zeile 17 und 25: Das GTK-Layout existiert erst ab JDK 1.4.2. Bei älteren Java-Versionen wird eine ClassNotFoundException geworfen, die wir in Zeile 89 auffangen.
- Zeile 93 bis 96: Bereits dargestellte Fenster müssen mittels der Methode updateComponentTreeUI aktualisiert werden, damit das neue Look and feel übernommen wird. Die aufzufrischenden Fenster werden in der Methode setZuAktualisieren von außen übergeben.

```
1  import java.awt.*;
2  import javax.swing.*;
3
4  /** Diese Klasse ermoeglicht dem Benutzer (in Verbindung
5    * mit dem Einstellungs-Dialog) das Setzen des
6    * Look and feel.
7    **/
8  public class SetzeLookAndFeel extends JPanel
9    implements Einstellungen.Einstellung
10 {
11   /** Die verschiedenen Namen der Look-and-feels */
12   private final static String[] NAMES = {
13     "Metal (Standard)",
14     "Windows",
15     "Motif",
16     "GTK (nur Java 1.4.2 oder hoeher)"
17   };
18
19   /** Instanzen der verschiedenen Look-and-feels */
20   private final static String[] CLASSES = {
21     "javax.swing.plaf.metal.MetalLookAndFeel",
22     "com.sun.java.swing.plaf.windows.WindowsLookAndFeel",
23     "com.sun.java.swing.plaf.motif.MotifLookAndFeel",
```

```java
24        "com.sun.java.swing.plaf.gtk.GTKLookAndFeel"
25      };
26
27      /** Diese Fenster muessen beim Wechsel des Look and feel
28       * aktualisiert werden.
29       **/
30      private Window[] zuAktualisieren = new Window[0];
31
32      /** Jeder RadioButton steht fuer ein Look and feel */
33      private JRadioButton[] buttons;
34
35      /** Konstruktor - hier wird das Layout gesetzt */
36      public SetzeLookAndFeel() {
37        // Schachtele mit einem inneren Panel
38        setLayout(new FlowLayout(FlowLayout.LEFT));
39        JPanel innerPanel = new JPanel();
40        add(innerPanel);
41        innerPanel.setLayout(new GridLayout(NAMES.length,1));
42        // Innerhalb des Panels setze nun
43        // die verschiedenen RadioButtons
44        buttons = new JRadioButton[NAMES.length];
45        ButtonGroup group = new ButtonGroup();
46        for (int i = 0; i < buttons.length; i++) {
47          buttons[i] = new JRadioButton(NAMES[i]);
48          group.add(buttons[i]);
49          innerPanel.add(buttons[i]);
50        }
51        // Zu Anfang ist der erste Button selektiert
52        buttons[0].setSelected(true);
53      }
54
55      /** Setze die zu aktualisierenden Fenster */
56      public void setZuAktualisieren(Window[] zuAktualisieren) {
57        if (zuAktualisieren != null)
58          this.zuAktualisieren = (Window[])
59             zuAktualisieren.clone();
60        else
61          this.zuAktualisieren = new Window[0];
62      }
63
64      /** Gibt die grafische Komponente zurueck, die im
65       * Dialog dargestellt werden soll.
66       **/
67      public Component getComponent() {
68        return this;
69      }
70
71      /** Gibt den Titel zurueck, unter dem die Komponente
72       * dargestellt werden soll.
73       **/
74      public String getLabel() {
75        return "Look&Feel";
76      }
77
78      /** Diese Methode wird aufgerufen, wenn die Einstellungen
```

8.3 Wem die Stunde schlägt, Iteration 3

```
 79       * aus dem Dialog uebernommen werden sollen.
 80       **/
 81      public void anwenden() {
 82        for (int i = 0; i < buttons.length; i++)
 83          if (buttons[i].isSelected()) {
 84            // Setze das Look and feel
 85            try {
 86              UIManager.setLookAndFeel(CLASSES[i]);
 87            }
 88            catch(Exception e) {
 89              e.printStackTrace();
 90            }
 91            // Aktualisiere gezeichnete Komponenten
 92            for (int j = 0; j < zuAktualisieren.length; j++) {
 93              SwingUtilities.updateComponentTreeUI(zuAktualisieren[j]);
 94              zuAktualisieren[j].pack();
 95            }
 96            // Somit sind wir fertig
 97            return;
 98          }
 99      }
100
101    }
```

Mit dieser Definition ist unser Dialog fertig – wir müssen ihn also lediglich noch in unserem Hauptfenster erzeugen können. Zu diesem Zweck speichern wir eine Dialoginstanz in einer privaten Instanzvariablen der Klasse `JavaUhr` und definieren folgende Methode:

```
/** Diese Methode wird aufgerufen,
  * um den Einstellungs-Dialog anzuzeigen.
  **/
private void zeigeEinstellungen() {
  // Erzeuge nur neue Objekte, wenn der Dialog noch nicht existiert
  if (einstellungen == null) {
    // Initialisiere die Look-and-feel-Einstellung
    SetzeLookAndFeel lookAndFeel = new SetzeLookAndFeel();
    // Initialisiere den Dialog
    einstellungen =
    new Einstellungen(this,true,new Einstellungen.Einstellung[]{
      lookAndFeel
    });
    // Gegen Ende noch einige letzte Einstellungen
    lookAndFeel.setZuAktualisieren(new Window[] {
      this,einstellungen
    });
  }
  // Mache den Dialog sichtbar
  einstellungen.pack();
  einstellungen.setVisible(true);
}
```

Im Konstruktor unserer Klasse fügen wir nun lediglich ein weiteres `MenuItem` hinzu und sorgen mit einem entsprechenden Listener dafür, dass die Methode aufgerufen wird:

```java
// Erzeuge ein Menue mit den verschiedenen Optionen
JMenuBar bar = new JMenuBar();
JMenu system = new JMenu("System");
JMenuItem einstellungen = new JMenuItem("Einstellungen");
JMenuItem beenden = new JMenuItem("Beenden");
bar.add(system);
system.add(einstellungen);
system.add(beenden);
setJMenuBar(bar);
// Erzeuge einen Listener fuer das Einstellungs--Menue
einstellungen.addActionListener(new ActionListener() {
  public void actionPerformed(ActionEvent e) {
    zeigeEinstellungen();
  }
});
```

Kapitel 9

Einige Ergänzungen zu Swing-Komponenten

Wie wir bereits mehrfach betont haben, ist die Swing-Klassenbibliothek viel zu umfangreich, um auch nur annäherungsweise in diesem Teil unseres Buchs abgehandelt werden zu können. In diesem Kapitel wollen wir Ihnen daher lediglich noch einige Ergänzungen zu dem bisher Erwähnten geben, um Ihr Gesamtbild von den Komponenten für grafische Oberflächen etwas abzurunden.

9.1 Zeichnen in Swing-Komponenten

Eine Komponente wie zum Beispiel ein `JPanel`-Objekt können wir nicht nur mit vorgefertigten Komponenten (Labels, Buttons etc.) ausstatten, um sie so unseren Wünschen entsprechend aussehen zu lassen. Es ist auch möglich, direkten Einfluss auf die grafische Gestaltung einer Swing-Komponente zu nehmen, indem man die Methode, die für das Zeichnen der Komponente zuständig ist, überschreibt. In diesem Abschnitt wollen wir uns damit beschäftigen, welche Möglichkeiten es gibt, in einer Komponente eigene grafische Elemente zu zeichnen.

9.1.1 Grafische Darstellung von Komponenten

Für die Darstellung der einzelnen Swing-Komponenten einer grafischen Oberfläche ist der so genannte **Repaint-Manager** zuständig. Er sorgt dafür, dass beim erstmaligen Erscheinen einer Komponente oder bei Änderungen an ihrem Erscheinungsbild ihre Darstellung aktiviert bzw. aktualisiert wird. Die Methoden, die für Veränderungen an den Komponenten zuständig sind, rufen dazu die von `Component` geerbte Instanzmethode

- **`public void`** `repaint()`

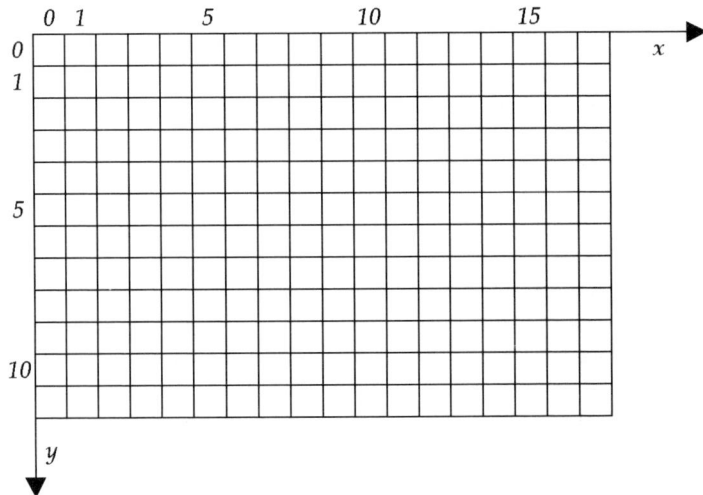

Abbildung 9.1: Das Pixel-Koordinatensystem für die Grafik

auf. Dadurch wird der Repaint-Manager veranlasst, die von `JComponent` geerbte Instanzmethode

- **public void** paint(Graphics g)

aufzurufen, die das (Neu-)Zeichnen der Komponente durchführt.
Die Methode `paint` ruft zu diesem Zweck die Instanzmethoden

- **protected void** paintComponent(Graphics g)
- **protected void** paintBorder(Graphics g)
- **protected void** paintChildren(Graphics g)

(in dieser Reihenfolge) auf, wodurch die Komponente selbst, ihr Border-Bereich und alle in die Komponente bereits eingefügten Komponenten gezeichnet werden. Wenn wir also die grafische Darstellung einer Komponente verändern wollen, so müssen wir deren Methode `paintComponent` anpassen.

Allen genannten Methoden wird der Parameter g, ein Objekt vom Typ `Graphics`, übergeben. Dieses stellt den Bezug zum grafischen Kontext, also zum tatsächlichen Ausgabegerät, auf dem die Komponente gezeichnet wird, her.

9.1.2 Das Grafik-Koordinatensystem

Bei der Platzierung von Grafik- und Text-Elementen auf den Komponenten wird ein zweidimensionales Pixel-Koordinatensystem verwendet (vergleiche Abbildung 9.1). Sein Ursprung, das Pixel mit den Koordinaten (0,0), liegt in der linken oberen Ecke, die x-Achse für die erste Koordinate verläuft horizontal von links

nach rechts und die y-Achse für die zweite Koordinate vertikal von oben nach unten. Alle Koordinaten für die Positionierung und Maße von grafischen Elementen werden somit in Pixel angegeben.
Mit Hilfe ihrer Methoden

- **public int** getHeight()
  liefert die Höhe (in Pixel) der aufrufenden Komponente.
- **public int** getWidth()
  liefert die Breite (in Pixel) der aufrufenden Komponente.

die wir bereits in Abschnitt 6.1 erwähnt haben, kann jede Komponente abfragen, welcher Bereich des Koordinatensystems ihr gerade zur Verfügung steht. Beträgt die Höhe h Pixel und die Breite b Pixel, so sind in x-Richtung die Pixel 0 bis $h-1$ und in y-Richtung die Pixel 0 bis $b-1$ verfügbar. Handelt es sich um eine Komponente, die Randelemente wie z. B. eine Titelzeile, eine Menüleiste oder einen Rahmen beinhaltet, so ist zu beachten, dass nicht der gesamte Bereich nutzbar ist. Die abzuzweigenden Randbereiche können mittels der Methode

- **public** Insets getInsets()

ermittelt werden. Das zurückgelieferte Objekt der Klasse Insets besitzt vier Instanzvariablen left, right, top und bottom vom Typ **int**, in denen jeweils die Anzahl der links, rechts, oben und unten abzuzweigenden Pixel gespeichert ist.

9.1.3 Die abstrakte Klasse Graphics

In dieser Klasse werden zahlreiche Methoden bereitgestellt, die es ermöglichen, innerhalb des Grafikkoordinatensystems einer Komponente zu zeichnen. Einige davon wollen wir hier kurz vorstellen.

- **void** drawLine(**int** x1, **int** y1, **int** x2, **int** y2)
  zeichnet eine Linie vom Pixel (x1,y1) bis zum Pixel (x2,y2).
- **void** drawPolyline(**int**[] x, **int**[] y, **int** n)
  zeichnet eine Sequenz von Linien, die jeweils die Punkte (x[i],y[i]) und (x[i+1],y[i+1]) für i = 0,1,2,...,n−2 verbinden.
- **void** drawRect(**int** x, **int** y, **int** w, **int** h)
  zeichnet ein Rechteck mit linker oberer Ecke (x,y) und rechter unterer Ecke (x+w,y+h).
- **void** drawPolygon(**int**[] x, **int**[] y, **int** n)
  zeichnet ein geschlossenes Polygon, das jeweils die Punkte (x[i],y[i]) und (x[i+1],y[i+1]) für i = 0,1,2,...,n−2 sowie die Punkte (x[n-1],y[n-1]) und (x[0],y[0]) verbindet.
- **void** drawOval(**int** x, **int** y, **int** w, **int** h)
  zeichnet ein Oval, das in ein Rechteck mit linker oberer Ecke (x,y) und rechter unterer Ecke (x+w,y+h) passt.

- **void** drawArc(**int** x, **int** y, **int** w, **int** h, **int** s, **int** a)
  zeichnet einen Ellipsen- oder Kreisbogen, also einen Teil eines Ovals, das in ein Rechteck mit linker oberer Ecke (x,y) und rechter unterer Ecke (x+w,y+h) passt. Dabei gibt s den Startwinkel und a den eigentlichen Winkel (jeweils in Grad) für den Bogen an.

- **void** drawString(String str, **int** x, **int** y)
  schreibt den in str angegebenen Text beginnend beim Pixel (x,y).

- **void** fillRect(**int** x, **int** y, **int** w, **int** h)
  zeichnet ein gefülltes Rechteck mit linker oberer Ecke (x,y) und rechter unterer Ecke (x+w,y+h).

- **void** fillPolygon(**int**[] x, **int**[] y, **int** n)
  zeichnet ein gefülltes geschlossenes Polygon, das jeweils die Punkte (x[i],y[i]) und (x[i+1],y[i+1]) für i = 0,1,2,...,n−2 sowie die Punkte (x[n-1],y[n-1]) und (x[0],y[0]) verbindet.

- **void** fillOval(**int** x, **int** y, **int** w, **int** h)
  zeichnet ein gefülltes Oval, das in ein Rechteck mit linker oberer Ecke (x,y) und rechter unterer Ecke (x+w,y+h) passt.

- **void** fillArc(**int** x, **int** y, **int** w, **int** h, **int** s, **int** a)
  zeichnet einen gefüllten Ellipsen- oder Kreisbogen, also einen Teil eines Ovals, das in ein Rechteck mit linker oberer Ecke (x,y) und rechter unterer Ecke (x+w,y+h) passt. Dabei gibt s den Startwinkel und a den eigentlichen Winkel (jeweils in Grad) für den Bogen an.

Als „Stiftfarbe" verwenden alle Methoden die eingestellte Vordergrundfarbe der Komponente. Die Methoden drawXxx zeichnen mit einer Strichstärke von einem Pixel. Bei den Methoden xxxArc wird der Startwinkel jeweils am Mittelpunkt des umschließenden Rechtecks bei nach rechts zeigendem Schenkel angelegt.
Abbildung 9.2 demonstriert, wie ein Rechteck, ein Oval und ein gefüllter Kreisbogen, die durch die Anweisungen

```
g.drawRect(3,2,13,8);
g.drawOval(6,3,8,5);
g.fillArc(7,4,6,6,0,90);
```

erzeugt wurden, im Pixel-Koordinatensystem angezeigt werden.[1] Die grauen Pünktchen um das Oval skizzieren dabei die Lage des „Einbettungs-Rechtecks" für das Oval. Schließlich wollen wir noch alle oben aufgeführten Graphics-Methoden beispielhaft anwenden. Dazu setzen wir eine eigene JPanel-Klasse

```
1  import javax.swing.*;
2  import java.awt.*;
3
4  /** Spezielle JPanel-Klasse */
```

---

[1] Natürlich werden Ovale bzw. Kreisbögen in Pixel zerlegt und erscheinen daher in derart kleinem Maßstab eigentlich nicht mehr rund. In dieser Beziehung ist die Abbildung vereinfacht zu verstehen.

9.1 Zeichnen in Swing-Komponenten

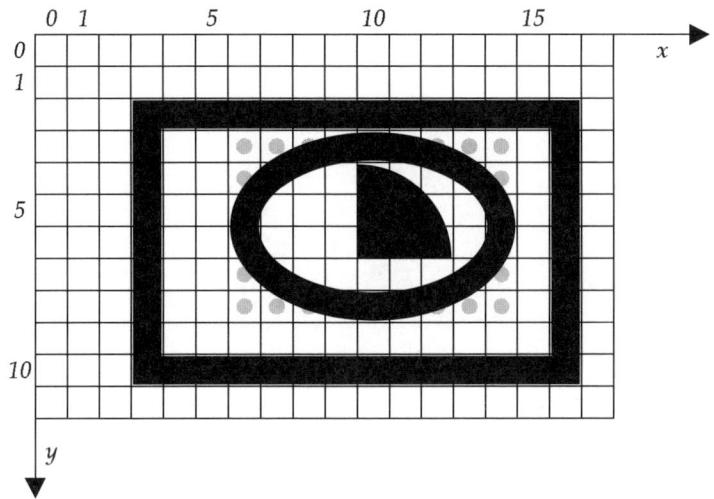

Abbildung 9.2: Rechteck, Oval und gefüllter Kreisbogen

```java
public class ZeichenPanel extends JPanel {
  public void paintComponent(Graphics g) {
    g.drawLine(10,10,30,20);

    int[] x = {30,40,60,70};
    int[] y = { 5, 5,30, 5};
    g.drawPolyline(x,y,4);

    g.drawRect(10,50,20,10);

    x = new int[] {130,140,160,170};
    y = new int[] {  5, 25, 30, 35};
    g.drawPolygon(x,y,4);

    g.drawOval(110,60,30,15);

    g.drawArc(70,40,30,20,0,110);

    g.drawString("Wow!",40,90);

    g.fillRect(10,130,20,10);

    x = new int[] {130,140,160,170};
    y = new int[] {105,135,130,155};
    g.fillPolygon(x,y,4);

    g.fillOval(60,130,30,30);

    g.fillArc(150,70,40,30,0,-45);
  }
}
```

Abbildung 9.3: Zeichnen mit den Methoden der Klasse `Graphics`

ein, in der wir die `paintComponent`-Methode unseren Wünschen entsprechend angepasst haben. Ein Objekt dieser Klasse pflegen wir nun als Komponente in den Frame

```
1  import java.awt.*;
2  import java.awt.event.*;
3  import javax.swing.*;
4
5  /** Erzeuge ein Swing-Fenster mit einer Zeichnung */
6  public class Zeichnung extends JFrame {
7    Container c;            // Container dieses Frames
8    ZeichenPanel z;         // Zeichnung auf dem Zeichen-Panel
9
10   public Zeichnung() {    // Konstruktor
11     c = getContentPane();
12     // Erzeuge neue Zeichnung und fuege sie dem Frame hinzu
13     z = new ZeichenPanel();
14     c.add(z);
15   }
16
17   public static void main(String[] args) { // main-Methode
18     Zeichnung fenster = new Zeichnung();
19     fenster.setTitle("Zeichnung");
20     fenster.setSize(200,200);
21     fenster.setVisible(true);
22     fenster.setDefaultCloseOperation(JFrame.EXIT_ON_CLOSE);
23   }
24 }
```

ein, der sich beim Start wie in Abbildung 9.3 dargestellt präsentiert.

9.1.4 Ein einfaches Zeichenprogramm

Zum Schluss dieses Abschnitts über das Zeichnen in Swing-Komponenten wollen wir noch ein kleines Programm entwickeln, das es erlaubt, innerhalb der Zeichenfläche mit Mausklicks Punkte zu markieren, die jeweils durch eine Linie verbun-

9.1 Zeichnen in Swing-Komponenten

den werden. Wir setzen dazu das Rahmenprogramm aus dem vorangegangenen Abschnitt in der leicht modifizierten Form

```
1  import java.awt.*;
2  import java.awt.event.*;
3  import javax.swing.*;
4
5  /** Erzeuge ein Swing-Fenster mit einem Zeichenbrett */
6  public class PunkteVerbinden extends JFrame {
7    Container c;           // Container dieses Frames
8    Zeichenbrett z;        // Zeichenbrett zum Linien Malen
9
10   // Konstruktor
11   public PunkteVerbinden() {
12     // Bestimme die Referenz auf den eigenen Container
13     c = getContentPane();
14     // Erzeuge neues Zeichenbrett und fuege es dem Frame hinzu
15     z = new Zeichenbrett();
16     c.add(z);
17   }
18
19   // main-Methode
20   public static void main(String[] args) {
21     PunkteVerbinden fenster = new PunkteVerbinden();
22     fenster.setTitle("Punkte verbinden");
23     fenster.setSize(250,200);
24     fenster.setVisible(true);
25     fenster.setDefaultCloseOperation(JFrame.EXIT_ON_CLOSE);
26   }
27 }
```

ein, in der wir ein Objekt der Klasse Zeichenbrett als Komponente in den Container einfügen. Diese haben wir, wiederum als Subklasse von JPanel, so aufgebaut, dass jeweils Instanzvariablen x und y zur Speicherung der Koordinaten von Maus-Klicks und n für die Anzahl der bereits getätigten Maus-Klicks verwendet werden. Der Konstruktor initialisiert diese Variablen und fügt dem Zeichenbrett ein MouseListener-Objekt hinzu.

Die dazu benötigte Klasse ClickBearbeiter erbt von MouseAdapter, so dass wir uns darauf beschränken können, nur eine Methode, nämlich mousePressed, zu implementieren.[2] Darin greifen wir mit getX und getY die Koordinaten des Maus-Ereignisses ab, speichern diese in x bzw. y und erhöhen den Maus-Klick-Zähler n. Um durch den Maus-Klick auch sofort die nächste Verbindungslinie gezeichnet zu bekommen, rufen wir die Methode repaint auf, die den Repaint-Manager auffordert, die Komponente neu zu zeichnen. Den eigentlichen Zeichenvorgang haben wir durch Überschreiben der Methode paintComponent implementiert, in der wir lediglich die Graphics-Methode drawPolyline aufrufen, um die Verbindungslinien zwischen den Maus-Klick-Koordinaten darzustellen. Unsere Klasse ist also wie folgt aufgebaut

---

[2]Wir haben nicht die Methode mouseClicked verwendet, weil diese nur aktiviert wird, wenn wir *press* und *release* an exakt der gleichen Position ausführen. Bei schnellen Mausbewegungen könnte es daher mit ihr zu „Aussetzern" beim Zeichnen kommen.

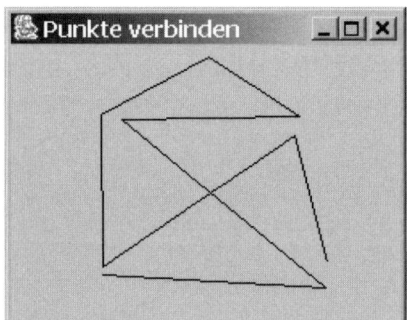

Abbildung 9.4: Maus-Klicks durch Linien verbinden

```
1   import javax.swing.*;
2   import java.awt.*;
3   import java.awt.event.*;
4
5   /** Spezielle JPanel-Klasse */
6   public class Zeichenbrett extends JPanel {
7     private int[] x, y;   // Koordinaten der Maus-Klicks
8     private int n;        // Anzahl Klicks
9
10    // Konstruktor
11    public Zeichenbrett() {
12      n = 0;
13      x = new int[1000];
14      y = new int[1000];
15      addMouseListener(new ClickBearbeiter());
16    }
17
18    // paintComponent ueberschreiben
19    public void paintComponent(Graphics g) {
20      g.drawPolyline(x,y,n);
21    }
22
23    // Listener-Klasse fuer Maus-Ereignisse
24    class ClickBearbeiter extends MouseAdapter {
25      public void mousePressed(MouseEvent e) {
26        x[n] = e.getX();  // speichere x-Koordinate
27        y[n] = e.getY();  // speichere y-Koordinate
28        n++;              // erhoehe Anzahl Klicks
29        repaint();        // Neuzeichnen der Komponente beim
30                          // Repaint-Manager anfordern
31      }
32    }
33  }
```

und ein Aufruf des Programms PunkteVerbinden ermöglicht es uns, zum Beispiel das berühmte „Haus des Nikolaus" zu zeichnen (siehe Abbildung 9.4).

9.2 Noch mehr Swing gefällig?

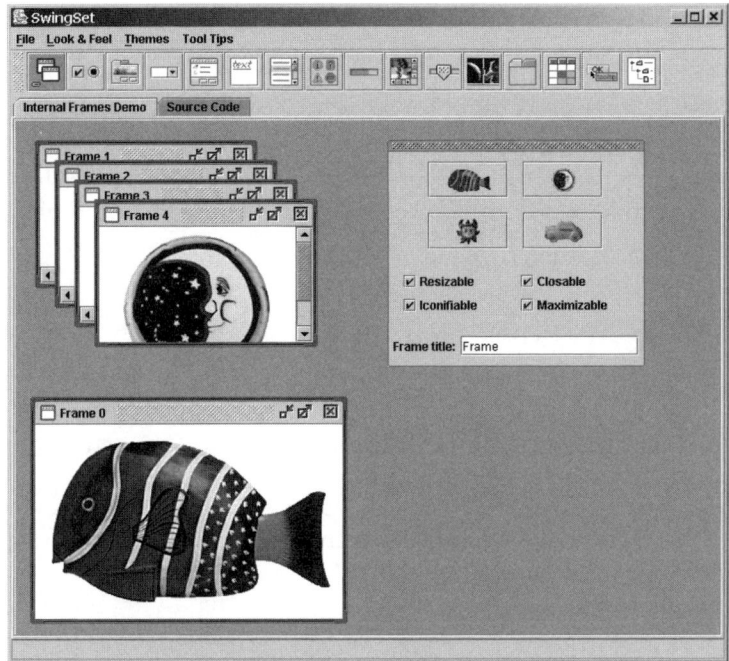

Abbildung 9.5: Das SwingSet-Demo-Programm aus der JDK-Installation

9.2 Noch mehr Swing gefällig?

Sie haben durch dieses Kapitel Geschmack an Swing gefunden und wollen noch mehr erfahren? Dann bietet es sich an, einmal das Programm SwingSet2 zu starten, das (neben weiteren Demo-Programmen) zu jeder aktuellen JDK-Version gehört. Zu finden ist es im Verzeichnis

```
...\j2sdk...\demo\jfc\SwingSet2
```

wobei ... entsprechend dem tatsächlichen Installationspfad auf Ihrem Rechner und der installierten JDK-Version ergänzt werden muss.
Wenn Sie sich in diesem Verzeichnis befinden, können Sie mit dem Kommando

```
java -jar SwingSet2.jar
```

das Programm als Applikation starten. Die Oberfläche des SwingSet-Programms (siehe Abbildung 9.5) bietet über die Toolbar die Möglichkeit, sich einen Überblick über eine Vielzahl von Swing-GUI-Gestaltungsmöglichkeiten und deren Funktionalität zu verschaffen.
Natürlich wird es für jeden, der sich intensiver mit der Swing-Programmierung beschäftigen möchte, erforderlich sein, weitere Literatur zu studieren. Spezielle Bücher über Swing gibt es mittlerweile zuhauf. Außerdem findet sich auch im

Java-Tutorial von Sun Microsystems, das als Buch [1] und zum freien Download [12] zur Verfügung steht, ein Kapitel „Creating a GUI with JFC/Swing", das sich der Swing-Programmierung widmet.

In jeder Phase Ihres Daseins als Swing-Entwickler(in) wird jedoch ein Dokument eine zentrale Rolle spielen: Die API-Spezifikation [21] der JDK-Klassen. Von einem regelmäßigen gezielten Nachschlagen in diesen stets aktuell gehaltenen Detail-Informationen direkt aus dem Hause Sun werden Ihre Programmiertätigkeiten sicherlich profitieren.

9.3 Übungsaufgaben

Aufgabe 9.1

Schreiben Sie eine Klasse Punkt zur Darstellung von Punkten in der Zeichenebene. Der Konstruktor der Klasse soll zwei double-Parameter erwarten (die x- und y-Koordinaten des Punkts) und in entsprechenden privaten Instanzvariablen speichern. Schreiben Sie je eine Zugriffsmethode getX() bzw. getY(), die die x- bzw. y-Koordinate des Punkts zurückliefert.

Schreiben Sie außerdem eine Methode drehen, die den Punkt um den übergebenen Winkel phi (im Bogenmaß) dreht. Die Koordinaten (x_{neu}, y_{neu}) eines um den Winkel ϕ gedrehten Punkts $p = (x_p, y_p)$ berechnen sich als

$$x_{neu} := x_p \cdot \cos(\phi) - y_p \cdot \sin(\phi) \quad \text{und} \quad y_{neu} := x_p \cdot \sin(\phi) + y_p \cdot \cos(\phi).$$

Aufgabe 9.2

Schreiben Sie eine Klasse Strecke, die das Interface

```
1  import java.awt.*;
2  public interface GeoObjekt {
3    public void drehen(double phi);
4    // dreht das Objekt um den Winkel phi
5
6    public void zeichnen(Graphics g, int xNull, int yNull);
7    // zeichnet das Objekt auf der Zeichenebene
8    // xNull und yNull sind die Koordinaten des Ursprungs
9    // (Nullpunkts) des verwendeten Koordinatensystems
10 }
```

implementiert. Der Konstruktor soll zwei Punkt-Parameter (die Randpunkte der Strecke) akzeptieren und deren Referenzen in privaten Instanzvariablen ablegen. Die beiden abstrakten Methoden drehen und zeichnen, die von der Schnittstelle GeoObjekt definiert werden, sind zu implementieren. Greifen Sie dabei so weit wie möglich auf Methoden der Klasse Punkt zurück.

Achten Sie beim Zeichnen in der Methode zeichnen darauf, dass die Linie relativ zum übergebenen Nullpunkt (xNull,yNull) ausgegeben wird. Verwenden Sie beim Aufruf der Methode drawLine der Klasse Graphics daher die um xNull bzw. yNull erhöhten Koordinaten.

Aufgabe 9.3

Schreiben Sie eine Klasse `Dreieck`, die ebenfalls die Schnittstelle `GeoObjekt` aus Aufgabe 9.2 implementiert. Der Konstruktor soll drei `Punkt`-Parameter erwarten und sie in entsprechenden **protected**-Instanzvariablen speichern. Im Konstruktor sollen mit diesen drei Punkten drei neue Objekte der Klasse `Strecke` instantiiert werden, deren Referenzen in privaten Instanzvariablen gespeichert werden. Implementieren Sie die Methoden `drehen` und `zeichnen`, indem Sie nur auf die jeweiligen Methoden der drei Strecken-Objekte zurückgreifen.

Aufgabe 9.4

Schreiben Sie eine Klasse `DrehPanel`, die von `JPanel` erbt und als Zeichenfläche dienen kann, auf der fest vorgegebene zweidimensionale geometrische Objekte gedreht werden können. Die Klasse soll mit einer finalen Klassenvariablen `SCHRITTWEITE` mit Wert $\frac{\pi}{60}$ (die Schrittweite für Drehungen) und einer privaten Variable `drehObjekt` vom Typ `GeoObjekt` (das Objekt, das gedreht werden soll) ausgestattet sein.

Im Konstruktor der Klasse sollen vier Instanzen der Klasse `JButton` erzeugt, mit *Links*, *Rechts*, *Strecke* und *Dreieck* beschriftet und dem Panel hinzugefügt werden. Bei jedem dieser Buttons soll ein `ActionListener`-Objekt unter Verwendung einer anonymen Klasse registriert werden. In der jeweiligen Methode `actionPerformed` soll dabei

- für den mit *Links* beschrifteten Knopf das Objekt `drehObjekt` um die negative Schrittweite gedreht,
- für den mit *Rechts* beschrifteten Knopf das Objekt `drehObjekt` um die positive Schrittweite gedreht,
- für den mit *Strecke* beschrifteten Knopf das Objekt `drehObjekt` mit der Methode `erzeugeStrecke` als neue Strecke erzeugt,
- für den mit *Dreieck* beschrifteten Knopf das Objekt `drehObjekt` mit der Methode `erzeugeDreieck` als neues Dreieck erzeugt

und jeweils `repaint` zum Neuzeichnen alle Komponenten aufgerufen werden. der Konstruktor soll auch dafür sorgen, dass die Variable `drehObjekt` zu Beginn mit einer Strecke initialisiert wird.

Zum Erzeugen einer neuen Strecke müssen Sie nun noch die Methode `erzeugeStrecke()` schreiben, die ein neues Objekt der Klasse `Strecke` (siehe Aufgabe 9.2) mit den Endpunkten $(0,0)$ und $(100,0)$ erzeugt und als Ergebnis zurückliefert. Außerdem müssen Sie noch die Methode `erzeugeDreieck()` zum Erzeugen eines neuen Dreiecks ergänzen, die ein neues Objekt der Klasse `Dreieck` mit den Eckpunkten $(0,0)$, $(100,0)$ und $(50,-66)$ erzeugt und als Ergebnis zurückliefert. Schließlich überschreiben Sie noch die Methode `paintComponent(Graphics g)`, indem Sie darin zunächst die entsprechende Methode der Superklasse und anschließend die Instanzmethode `zeichnen` des

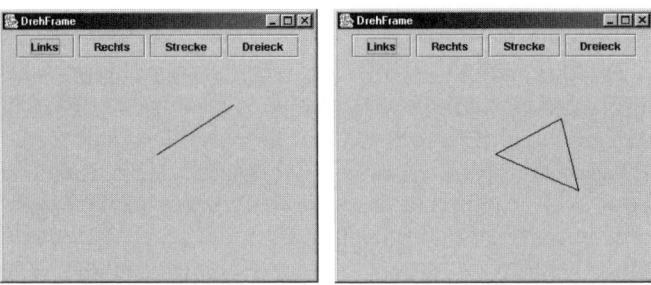

Abbildung 9.6: Der Frame aus Aufgabe 9.5

Objekts drehObjekt aufrufen. Verwenden Sie dabei die Koordinaten des Panel-Mittelpunkts für die Paramter xNull und yNull.

Aufgabe 9.5

Schreiben Sie eine Frame-Klasse, in deren Konstruktor ein Objekt der Klasse DrehPanel aus Aufgabe 9.4 erzeugt und in die Content-Pane des Frames eingefügt wird. In der main-Methode der Klasse sollten Sie den Frame dann in den Dimensionen 350 × 300 Pixel erzeugen, so dass sich die grafische Oberfläche wie in Abbildung 9.6 dargestellt präsentiert.

Aufgabe 9.6

Erweitern Sie Ihr Programm aus Aufgabe 9.5 so, dass auch ein Dreieck um seinen Schwerpunkt gedreht werden kann. Entwerfen Sie dazu eine Klasse SchwerDreieck, die von Dreieck erbt und in ihrem Konstruktor lediglich den Konstruktor der Superklasse aufruft. Die Methode zeichnen muss überschrieben werden, indem die entsprechende Methode der Superklasse aufgerufen wird, wobei die angepassten Koordinaten (xNnull $- x_s$, yNnull $- y_s$) unter Verwendung der Koordinaten des Schwerpunkts $s = (x_s, y_s)$ übergeben werden müssen. **Hinweis:** Die Koordinaten (x_s, y_s) des Schwerpunkts eines aus den Punkten $p = (x_p, y_p)$, $q = (x_q, y_q)$ und $r = (x_r, y_r)$ gebildeten Dreiecks berechnen sich zu

$$x_s := (x_p + x_q + x_r)/3 \quad \text{und} \quad y_s := (y_p + y_q + y_r)/3.$$

Kapitel 10

Applets

Nachdem wir in Kapitel 5 gelernt haben, Programme zu entwickeln, die grafische Benutzungsoberflächen besitzen, werden wir uns in diesem Kapitel damit beschäftigen, solche grafische Oberflächen nicht nur lokal, sondern über das Internet zur Verfügung zu stellen. Dazu werden wir unsere Programme nicht mehr als Frames, sondern als **Applets** schreiben. Diese können über Computer-Netzwerke verbreitet und innerhalb eines Browsers (wie zum Beispiel *Netscape Navigator* oder *Microsoft Internet Explorer*) ausgeführt werden.

Prinzipiell unterscheidet sich der Aufbau einer grafischen Oberfläche in einem Applet nicht von dem in einem Frame. Einzige Besonderheit beim Applet ist, dass es kein eigenes Fenster bereitstellt. Ein Applet kann daher nicht direkt ausgeführt werden und muss in der Umgebung eines Browsers oder des Appletviewers (ein Hilfsprogramm aus dem JDK) ablaufen, die den Fensterrahmen dafür liefert. Dazu muss das Applet in eine HTML-Datei eingebettet werden. **HTML** steht für **Hyper Text Markup Language** und ist eine Seitenbeschreibungs-Sprache, die zur Darstellung von Webseiten eingesetzt wird.

10.1 Erstellen und Ausführen von Applets

In diesem Abschnitt erläutern wir zunächst anhand des einfachen Beispiels aus Abschnitt 5.4, wo die grundsätzlichen Unterschiede beim Erstellen und Ausführen von Applikationen bzw. Applets liegen.

10.1.1 Vom Frame zum Applet am Beispiel

Wir wollen uns daran erinnern, wie wir in Abschnitt 5.4 unser erstes einfaches Fenster mit einem kleinen Text ausgestattet haben. Unser Java-Programm haben wir damals wie folgt geschrieben:

```java
1   import java.awt.*;
2   import javax.swing.*;
3
4   /** Erzeuge ein einfaches Swing-Fenster mit einem Textlabel */
5   public class FrameMitText extends JFrame {
6     Container c;              // Container dieses Frames
7     JLabel beschriftung;      // Label, das im Frame erscheinen soll
8
9     // Konstruktor fuer unseren Frame mit Textlabel
10    public FrameMitText() {
11      // Bestimme die Referenz auf den eigenen Container
12      c = getContentPane();
13      // Setze das Layout
14      c.setLayout(new FlowLayout());
15      // Erzeuge das Labelobjekt mit Uebergabe des Labeltextes
16      beschriftung = new JLabel("Label-Text im Frame");
17      // Fuege das Label dem Frame hinzu
18      c.add(beschriftung);
19    }
20
21    public static void main(String[] args) {
22      FrameMitText fenster = new FrameMitText();
23      fenster.setTitle("Frame mit Text im Label");
24      fenster.setSize(300,150);
25      fenster.setVisible(true);
26      fenster.setDefaultCloseOperation(JFrame.EXIT_ON_CLOSE);
27    }
28  }
```

Die Klasse `FrameMitText` erbt von `JFrame`. In ihrem Konstruktor wird zunächst die Referenz auf die Content-Pane (den eigentlichen Container des Frames) bestimmt. Danach wird das Layout des Containers festgelegt. Schließlich wird ein Objekt der Klasse `JLabel` mit dem darzustellenden Text erzeugt und dem Container hinzugefügt. In der main-Methode wird eine Instanz der Klasse `FrameMitText` erzeugt, die Beschriftung der Titelleiste und die Größe des Frames festgelegt, der Frame sichtbar geschaltet und schließlich dafür gesorgt, dass das Fenster ordnungsgemäß beendet werden kann.

Nach dem Compilieren konnten wir unser Programm mit dem Java-Interpreter starten, indem wir das Kommando

```
—————————————— Konsole ——————————————
java FrameMitText
```

im Konsolenfenster eingaben, wodurch mit der Ausführung der main-Methode begonnen wurde. Optisch präsentierte sich unser Programm wie in Abbildung 5.4 dargestellt.

Wollen wir dieselbe Funktionalität nicht in einem Frame, sondern in einem Applet realisieren, müssen wir etwas anders vorgehen:

```java
1   import java.awt.*;
2   import javax.swing.*;
3
```

10.1 Erstellen und Ausführen von Applets

```
 4  /** Erzeuge ein einfaches Swing-Applet mit einem Textlabel */
 5  public class AppletMitText extends JApplet {
 6    Container c;              // Container dieses Applets
 7    JLabel beschriftung;      // Label das im Applet erscheinen soll
 8
 9    // init-Methode fuer unser Applet mit Textlabel
10    public void init() {
11      // Bestimme die Referenz auf den eigenen Container
12      c = getContentPane();
13      // Setze das Layout
14      c.setLayout(new FlowLayout());
15      // Erzeuge das Labelobjekt mit Uebergabe des Labeltextes
16      beschriftung = new JLabel("Label-Text im Applet");
17      // Fuege das Label dem Applet hinzu
18      c.add(beschriftung);
19    }
20
21  }
```

Unsere Klasse `AppletMitText` erbt nun von `JApplet` und wird dadurch mit den vorgefertigten Eigenschaften eines Applets ausgestattet. Wie bei unserer Frame-Klasse verwenden wir auch im Applet die Instanzvariablen c vom Typ `Container` und `beschriftung` vom Typ `JLabel`. Da unser Java-Programm selbst nicht für die Erzeugung eines Objekts unserer Applet-Klasse zuständig sein wird, müssen wir keinen Konstruktor programmieren. Der Aufbau unserer einfachen grafischen Oberfläche, der beim Frame noch im Konstruktor untergebracht war, wird in unserer Applet-Klasse in die Methode `init`, eine Methode, die später automatisch beim Start des Applets aufgerufen wird, verlagert. Wiederum wird (wie beim Frame) die Referenz auf die Content-Pane bestimmt, das Layout des Containers festgelegt und ein Objekt der Klasse `JLabel` mit dem darzustellenden Text erzeugt und dem Container hinzugefügt.

Markantester Unterschied zu unserer Frame-Klasse ist sicherlich das Fehlen der `main`-Methode. Unsere Klasse `AppletMitText` kann daher nach dem Compilieren auch nicht direkt mit dem Java-Interpreter gestartet werden. Wir müssen noch ein wenig mehr tun.

10.1.2 Applet in HTML-Datei einbetten

Um unser Applet tatsächlich ausführbar zu machen, müssen wir die Klasse zunächst noch in eine HTML-Seite wie z. B.

```
 1  <html>
 2    <head>
 3      <title>
 4        AppletMitText
 5      </title>
 6    </head>
 7    <body>
 8      <b>
 9        Das Applet AppletMitText
10      </b>
```

```
11      <hr></hr>
12      <applet  code="AppletMitText.class"  width="300"  height="150">
13        Hier sollte eigentlich ein Applet laufen
14      </applet>
15      <hr></hr>
16      Mit normalem Text geht es weiter ...
17    </body>
18  </html>
```

einbetten, die wir dann in der Datei `AppletMitText.html` speichern. Ganz allgemein gesehen, dient die Seitenbeschreibungssprache HTML der Definition von Inhalt, Struktur und Format von Texten und Bildern, die auf Webseiten im Internet dargestellt werden sollen. Dazu werden so genannte **Tags** (deutsch: Markierungen) in Form von Schlüsselwörtern, die jeweils von < und > eingeklammert werden, verwendet. Diese Tags markieren den Beginn und das Ende (die Tags enthalten dann ein vorangestelltes /-Zeichen) eines Text-Abschnitts, der auf eine bestimmte Art und Weise dargestellt werden soll. Beispielsweise leitet `<b>` einen fettgedruckt erscheinenden Text-Abschnitt ein und `</b>` beendet diesen.

Außerdem besteht eine HTML-Datei, die vollständigerweise jeweils mit dem Tag `<html>` beginnt und mit `</html>` endet, in der Regel aus einem Kopf (zwischen `<head>` und `</head>`), der zum Beispiel einen Titel (zwischen `<title>` und `</title>`) enthält, und einem Rumpf (zwischen `<body>` und `</body>`), der die eigentlichen Text- und Bild-Inhalte des Dokuments beinhaltet (in unserem Beispiel insbesondere das Applet). Darüber hinaus stellt die Sprache HTML, die übrigens nicht wie Java zwischen Groß- und Kleinschreibung unterscheidet, natürlich ein umfangreiches Sortiment an Tags zur Verfügung, auf die wir im Rahmen dieses Buchs nicht genauer eingehen können. Hierzu sei auf die zahlreiche Literatur (wie z. B. [7]) und das breite Web-Angebot (wie z. B. [17]) verwiesen. In obigem Beispiel haben wir übrigens noch den Tag `<hr>` eingesetzt, der eine horizontale Linie zeichnet.

Für uns als Applet-Programmierer entscheidend ist ein ganz spezieller HTML-Tag, der Applet-Tag `<applet ...>` in Zeile 12. Dieser ist zuständig für den Aufruf unseres Applets und erfordert zusätzliche Angaben, so genannte **Attribute**, nämlich

- `code="AppletMitText.class"`
  legt den Namen der auszuführenden Java-Applet-Klasse fest.
- `width="300"`
  legt die Breite der Applet-Fläche in Pixel fest.
- `height="150"`
  legt die Höhe der Applet-Fläche in Pixel fest.

Sollte aufgrund eines Fehlers das Applet in einem Web-Browser nicht ausgeführt werden können, so wird lediglich der Text, der zwischen `<applet ...>` und `</applet>` steht (Zeile 13), angezeigt. Ein Teil dessen, was wir im Frame-Beispiel in der `main`-Methode programmiert haben, steckt also nun bei unserem Applet innerhalb des Applet-Tags der HTML-Datei.

10.1 Erstellen und Ausführen von Applets

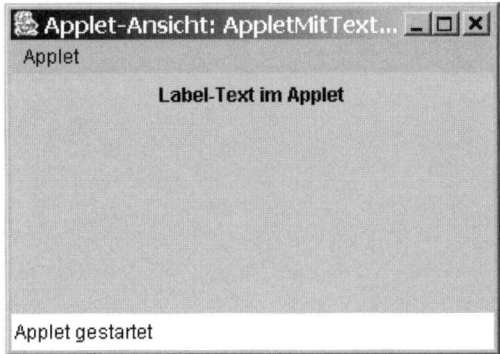

Abbildung 10.1: Das Applet im Appletviewer

10.1.3 Applet über HTML-Datei ausführen

Nun sind wir in der Lage, unser Applet auszuführen. Wir benutzen dazu zunächst den Appletviewer, ein Hilfsprogramm, das in jeder JDK-Installation enthalten ist.[1] Geben wir in einem Konsolenfenster das Kommando

```
―――――――――――――――――― Konsole ――――――――――――――――――
appletviewer AppletMitText.html
```

ein, so wird ein Fenster erzeugt, in dem das Applet dargestellt werden kann. In diesem Fenster wird nun unser Applet angezeigt (siehe Abbildung 10.1) – und zwar nur das Applet, die restlichen Inhalte der HTML-Datei werden ignoriert.
Der vollständige Inhalt unserer HTML-Datei kann nur von einem Internet-Browser wie z. B. *Netscape Navigator* oder *Microsoft Internet Explorer* angezeigt werden. Dazu müssen wir den Browser unserer Wahl dazu veranlassen, die HTML-Datei zu öffnen. Dies kann z. B. über dessen Datei-Menü und den Eintrag „Seite Öffnen" oder durch Doppelklick auf die HTML-Datei erfolgen. Auf der angezeigten Seite (siehe 10.2) wird nun genau zwischen den beiden horizontalen Linien, die wir mit den beiden <hr>-Tags in unsere HTML-Seite eingefügt haben, der im Applet-Tag festgelegte Bereich für das Applet reserviert und dieses dort angezeigt.
Sollte das Applet in Ihrem Browser nicht angezeigt werden, so kann dies daran liegen, dass Ihr Browser nicht mit der aktuellen Version des Java-Laufzeitsystems arbeitet. Dies können Sie leicht beheben, indem Sie das entsprechende **Java-Plug-in** aktivieren. Unter Windows genügt es zum Beispiel, das gleichnamige Hilfsprogramm, das sich unter *Start/Einstellungen/Systemsteuerung* findet, zu starten und darin die mit *Browser* beschriftete Karteikarte zu wählen und darin das Java-Plug-

---

[1]Jedes neu geschriebene Applet sollte zum Test auf jeden Fall einmal mit dem Appletviewer gestartet werden.

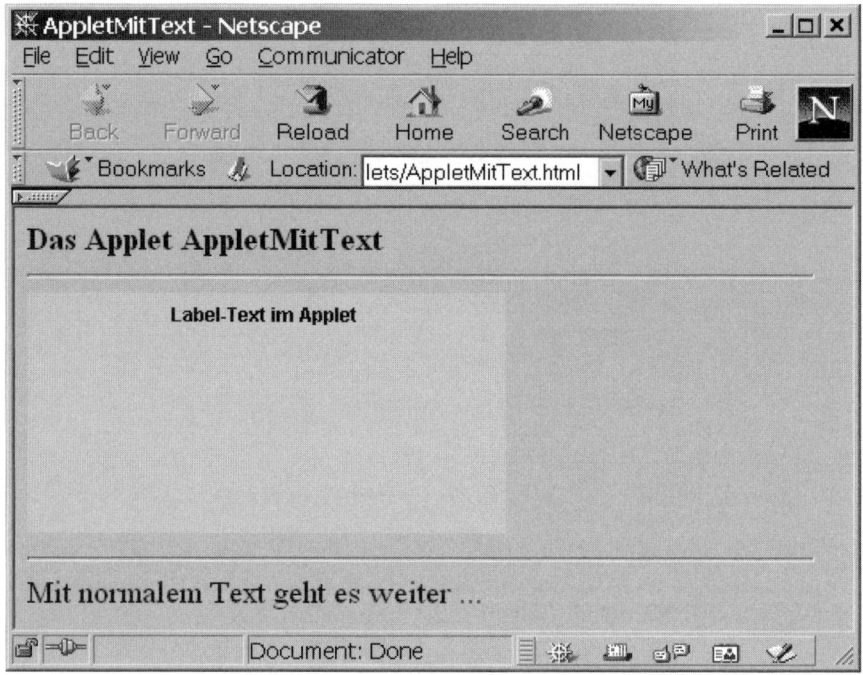

Abbildung 10.2: Das Applet im Browser

in als Standard-Java-Laufzeitprogramm für Ihren Browser einzustellen.[2] Wenn diese Einstellungen übernommen wurden, funktioniert nach einem Neustart des Browsers alles wie gewünscht.

10.2 Die Methoden der Klasse `JApplet`

Ruft man sich die Hierarchie der AWT- und Swing-Klassen-Hierachie (siehe Abbildung 5.6 auf Seite 140) in Erinnerung, so erkennt man, dass die Swing-Klasse `JApplet` genau wie `JFrame` und andere Swing-Komponenten von den AWT-Klassen `Component` und `Container` erbt. Somit stehen natürlich – wie allen anderen Komponenten – auch jedem `JApplet`-Objekt die in Abschnitt 6.1 beschriebenen Methoden `getBackground`, `setBackground`, `getForeground`, `setForeground` `getFont`, `setFont`, `getHeight`, `getWidth`, und `setSize` sowie die in Abschnitt 6.2 beschriebenen Methoden `add`, `remove`, `getComponents` und `setLayout` mit entsprechender

---

[2]Dies funktioniert natürlich nur, wenn das Java-Plug-in auf Ihrem Rechner installiert ist. Dies ist in der Regel der Fall, wenn Sie das JDK installiert haben. Für Rechner, die über keine komplette JDK-Installation verfügen (sollen), kann das Plug-in von der entsprechenden Webseite [22] heruntergeladen werden.

10.2 Die Methoden der Klasse `JApplet`

Funktionalität zur Verfügung. Darüber hinaus sind natürlich auch die ebenfalls geerbten Methoden `addXxxListener` und `removeXxxListener` zur Registrierung von Listener-Objekten (vergleiche Abschnitt 7.4) verfügbar.

Genau wie ein `JFrame`-Objekt kann auch ein `JApplet`-Objekt neben der Content-Pane, auf der Komponenten eingefügt werden können, eine eigene Menüleiste erhalten. Daher stellt auch die Klasse `JApplet` die Instanzmethoden `getContentPane` und `setJMenuBar` bereit.

Wichtige Methoden erbt die Klasse `JApplet` von der Klasse `Applet`, wobei den Methoden `init`, `start`, `stop` und `destroy` besondere Bedeutung zukommt. Diese werden nämlich automatisch vom Appletviewer bzw. vom Browser zur Kommunikation mit dem Applet aufgerufen, je nachdem in welchem Zustand („Lebensabschnitt") sich das Applet gerade befindet.

- **`public void` `init()`**
  wird aufgerufen, wenn das Applet erstmals geladen wird und dient der Initialisierung des Applet-Objekts (sozusagen als Ersatz für entsprechende Anweisungen in einem Konstruktor).

- **`public void` `start()`**
  wird aufgerufen, wenn das Applet gestartet wird (unmittelbar nach `init` und jedes Mal wenn die HTML-Seite, in die das Applet eingebettet ist, erneut angezeigt wird).

- **`public void` `stop()`**
  wird aufgerufen, wenn das Applet vorübergehend angehalten wird (jedes Mal wenn die HTML-Seite, in die das Applet eingebettet ist, nicht mehr angezeigt wird und unmittelbar vor `destroy`).

- **`public void` `destroy()`**
  wird aufgerufen, wenn das Applet zerstört wird (weil der Appletviewer oder der Browser beendet wird).

Diese vier Methoden sind gleichermaßen mit einem leeren Rumpf implementiert, so dass sie zwar prinzipiell aufgerufen werden, aber natürlich nicht aktiv werden. Wenn wir nun aber eine Subklasse von `JApplet` schreiben, so können und sollten wir diese Methoden überschreiben, um in den Methoden entsprechende Aufgaben erledigen zu lassen:

- In der Methode `init` sollten alle für das Appletobjekt wichtigen Initialisierungen durchgeführt werden. Zum Beispiel sollten hier alle benötigten Objekte (wie z. B. Swing-Komponenten oder Listener-Objekte) erzeugt werden.

- In der Methode `start` sollten alle notwendigen Aktionen bzw. Prozesse (z. B. Animationen) des Applets gestartet werden.

- In der Methode `stop` sollten alle Aktionen, die bei nichtangezeigtem Applet nicht benötigt werden, vorübergehend (bis zum nächsten `start`-Aufruf) angehalten werden.

- In der Methode `destroy` sollten alle Aktionen bzw. Prozesse des Applets endgültig beendet und alle Abschlussarbeiten, die vor der endgültigen Zerstörung des Applets notwendig sind, ausgeführt werden.

Wir wollen uns das Zusammenspiel von Browser- bzw. Appletviewer und Applet anhand eines Beispiels verdeutlichen. In unserem Applet

```java
import javax.swing.*;
import java.awt.*;
public class AppletMethoden extends JApplet {
  public void init() {
    System.out.println("init");
  }
  public void start() {
    System.out.println("start");
  }
  public void stop() {
    System.out.println("stop");
  }
  public void destroy() {
    System.out.println("destroy");
  }
}
```

haben wir den Rumpf der vier Methoden `init`, `start`, `stop` und `destroy` so gestaltet, dass dort jeweils der Methodenname auf das Konsolenfenster ausgegeben wird. Beim Ausführen des Applets können wir somit genau verfolgen, welche der vier Methoden gerade ausgeführt wird. Wenn wir also (natürlich nach Einbettung unseres Applets in eine entsprechende HTML-Seite) beispielsweise nacheinander

- das Applet im Appletviewer starten,
- das Appletviewer-Fenster minimieren,
- das Appletviewer-Fenster wiederherstellen,
- das Appletviewer-Fenster minimieren,
- das Appletviewer-Fenster wiederherstellen und
- das Appletviewer-Fenster schließen (beenden),

so erhalten wir die Konsolenausgaben

Konsole
```
init
start
stop
start
stop
start
stop
destroy
```

10.3 Zwei Beispiele

Zu Beginn dieses Kapitels haben wir bereits angedeutet, dass sich der Aufbau einer grafischen Oberfläche im Applet nicht von dem in einem Frame unterscheidet. Gleiches gilt auch für die Ereignisverarbeitung. Nachfolgend wollen wir dies an zwei Beispielen, die wir bereits mit Hilfe von Frames programmiert haben, demonstrieren, indem wir diese „Web-fähig" machen, also in ein entsprechendes Applet verwandeln.

10.3.1 Auf die Plätze, fertig, los!

In Abschnitt 7.6 haben wir eine grafische Oberfläche für unser Stoppuhr-Programm aus Kapitel 3 erzeugt. Auch wenn wir diese in einem Applet generieren wollen, gilt es,

- vier `JLabel`-Objekte für die Anzeige der Start-, der Stopp- und der Laufzeit sowie der Status-Information,
- drei `JButton`-Objekte für den Start-, den Stopp- und den Neu-Knopf sowie
- ein `JComboBox`-Objekt für die Auswahl des Anzeigeformats für die gemessene Laufzeit

einzubauen. Die entsprechenden Anweisungen wandern in die `init`-Methode unserer Applet-Klasse.

Um die gewohnte Funktionalität sicherzustellen, benötigen wir natürlich auch jetzt wieder Listener-Objekte für die drei Buttons und für die Combo-Box, so dass wir die Listener-Klassen `KnopfListener` und `BoxListener` direkt aus dem Frame-Programm übernehmen können. Allerdings müssen wir sie nun erneut innerhalb der Frame-Klasse programmieren, und so „rächt" sich nun die Tatsache, dass wir diese Klassen als innere Klassen unserer Frame-Klasse realisiert haben. Wären es eigenständige Klassen, könnten wir sie auch in unserer Applet-Klasse direkt verwenden. Natürlich müssen wir auch die beiden Hilfsmethoden `differenzString` und `anzeigeAktualisieren` erneut programmieren. Unser Applet hat somit die Gestalt

```
1  import java.util.*;
2  import java.text.*;
3  import java.awt.*;
4  import java.awt.event.*;
5  import javax.swing.*;
6  import javax.swing.border.*;
7
8  /** Swing-Applet mit Stoppuhrfunktion */
9  public class StoppuhrApplet extends JApplet {
10     Container c;
11     JButton    startButton, stoppButton, neuButton;
12     JLabel     startZeit, stoppZeit, differenz, status;
13     JComboBox  ergebnisFormat;
14     Date       startZeitObj = null, stoppZeitObj = null;
```

```java
15      Font       schriftGross = new Font("SansSerif",Font.BOLD,20),
16                 schriftKlein = new Font("SansSerif",Font.BOLD,12);
17      SimpleDateFormat
18                 form = new SimpleDateFormat("dd.MM.yy, HH:mm:ss:SS");
19
20      // Initialisierung des Applets
21      public void init() {
22        c = getContentPane();
23        c.setLayout(new GridLayout(4, 2, 5, 10));
24
25        startZeit = new JLabel("--", JLabel.CENTER);
26        startZeit.setFont(schriftKlein);
27        startZeit.setBorder(new TitledBorder("Startzeit"));
28        stoppZeit = new JLabel("--", JLabel.CENTER);
29        stoppZeit.setFont(schriftKlein);
30        stoppZeit.setBorder(new TitledBorder("Stoppzeit"));
31        differenz = new JLabel("--", JLabel.CENTER);
32        differenz.setFont(schriftGross);
33        differenz.setBorder(new TitledBorder("Laufzeit"));
34
35        KnopfListener kL = new KnopfListener();
36
37        startButton = new JButton("START");
38        startButton.setToolTipText("startet die Stoppuhr");
39        startButton.addActionListener(kL);
40        stoppButton = new JButton("STOPP");
41        stoppButton.setToolTipText("stoppt die Stoppuhr");
42        stoppButton.addActionListener(kL);
43        neuButton = new JButton("NEU");
44        neuButton.setToolTipText("loescht alle Felder");
45        neuButton.addActionListener(kL);
46
47        ergebnisFormat = new JComboBox();
48        ergebnisFormat.addItem("Laufzeit in ms");
49        ergebnisFormat.addItem("Laufzeit in min:sec:ms");
50        ergebnisFormat.addItemListener(new BoxListener());
51
52        status = new JLabel("START druecken!", JLabel.CENTER);
53        status.setFont(schriftGross);
54
55        stoppButton.setEnabled(false);
56        neuButton.setEnabled(false);
57
58        c.add(startZeit);
59        c.add(startButton);
60        c.add(stoppZeit);
61        c.add(stoppButton);
62        c.add(differenz);
63        c.add(neuButton);
64        c.add(ergebnisFormat);
65        c.add(status);
66      }
67
68      // Bestimmung der Laufzeit in ms oder in min:sec:ms als String
69      public String differenzString() {
```

10.3 Zwei Beispiele

```
70      long diffZeit = (stoppZeitObj.getTime() - startZeitObj.getTime());
71      if (ergebnisFormat.getSelectedIndex() == 0)
72        return (diffZeit + " ms");
73      else {
74        long ms = diffZeit % 1000;
75        diffZeit = diffZeit / 1000;
76        long s = diffZeit % 60;
77        diffZeit = diffZeit / 60;
78        long m = diffZeit % 60;
79        return (m + ":" + s + ":" + ms);
80      }
81    }
82
83    // Aktualisierung aller Anzeige-Labels und Buttons
84    public void anzeigeAktualisieren() {
85      if ((startZeitObj != null) && (stoppZeitObj != null)) {
86        startButton.setEnabled(false);
87        stoppButton.setEnabled(false);
88        neuButton.setEnabled(true);
89        startZeit.setText(form.format(startZeitObj));
90        stoppZeit.setText(form.format(stoppZeitObj));
91        differenz.setText(differenzString());
92        status.setText("NEU fuer neuen Stoppvorgang!");
93        status.setFont(schriftKlein);
94      }
95      else if (startZeitObj != null) {
96        startButton.setEnabled(false);
97        stoppButton.setEnabled(true);
98        neuButton.setEnabled(false);
99        startZeit.setText(form.format(startZeitObj));
100       status.setText("Uhr laeuft!");
101       status.setFont(schriftGross);
102     }
103     else {
104       startButton.setEnabled(true);
105       stoppButton.setEnabled(false);
106       neuButton.setEnabled(false);
107       startZeit.setText("--");
108       stoppZeit.setText("--");
109       differenz.setText("--");
110       status.setText("START druecken!");
111       status.setFont(schriftGross);
112     }
113   }
114
115   // Listener fuer die Buttons
116   class KnopfListener implements ActionListener {
117     public void actionPerformed(ActionEvent e) {
118       if (e.getSource() == startButton)
119         startZeitObj = new Date();
120       else if (e.getSource() == stoppButton)
121         stoppZeitObj = new Date();
122       else if (e.getSource() == neuButton) {
123         startZeitObj = null;
124         stoppZeitObj = null;
```

Abbildung 10.3: Die Applet-Variante unserer Stoppuhr

```
125       }
126       anzeigeAktualisieren();
127     }
128   }
129
130   // Listener fuer die Combo-Box
131   class BoxListener implements ItemListener {
132     public void itemStateChanged(ItemEvent e) {
133       anzeigeAktualisieren();
134     }
135   }
136 }
```

und beim Start der HTML-Seite, in die wir das Stoppuhr-Applet einbetten, mit dem Appletviewer bietet sich das gewohnte Bild (siehe Abbildung 10.3).

10.3.2 Punkte verbinden im Applet

Beim Verwandeln unserer Klasse PunkteVerbinden aus Abschnitt 9.1.4 in ein Applet haben wir es dank unseres damaligen Designs besonders leicht. Wir lassen natürlich unser Applet

```
1 import java.awt.*;
2 import java.awt.event.*;
3 import javax.swing.*;
4
5 /** Erzeuge ein Swing-Applet mit einem Zeichenbrett */
6 public class PunkteVerbindenApplet extends JApplet {
7   Container c;              // Container dieses Applets
```

10.4 Details zur HTML-Einbettung

Abbildung 10.4: Maus-Klicks durch Linien verbinden im Applet

```
8    Zeichenbrett z;           // Zeichenbrett zum Linien-Malen
9
10   public void init() {
11     // Bestimme die Referenz auf den eigenen Container
12     c = getContentPane();
13     // Erzeuge neues Zeichenbrett und fuege es dem Frame hinzu
14     z = new Zeichenbrett();
15     c.add(z);
16   }
17   }
```

von JApplet erben und übernehmen in der init-Methode einfach die drei Anweisungen aus dem Konstruktor von PunkteVerbinden. Dabei greifen wir auf die Klasse Zeichenbrett (siehe Abschnitt 9.1.4) zurück, die wir hier unverändert zum Einsatz bringen können.

Bei Aufruf unseres Applets bzw. der zugehörigen HTML-Seite mit dem Appletviewer können wir wieder, wie von der Frame-Variante gewohnt, einfache Linienzeichnungen erstellen (siehe Abbildung 10.4).

10.4 Details zur HTML-Einbettung

In diesem Abschnitt wollen wir uns noch kurz mit einigen Details zur Einbettung eines Applets in HTML-Seiten beschäftigen. Dabei werden wir uns einerseits den Applet-Tag nochmals etwas genauer ansehen und andererseits noch eine Methode kennen lernen, mit der das Applet die vom Browser dargestellte Seite festlegen kann.

10.4.1 Der Applet-Tag

Neben width und height haben wir im Applet-Tag bisher lediglich das Attribut code verwendet, mit dem die auszuführende Applet-Klasse angegeben werden kann. Damit das Laden des Applets auch funktioniert, muss sie im gleichen Verzeichnis wie die HTML-Datei liegen. Will man das Applet in einem anderen Verzeichnis ablegen, so kann das Attribut codebase dazu verwendet werden, den Pfad zum Applet anzugeben. Eine solche Pfadangabe kann dabei absolut in Form einer vollständigen Web-Adresse oder relativ zum Verzeichnis, in dem die HTML-Seite liegt, erfolgen.

Arbeitet ein Applet mit vielen verschiedenen Klassen, was bei einem größeren Programmierprojekt durchaus der Fall sein kann, so müssen prinzipiell natürlich alle diese Klassen bei Bedarf über das Internet geladen werden. In solchen Fällen bietet es sich an, alle diese Klassen zunächst in einer Archiv-Datei zusammenzufassen. Jede JDK-Installation bietet dafür ein Tool namens jar, mit dessen Hilfe solche Archivdateien erzeugt werden können [25]. Bei der Einbettung solcher Applets in die HTML-Datei kann durch das Attribut archive diese Archiv-Datei spezifiziert werden. Dadurch lässt sich bei Darstellung der HTML-Seite die komprimierte Archiv-Datei über das Internet übertragen, was natürlich weniger aufwändig ist als die Übertragung der einzelnen Klassen in unkomprimierter Form. Gestartet wird dann wie gewohnt das durch das code-Attribut gekennzeichnete Applet, dessen Bytecode der Interpreter direkt aus der Archiv-Datei auslesen kann.

Haben wir beispielsweise die drei Class-Dateien, die in unserem Applet PunkteVerbindenApplet benötigt werden (die Applet-Klasse PunkteVerbindenApplet.class, die Panel-Klasse Zeichenbrett.class und die Listener-Klasse Zeichenbrett$ClickBearbeiter.class) in ein Archiv namens pva.jar gepackt, und legen wir die Archiv-Datei nicht in das Verzeichnis, in dem die HTML-Datei liegt, sondern in das Unterverzeichnis keller, so muss die HTML-Datei folgende Gestalt haben:

```
1   <html>
2     <head>
3       <title>
4         PunkteVerbindenApplet
5       </title>
6     </head>
7     <body>
8       <b>
9         Hier kommt das Applet PunkteVerbindenApplet aus dem
10        jar-Archiv 'pva.jar' im Unterverzeichnis 'keller'
11      </b>
12      <hr></hr>
13      <applet  code="PunkteVerbindenApplet.class"
14              archive="pva.jar"
15              codebase="keller"
16              width="300"  height="150">
17        Hier sollte eigentlich ein Applet laufen
18      </applet>
19    </body>
20  </html>
```

Zwischen den beiden Tags <applet ...> und </applet> können wir nicht nur Text schreiben, den der Browser im Fehlerfall anstelle des Applets anzeigt.

10.4 Details zur HTML-Einbettung

Wir können hier auch beliebige Parameter – allerdings stets als Strings dargestellt – an das Applet übergeben. Dazu steht der HTML-Tag <param ...> zur Verfügung, der mehrfach auftreten kann und jeweils mit den Attributen name und value versehen wird, um den Namen und den Wert eines Parameters festzulegen. In der HTML-Datei

```
1   <HTML>
2   <HEAD>
3     <TITLE>ParameterApplet</TITLE>
4   </HEAD>
5   <BODY>
6     <APPLET code="ParameterApplet.class" width=200 height=100>
7       <param name="north"   value="ich">
8       <param name="east"    value="du">
9       <param name="south"   value="er">
10      <param name="west"    value="sie">
11      <param name="center"  value="es">
12    </APPLET>
13  </BODY>
14  </HTML>
```

legen wir beispielsweise in den Zeilen 7 bis 11 die fünf Parameter north, east, south, west und center fest, die wir mit den String-Werten ich, du, er, sie und es belegen.

Innerhalb des eingebetteten Applets können die Werte dieser Parameter mit Hilfe der Methode

- **public** String getParameter(String name)
  liefert den Wert des Parameters mit Namen name aus der Parameterliste innerhalb der beiden Applet-Tags, die das Applet in die HTML-Seite einbetten.

ausgelesen werden. Im Applet ParameterApplet würde somit ein Aufruf der Form getParameter("north") die Zeichenkette ich zurückliefern.

Wollen wir beispielsweise in unserer Klasse ParameterApplet dafür sorgen, dass die fünf Parameter zur Beschriftung der fünf Regionen eines Border-Layouts benutzt werden, so könnten wir folgendermaßen vorgehen:

```
1   import java.awt.*;
2   import java.awt.event.*;
3   import javax.swing.*;
4   import java.net.*;
5
6   /** Erzeuge ein Applet, das die Beschriftungen des
7       Border-Layouts als Parameter uebergeben bekommt */
8   public class ParameterApplet extends JApplet {
9     Container c;
10    JLabel lab;
11    String[] param = {"north", "east", "south", "west", "center"};
12    String[] ort = { BorderLayout.NORTH, BorderLayout.EAST,
13                     BorderLayout.SOUTH, BorderLayout.WEST,
14                     BorderLayout.CENTER };
15    public void init() {
16      c = getContentPane();
```

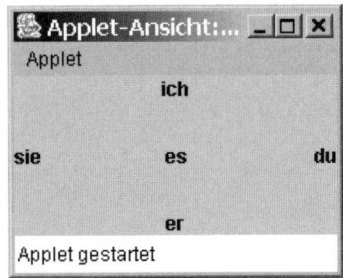

Abbildung 10.5: Parameterübergabe an ein Applet

```
17    c.setLayout(new BorderLayout());
18    for (int i=0; i<5; i++) {
19      lab = new JLabel(getParameter(param[i]),JLabel.CENTER);
20      c.add(lab,ort[i]);
21    }
22   }
23  }
```

In der Instanzvariablen param (ein Feld mit Komponenten vom Typ String) haben wir zunächst die Namen der Parameter festgelegt, die aus der HTML-Datei übernommen werden sollen. In einem weiteren Feld namens ort haben wir zusätzlich die entsprechenden „Himmelsrichtungen" des Border-Layouts abgelegt. Wenn wir uns also mit param[i] beschäftigen, wissen wir, dass der aktuelle Wert dieses Parameters im Bereich ort[i] des Border-Layouts abgelegt werden soll. In der init-Methode können wir daher innerhalb einer Schleife jeweils mit getParameter den Wert des i-ten Parameters bestimmen und diesen mit add im Bereich ort[i] als Label platzieren. Mit den Parametern der obigen HTML-Datei ergibt sich somit die in Abbildung 10.5 gezeigte Beschriftung.

10.4.2 Die Methode showDocument

Ein Applet ist in der Lage, den Browser, in dem es gerade ausgeführt wird, eine andere Webseite laden und anzeigen zu lassen. Dazu benötigt das Applet natürlich Zugriff auf den umgebenden Kontext (den Web-Browser bzw. den Appletviewer, der das Applet ausführt). In der Klasse JApplet steht daher die Methode

- **public** AppletContext getAppletContext()
  liefert eine Referenz auf den Applet-Kontext.

zur Verfügung. Dabei ist AppletContext ein Interface, das unter anderem die Methode

- **public void** showDocument(URL url)
  veranlasst die Browser-Umgebung, die durch die URL url spezifizierte

10.4 Details zur HTML-Einbettung

Internet-Seite anzuzeigen. Falls der Applet-Kontext kein Browser ist, wird der Methodenaufruf ignoriert.

bereitstellt. Um diese Methode einsetzen zu können, müssen wir die Adresse der darzustellenden Webseite in Form eines URL-Objekts angeben. Unter einer **URL (Uniform Resource Locator)** versteht man eine spezielle Darstellung einer Internet-Adresse. Sie legt genau fest, welche Datei von welchem Rechner mit welchem Dienst aufgerufen werden soll. In Kapitel 14 werden wir uns noch genauer mit dieser Art von Internet-Adressen beschäftigen. Im Moment wollen wir unter URL einfach das verstehen, was wir üblicherweise als Web-Adresse verwenden, wenn wir mit unserem Browser eine bestimmte Seite im Internet ansteuern wollen.

Wollen wir eine bestimmte Webseite mit der Methode showDocument anzeigen lassen, so können wir uns mit dem Konstruktor

- **public** URL(String spec) **throws** MalformedURLException
erzeugt eine URL aus der angegebenen String-Darstellung spec.

der Klasse URL, die im Paket java.net bereitgestellt wird, ganz einfach ein URL-Objekt erzeugen, müssen allerdings dabei beachten, dass der Konstruktor eine spezielle Ausnahme wirft, wenn die angegebene Zeichenkette rein formal nicht als URL zulässig ist.[3]

In Anwendung der eben beschriebenen Methoden haben wir unser Beispiel-Applet

```
1  import java.awt.*;
2  import java.awt.event.*;
3  import javax.swing.*;
4  import java.net.*;
5
6  /** Erzeuge ein Applet mit einem Button, der in der Lage
7      ist, die vom Browser angezeigte Seite zu wechseln */
8  public class GoogleButtonApplet extends JApplet {
9    Container c;             // Container dieses Frames
10   JButton button;          // Knopf
11
12   public void init() {
13     c = getContentPane();
14     c.setLayout(new FlowLayout());
15     button = new JButton("Zu Google surfen");
16     c.add(button);
17     ButtonListener bL = new ButtonListener();
18     button.addActionListener(bL);
19   }
20
21   // Innere Button-Listener-Klasse
22   class ButtonListener implements ActionListener {
23     public void actionPerformed(ActionEvent e) {
24       // URL festlegen und anzeigen lassen
25       try {
```

---

[3] Ob die angegebene Adresse tatsächlich existiert, wird dabei jedoch nicht überprüft.

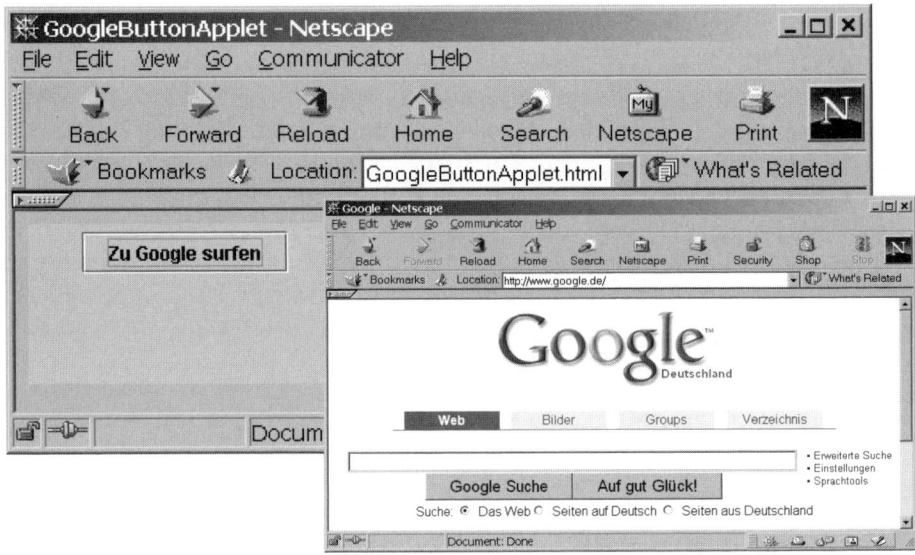

Abbildung 10.6: Browser-Steuerung aus dem Applet

```
26              URL google = new URL("http://www.google.de");
27              getAppletContext().showDocument(google);
28           }
29           catch(MalformedURLException mfue) {
30              System.err.println(mfue);
31           }
32        }
33     }
34  }
```

so gestaltet, dass sich das Applet mit einem Button präsentiert (siehe Abbildung 10.6), durch den wir den ausführenden Browser dazu veranlassen können, zum Beispiel die Suchmaschine „Google" anzusteuern.

10.5 Sicherheitseinschränkungen bei Applets

Als Nutzer bzw. Nutzerin des Internet mit seinen zahlreichen Diensten wissen Sie sicherlich auch von den Gefahren, die das Herunterladen von Dateien und Programmen im Hinblick auf mögliche Angriffe von außen auf Ihr eigenes Computer-System darstellt. Vor diesem Hintergrund ist natürlich auch die Einbettung eines Applets in eine HTML-Seite kritisch zu betrachten, da beim Surfen auf die entsprechende Seite die Class-Datei des Applets automatisch auf den eigenen Rechner geladen und gestartet wird. Aus genau diesem Grund unterliegen Applets – im Gegensatz zu Applikationen – gewissen Sicherheitseinschränkungen, die den Einsatz gefährlicher Operationen nicht gestatten. Es wird in diesem

10.5 Sicherheitseinschränkungen bei Applets

Zusammenhang häufig vom so genannten **Sandkasten-Prinzip** gesprochen, weil man Applets in ihrer Ausführung sozusagen in einen Sandkasten verbannt, in dem nur ungefährliche „Spielzeuge" (Operationen) verfügbar sind. Java-Applets dürfen daher

- nicht lesend oder schreibend auf Dateien des lokalen Rechners zugreifen,
- keine Programme starten,
- keine Bibliotheken laden,
- keine Verbindungen zu einem anderen Rechner (mit Ausnahme des Rechners, von dem das Applet geladen wurde) aufnehmen,
- keine System-Eigenschaften des lokalen Rechners auslesen,
- keine Top-Level-Fenster ohne Warnhinweis erzeugen,
- die virtuelle Maschine (JVM) nicht beenden,

wenn sie im Browser ausgeführt werden. Im Appletviewer sind einige der genannten Aktionen jedoch gestattet.

Mit Hilfe von so genannten **signierten Applets** ist es möglich, diese Beschränkungen für die Applet-Ausführung im Browser ganz oder teilweise aufzuheben. Dazu wird der ausführbare Applet-Code mit einer digitalen Signatur versehen, anhand derer nachgeprüft werden kann, ob das Applet von einer bekannten und zuverlässigen (vertrauenswürdigen) Stelle kommt und daher mehr Rechte bekommen darf. Details zum Thema Sicherheit in Java finden Sie in [23].

Explizit erlaubt ist es Applets jederzeit, Verbindung zu dem Rechner aufzubauen, von dem sie geladen wurden. Somit lassen sich auch eventuell benötigte weitere Klassen oder Dateien zur Laufzeit des Applets nachladen. Allerdings können natürlich keine direkten Zugriffe auf Dateien (zum Beispiel Grafiken, die dargestellt werden sollen) verwendet werden, da diese lediglich im Appletviewer funktionieren würden, während sie im Browser zu einer Sicherheitsverletzung führen. Übertragen wir unseren Frame `FrameMitBild` aus Abschnitt 6.5.1 in ein Applet

```
1   import java.awt.*;
2   import javax.swing.*;
3
4   /** Erzeuge ein einfaches Applet mit einem Bild-Label */
5   public class AppletMitBild extends JApplet {
6     Container c;             // Container dieses Applets
7     JLabel lab;              // Label das im Applet erscheinen soll
8
9     public void init() {
10      c = getContentPane();             // Container bestimmen
11      c.setLayout(new FlowLayout());    // Layout setzen
12
13      // Bildobjekt erzeugen
14      Icon bild = new ImageIcon("babycat.gif");
15      // Label mit Text und Bild beschriften
16      lab = new JLabel("Spotty", bild, JLabel.CENTER);
17      // Text unter das Bild setzen
18      lab.setHorizontalTextPosition(JLabel.CENTER);
```

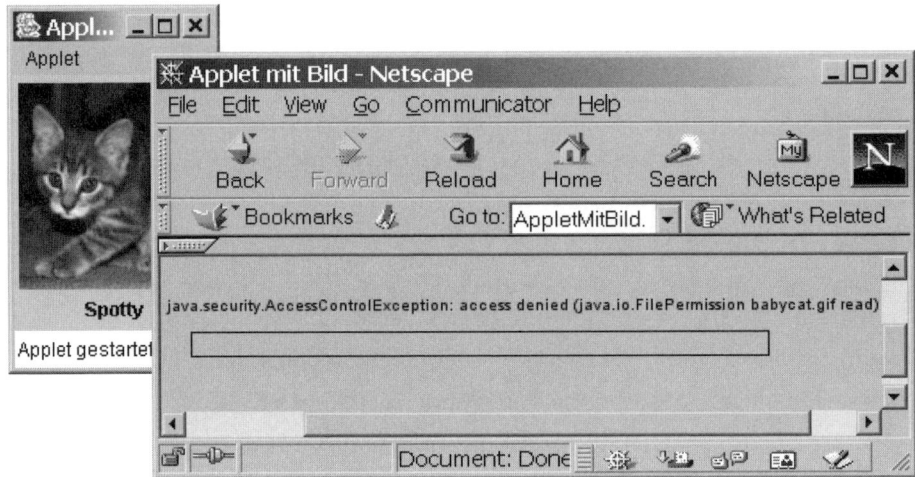

Abbildung 10.7: Applet mit Bild im Appletviewer und im Browser

```
19      lab.setVerticalTextPosition(JLabel.BOTTOM);
20      // Fuege das Label dem Frame hinzu
21      c.add(lab);
22    }
23  }
```

so können wir dieses zwar im Appletviewer problemlos ausführen, erhalten aber in einem Browser eine Fehlermeldung (siehe Abbildung 10.7).

Um dies zu beheben, müssen wir auf die Bild-Datei über eine URL zugreifen, die mit dem Rechner in Verbindung zu bringen ist, von dem das Applet bzw. die HTML-Seite geladen wurde. Um diese URL zur Laufzeit des Applets zu bestimmen, stehen in der Klasse JApplet die Methoden

- **public** URL getCodeBase()
  liefert die URL des Verzeichnisses, in dem das Applet liegt.

- **public** URL getDocumentBase()
  liefert die URL des Verzeichnisses, in dem die HTML-Datei, in die das Applet eingebettet ist, liegt.

zur Verfügung. Wenn wir also davon ausgehen, dass die Bild-Datei im gleichen Verzeichnis zu finden ist wie das Applet, so können wir uns die URL der Bild-Datei dadurch konstruieren, dass wir der URL des Applet-Verzeichnisses einfach den Dateinamen mittels einer String-Addition hinzufügen und die so entstehende Zeichenkette wieder in ein URL-Objekt verwandeln. In unserem modifizierten Applet

10.5 Sicherheitseinschränkungen bei Applets

```java
 1  import java.awt.*;
 2  import javax.swing.*;
 3  import java.net.*;
 4
 5  /** Erzeuge ein einfaches Applet mit einem Bild-Label */
 6  public class AppletMitBildBrowse extends JApplet {
 7    Container c;                       // Container dieses Applets
 8    JLabel lab;                        // Label das im Applet erscheinen soll
 9
10    public void init() {
11      c = getContentPane();            // Container bestimmen
12      c.setLayout(new FlowLayout());   // Layout setzen
13
14      // Bildobjekt erzeugen
15      URL bildURL = createImageURL("babycat.gif");
16      Icon bild = new ImageIcon(bildURL);
17      // Label mit Text und Bild beschriften
18      lab = new JLabel("Spotty", bild, JLabel.CENTER);
19      // Text unter das Bild setzen
20      lab.setHorizontalTextPosition(JLabel.CENTER);
21      lab.setVerticalTextPosition(JLabel.BOTTOM);
22      // Fuege das Label dem Applet hinzu
23      c.add(lab);
24    }
25
26    public URL createImageURL(String file) {
27      String path = getCodeBase() + file;
28      try {
29        return new URL(path);
30      }
31      catch(MalformedURLException mfue) {
32        System.err.println(path + " hat nicht die Form einer URL");
33        return null;
34      }
35    }
36  }
```

haben wir dafür die Methode `createImageURL` ergänzt, in der wir, unter der Annahme, dass das Applet und die Bild-Datei im gleichen Verzeichnis liegen, mit `getCodeBase` die URL des Applet-Verzeichnisses bestimmen und diese (durch impliziten Aufruf der Methode `toString`) als Zeichenkette mit dem Namen der Bild-Datei verknüpfen. Unter Beachtung einer möglichen `MalformedURLException` liefert die Methode schließlich die kombinierte URL als Ergebnis zurück.

Bei der Erzeugung des `ImageIcon`-Objekts für die Label-Beschriftung in der `init`-Methode genügt es nun, die URL der Bild-Datei zu bestimmen und anschließend auf den Konstruktor der Klasse `ImageIcon` zurückzugreifen, der ein URL-Objekt übergeben bekommt. In dieser Variante lässt sich unser Applet nun auch problemlos im Browser starten (siehe Abbildung 10.8).

Abbildung 10.8: Applet mit Bild im Browser (URL-Variante)

10.6 Übungsaufgaben

Aufgabe 10.1

Schreiben Sie eine Applet-Variante des Bilderrahmen-Frames aus Abschnitt 7.1.2. Beachten Sie dabei, dass Sie auf die Bilddateien nur über eine URL zugreifen können.

Aufgabe 10.2

Erstellen Sie ein Java-Applet mit der in Abbildung 10.9 dargestellten grafischen Oberfläche. Das Applet soll es ermöglichen, unterhalb der Beschriftung Argument eine Zahl einzugeben. Diese soll dann als Argument für die Sinus- oder die Cosinus-Funktion (je nach Markierung der entsprechenden Checkbox) verwendet werden. Durch den Button rechts oben soll die Berechnung ausgelöst und das Ergebnis direkt unter dem Button angezeigt werden.
Verwenden Sie in Ihrer Applet-Klasse die privaten Variablen argumentLabel, argument, sinCheckbox, cosCheckbox, executeButton, resultLabel für die sechs benötigten Swing-Komponenten und vereinbaren Sie eventuell notwendige Hilfsobjekte.
Schreiben Sie die Methode init so, dass ein geeignetes Layout festgelegt wird, die benötigten Swing-Komponenten erzeugt werden (beachten Sie bei den JCheckBox-Objekten, dass jeweils nur eines davon aktiviert sein darf und zu Be-

10.6 Übungsaufgaben

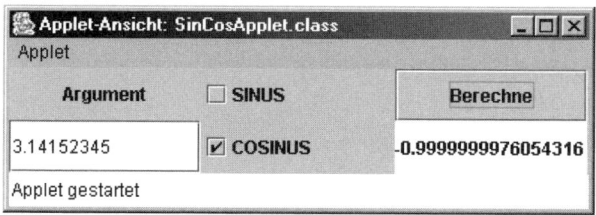

Abbildung 10.9: Das Applet aus Aufgabe 10.2

ginn die Sinus-Funktion ausgewählt sein soll), die Swing-Komponenten in der richtigen Reihenfolge ins Applet eingefügt werden und der Berechnungs-Button mit einem Event-Listener verküpft wird.

Realisieren Sie die Ereignis-Behandlung für den Berechnungs-Button in Form einer inneren Klasse `ExecuteListener`, die das Interface `ActionListener` implementiert. Bei der Betätigung des Berechnungs-Buttons soll jeweils der im Textfeld eingegebene Wert bestimmt werden, die Sinus- oder die Cosinus-Berechnung (abhängig vom Zustand der Checkbox-Markierungen) durchgeführt und das Ergebnis in dem dafür vorgesehenen Label angezeigt werden. Bei einer unzulässigen Eingabe soll eine entsprechende Exception abgefangen und dies über den Text des Resultats-Labels dem Benutzer bzw. der Benutzerin mitgeteilt werden.

Aufgabe 10.3

Im Rahmen Ihres Programmierjobs bei der *Pleiten-Pech-und-Pannen-Bank* haben Sie die Aufgabe bekommen, ein Applet zu schreiben, das als einfaches Euro-Umrechnungsprogramm dient und eine Abbildung 10.10 entsprechende Gestalt und Funktionalität aufweist. Dabei soll die zweite Zeile des Applets zur Eingabe und die vierte Zeile zur Ausgabe dienen. In der dritten Zeile soll mit Hilfe einer Klapptafel die Umrechnungs-Währung (Mark, Schilling oder Gulden) eingestellt werden können. Nach Eingabe eines Euro-Betrages in der zweiten Zeile soll beim Druck auf die Eingabetaste in die eingestellte Währung umgerechnet und der Betrag in der vierten Zeile angezeigt werden. Wählt man in der Klapptafel eine andere Währung aus, so soll ebenfalls sofort in die neu eingestellte Währung umgerechnet und der Betrag in der vierten Zeile angezeigt werden. Durch Aktivieren der Rundungs-Option in der letzten Zeile des Applets kann erreicht werden, dass nach jeder Konvertierung das Ergebnis auf zwei Stellen nach dem Komma gerundet ausgegeben wird.

Statten Sie Ihr Applet mit einem geeigneten Layout und den benötigten Swing-Komponenten aus, und verknüpfen Sie das Texteingabefeld und die Klapptafel mit passenden Listener-Objekten unter Verwendung von anonymen Klassen. Nach Eingabe eines Werts im Texteingabefeld soll sowohl beim Druck auf die Eingabetaste als auch bei einer Änderung des aktuellen Klapptafel-Eintrags die Instanzmethode `wandle` des Applets aufgerufen werden.

Abbildung 10.10: Das Applet aus Aufgabe 10.3

Die Methode `wandle` soll den Wert im Eingabefeld bestimmen (falls dabei eine `NumberFormatException` auftritt, soll der Wert 0.0 verwendet werden), mit Hilfe der Methode `convertTo` aus einer vorgegebenen Klasse `Utils` den Wert in die gerade in der Klapptafel eingestellte Währung umrechnen und den neuen Betrag im Ausgabe-Label anzeigen. Die Darstellung soll dabei unter Beachtung des eingestellten Anzeige-Modus, also bei aktiviertem Häkchen mit Rundung (dazu wird das `DecimalFormat`-Objekt aus der `Utils`-Klasse benutzt) und sonst ohne Rundung erfolgen.

Die vorgegebene Klasse `Utils` ist wie folgt definiert:

```
import java.text.*;
public class Utils {
    // Methode zur Konvertierung des Euro-Werts 'euroWert'
    // in die durch 'waehrung' spezifizierte Waehrung
    public static double convertTo (String waehrung, double euroWert) {
        if (waehrung.equals("Mark"))
            return 1.95583 * euroWert;
        else if (waehrung.equals("Schilling"))
            return 13.7603 * euroWert;
        else // waehrung.equals("Gulden")
            return 2.20371 * euroWert;
    }

    // DecimalFormat-Objekt zur Darstellung
    // von Zahlen mit zwei Nachkommastellen
    public static DecimalFormat
        zweiNachKomma = new DecimalFormat("#.00");
}
```

Kapitel 11

Praxisbeispiele

11.1 Wem die Stunde schlägt, Iteration 4

Da wir nun in Java zeichnen können, schlägt erneut eine große Stunde für unser Uhrenprojekt: wir versehen unsere Uhr mit einem analogen Zifferblatt.

11.1.1 Erste Schritte

Die Programmierung des gesamten Zifferblattes wird relativ komplex, wir fangen daher klein an. Unsere erste Version soll

- eine Teilimplementierung des Zifferblattes vornehmen und
- dieses anstelle der Digitalanzeige auf dem Bildschirm darstellen.

Gemäß unserem generellen Entwurf ist es klar, dass unser Zifferblatt das Interface `Anzeige` implementiert. Wir leiten unsere Klasse `AnalogAnzeige` ferner vom `JPanel` ab, das wir als digitale Leinwand verwenden:

```
public class AnalogAnzeige extends JPanel implements Anzeige {
```

Wir modifizieren unsere `SwingUhr`-Klasse nun so, dass sie die neue Klasse verwendet. Zuerst definieren wir eine Instanzvariable, die wir zur Speicherung des Anzeigenobjektes verwenden:

```
private Anzeige analog;
```

Im Konstruktor instantiieren wir das Objekt

```
analog = new AnalogAnzeige();
```

und weisen ihm das korrekte Uhrwerk zu:

```
analog.setUhrwerk(systemZeit);
```

Auch müssen wir in der Methode `aktivieren` nun bedenken, dass wir es mit unterschiedlichen Anzeigen zu tun haben können:

```
public void aktivieren() {
  ((Anzeige)aktuell).zeigeZeit(); //NEU
}
```

Ferner rufen wir eine Methode namens `setAnalog` auf, die wir wie folgt definieren:

```
public void setAnalog()
{
  // Fall: Wir sind sowieso schon auf der digitalen Anzeige
  if (aktuell != null && aktuell.equals(analog))
    return;
  // Andernfalls loeschen wir die aktuelle Komponente und ersetzen
  // sie durch die Digitalanzeige
  if (aktuell != null)
    remove(aktuell);
  aktuell = (JComponent) analog;
  add(aktuell);
}
```

Zurück zu unserer `AnalogAnzeige`. Wie auch in ihrem Vorgänger speichern wir das `Uhrwerk` in einer Instanzvariable. Wir definieren jedoch ferner noch weitere Instanzvariablen, in denen wir Stunden, Minuten und Sekunden der darzustellenden Uhrzeit hinterlegen:

```
/** Dieses Uhrwerk wird fuer die Zeitdarstellung verwendet. */
private Uhrwerk uhrwerk;

/** Die darzustellenden Stunden (0-11) */
private int stunden;

/** Die darzustellenden Minuten (0-59) */
private int minuten;

/** Die darzustellenden Sekunden (0-59) */
private int sekunden;

/** Ist es nachmittags (PM) ? */
private boolean zeigePM;
```

Die Variable `zeigePM` speichert, ob es sich um den Zeitbereich von 0 bis 12 oder den Zeitbereich von 12 bis 24 Uhr handelt. Im letztgenannten Fall werden wir einen kleinen Punkt auf der Analoguhr anzeigen.

Werfen wir nun einen Blick auf den Konstruktor unserer Klasse:

```
/** Konstruktor */
public AnalogAnzeige() {
  // Veraendere das Aussehen
  setBackground(Color.BLACK);
  setForeground(Color.GREEN);
  // Sorge dafuer, dass die Komponente
  // eine gewisse bevorzugte Groesse hat
  setPreferredSize(new Dimension(200,200));
}
```

11.1 Wem die Stunde schlägt, Iteration 4

Die meisten Anweisungen sind aus früheren Praxisbeispielen bereits bekannt. Die Methode `setPreferredSize` teilt der Komponente mit, wie groß sie bevorzugt dargestellt werden soll. Dieser Wunsch wird dann im Layout von der Methode `pack()` berücksichtigt.

Kommen wir nun zur Methode `zeigeZeit`, die die Darstellung unserer Uhrzeit aktualisiert. Mit Hilfe eines `GregorianCalendar`-Objektes extrahieren wir die notwendigen Zeitinformationen und aktualisieren unsere Instanzvariablen. Anschließend rufen wir `repaint()` auf und erneuern die Darstellung:

```
public void zeigeZeit() {
  // Extrahiere Stunden, Minuten und Sekunden
  Date date = uhrwerk.getZeit();
  Calendar calendar = new GregorianCalendar();
  calendar.setTime(date);
  stunden = calendar.get(Calendar.HOUR);
  minuten = calendar.get(Calendar.MINUTE);
  sekunden = calendar.get(Calendar.SECOND);
  zeigePM = calendar.get(Calendar.AM_PM) == Calendar.PM;
  // Dann rufe die repaint-Methode auf
  repaint();
}
```

Die eigentliche Darstellung wird also von der Methode `paint()` erledigt. Wir gehen in folgenden Schritten vor:

- Kompliziertere Grafiken werden normalerweise nicht auf dem Bildschirm selbst gezeichnet. Je nach Prozessorgeschwindigkeit kann der Benutzer den Zeichenvorgang sonst „mitverfolgen": das Bild flackert. Man verwendet deshalb ein so genanntes **Offscreen Image**, das heißt ein Bild, das nicht auf dem Bildschirm zu sehen ist:

  ```
  public void paint(Graphics graphics) {
    // Zeichne nicht direkt auf dem Bildschirm, sondern
    // verwende ein so genanntes Offscreen-Image
    int width = getWidth();
    int height = getHeight();
    Image bild = createImage(width,height);
    Graphics g = bild.getGraphics();
  ```

  Mit dem auf diese Weise gewonnenen `Graphics`-Objekt werden wir unsere Uhr zeichnen. Erst wenn wir damit fertig sind, bringen wir das komplette Bild in einem Schritt auf den Bildschirm:

  ```
  graphics.drawImage(bild,0,0,this);
  ```

- Bevor wir anfangen, unsere Uhr zu zeichnen, füllen wir das Bild mit unserer Hintergrundfarbe:

  ```
  g.setColor(getBackground());
  g.fillRect(0,0,width,height);
  ```

Auf diese Weise wird alles übermalt, was sich eventuell noch auf dem Bildschirm befunden haben mag. Ferner berechnen wir gewisse Grunddaten unserer (kreisfoermigen) Uhr, indem wir den Mittelpunkt des Bildes errechnen und

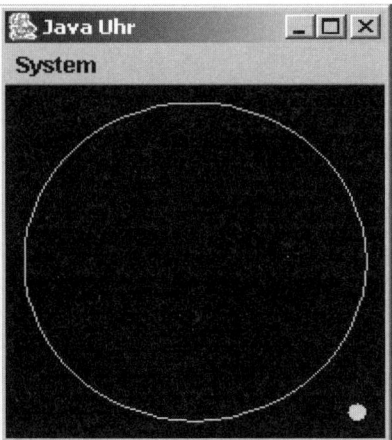

Abbildung 11.1: Die Analoguhr im ersten Schritt

den größtmöglichen Kreisradius (abzüglich 10 Bildpunkte, damit wir nicht zu sehr an den Rand stoßen) bestimmen:

```
int mitteX = width/2;
int mitteY = height/2;
int radius = Math.min(width,height) / 2 - 10;
```

- Nun können wir anfangen, unser Zifferblatt zu malen. Im ersten Schritt besteht unser Zifferblatt lediglich aus einem Kreis in der Vordergrundfarbe – wir fangen klein an, werden uns aber bald steigern:

```
g.setColor(getForeground());
g.drawOval(mitteX - radius, mitteY - radius,
```

- Zu guter Letzt wollen wir den Inhalt des Feldes `zeigePM` auswerten. Falls der Inhalt `true` ist, malen wir einen kleinen Punkt an die rechte untere Hälfte des Fensters:

```
if (zeigePM)
    g.fillOval(width - 20, height - 20 , 10 , 10);
```

Betrachten wir die komplette Methode noch einmal in ihrer Gesamtheit:

```
public void paint(Graphics graphics) {
  // Zeichne nicht direkt auf dem Bildschirm, sondern
  // verwende ein so genanntes Offscreen-Image
  int width = getWidth();
  int height = getHeight();
  Image bild = createImage(width,height);
  Graphics g = bild.getGraphics();
  // Berechne den Mittelpunkt unseres Uhrenkreises
  int mitteX = width/2;
```

11.1 Wem die Stunde schlägt, Iteration 4

```
    int mitteY = height/2;
    int radius = Math.min(width,height) / 2 - 10;
    // Zuerst einmal malen wir den Hintergrund
    g.setColor(getBackground());
    g.fillRect(0,0,width,height);
    // Nun zum Zifferblatt
    g.setColor(getForeground());
    g.drawOval(mitteX - radius, mitteY - radius,
      2 * radius, 2 * radius);
    // Im Falle von "PM", zeige einen kleinen Punkt an
    if (zeigePM)
      g.fillOval(width - 20, height - 20 , 10 , 10);
    // Zu guter Letzt zeichnen wir das Offscreen-Image
    // in der wirklichen Komponente
    graphics.drawImage(bild,0,0,this);
  }
```

Abbildung 11.1 stellt das Ergebnis dieser Methode dar, wenn wir unser Programm laufen lassen. Wir haben unsere ersten Schritte zu unserem Iterationsziel gemacht und dabei die prinzipielle Lauffähigkeit unserer Änderungen sichergestellt. Nun wollen wir uns daran machen, die grafische Darstellung weiter zu verfeinern.

11.1.2 Von Kreisen und Winkeln

Eine zentrale Rolle beim Zeichnen unserer Uhr stellt die Darstellung ihrer Zeiger dar. Stunden-, Minuten- und Sekundenzeiger. Für jeden dieser Zeiger gilt:

- Er ist in der Mitte des Kreises (unserer Uhr) befestigt und verläuft zum äußeren Rand.
- Abhängig von der Uhrzeit wechselt der Winkel (wir definieren 12 Uhr als 0 Grad).
- Keiner der Zeiger kann länger als das Zifferblatt selbst sein (also größer als der Radius).
- Die Enden der Zeiger sollten abgerundet sein, da dies besser aussieht.

Neben diesen Gemeinsamkeiten gibt es aber auch viele Unterschiede. So sind die verschiedenen Zeiger unterschiedlich lang und eventuell auch unterschiedlich breit. Auch drehen sich die Zeiger unterschiedlich schnell und durchlaufen eine volle Kreisdrehung in 60 Sekunden, 60 Minuten oder 12 Stunden. Sprich, abhängig vom Zeiger müssen wir eine andere Berechnungsformel zugrunde legen.
Bevor wir uns daran machen, das unterschiedliche Verhalten zu realisieren, kümmern wir uns um die Gemeinsamkeiten. Jeder Zeiger kann eine ihm zugeordnete Breite haben – wir brauchen also eine Methode, um die Pinseldicke ändern zu können:

```
    private void setzeBreite(Graphics g,int breite,boolean rundeEnden) {
    }
```

Neben dem gerade verwendeten `Graphics`-Objekt und der Pinseldicke (in Bildschirmpunkten) übergeben wir als dritten Parameter einen Booleschen Wert `rundeEnden`. Ist dieser auf `true` gesetzt, sollen alle gezeichneten Striche am Ende abgerundet werden. Da wir momentan noch nicht genau wissen, wie dies zu bewerkstelligen ist, lassen wir die Methode allerdings zunächst leer.

Kommen wir zur zweiten Gemeinsamkeit. Abhängig von ihrem Winkel sollen alle drei Zeiger vom Mittelpunkt des Kreises nach außen gezeichnet werden (wenn auch mit unterschiedlicher Länge). Wir definieren eine Methode `zeichneLinie`, der wir folgende Parameter übergeben:

- das zu verwendende `Graphics`-Objekt,
- die x- und y-Koordinate des Kreismittelpunktes (`mitteX` und `mitteY`, bereits in der `paint()`-Methode berechnet),
- den Winkel, gemessen im Uhrzeigersinn von „zwölf Uhr", in dem sich der Zeiger befindet,
- den Radius unseres Kreises (`radius`, bereits in der `paint()`-Methode berechnet),
- bei wie viel Prozent der Strecke Mittelpunkt-Kreisbogen von der Mitte aus gesehen der Strich beginnen soll (`von`) und
- bei wie viel Prozent der Strecke Mittelpunkt-Kreisbogen von der Mitte aus gesehen der Strich enden soll (`bis`).

Da wir momentan allerdings noch nicht genau wissen, *wie* wir diese Aufgabe bewerkstelligen wollen, verschieben wir auch hier die eigentliche Implementierung auf später:

```
private void zeichneLinie(Graphics g,int mitteX,
    int mitteY,double winkel,int radius,double von,double bis) {
}
```

Der Hauptunterschied zwischen den verschiedenen Zeigern ist die Berechnung des eingenommenen Winkels: Wenn der Zeiger beim Winkel 0 beginnt und eine volle Umdrehung des Kreises einen Winkel von 2π bedeutet, dann ist die Berechnung wie folgt:

- Für den Sekundenzeiger unterteilen wir die Skala in 60 Bestandteile:

```
private double sekundenWinkel(int sekunde) {
  return 2 * Math.PI * sekunde / 60;
}
```

- Für den Minutenzeiger unterteilen wir die Skala in 3600 Bestandteile (60 Minuten mal 60 Sekunden):

```
private double minutenWinkel(int minute,int sekunde) {
  return 2 * Math.PI * (sekunde + minute * 60) /3600;
}
```

- Für den Stundenzeiger verwenden wir einen vollen 12-Stunden-Takt (in Sekunden gemessen):

```
private double stundenWinkel(int stunde,int minute,int sekunde) {
  return 2 * Math.PI * (sekunde + minute * 60 + stunde * 3600)
    / (3600 * 12);
}
```

Nun haben wir alle Hilfsmethoden definiert, um unsere `paint`-Methode zu vervollständigen. Zuerst polieren wir unser Zifferblatt ein wenig auf. Im ersten Schritt machen wir den äußeren Kreis ein wenig dicker:

```
setzeBreite(g,4,false);
g.setColor(getForeground());
g.drawOval(mitteX - radius, mitteY - radius,
  2 * radius, 2 * radius);
```

Als nächstes fügen wir noch eine kleine Skala für die vollen Stunden hinzu. Denn was ist ein solche Strich anderes als ein Zeiger für volle Stunden, der ziemlich weit außerhalb beginnt (also einen hohen Wert für von hat)?

```
for (int i = 0; i < 12; i++)
  zeichneLinie(g,mitteX,mitteY,stundenWinkel(i,0,0),
    radius,0.75,1);
```

Kommen wir nun zu unseren drei Zeigern. Wir verwenden die Methoden `setzeBreite` und `zeichneLinie`, um die drei Zeiger mit unterschiedlichem Aussehen zu gestalten. Die dazugehörigen Winkel werden von unseren Hilfsmethoden berechnet:

```
// Zeichne den Stundenzeiger
setzeBreite(g,9,true);
zeichneLinie(g,mitteX,mitteY,
  stundenWinkel(stunden,minuten,sekunden),radius,0,0.5);
// Zeichne den Minutenzeiger
zeichneLinie(g,mitteX,mitteY,
  minutenWinkel(minuten,sekunden),radius,0,0.9);
// Zeichne den Sekundenzeiger
setzeBreite(g,2,true);
zeichneLinie(g,mitteX,mitteY,
  sekundenWinkel(sekunden),radius,0,0.9);
```

Auch wenn sich unser Bildschirm nach dem Programmstart um keinen Deut unterscheidet, ist die Methode `paint` somit komplett. Wir werden die Früchte unserer Arbeit sehen, sobald wir die beiden fehlenden Methoden ausprogrammiert haben.

11.1.3 Die Methode `setzeBreite`

Finden Sie nicht auch, dass die Möglichkeiten der Klasse `Graphics` ziemlich eingeschränkt sind? Falls wir Ihnen bislang nichts Wesentliches verschwiegen haben, beschränkt sich die Funktionalität der Klasse auf das simple Malen einiger Linien, Kreise und vordefinierter Bilder. Ist das wirklich alles?

In den Anfangszeiten von Java hätten wir die Frage mit ja beantworten müssen. In den ersten beiden Versionen der Sprache waren die Grafikmöglichkeiten stark beschränkt – sofern man nicht aufwendig selbst entsprechende Routinen definierte. Mit der Version 1.2 von Java war dies aber vorbei. Sun unterzog die Klasse einer kompletten Rundumerneuerung – Ergebnis war eine neue, verbesserte Variante: Graphics2D. Diese neue Klasse ist Einstiegspunkt in ein komplexes und sehr fortgeschrittenes 2D-Rendering-System, das dem versierten Grafikprogrammierer kaum Wünsche offenlässt.

Wie kommen wir in unserer Klasse aber an ein Graphics2D-Objekt heran? Die Antwort lautet: wir *haben* es bereits. Jedes Graphics-Objekt der neueren Java-Versionen lässt sich auf dessen Unterklasse Graphics2D casten. Wir können also im vollen Vertrauen darauf mit der erweiterten Funktionalität arbeiten.

Eine der Neuerungen der neuen Klasse ist die Methode setStroke(). Der Stroke, grob übersetzt Pinselstrich, gibt Auskunft über verschiedene Eigenschaften einer zu zeichnenden Linie. In der konkreten Ausprägung BasicStroke lassen sich unter anderem die Liniendicke und die Form der Linienenden (quadratisch oder abgerundet) setzen. Wir verwenden dieses Wissen, um unsere Methode setzeBreite zu formulieren:

```
private void setzeBreite(Graphics g,int breite,boolean rundeEnden) {
   Graphics2D g2d = (Graphics2D) g;
   g2d.setStroke(new BasicStroke(breite,
      rundeEnden ? BasicStroke.CAP_ROUND : BasicStroke.CAP_SQUARE,
      BasicStroke.JOIN_MITER));
}
```

Der dritte Parameter im Konstruktor, JOIN_MITER besagt, nach welchem Prinzip ineinanderlaufende Linien vereint werden sollen. Wir setzen hier den standardgemäß verwendeten Wert.

Für nähere Informationen über Graphics2D und Stroke sei hier wegen des begrenzten Seitenumfangs dieses Buchs auf die API-Beschreibung und weiterführende Literatur wie das Java Tutorial verwiesen.

11.1.4 Die Methode zeichneLinie

Kommen wir nun zu unserer letzten Methode: wir wollen eine Linie vom Kreismittelpunkt (mitteX/mitteY) im Winkel winkel zur Ausgangsstellung zeichnen. Die Linie soll radius Bildschirmpunkte lang sein, aber nur der Prozentbereich von von bis bis soll dargestellt werden.

Würde uns der Winkel nicht in die Quere kommen, wäre das Ganze kein Problem. Angenommen, der Winkel wäre 0, also „zwölf Uhr". Dann wären die y-Koordinaten von Start- und Endpunkt nach folgendem Schema einfach berechenbar:

```
double startY = mitteY - radius * von;
double endY = mitteY - radius * bis;
```

11.1 Wem die Stunde schlägt, Iteration 4

Die x-Koordinate wäre genau der Mittelpunkt. Wir müssten den Strich also nur noch zeichnen:

```
g.drawLine(mitteX,(int)startY,mitteX,(int)endY);
```

Wie aber bringen wir den Winkel ins Spiel? Es ist der Klasse `Graphics2D` zu verdanken, dass dieser Abschnitt des Buchs in keine Geometrievorlesung ausartet. Anstatt die Koordinaten anhand des Winkels berechnen zu müssen, können wir uns nämlich einfach unser Zeichenblatt „zurechtdrehen".

Java unterstützt so genannte **affine Transformationen**. Ohne in die lineare Algebra abrutschen zu wollen, stellen diese Funktionen vereinfacht gesagt eine Möglichkeit dar, das zum Zeichnen verwendete Koordinatensystem zu verrücken. Die Klasse `java.awt.geom.AffineTransform` repräsentiert diese Transformationen und stellt auch einige statische Hilfsmethoden zur Verfügung. Die Methode `getRotateInstance(winkel,mitteX,mitteY)` erzeugt eine Transformation, die unsere Koordinatenachse um den Mittelpunkt unseres Kreises gegen den Uhrzeigersinn dreht. Mit anderen Worten: schleusen wir dieses Objekt mit der Methode `transform` in unser `Graphics2D`-Objekt ein, dann befindet sich die von uns zu zeichnende Line gerade auf „zwölf Uhr".

Betrachten wir die Methode in ihrer Gesamtheit

```
    private void zeichneLinie(Graphics g,int mitteX,
      int mitteY,double winkel,int radius,double von,double bis) {
      // Drehe die Bildschirmflaeche zurecht
      Graphics2D g2d = (Graphics2D) g;
      g2d.transform(AffineTransform.getRotateInstance
        (winkel,mitteX,mitteY));
      // Nach dieser Drehung muessen wir den Strich nur noch
      // nach oben malen :-)
      double startY = mitteY - radius * von;
      double endY = mitteY - radius * bis;
      g.drawLine(mitteX,(int)startY,mitteX,(int)endY);
      // Zu guter Letzt drehen wir das Bild wieder zurueck
      g2d.transform(AffineTransform.getRotateInstance
        (-winkel,mitteX,mitteY));
    }
```

Wir drehen unser Bild zuerst in eine für uns angenehme Position und zeichnen dann die Linie. Zu guter Letzt machen wir die Drehung wieder rückgängig, indem wir in die entgegengesetzte Richtung drehen.

11.1.5 Zusammenfassung

Wie Abbildung 11.2 zeigt, haben wir es geschafft: unsere Analoguhr befindet sich fix und fertig auf dem Bildschirm.

Nach dieser kolossalen Verbesserung wollen wir einen Moment innehalten und sehen, welche Ziele wir für die Anwendung eigentlich noch verwirklichen wollen:

- Bislang haben wir es noch nicht geschafft, unsere Uhr in Bewegung zu setzen. Die Anzeige ist auf der zuerst dargestellten Uhrzeit eingefroren.

Abbildung 11.2: Die fertige Analoguhr

- Wir verfügen nun über eine Analog- und eine Digitaluhr, haben aber keine Möglichkeit, zwischen diesen beiden Darstellungen hin- und herzuschalten.
- Unsere Uhr ist eine Java-Anwendung und als solche noch nicht für den Web-Browser geeignet. Ein Applet muss her!
- Für das Einstellen der Uhrzeit wollten wir unsere Uhr mit einem „Zeitserver" synchronisieren.

Wir werden jeden dieser Punkte in einem weiteren Iterationsschritt lösen. Für das erst- und letztgenannte Ziel fehlt uns momentan noch das Fachwissen. Im dritten Teil dieses Buchs werden wir dem aber abhelfen. Das Wechseln zwischen den Darstellungen und die Erzeugung eines Applets liegt aber durchaus im Bereich unserer Möglichkeiten. Wir werden die nächsten Praxisbeispiele darauf verwenden, diese offenen Punkte zu klären.

Nichtsdestotrotz sollten wir aber auch nicht unterschlagen, welche kolossalen Fortschritte unser Programm von seinen ersten Schritten aus gemacht hat. Die grafischen Teile sind geschafft, vier von insgesamt acht Iterationsschritten erledigt. Herzlichen Glückwunsch – Halbzeit!

11.2 Wem die Stunde schlägt, Iteration 5

Ziel dieser Iteration ist es,

- zwischen analoger und digitaler Zeitdarstellung per Einstellungsmenü wechseln zu können, und
- dem Benutzer die Wahl zu lassen, in welchen Farben die Uhr dargestellt werden soll.

11.2 Wem die Stunde schlägt, Iteration 5

Hierzu werden wir unseren Einstellungsdialog aus Abschnitt 8.3 so erweitern, dass diese Funktionalität zur Verfügung steht.

11.2.1 Vorbereitungen

Werfen wir einen kurzen Blick auf unsere `SwingUhr`. Mit den Methoden `setAnalog` und `setDigital` haben wir bereits einen Schalter zur Verfügung gestellt, mit dem zwischen den Darstellungen hin- und hergeschaltet werden kann. So weit, so gut. Wir fügen ferner noch eine Methode `isAnalog` hinzu, mit der sich der Status der aktuell verwendeten Darstellung abfragen lässt:

```java
public boolean isAnalog() {
   return aktuell.equals(analog);
}
```

Neben diesen Methoden benötigen wir aber auch noch eine Möglichkeit, die Farben unserer Darstellung zu beeinflussen. Die aktuell definierten Methoden `setForeground` und `setBackground` reichen die Einstellungen nicht an unsere inneren Darstellungen weiter. Wir überschreiben diese Methoden deshalb entsprechend:

```java
/** Setze die Farbe fuer den Vordergrund der Uhr */
public void setForeground(Color c) {
   if (digital != null)
     ((JComponent)digital).setForeground(c);
   if (analog != null)
     ((JComponent)analog).setForeground(c);
   super.setForeground(c);
}

/** Setze die Farbe fuer den Hintergrund der Uhr */
public void setBackground(Color c) {
   if (digital != null)
     ((JComponent)digital).setBackground(c);
   if (analog != null)
     ((JComponent)analog).setBackground(c);
   super.setBackground(c);
}
```

Konsequent überschreiben wir auch die get-Methoden:

```java
/** Frage die aktuelle Vordergrundfarbe ab */
public Color getForeground() {
  if (aktuell != null)
    return aktuell.getForeground();
  return super.getForeground();
}

/** Frage die aktuelle Hintergrundfarbe ab */
public Color getBackground() {
  if (aktuell != null)
    return aktuell.getBackground();
  return super.getForeground();
}
```

Nach diesen geringfügigen Anpassungen haben wir alle notwendigen „Schalter" definiert, die wir in unserem Einstellungs-Dialog nur noch nach außen reichen müssen.

11.2.2 Layout in der Klasse `SetzeDarstellung`

Erinnern wir uns: In Abschnitt 8.3 haben wir einen generellen Einstellungs-Dialog definiert, der eine vorgegebene Sammlung von `Einstellung`-Objekten grafisch darstellt und das Setzen der Einstellungen kontrolliert. Um diesen Dialog erweitern zu können, benötigen wir also nur eine neue Klasse für unsere zusätzlichen Optionen:

```
public class SetzeDarstellung extends JPanel
    implements Einstellungen.Einstellung
```

Innerhalb dieser Klasse werden wir folgende Komponenten verwenden:

- Für den Wechsel zwischen Analog- und Digitalanzeige definieren wir zwei `JRadioButton`-Objekte:

    ```
    /** RadioButton: analoge Anzeige */
    private JRadioButton analog;

    /** RadioButton: digitale Anzeige */
    private JRadioButton digital;
    ```

- Für das Setzen von Vorder- und Hintergrundfarbe verwenden wir so genannte `JColorChooser`-Objekte, die speziell für die Auswahl von Farben durch den Benutzer entwickelt wurden:

    ```
    /** ColorChooser fuer den Vordergrund */
    private JColorChooser foreground;

    /** ColorChooser fuer den Hintergrund */
    private JColorChooser background;
    ```

- Ferner definieren wir noch zwei weitere Instanzvariablen, in denen wir die `SwingUhr` und das Fenster hinterlegen, in dem die Darstellung vollzogen wird:

    ```
    /** Diese SwingUhr wird mit den Einstellungen beeinflusst */
    private SwingUhr uhr;

    /** Dieses Fenster muss beim Wechsel des Look and feel
      * aktualisiert werden.
      **/
    private Window uhrenFenster;
    ```

Diese Objekte müssen beim Setzen der Einstellungen von uns beeinflusst werden.

11.2 Wem die Stunde schlägt, Iteration 5

Im Konstruktor unserer Klasse werden wir diese Objekte nun so kombinieren, dass ein anspruchsvoller Einstellungs-Dialog entsteht. Zuerst initialisieren wir die Instanzvariablen:

```
public SetzeDarstellung(SwingUhr uhr,Window uhrenFenster) {
    // Initialisiere die Instanzvariablen.
    this.uhr = uhr;
    this.uhrenFenster = uhrenFenster;
    analog = new JRadioButton("analog");
    digital = new JRadioButton("digital");
    foreground = new JColorChooser(uhr.getForeground());
    background = new JColorChooser(uhr.getBackground());
```

Im nächsten Schritt kümmern wir uns um die Wahl der Darstellungsform. Wir arrangieren beide Buttons nebeneinander und sorgen mit einer ButtonGroup dafür, dass die Auswahl der einen Darstellungsart die andere ausschließt:

```
    JPanel buttons = new JPanel();
    buttons.setLayout(new GridLayout(1,2));
    buttons.add(analog);
    buttons.add(digital);
    ButtonGroup group = new ButtonGroup();
    group.add(analog);
    group.add(digital);
    if (uhr.isAnalog())
        analog.setSelected(true);
    else
        digital.setSelected(true);
```

Kommen wir nun zur Wahl der Farbe. Darstellungen der Form JColorChooser benötigen unglücklicherweise recht viel Platz. Wir verwenden deshalb ein JTabbedPane, um nicht beide gleichzeitig auf dem Bildschirm anzeigen zu müssen:

```
    JTabbedPane colors = new JTabbedPane();
    colors.addTab("Vordergrund",foreground);
    colors.addTab("Hintergrund",background);
```

Nun müssen wir die buttons und colors nur noch auf dem Bildschirm darstellen. Achten Sie auf die Verwendung der Methode setBorder:

```
    // Fuege Rahmen um die inneren Panels ein
    buttons.setBorder(new TitledBorder("Darstellungsform"));
    colors.setBorder(new TitledBorder("Farbgebung"));
    // Fuege beide Panels in dieses Panel ein
    setLayout(new BorderLayout());
    add(buttons,BorderLayout.NORTH);
    add(colors,BorderLayout.CENTER);
```

Das Interface javax.swing.border.Border und seine konkreten Ausprägungen sind für das Malen von Rahmen um eine Swing-Komponente zuständig. Unser TitledBorder malt einen einfachen Rahmen mit einer Beschriftung um unsere Komponenten. Sie können das fertige Ergebnis in Abbildung 11.3 betrachten.

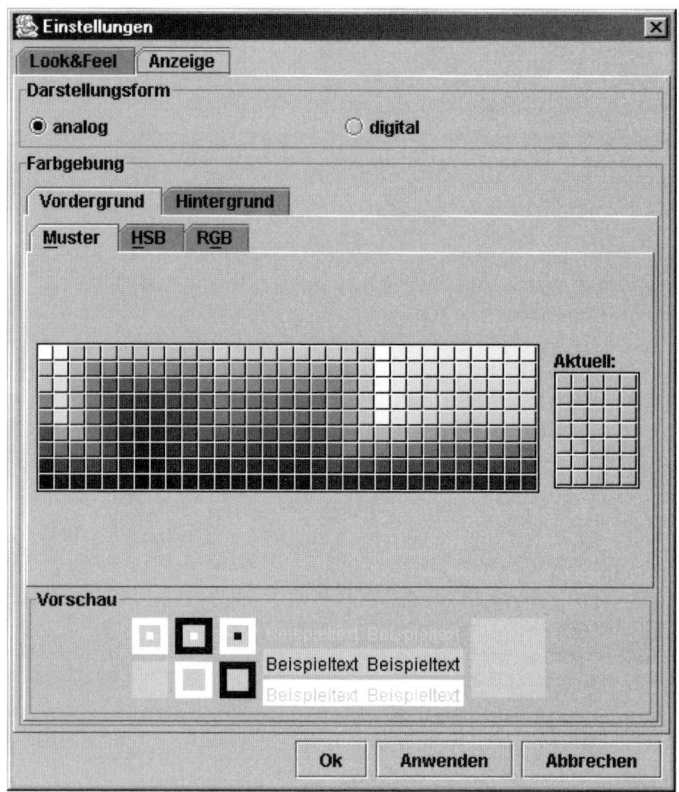

Abbildung 11.3: Einstellungsdialog: Darstellung und Farbgebung

11.2.3 Vom Layout zur Anwendungslogik

Nachdem wir nun das grafische Layout bewerkstelligt haben, müssen wir die vom Benutzer gesetzten Einstellungen noch an unseren Dialog weiterleiten. Hierzu prägen wir die Methode anwenden aus dem Einstellungs-Interface aus:

```
public void anwenden() {
  // Analog oder digital?
  if (analog.isSelected())
    uhr.setAnalog();
  else
    uhr.setDigital();
  // Farbgebung
  uhr.setForeground(foreground.getColor());
  uhr.setBackground(background.getColor());
  // Groessenanpassungen
  if (uhrenFenster != null)
    uhrenFenster.pack();
}
```

11.3 Wem die Stunde schlägt, Iteration 6

Wie in früheren Beispielen lesen wir die gesetzten Werte aus unseren grafischen Komponenten aus und leiten sie in die entsprechenden Methoden unserer Steuerungslogik weiter. Aus unserem `JColorChooser` können wir Vorder- bzw. Hintergrundfarbe mittels der Methode `getColor` ableiten.

Nun bleibt uns nur noch, diese Einstellungen in unsere Klasse `JavaUhr` einzubauen. Betrachten wir die angepasste Methode `zeigeEinstellungen`:

```
private void zeigeEinstellungen() {
  // Erzeuge nur neue Objekte, wenn der Dialog noch nicht existiert
  if (einstellungen == null) {
    // Initialisiere die Look-and-feel-Einstellung
    SetzeLookAndFeel lookAndFeel=new SetzeLookAndFeel();
    // Initialisiere die Darstellungs-Einstellungen
    SetzeDarstellung darstellung=new SetzeDarstellung(anzeige,this);
    // Initialisiere den Dialog
    einstellungen =
    new Einstellungen(this,true,new Einstellungen.Einstellung[]{
      lookAndFeel,darstellung
    });
    // Gegen Ende noch einige letzte Einstellungen
    lookAndFeel.setZuAktualisieren(new Window[] {
      this,einstellungen
    });
  }
  // Mache den Dialog sichtbar
  einstellungen.pack();
  einstellungen.setVisible(true);
}
```

Wie wir sehen, ist der Aufwand dank unseres strukturierten Designs minimal.

11.3 Wem die Stunde schlägt, Iteration 6

Wir kommen nun zum Applet-Teil unseres Uhren-Projektes. Ziel dieser Iteration ist es, unsere Uhr in Form eines Applets auf dem Web-Browser darzustellen.

11.3.1 Schritt 1: Auf den Schirm

Beginnen wir damit, eine erste lauffähige Version zu generieren. Wie Sie aus den vorherigen Kapiteln wissen, ist das gar nicht so schwer. Wir erzeugen eine neue Klasse `UhrenApplet`, die sich von `JApplet` ableitet. In dieser Klasse stellen wir unsere Uhr dar, indem wir unsere `SwingUhr` mittels der Methode `setContentPane()` als alleinigen Inhalt setzen:

```
1  import javax.swing.*;
2
3  /** Diese Klasse verwendet die SwingUhr, um die Uhrzeit
4   * in Form eines Applet darzustellen.
5   **/
6  public class UhrenApplet extends JApplet {
7
```

```
 8    /** Intern verwenden wir eine SwingUhr */
 9    private SwingUhr uhr;
10
11    /** Init-Methode */
12    public void init() {
13      // Instantiiere eine SwingUhr und mache
14      // diese zum alleinigen Inhalt des Applet
15      uhr = new SwingUhr();
16      setContentPane(uhr);
17    }
18
19    /** Start-Methode */
20    public void start() {
21      uhr.aktivieren();
22    }
23
24    /** Stop-Methode */
25    public void stop() {
26      uhr.beenden();
27    }
28
29  }
```

Anschließend benötigen wir nur noch eine entsprechende HTML-Seite, um das Applet in einem Browser anzeigen zu können:

```
 1  <html>
 2    <head>
 3      <title>
 4        UhrenApplet
 5      </title>
 6    </head>
 7    <body>
 8      <applet code="UhrenApplet.class" width=150 height=150>
 9      </applet>
10    </body>
11  </html>
```

Abbildung 11.4 zeigt das fertige Ergebnis auf dem Bildschirm. Ist unser Praxisabschnitt nun zu Ende?

11.3.2 Schritt 2: Eine Frage der Einstellung

Wie Sie sicher vermutet haben, lautet die Antwort auf obige Frage „nein". Momentan können wir lediglich die Größe unserer Uhr bestimmen. Wie sieht es aber mit digitaler Anzeige oder dem Setzen von Vorder- und Hintergrundfarbe aus? Da uns nun unser Einstellungs-Dialog fehlt, müssen wir diese Parameter in der HTML-Datei setzen können.

Beginnen wir damit, unsere HTML-Datei entsprechend zu erweitern. Anbei die verbesserte Variante, die nun vier verschiedene Applets darstellen soll (vergleiche Abbildung 11.5). Wir haben drei neue Applet-Parameter eingeführt:

11.3 Wem die Stunde schlägt, Iteration 6

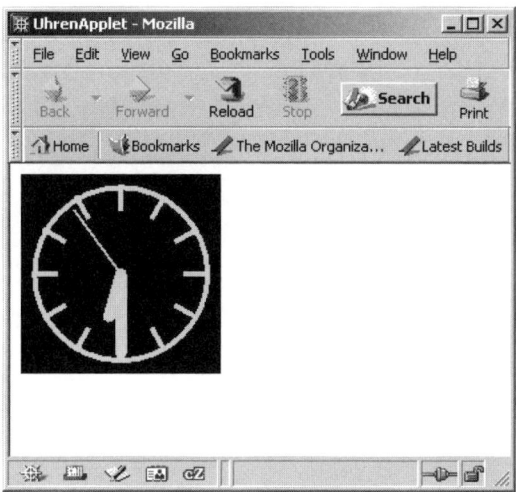

Abbildung 11.4: Uhrenapplet im ersten Schritt

- Einen Parameter `darstellung`, der das Applet mit der Einstellung `digital` auf digitale Darstellung schaltet.
- Einen Parameter `vordergrund`, mit dessen Hilfe sich die Vordergrundfarbe des Applets setzen lässt.
- Einen Parameter `hintergrund`, mit dessen Hilfe sich die Hintergrundfarbe des Applets setzen lässt.

Die beiden Parameter für die Farbe sind hierbei ganzzahlig und kodieren die Rot-, Grün- und Blauwerte einer Farbe. Unsere neue HTML-Datei sieht wie folgt aus:

```
1   <html>
2     <head>
3       <title>
4         UhrenApplet
5       </title>
6     </head>
7     <body>
8       <applet code="UhrenApplet.class" width=150 height=150>
9       </applet>
10
11      <applet code="UhrenApplet.class" width=150 height=150>
12        <param name="vordergrund" value="0"/>
13        <param name="hintergrund" value="16777215"/>
14      </applet>
15
16      <applet code="UhrenApplet.class" width=150 height=75>
17        <param name="darstellung" value="digital"/>
18      </applet>
19
20      <applet code="UhrenApplet.class" width=150 height=75>
```

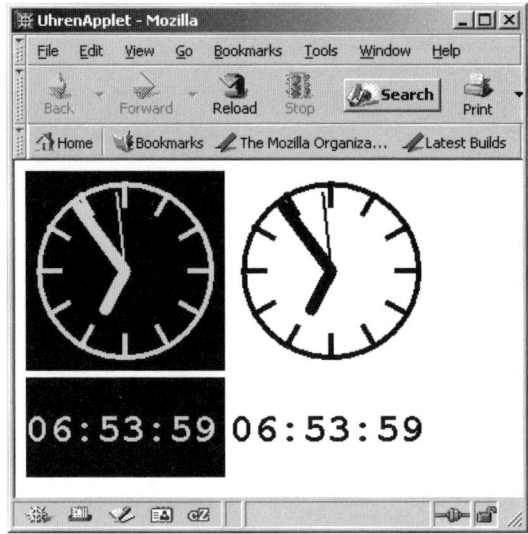

Abbildung 11.5: Das fertige Applet

```
21        <param name="darstellung" value="digital"/>
22        <param name="vordergrund" value="0"/>
23        <param name="hintergrund" value="16777215"/>
24     </applet>
25   </body>
26 </html>
```

Damit sich diese Einstellungen in unserem Applet widerspiegeln, erweitern wir unsere `init`-Methode. Die einzelnen Werte lassen sich mit der Methode `getParameter()` auslesen. Für das Umwandeln unserer Farbwerte in `Color`-Objekte stellt die Klasse `java.awt.Color` eine statische Hilfsmethode namens `decode` zur Verfügung:

```java
// 1. Analog oder Digital?
String darstellung = getParameter("darstellung");
if (darstellung != null &&
    darstellung.trim().toUpperCase().equals("DIGITAL"))
    uhr.setDigital();
else
    uhr.setAnalog();
// 2. Vordergrundfarbe?
String vordergrund = getParameter("vordergrund");
if (vordergrund != null)
  try {
    uhr.setForeground(Color.decode(vordergrund));
  }
  catch(Exception e) {
    e.printStackTrace();
  }
```

11.3 Wem die Stunde schlägt, Iteration 6

```
// 3. Hintergrundfarbe?
String hintergrund = getParameter("hintergrund");
if (hintergrund != null)
  try {
    uhr.setBackground(Color.decode(hintergrund));
  }
  catch(Exception e) {
    e.printStackTrace();
  }
```

11.3.3 Schritt 3: Alles hübsch verpackt

Im letzten Schritt unseres Praxisbeispieles wollen wir uns um die Auslieferung eines Applets kümmern. Werfen wir einen Blick in unser Verzeichnis:

```
─────────────────── Konsole ───────────────────
C:\buch2\Code\praxis-c\uhr6\version2>dir
 Volume in drive C is HP_PAVILION
 Volume Serial Number is 50E2-5DBF

 Directory of C:\buch2\Code\praxis-c\uhr6\version2

04.06.2003  07:04 AM    <DIR>          .
04.06.2003  07:04 AM    <DIR>          ..
31.05.2003  12:51 PM             3.101 AnalogAnzeige.class
25.05.2003  11:10 PM               157 Anzeige.class
25.05.2003  11:10 PM             1.115 DigitalAnzeige.class
27.05.2003  09:29 PM               548 Einstellungen$1.class
27.05.2003  09:29 PM               506 Einstellungen$2.class
27.05.2003  09:29 PM               514 Einstellungen$3.class
27.05.2003  09:29 PM               298
  Einstellungen$Einstellung.class
27.05.2003  09:29 PM             1.905 Einstellungen.class
03.06.2003  07:13 AM               476 JavaUhr$1.class
03.06.2003  07:13 AM               476 JavaUhr$2.class
03.06.2003  07:13 AM               449 JavaUhr$3.class
03.06.2003  07:13 AM             2.392 JavaUhr.class
03.06.2003  07:13 AM             2.400 SetzeDarstellung.class
27.05.2003  09:29 PM             2.294 SetzeLookAndFeel.class
25.05.2003  11:10 PM               143 Steuerung.class
03.06.2003  07:13 AM             1.886 SwingUhr.class
25.05.2003  11:10 PM               462 Systemzeit.class
04.06.2003  06:49 AM             1.209 UhrenApplet.class
04.06.2003  06:53 AM               725 UhrenApplet.html
04.06.2003  07:26 AM             1.336 UhrenApplet.java
25.05.2003  11:10 PM               242 Uhrwerk.class
              21 File(s)         22.634 bytes
               2 Dir(s)  14.321.483.776 bytes free
```

Wie Sie sehen, haben wir eine Menge `class`-Dateien, von denen einige auch in unserem Applet verwendet werden. Was auf der lokalen Festplatte kein Problem darstellt, kostet im Internet massiv Zeit. Jede dieser `class`-Dateien muss vom Browser explizit angefordert werden; das Programm funktioniert nicht, solange auch nur eine einzige Datei fehlt! Wäre es nicht viel besser, wenn man stattdessen das ganze Programm auf einmal laden könnte?

Sie kennen die Autoren inzwischen gut genug um zu wissen, dass derartige Fragen nicht ohne Grund gestellt werden. Java bietet die Möglichkeit, Klassen in einem Archiv zusammenzufassen. Dieses Java-Archiv, oder abgekürzt **jar**, kann dann von einem Web-Browser in einem Schritt geladen werden.

Das eigentliche Programm zum Einpacken dieser Dateien wird mit der Java-Entwicklungsumgebung geliefert und lässt sich von der Kommandozeile aus starten[1]:

```
─────────────── Konsole ───────────────
C:\buch2\myCode\uhr6>jar cvf uhr.jar *.class
added manifest
adding: AnalogAnzeige.class(in = 3101) (out= 1814)(deflated 41%)
adding: Anzeige.class(in = 157) (out= 131)(deflated 16%)
adding: DigitalAnzeige.class(in = 1115) (out= 677)(deflated 39%)
adding: Einstellungen$1.class(in = 548) (out= 361)(deflated 34%)
adding: Einstellungen$2.class(in = 506) (out= 334)(deflated 33%)
adding: Einstellungen$3.class(in = 514) (out= 340)(deflated 33%)
adding: Einstellungen$Einstellung.class(in = 298)
   (out= 200)(deflated 32%)
adding: Einstellungen.class(in = 1905) (out= 1066)(deflated 44%)
adding: JavaUhr$1.class(in = 476) (out= 329)(deflated 30%)
adding: JavaUhr$2.class(in = 476) (out= 330)(deflated 30%)
adding: JavaUhr$3.class(in = 449) (out= 313)(deflated 30%)
adding: JavaUhr.class(in = 2392) (out= 1335)(deflated 44%)
adding: SetzeDarstellung.class(in = 2400)
   (out= 1323)(deflated 44%)
adding: SetzeLookAndFeel.class(in = 2294)
   (out= 1305)(deflated 43%)
adding: Steuerung.class(in = 143) (out= 122)(deflated 14%)
adding: SwingUhr.class(in = 1886) (out= 987)(deflated 47%)
adding: Systemzeit.class(in = 462) (out= 300)(deflated 35%)
adding: UhrenApplet.class(in = 1209) (out= 733)(deflated 39%)
adding: Uhrwerk.class(in = 242) (out= 179)(deflated 26%)
```

Unser Ergebnis ist eine Datei namens `uhr.jar`. Diese können wir dem Browser in unserer HTML-Datei bekanntmachen, indem wir den Parameter `archive` verwenden:

---
[1] Theoretisch können Sie stattdessen auch ein visuelles Archivprogramm verwenden, wenn dieses Archive im Zip-Format erstellt.

11.3 Wem die Stunde schlägt, Iteration 6

```
1  <html>
2    <head>
3      <title>
4        UhrenApplet
5      </title>
6    </head>
7    <body>
8      <applet code="UhrenApplet.class" archive="uhr.jar"
9        width=150 height=150>
10     </applet>
11
12     <applet code="UhrenApplet.class" archive="uhr.jar"
13       width=150 height=150>
14       <param name="vordergrund" value="0"/>
15       <param name="hintergrund" value="16777215"/>
16     </applet>
17
18     <applet code="UhrenApplet.class" archive="uhr.jar"
19       width=150 height=75>
20       <param name="darstellung" value="digital"/>
21     </applet>
22
23     <applet code="UhrenApplet.class" archive="uhr.jar"
24       width=150 height=75>
25       <param name="darstellung" value="digital"/>
26       <param name="vordergrund" value="0"/>
27       <param name="hintergrund" value="16777215"/>
28     </applet>
29   </body>
30 </html>
```

Selbst wenn Sie nun alle `class`-Dateien aus dem Verzeichnis löschen, wird die HTML-Seite weiterhin funktionieren. Der Browser bezieht seine Dateien nun aus dem angegebenen Jar-File.

Jar-Archive sind übrigens nicht nur für die Verwendung bei Applets gedacht. Fast jede Klassenbibilothek, die Sie aus dem Internet herunterladen, finden Sie in diesem Format vor. Denken Sie zum Beispiel an die Prog1Tools ...

Teil III

Threads, Datenströme und Netzwerk-Anwendungen

Kapitel 12

Parallele Programmierung mit Threads

Bereits in unseren ersten Beispielen zu grafischen Oberflächen in Abschnitt 5.2 haben wir festgestellt, dass mit dem Erzeugen eines Frame-Objekts ohne unser Zutun ein zusätzlicher Programmfluss, ein so genannter **Thread** (deutsch: Faden) für das Fenster gestartet wird, der parallel zum eigentlichen Programmfluss der main-Methode abgearbeitet wird. Moderne Software-Produkte kommen ohne solche nebenläufige Programmflüsse nicht mehr aus, und wir werden in diesem Kapitel sehen, dass es in Java sehr einfach möglich ist, eigene Threads zu erzeugen. Somit sind wir in der Lage, Programme zu schreiben, die aus sehr vielen Threads bestehen, die eben nicht einfach nur nacheinander, sondern parallel ausgeführt werden.

12.1 Ein einfaches Beispiel

Wir wollen uns in diesem Abschnitt zunächst mit einem einfachen Programm beschäftigen, das einen bestimmten Vorgang mehrmals (genau genommen zweimal) ausführt. Wir erzeugen dabei jeweils ein Objekt einer speziellen Klasse ABCPrinter, das diesen Vorgang für uns ausführt. In der main-Methode unserer Klasse

```
1  public class MehrmalsP {
2    public static void main(String[] args) {
3      ABCPrinter p1 = new ABCPrinter(),
4                 p2 = new ABCPrinter();
5      p1.start();
6      p2.start();
7    }
8  }
```

erzeugen wir daher lediglich die beiden Objekte `p1` und `p2` der Klasse `ABCPrinter` und starten dann nacheinander deren Ausführung, indem wir ihre Instanzmethode `start` aufrufen. Den eigentlichen Vorgang – es handelt sich dabei um das „Aufsagen" der Buchstaben des Alphabets – haben wir in der Methode `run` unserer Klasse

```
1  public class ABCPrinter {
2    public void run() {
3      for (char b = 'A'; b <= 'Z'; b++) {
4        // Gib den Buchstaben aus
5        System.out.print(b);
6        // Verbringe eine Sekunde mit "Nichtstun"
7        MachMal.eineSekundeLangGarNichts();
8      }
9    }
10   public void start() {
11     run();
12   }
13 }
```

implementiert. Die Instanzmethode `start` ist daher lediglich dafür zuständig, die Methode `run` auszuführen.[1] Um die Ausführung der Methode genau beobachten zu können, verwenden wir die Hilfsmethode `MachMal.eineSekundeLangGarNichts`, die wortwörtlich genau das tut, was ihr Name aussagt, nämlich eine Sekunde lang gar nichts. Wir werden später noch darauf eingehen, wie wir diese Methode implementiert haben.

Wenn wir die Klasse `MehrmalsP` nun starten, so sehen wir im Konsolenfenster nach und nach (jeweils im Abstand von etwa einer Sekunde) die Buchstaben A bis Z erscheinen, und unmittelbar nach Fertigstellung des ersten Abc folgt ein weiteres. Die Ausgabe sieht schließlich so aus:

```
                            Konsole
ABCDEFGHIJKLMNOPQRSTUVWXYZABCDEFGHIJKLMNOPQRSTUVWXYZ
```

Natürlich ist das genau das, was wir uns erwartet haben, denn schließlich wird in der `main`-Methode zuerst die Methode `start` (und damit die Methode `run`) des Objekts `p1` und danach die des Objekts `p2` ausgeführt.

Möglicherweise fragen Sie sich jetzt, ob wir sehr viel Aufwand betreiben müssen, um unser Programm nun so abzuändern, dass die beiden Abc-Aufsage-Aktionen quasi gleichzeitig stattfinden. Dies können wir mit einem klaren Nein beantworten. Unsere ursprüngliche Klasse `ABCPrinter` können wir sehr einfach zu einer Thread-Klasse machen, indem wir die Klasse von der Klasse `Thread` erben lassen. Von dieser Klasse erben wir dann auch bereits eine Methode `start`, die für das Ausführen der Methode `run` zuständig ist, so dass wir uns in unserer Klasse

---

[1] Wahrscheinlich werden Sie jetzt denken, dass dies „mit dem Messer von hinten durch die Brust ins Auge" programmiert ist. Spätestens wenn wir die Brücke zu den Threads geschlagen haben, werden Sie sehen, warum wir diesen möglicherweise seltsam anmutenden Ansatz gewählt haben.

```
1  class ABCThread extends Thread {
2    public void run() {
3      for (char b = 'A'; b <= 'Z'; b++) {
4        // Gib den Buchstaben aus
5        System.out.print(b);
6        // Verbringe eine Sekunde mit "Nichtstun"
7        MachMal.eineSekundeLangGarNichts();
8      }
9    }
10 }
```

sogar nur noch um die Methode `run` kümmern müssen, die wir unverändert aus der Klasse `ABCPrinter` übernehmen können. Schließlich modifizieren wir nun noch die Klasse `MehrmalsP` zu einer Klasse

```
1  public class MehrmalsT {
2    public static void main(String[] args) {
3      ABCThread t1 = new ABCThread(),
4                t2 = new ABCThread();
5      t1.start();
6      t2.start();
7    }
8  }
```

indem wir unsere `ABCPrinter`-Objekte durch `ABCThread`-Objekte ersetzen. Nun wird beim Start der Klasse `MehrmalsT` in der `main`-Methode zwar immer noch zuerst die Methode `start` des Objekts `t1` und danach die des Objekts `t2` ausgeführt, doch weil es sich jetzt um Thread-Objekte handelt, stößt die `start`-Methode nun lediglich die Ausführung der Methode `run` (in einem nebenläufigen Programmfluss) an und ist danach beendet, so dass der Programmfluss der `main`-Methode fortgesetzt werden kann und auch das Thread-Objekt `t2` gestartet werden kann.

Bei Ausführung der Klasse `MehrmalsT` sehen wir nun im Konsolenfenster nach und nach (wiederum jeweils im Abstand von etwa einer Sekunde) die Buchstaben A bis Z immer *paarweise* erscheinen, weil die beiden Threads `t1` und `t2` quasi gleichzeitig ihr Abc „aufsagen". Die Ausgabe sieht am Ende schließlich so aus:

─────────── Konsole ───────────
AABBCCDDEEFFGGHHIIJJKKLLMMNNOOPPQQRRSSTTUUVVWWXXYYZZ

12.2 Threads in Java

Allgemein gesprochen, versteht man unter einem Thread eine Folge von Anweisungen, die unabhängig von anderen Threads nebenläufig ausgeführt werden können. Dazu hat jeder Thread einen eigenen Bereich (Stack), um lokale Variablen anzulegen und Methoden aufzurufen, alle Threads müssen sich aber den Speicherbereich (Adressbereich) und somit die Variablen und Objekte des Programms, zu dem sie gehören, teilen. Den Threads steht daher keine eigene Ausführungsumgebung zur Verfügung, wie dies zum Beispiel bei Prozessen, die vom Betriebssystem des Rechners nebenläufig ausgeführt werden können, der Fall ist. Man nennt Threads daher auch häufig **leichtgewichtige Prozesse**.

Eine echte parallele (also gleichzeitige) Ausführung von Programmteilen kann natürlich nur auf einem Rechner realisiert werden, der mit mehreren Prozessoren ausgestattet ist. Auf Rechnern, die mit nur einem Prozessor ausgestattet sind, kann sich die Parallelität natürlich nur auf eine Quasi-Gleichzeitigkeit beschränken. Dazu muss der Prozessor zur Laufzeit des Programms schnell und andauernd zwischen den verschiedenen Threads wechseln, so dass für den Benutzer bzw. die Benutzerin der Eindruck der zeitgleichen Ausführung entsteht.

In unseren bisherigen Beispielprogrammen haben wir es bereits ständig mit Threads zu tun gehabt, ohne dass uns dies vielleicht bewusst geworden ist. Beim Start jeder Java-Anwendung gibt es nämlich automatisch einen main-Thread, der für die Ausführung der main-Methode zuständig ist, und beim Start eines Applets wird automatisch ein Thread erzeugt, der die korrekten Aufrufe der Methoden init, start, stop und destroy steuert. Darüber hinaus kümmert sich bei sämtlichen Programmen mit grafischer Oberfläche ein weiterer automatisch erzeugter Thread um alle Ereignisse im Zusammenhang mit den verschiedenen Komponenten und Containern der Oberfläche.

Wie wir bereits an unserem einführenden Beispiel gesehen haben, ist die Erzeugung eigener Threads in Java äußerst einfach. Eine entscheidende Rolle spielt dabei die spezielle Methode run, die wir stets implementieren müssen und in die wir die Anweisungsfolge hineinpacken können, die als eigenständiger Thread ausgeführt werden soll. Ein spezieller Mechanismus, der durch Aufruf der Methode start eingeleitet wird, sorgt dann dafür, dass die run-Methode nebenläufig ausgeführt wird. Direkt aufgerufen (also nicht über start), würde run nicht anders arbeiten als jede andere selbst geschriebenen Methode. Insbesondere wäre dadurch eben keinerlei Nebenläufigkeit möglich.

Diese spezielle Methode run wird durch das Interface Runnable als abstrakte Methode vorgeschrieben. In Java können daher nur Objekte einer Klasse, die dieses Interface implementiert, als Threads ausgeführt werden. Da die Klasse Thread dieses Interface implementiert, haben wir prinzipiell zwei Möglichkeiten, eigene Threads zu erzeugen. Wir schreiben eine eigene Klasse, die von der Klasse Thread erbt und deren Objekte somit selbst Threads darstellen – oder wir schreiben eine eigene Klasse, die das Runnable-Interface implementiert und deren Objekte später durch ein Thread-Objekt gesteuert werden. Die zweite Variante werden wir insbesondere dann benötigen, wenn unsere eigene Klasse bereits von einer anderen Klasse erbt und daher von Thread nicht mehr erben kann. In den nachfolgenden Abschnitten werden wir uns mit diesen beiden Varianten genauer beschäftigen.

12.2.1 Die Klasse Thread

Die wichtigsten Methoden der Klasse Thread, die somit allen Objekten einer von Thread erbenden Klasse zur Verfügung stehen, sind

- **public void** start()
  startet die Ausführung des Threads, indem die Virtuelle Maschine dazu veranlasst wird, die run-Methode des Threads auszuführen.
- **public void** run()
  wird der Thread zur Steuerung eines Runnable-Objekts eingesetzt, so ruft diese Methode die run-Methode des Runnable-Objekts auf. Ist dies nicht der Fall, macht die Methode gar nichts und muss in einer selbst geschriebenen Tochterklasse gemäß den eigenen Wünschen überschrieben werden.
- **public final boolean** isAlive()
  liefert **true**, wenn der aufrufende Thread bereits gestartet und noch nicht beendet ist, und **false** andernfalls.
- **public final int** getPriority()
  liefert die Priorität des aufrufenden Threads.
- **public final void** setPriority(**int** newPriority)
  setzt die Priorität des aufrufenden Threads auf den Wert newPriority.
- **public final void** setName(String name)
  setzt den Namen des aufrufenden Threads.
- **public final** String getName()
  liefert den Namen des aufrufenden Threads.
- **public final** ThreadGroup getThreadGroup()
  liefert die Thread-Gruppe, der der aufrufende Thread angehört.
- **public void** interrupt()
  setzt das Abbruch-Flag des aufrufenden Threads, um zu signalisieren, dass seine run-Methode beendet werden soll.
- **public boolean** isInterrupted()
  liefert **true**, wenn das Abbruch-Flag des aufrufenden Threads gesetzt ist, und **false** andernfalls.
- **public final boolean** isDaemon()
  liefert **true**, wenn der aufrufende Thread ein Dämon-Thread ist, und **false** andernfalls.
- **public final void** setDaemon(**boolean** on)
  kennzeichnet (falls on den Wert **true** hat) den aufrufenden Thread als Dämon-Thread.

Auf die genaue Bedeutung der verwendeten Begriffe Priorität, Dämon, Thread-Gruppe und Abbruch-Flag werden wir in den folgenden Abschnitten noch eingehen.
Zusätzlich zu diesen Instanzmethoden, die sich jeweils auf das sie aufrufende Thread-Objekt beziehen, stellt die Klasse Thread auch die Klassenmethoden

- **public static** Thread currentThread()
  liefert eine Referenz auf den Thread, der gerade ausgeführt wird.

- **`public static void` yield()**
  veranlasst den Thread, der gerade ausgeführt wird, kurz zu pausieren, um andere Threads zum Zuge kommen zu lassen.

- **`public static void` sleep(`long` millis)**
  veranlasst den Thread, der gerade ausgeführt wird, für den in Millisekunden angegebenen Zeitraum zu pausieren (sich „schlafen zu legen"). Die Methode kann eine `InterruptedException` werfen, die abgefangen werden muss. Das Abbruch-Flag des Threads wird dabei zurückgesetzt.

- **`public static boolean` interrupted()**
  liefert **true**, wenn das Abbruch-Flag des Threads, der gerade ausgeführt wird, gesetzt ist, und **false** andernfalls. Das Abbruch-Flag des Threads wird dabei zurückgesetzt.

zur Verfügung, die sich stets auf den Thread beziehen, der sich gerade in Ausführung befindet. Diese können aufgerufen werden, ohne dass eine Instanz einer Thread-Klasse explizit erzeugt wurde.

Nun können wir auch einen Blick in unsere Hilfsklasse MachMal und deren Methode eineSekundeLangGarNichts werfen.

```
1  public class MachMal {
2    public static void eineSekundeLangGarNichts() {
3      try {
4        Thread.sleep(1000);
5      }
6      catch (InterruptedException e) {
7      }
8    }
9  }
```

In ihr haben wir mit Hilfe der Methode sleep dafür gesorgt, dass der gerade ausgeführte Thread eine Sekunde lang schläft.

Wir wollen uns nun noch ein weiteres (nicht ganz ernst zu nehmendes) Beispiel ansehen, in dem wir mit Hilfe von Threads ein kleines „Generationen-Problem" lösen wollen, das mit dem TV-Programm zu tun hat. In einem Drei-Generationen-Haushalt mit nur einem Fernseher könnte es nämlich am Freitag Abend sehr leicht zu Zwistigkeiten darüber kommen, wer um 20.15 Uhr das Programm bestimmen darf. Während die Kleinsten „Nils Holgersson" favorisieren und Mama und Papa lieber mit Captain Archer in einer neuen Folge der Serie „Enterprise" fiebern wollen, freuen sich Oma und Opa vielleicht schon auf Günther Jauch und sein „Wer wird Millionär?". Natürlich könnte man das Problem durch Würfeln oder etwas Ähnliches lösen – wir wollen aber Threads einsetzen.

In unserem Java-Programm

```
1  public class TVProgAuslosung {
2    public static void main (String[] args) {
3      TVProgThread t1 = new TVProgThread("Wer wird Millionaer?");
4      TVProgThread t2 = new TVProgThread("Enterprise");
5      TVProgThread t3 = new TVProgThread("Nils Holgersson");
6      t1.start();
```

12.2 Threads in Java

```
7      t2.start();
8      t3.start();
9    }
10  }
```

haben wir für jeden der drei Programmwünsche ein Thread-Objekt der Klasse `TVProgThread` erzeugt und den zugehörigen Thread gestartet. Diese drei Threads „kämpfen" nun um den Sieg bei der Programmwahl. Dazu haben wir in der Klasse

```
1   class TVProgThread extends Thread {
2     // Konstruktor
3     public TVProgThread(String name) {
4       super(name);
5     }
6     // run-Methode (Schleife mit Zufalls-Wartezeiten)
7     public void run() {
8       for (int i = 1; i <= 5; i++) {
9         System.out.println(getName() + " zum " + i + ". Mal");
10        try {
11          sleep((int)(Math.random() * 1000));
12        }
13        catch (InterruptedException e) {
14        }
15      }
16      System.out.println(getName() + " FERTIG!");
17    }
18  }
```

zunächst einen Konstruktor geschrieben, der mit Hilfe des Super-Konstruktors (also des Konstruktors der Klasse `Thread`) die Wunsch-Sendung, für die der Thread stehen soll, gerade als Name des Threads festgelegt. Alternativ wäre dies natürlich auch durch Aufruf der Methode `setName` möglich gewesen. In der `run`-Methode lassen wir den Thread fünf Mal eine Schleife durchlaufen, in der er jeweils seinen Namen (unter Verwendung der Instanzmethode `getName`) und die Nummer des Schleifendurchlaufs ausgibt und danach einen zufälligen Zeitraum zwischen 0 und 1 Sekunde pausiert. Nach dem Ende der Schleife darf der Thread nochmals seinen Namen und „`FERTIG!`" rufen. Die Entscheidung über das Fernsehprogramm fällt nun für den Thread, der zuerst „`FERTIG!`" rufen kann.

Wenn wir unser Programm `TVProgAuslosung` starten, könnte zum Beispiel durch den Ablauf

```
──────────────── Konsole ────────────────
Wer wird Millionaer? zum 1. Mal
Enterprise zum 1. Mal
Nils Holgersson zum 1. Mal
Enterprise zum 2. Mal
Nils Holgersson zum 2. Mal
Wer wird Millionaer? zum 2. Mal
Nils Holgersson zum 3. Mal
Enterprise zum 3. Mal
Enterprise zum 4. Mal
```

```
Nils Holgersson zum 4. Mal
Wer wird Millionaer? zum 3. Mal
Enterprise zum 5. Mal
Wer wird Millionaer? zum 4. Mal
Nils Holgersson zum 5. Mal
Enterprise FERTIG!
Nils Holgersson FERTIG!
Wer wird Millionaer? zum 5. Mal
Wer wird Millionaer? FERTIG!
```

die Entscheidung zu Gunsten der neuesten Star-Trek-Ableger-Serie fallen.

12.2.2 Das Interface Runnable

In der zweiten Variante zur Erzeugung von Threads schreibt man keine Thread-Klasse, sondern implementiert mit einer Klasse das Runnable-Interface, so dass Objekte dieser Klasse als so genannte **Targets** (deutsch: Ziele) für Threads dienen und somit durch diese Threads gesteuert werden können. Das Interface Runnable enthält lediglich die Methode run(), in der die gewünschte Thread-fähige Anweisungsfolge zu implementieren ist. Um die run-Methode eines Runnable-Objekts als Thread auszuführen, muss allerdings ein Thread-Objekt erzeugt und gestartet werden.

Zur Erzeugung von Threads, die ein Runnable-Objekt steuern, stehen in der Klasse Thread auch die beiden Konstruktoren

- **public** Thread(Runnable target)
- **public** Thread(Runnable target, String name)

zur Verfügung. Bei dieser Konstellation sorgt dann die durch den start-Aufruf gestartete run-Methode des Thread-Objekts lediglich dafür, dass die run-Methode des Runnable-Objekts ausgeführt wird.

Wir wollen uns diese Variante zunächst anhand unseres Beispiels aus Abschnitt 12.1 verdeutlichen. Eine Klasse mit der gleichen „Abc-Aufsage-Funktionalität" wie unsere Thread-Klasse ABCThread könnten wir durch eine Runnable-Klasse der Form

```
1  class ABCRunnable implements Runnable {
2    public void run() {
3      for (char b = 'A'; b <= 'Z'; b++) {
4        // Gib den Buchstaben aus
5        System.out.print(b);
6        // Verbringe eine Sekunde mit "Nichtstun"
7        MachMal.eineSekundeLangGarNichts();
8      }
9    }
10 }
```

realisieren. Zum Start der Threads müssen wir nun aber den „Umweg" über zwei Thread-Objekte gehen, was wir einfach durch

12.2 Threads in Java

```java
public class MehrmalsR {
  public static void main(String[] args) {
    Runnable r1 = new ABCRunnable(),
             r2 = new ABCRunnable();
    Thread t1 = new Thread(r1),
           t2 = new Thread(r2);
    t1.start();
    t2.start();
  }
}
```

erreichen. Ablauf und Ausgabe unterscheiden sich beim Start der Klasse in keiner Weise von dem, was wir von Abschnitt 12.1 her kennen.

Nun wollen wir uns noch ansehen, wie wir unsere bereits aus Abschnitt 12.2.1 bekannte TV-Programm-Auslosung in Form einer Runnable-Klasse durchführen. Hier wollen wir allerdings (mit ein klein wenig Mehraufwand) dafür sorgen, dass unsere main-Methode in

```java
public class TVProgAuslosungMitRunnable {
  public static void main (String[] args) {
    TVProgRunnable t1 = new TVProgRunnable("Wer wird Millionaer?");
    TVProgRunnable t2 = new TVProgRunnable("Enterprise");
    TVProgRunnable t3 = new TVProgRunnable("Nils Holgersson");
    t1.start();
    t2.start();
    t3.start();
  }
}
```

praktisch unverändert bleibt. Den nötigen Aufwand dafür haben wir in unserer Runnable-Klasse

```java
class TVProgRunnable implements Runnable {

  // Instanzvariable als Referenz auf den eigentlichen Thread
  Thread t;

  // Konstruktor
  public TVProgRunnable(String name) {
    // Erzeuge eine Thread, der mit dem eigenen Objekt verbunden ist
    t = new Thread (this,name);
  }

  // start-Methode des Runnable-Objekts startet den eigentlichen Thread
  public void start() {
    t.start();
  }

  // run-Methode (Schleife mit Zufalls-Wartezeiten)
  public void run() {
    for (int i = 1; i <= 5; i++) {
      System.out.println(Thread.currentThread().getName()
                    + " zum " + i + ". Mal");
      try {
        Thread.sleep((int)(Math.random() * 1000));
```

```
24      }
25      catch (InterruptedException e) {
26      }
27    }
28    System.out.println(Thread.currentThread().getName() + " FERTIG!");
29   }
30 }
```

betrieben, in der wir mit einer Instanzvariable t in Gestalt eines Threads arbeiten, der im Konstruktor unserer Klasse TVProgRunnable erzeugt wird und das eigene Runnable-Objekt als Target erhält. Außerdem haben wir eine Methode start ergänzt, die für nichts anderes zuständig ist, als diesen Thread t zu starten. In unserer Implementierung der Methode run gehen wir genauso vor wie in der Klasse TVProgThread aus Abschnitt 12.2.1. Lediglich den Namen des gerade laufenden Threads ermitteln wir mit Hilfe der Thread-Klassenmethode currentThread und über die Methode getName.

12.2.3 Threads vorzeitig beenden

In unseren bisherigen Beispielen war es stets so, dass alle Threads dadurch beendet wurden, dass ihre run-Methode vollständig abgearbeitet war. Sehr häufig ist es aber auch notwendig, einen Thread, dessen run-Methode eine umfangreiche Anweisungsfolge enthält oder gar als Endlosschleife formuliert ist, vorzeitig abzubrechen bzw. zu beenden. Dies könnten wir beispielsweise dadurch realisieren, dass wir innerhalb der Schleife in unserer run-Methode an geeigneten Stellen darauf reagieren, wenn dem Thread von außen mitgeteilt wird, dass er sich selbst beenden soll.

Diesen Mechanismus können wir entweder (zum Beispiel mit Hilfe eines **boolean**-Flags, das die Abbruchanforderung signalisiert) explizit selbst programmieren oder auf die beiden Instanzmethoden interrupt und isInterrupted der Klasse Thread (siehe Abschnitt 12.2.1) zurückgreifen.

Die letztgenannte Variante haben wir eingesetzt, um unser Konsolen-gesteuertes Stoppuhr-Programm aus Kapitel 3 mit etwas mehr Dynamik zu versehen. In der leicht modifizierten Fassung

```
1  import Prog1Tools.*;
2  import java.util.*;
3  public class StoppuhrMitThread {
4    public static void main (String[] args) {
5      // Auf Betaetigen der Eingabetaste warten
6      IOTools.readLine("Stoppuhr starten mit Eingabetaste!");
7      // Aktuellen Zeitpunkt im Date-Objekt start festhalten
8      Date start = new Date();
9      // Zeitpunkt ausgeben
10     System.out.println("Startzeitpunkt: " + start);
11     System.out.println();
12     System.out.println("Stoppuhr anhalten mit Eingabetaste!");
13     // Anzeige-Thread starten
14     Thread t = new UhrzeitThread();
15     t.start();
```

12.2 Threads in Java

```
16      // Auf Betaetigen der Eingabetaste warten
17      IOTools.readLine();
18      // Aktuellen Zeitpunkt im Date-Objekt stopp festhalten
19      Date stopp = new Date();
20      // Anzeige-Thread anhalten
21      t.interrupt();
22      // Zeitpunkt ausgeben
23      System.out.println("Stoppzeitpunkt: " + stopp);
24      System.out.println();
25      // Laufzeit als Differenz von stopp und start bestimmen
26      long laufzeit = stopp.getTime() - start.getTime();
27      // Laufzeit ausgeben
28      System.out.println("Gesamtlaufzeit: " + laufzeit + " ms");
29    }
30  }
```

haben wir dafür gesorgt, dass unmittelbar nach dem Start unserer Stoppuhr (durch Betätigen der Eingabetaste) ein Thread in Form eines UhrzeitThread-Objekts erzeugt und gestartet wird. Dieser Thread ist dafür zuständig, die Uhrzeit anzuzeigen und diese ständig (im Sekundentakt) zu aktualisieren. Nach dem erneuten Betätigen der Eingabetaste zum Anhalten der Stoppuhr wird der Thread mit Hilfe der Methode interrupt abgebrochen (sein Abbruch-Flag wird gesetzt).

In unserer Klasse

```
1   import java.util.*;
2   import java.text.*;
3   public class UhrzeitThread extends Thread {
4     public static final SimpleDateFormat
5       hms = new SimpleDateFormat("HH:mm:ss");
6
7     public void run() {
8       System.out.println();
9       while (true) {
10        if (isInterrupted()) {
11          System.out.println();
12          break;
13        }
14        Date time = new Date();
15        System.out.print(hms.format(time)+"\b\b\b\b\b\b\b\b");
16        try {
17          sleep(1000);
18        }
19        catch (InterruptedException ie) {
20          interrupt();
21        }
22      }
23    }
24  }
```

haben wir die Methode run so implementiert, dass in einer Endlosschleife in jedem Durchlauf jeweils der aktuelle Zeitpunkt bestimmt, dieser formatiert ausgegeben, mit Hilfe von Backspace-Zeichen (\b) an den Zeilenanfang zurückgesprungen und schließlich eine Sekunde pausiert wird. Zu Beginn jedes Schleifendurchlaufs wird mit Hilfe von `isInterrupted` überprüft, ob eventuell das Abbruch-Flag gesetzt wurde. Wenn ja, springen wir noch in die nächste Zeile auf unserem Konsolenfenster und beenden die Schleife.

Den Aufruf der Methode `sleep` haben wir, wie erforderlich, in einen **try**-Block eingebettet. Wie wir wissen, wirft die Methode eine `InterruptedException`, falls ein `interrupt`-Aufruf für unseren Thread gerade in dessen `sleep`-Phase fällt. Da in diesem Fall das Abbruch-Flag wieder zurückgesetzt wird, sorgen wir durch einen erneuten Aufruf von `interrupt` dafür, dass es wieder gesetzt und dadurch die Schleife beim Start des nächsten Durchlaufs unmittelbar nach dem Zeilenwechsel abgebrochen wird.

Die Ausgabe unseres Programms sieht nun beispielsweise wie folgt aus:

```
─────────────────────────── Konsole ───────────────────────────
Stoppuhr starten mit Eingabetaste!
Startzeitpunkt: Thu May 29 18:06:16 CEST 2003

Stoppuhr anhalten mit Eingabetaste!

18:06:23

Stoppzeitpunkt: Thu May 29 18:06:24 CEST 2003

Gesamtlaufzeit: 8022 ms
```

12.3 Wissenswertes über Threads

In diesem Abschnitt wollen wir uns mit einigen typischen Charakteristika von Threads beschäftigen. Zum Beispiel haben wir ja bereits in Abschnitt 12.2.1 gesehen, dass wir einem Thread bei seiner Erzeugung oder nachträglich mit Hilfe der Methode `setName` einen Namen geben können. Dazu sei noch bemerkt, dass die Eindeutigkeit der Namen von der virtuellen Maschine nicht kontrolliert wird. Threads ohne explizite Namenszuweisung werden von der virtuellen Maschine durchnummeriert und erhalten standardmäßig die Namen `Thread-1`, `Thread-2` usw. Der für die Ausführung der `main`-Methode zuständige Thread erhält den Namen `main`. Bei Applets ist der ausführende Thread nach der jeweiligen Applet-Klasse benannt und als Applet-Thread gekennzeichnet.

Weiterhin kann ein Thread-Objekt dadurch charakterisiert werden, dass man seinen Zustand bezüglich des Thread-Lebenszyklus, seine Priorität im Hinblick auf das Thread-Scheduling oder seine Gruppenzugehörigkeit betrachtet. In den nachfolgenden Abschnitten werden wir uns diesen Themen widmen.

12.3.1 Lebenszyklus eines Threads

Von seiner Erzeugung bis zum Ende seiner Ausführung durchläuft ein Thread im Rahmen seines Lebenszyklus verschiedene Zustände. In Abbildung 12.1 haben

12.3 Wissenswertes über Threads

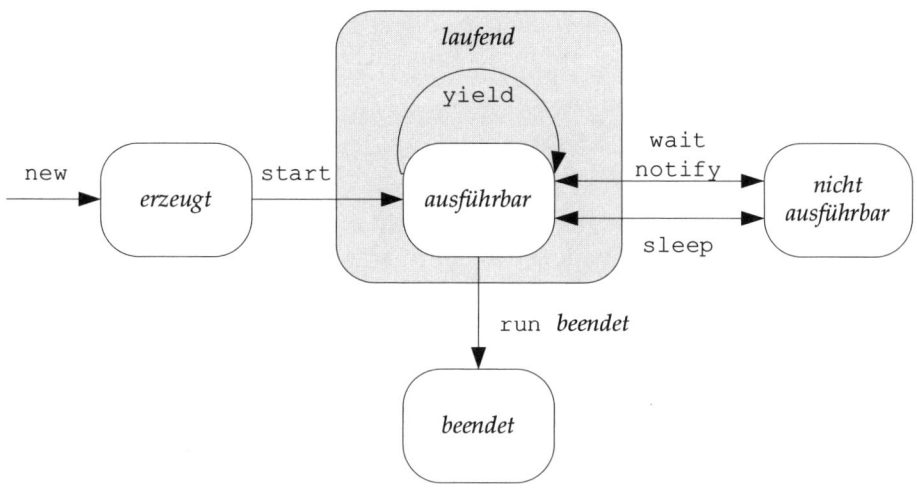

Abbildung 12.1: Lebenszyklus eines Threads

wir die möglichen Zustände schematisch dargestellt. Wenn wir einen Thread mit Hilfe des **new**-Operators erzeugen, befindet er sich im Zustand *erzeugt*. Durch den Aufruf seiner Methode `start` versetzen wir ihn dann in den Zustand *ausführbar*, so dass sein Methode `run` ausgeführt werden kann. Da sich unser Thread die Prozessorzeit mit anderen Threads teilen muss, wird die Ausführung seiner `run`-Methode immer wieder unterbrochen, damit auch die übrigen Threads ihre Ausführung fortsetzen können. Die Aufteilung der Prozessorzeit auf die verschiedenen aktivierbaren Threads übernimmt der **Scheduler** der virtuellen Maschine. In Abschnitt 12.3.2 kommen wir nochmals auf dieses Thema zu sprechen. Mit der Klassenmethode `yield` kann der gerade ausgeführte Thread auch selbst dafür sorgen, dass er den Prozessor unabhängig vom Verteilungsmechanismus des Schedulers freigibt.

Die Klassenmethode `sleep` (vgl. Abschnitt 12.2.1) versetzt den aktuellen Thread für die Dauer der angegebenen Zeit in den Zustand *nicht ausführbar*, in dem ihm vom Scheduler keine Prozessorzeit zugeteilt wird. Der Thread wechselt nach Ablauf der „Schlafenszeit" in den Zustand *ausführbar* und wird bei der Prozessorzeitaufteilung wieder berücksichtigt. Auch im Rahmen des Zusammenspiels von mehreren Threads ist es notwendig, die automatische Prozessorzeitaufteilung zu beeinflussen. Dazu können Threads mit Hilfe der Methoden `wait`, `notify` und `notifyAll` miteinander kommunizieren und sich selbst in den Zustand *nicht ausführbar* bzw. andere Threads in den Zustand *ausführbar* versetzen. Das Thema Thread-Kommunikation werden wir in Abschnitt 12.4 vertiefen.

Es ist nicht möglich, den genauen aktuellen Zustand eines Threads abzufragen. Mit Hilfe der Methode `isAlive` kann jedoch zumindest festgestellt werden, ob ein Thread sich in einem der Zustände *ausführbar* oder *nicht ausführbar* befindet.

In den Zustand *beendet* gelangt ein Thread erst dann, wenn seine run-Methode vollständig abgearbeitet oder aufgrund einer nicht behandelten Ausnahme abgebrochen wurde.

12.3.2 Thread-Scheduling

Wie bereits erwähnt, verwendet die virtuelle Maschine einen **Scheduler**, um die Prozessorzeit auf die verschiedenen ausführbaren Threads zu verteilen. Welches Verfahren der Scheduler dabei anwendet, ist allerdings nicht für alle virtuellen Maschinen identisch festgelegt. Es ist lediglich sichergestellt, dass ein Thread mit höherer **Priorität** grundsätzlich vorrangig behandelt wird, also im Schnitt mehr Prozessorzeit erhält. Das heißt, andere Threads mit niedrigerer Priorität können vom Scheduler unterbrochen werden, um den Thread mit höherer Priorität auszuführen. Diese als **präemptives Scheduling** bezeichnete Vorgehensweise ist jedoch nicht so zu verstehen, dass Threads mit niedrigerer Priorität warten müssen, bis alle Threads mit höherer Priorität abgearbeitet sind. Zur Vermeidung von **Starvation** (deutsch: Verhungern) und **Deadlocks** (deutsch: Blockierung) kann der Scheduler auch Threads mit niedrigerer Priorität Vorrang geben. Von Starvation spricht man, wenn ein Prozess zwar ausführbar ist, aber keine Prozessorzeit zugeteilt bekommt. Unter einem Deadlock versteht man eine Situation, in der sich mehrere Threads gegenseitig an der Ausführung hindern (siehe auch Abschnitt 12.4.2).

Entscheidend für die tatsächliche Vorgehensweise beim Scheduling der Threads mit niedrigerer Priorität und bei der Aufteilung der Prozessorzeit auf die Threads mit gleicher Priorität ist die jeweilige verwendete Java-System-Umgebung bzw. die Betriebssystem-Plattform, auf der das System läuft. Einige Plattformen unterstützen ein so genanntes **Zeitscheiben-Verfahren**, das die Gesamt-Prozessorzeit quasi scheibchenweise an die einzelnen ausführbaren Threads (unter Berücksichtigung ihrer Priorität) verteilt.

Will man die Priorität eines Threads abfragen bzw. verändern, so können die bereits in Abschnitt 12.2.1 erwähnten Instanzmethoden getPriority bzw. setPriority verwendet werden. Prioritäten gibt man dabei als ganzzahlige Werte an, deren zulässiger Bereich durch Klassenkonstanten der Klasse Thread festgelegt ist. Die niedrigste Priorität ist MIN_PRIORITY (1), die höchste MAX_PRIORITY (10). Ohne explizite Zuweisung einer Priorität erhält ein Thread jeweils die Priorität des Threads, der ihn erzeugt. Der main-Thread wird mit Priorität NORM_PRIORITY (5) gestartet.

12.3.3 Dämon-Threads und Thread-Gruppen

Ein Java-Programm wird normalerweise beendet, sobald der letzte noch laufende Thread beendet ist. Unberücksichtigt bleiben dabei jedoch die so genannten **Dämon-Threads**, die lediglich im Hintergrund laufen. Typische Beispiele für solche Dämon-Threads sind AWT- bzw. Swing-Threads oder der Garbage-Collector.

Diese erfüllen Hilfsaufgaben für andere Threads des Programms, haben aber keinen direkten Bezug zur eigentlichen Funktionalität. Genau genommen beendet der Java-Interpreter also ein Programm, sobald außer den Dämon-Threads alle anderen Threads beendet sind. Allerdings können wir unter Verwendung der Methode exit aus der Klasse System ein Programm auch beenden, wenn noch weitere Vordergrund-Threads aktiv sind. Wollen wir einen eigenen Thread zum Dämon-Thread machen, müssen wir ihn vor seinem Start mit Hilfe eines Aufrufs setDaemon(**true**) entsprechend kennzeichnen. Ob ein Thread als Dämon läuft, kann mit Hilfe der Methode isDaemon überprüft werden.

Threads lassen sich in Gruppen zusammenfassen, so dass alle Threads einer Gruppe gemeinsam gesteuert werden können. Mit Hilfe der Konstruktoren

- **public** ThreadGroup(String name)
  erzeugt eine neue Thread-Gruppe.
- **public** ThreadGroup(ThreadGroup parent, String name)
  erzeugt eine neue Thread-Gruppe, die Kind der Gruppe parent ist.

lässt sich eine Thread-Gruppe als Objekt der Klasse ThreadGroup erzeugen. Alle Thread-Gruppen ordnet man baumstrukturartig an, indem man sie über eine Vater-Sohn-Beziehung miteinander verknüpft.

Jeder Thread gehört prinzipiell einer Thread-Gruppe an. Wird er mit dem Standard-Konstruktor erzeugt, so wird er stets jener Gruppe zugeordnet, in der sich der Thread befindet, der den neuen Thread erzeugt. Zu diesem Zweck erzeugt die virtuelle Maschine auch beim Start eines Programms eine Thread-Gruppe namens main, der alle neu erzeugten Threads, die nicht explizit anderen Gruppen zugeordnet werden, und natürlich der main-Thread bzw. der Applet-Thread selbst angehören. Wollen wir einen Thread bei seiner Erzeugung explizit einer Gruppe zuordnen, so müssen wir auf einen der Konstruktoren

- **public** Thread(ThreadGroup group, Runnable target)
- **public** Thread(ThreadGroup group, String name)
- **public** Thread(ThreadGroup group, Runnable target,
                                          String name)

zurückgreifen.

12.4 Thread-Synchronisation und -Kommunikation

Wenn wir in einem Programm mehrere Threads einsetzen, müssen wir uns stets der Tatsache bewusst sein, dass diese wechselseitig auf den gleichen Speicherbereich und eventuell auf die gleichen Objekte Zugriff haben. Dabei kann es sehr leicht zu Zugriffskonflikten und inkonsistenten Informationen kommen. Benutzen wir beispielsweise einen Thread, um ein Objekt mit verschiedenen Werten zu belegen (beschreiben), und einen weiteren Thread, der die entsprechenden

Werte aus eben diesem Objekt auslesen will, kann es vorkommen, dass der lesende Thread inkonsistente Werte liest. Wird nämlich der Thread, der für den Schreibvorgang zuständig ist, vom Scheduler unterbrochen, bevor er alle Komponenten des Objekts korrekt mit neuen Werten beschrieben hat, so sind teilweise noch die alten Werte gespeichert. Man spricht vom so genannten **Leser/Schreiber-Problem**.

Nicht weniger problematisch ist die Situation, wenn ein Thread für die Erzeugung und Speicherung neuer Werte in einem Objekt, das als Puffer bzw. Vermittler dient, zuständig ist, während ein anderer Thread diese dort abgelegten Werte „verbrauchen" will. Hier kommt es zu Fehlern, wenn die beiden Threads ihre gegenseitige Abhängigkeit nicht berücksichtigen, so dass die Werte nicht genau in der Reihenfolge verbraucht werden, in der sie erzeugt wurden. Diese Situation bezeichnet man als **Erzeuger/Verbraucher-Problem**.

Glücklicherweise bietet Java die Möglichkeiten, um beide Probleme in den Griff zu bekommen. Anhand von einfachen Beispielen wollen wir die Probleme und ihre Behandlung in den beiden nachfolgenden Abschnitten näher untersuchen.

12.4.1 Das Leser/Schreiber-Problem

Wir betrachten folgende einfache Problemstellung: Ein Thread (der Schreiber) soll dafür zuständig sein, die Position einer Spielfigur auf der Diagonale (A,1) bis (H,8) eines Schachbretts zufällig zu verändern. Ein weiterer Thread (der Leser) soll die Position der Figur in regelmäßigen Abständen auslesen.

Die Darstellung der Figur auf dem Schachbrett haben wir zunächst einmal durch die abstrakte Klasse

```
1  public abstract class Figur {
2    protected char x;
3    protected int  y;
4    abstract public void setPosition(char x, int y);
5    abstract public String getPosition();
6  }
```

spezifiziert. Unser Figur-Objekt ist also jeweils durch seine Koordinaten auf dem Schachbrett (ein Buchstabe in x-Richtung und eine ganze Zahl in y-Richtung) charakterisiert. Die Position der Figur soll mit der Methode setPosition gesetzt und mit getPosition als Zeichenkette ausgelesen werden können.

Als Schreiber-Thread verwenden wir

```
1  public class Schreiber extends Thread {
2    Figur f;
3    public Schreiber (Figur f) {
4      this.f = f;
5    }
6    public void run () {
7      while (true) {
8        int  z = (int) (Math.random() * 8);   // 0 .. 7
9        char x = (char) ('A' + z);            // A .. H
10       int  y = 1 + z;                       // 1 .. 8
```

12.4 Thread-Synchronisation und -Kommunikation

```
11      f.setPosition(x,y);
12    }
13  }
14 }
```

in dessen `run`-Methode wir zunächst einen Zufallswert im Bereich 0 bis 7 berechnen. Aus diesem Wert ermitteln wir jeweils die Diagonalen-Koordinaten, so dass sich insgesamt die acht Kombinationen (A,1), (B,2), ... (G,7), (H,8) ergeben. Mit der Instanzmethode `setPosition` des `Figur`-Objekts, das vom Thread bearbeitet wird, werden diese Koordinaten für die Figur eingetragen.
Unser Leser-Thread

```
1  public class Leser extends Thread {
2    Figur f;
3    public Leser (Figur f) {
4      this.f = f;
5    }
6    public void run () {
7      for (int i=1; i<=30; i++) {
8        System.out.print(f.getPosition() + " ");
9        if (i % 10 == 0)
10          System.out.println();
11     }
12   }
13 }
```

der später mit dem gleichen `Figur`-Objekt f arbeiten wird, liest in seiner `run`-Methode insgesamt 30 Mal die aktuelle Position der Figur.
In einem ersten Versuch setzen wir nun im Programm

```
1  public class FigurenThreads1 {
2    public static void main (String[] args) {
3      SchlechteFigur f = new SchlechteFigur();
4      Schreiber      s = new Schreiber(f);
5      Leser          l = new Leser(f);
6      s.setDaemon(true);
7      s.start();
8      l.start();
9    }
10 }
```

einen Leser-Thread und einen Schreiber-Thread zur Bearbeitung eines `Figur`-Objekts ein. Wir machen den Schreiber-Thread zum Dämon-Thread, damit unser Programm nach Beendigung des Leser-Threads terminiert. Als `Figur`-Objekt verwenden wir dabei ein Objekt der Klasse

```
1  public class SchlechteFigur extends Figur {
2    public void setPosition(char x, int y) {
3      this.x = x;
4      MachMal.eineSekundeLangGarNichts();
5      this.y = y;
6    }
7    public String getPosition() {
8      MachMal.eineSekundeLangGarNichts();
9      return "(" + x + "," + y + ")";
```

```
10   }
11 }
```

Hierin haben wir die Methode `setPosition` so implementiert, dass nach Setzen der x-Koordinate erst einmal ein bisschen pausiert wird (dazu greifen wir wieder auf die aus Abschnitt 12.1 bekannte Methode zurück). Damit wollen wir den Zeitaufwand simulieren, der bei einem umfangreicheren Objekt für die Bearbeitung notwendig wäre. Auch in der Methode `getPosition` haben wir für eine entsprechende Verzögerung gesorgt.

Beim Start des Programms `FigurenThreads1` kann sich nun folgender Ablauf ergeben:

```
                              ─ Konsole ─
(D,4)  (B,2)  (C,5)  (H,2)  (B,8)  (G,2)  (D,7)  (D,7)  (D,1)  (B,4)
(E,2)  (B,5)  (D,2)  (D,4)  (G,4)  (D,7)  (C,4)  (A,3)  (D,1)  (F,4)
(C,6)  (E,3)  (C,5)  (E,3)  (C,5)  (C,5)  (G,3)  (H,7)  (D,8)  (G,4)
```

Das heißt: Obwohl wir im Schreiber-Thread sichergestellt haben, dass unsere Figur auf einem Feld der Diagonale (A,1) bis (H,8) gesetzt wird, liest der Leser-Thread auch Feldpositionen wie (C,5) oder (H,2), die nicht im gewünschten Sinne sind. Hier bekommen wir es also tatsächlich mit inkonsistenten Informationen über das Figuren-Objekt zu tun, weil der Schreiber-Thread während der Ausführung der Methode `setPosition` nach dem Setzen von x vom Scheduler zeitweise unterbrochen wird, bevor er auch y setzen kann. Der Leser-Thread erhält somit von der Methode `getPosition` nicht zusammengehörende Kombinationen von x und y.

Um dieses Problem zu beheben, müssen wir dafür sorgen, dass nicht zwei Threads gleichzeitig auf den kritischen Datenbereich unseres Objekts zugreifen können. Für diesen Zweck stellt Java das Schlüsselwort **synchronized** zur Verfügung, mit dem Methoden oder Anweisungsblöcke in genau diesem Sinne **synchronisiert** werden können. Wenn wir dieses Konzept in unserer Figur-Klasse einsetzen, können wir zum Beispiel eine Klasse

```
 1  public class GuteFigur extends Figur {
 2    synchronized public void setPosition(char x, int y) {
 3      this.x = x;
 4      MachMal.eineSekundeLangGarNichts();
 5      this.y = y;
 6    }
 7    synchronized public String getPosition() {
 8      MachMal.eineSekundeLangGarNichts();
 9      return "(" + x + "," + y + ")";
10    }
11  }
```

implementieren, in der wir die Methoden `setPosition` und `getPosition` als **synchronized** deklarieren. Wenn wir unsere beiden Leser- und Schreiber-Threads nun im Rahmen unseres Programms

12.4 Thread-Synchronisation und -Kommunikation

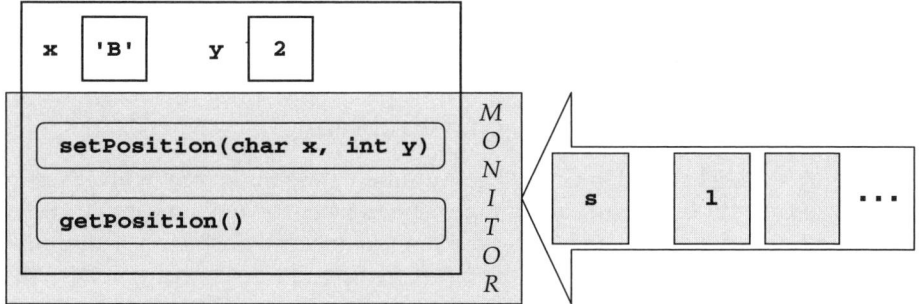

Abbildung 12.2: Synchronisierte Methoden und der Monitor

```
1  public class FigurenThreads2 {
2    public static void main (String[] args) {
3      GuteFigur f = new GuteFigur();
4      Schreiber s = new Schreiber(f);
5      Leser    l = new Leser(f);
6      s.setDaemon(true);
7      s.start();
8      l.start();
9    }
10 }
```

mit einem Objekt der Klasse `GuteFigur` arbeiten lassen, so kann sich folgender Ablauf

```
─────────────────────────── Konsole ───────────────────────────
(H,8) (E,5) (D,4) (D,4) (H,8) (D,4) (A,1) (A,1) (B,2) (F,6)
(G,7) (A,1) (C,3) (F,6) (C,3) (H,8) (H,8) (D,4) (H,8) (F,6)
(A,1) (E,5) (E,5) (G,7) (F,6) (H,8) (D,4) (E,5) (C,3) (G,7)
```

ergeben. Das heißt: Nun ist sichergestellt, dass unser Leser-Thread stets korrekte Feldpositionen ausliest.

Generell gilt, dass bei Ausführung einer synchronized-Methode das zugehörige Objekt für andere synchronized-Methoden gesperrt wird (allerdings sperrt ein Thread niemals sich selbst). Man spricht auch von einem **Monitor**, der den Zugriff auf das Objekt überwacht und eine **Sperre** verwaltet. Jeder Thread muss vor Ausführung einer synchronized-Methode die Sperre des Objekts erwerben. Ist ein anderer Thread im Besitz der Sperre, weil er gerade eine synchronized-Methode des Objekts ausführt, so wird der aktuelle Thread so lange blockiert (bleibt aber ausführbar), bis die Sperre wieder freigegeben wurde. Jedes Objekt führt dazu eine Warteliste mit den blockierten Threads. In Abbildung 12.2 ist dieser Mechanismus am Beispiel eines Objekts unserer Klasse `GuteFigur` schematisch dargestellt, wobei der Thread s gerade die Sperre des Objekts erworben hat, während l und weitere Threads in der Warteliste stehen. Da die Sperre sich jeweils auf ein Objekt bezieht, ist es möglich, dass zwei oder mehrere Threads dieselbe synchronized-Methode für verschiedene Objekte ausführen, sofern die Methode keine Klassenmethode ist.

12.4.2 Das Erzeuger/Verbraucher-Problem

Man könnte vielleicht auf den Gedanken kommen, dass mit der Synchronisierung von Threads alle Probleme im Zusammenhang mit dem nebenläufigen Zugriff auf Objekte in den Griff zu bekommen sind. Wenn man sich jedoch eine Situation vor Augen führt, in der ein Thread für die Erzeugung und Speicherung neuer Werte in einem Puffer-Objekt zuständig ist, während ein anderer Thread diese dort abgelegten Werte wieder ausliest, so erkennt man schnell, dass die Synchronisierung nicht ausreicht, um auch das Abhängigkeitsproblem zu lösen.

Wir wollen dies anhand folgender Problemstellung verdeutlichen: Ein Thread (der Erzeuger) soll dafür zuständig sein, die ganzzahligen Werte 0 bis 4 zu erzeugen und in einem Vermittler-Objekt abzulegen, während ein weiterer Thread (der Verbraucher) diese Werte aus dem Vermittler-Objekt entsprechend auslesen soll. Zur Darstellung eines solchen Vermittlerobjekts haben wir zunächst eine abstrakte Klasse

```
1  abstract class Wert {
2    protected int wert;
3    abstract public int get();
4    abstract public void put (int w);
5  }
```

spezifiziert. Ein Wert-Objekt stellt also einen sehr kleinen Puffer dar, weil es prinzipiell nur einen einzigen **int**-Wert in der Instanzvariablen wert aufnehmen kann. Dieser Wert soll mit der Methode put gesetzt und mit get ausgelesen werden können.

Als Erzeuger-Thread verwenden wir

```
1  class Erzeuger extends Thread {
2    Wert w;
3    public Erzeuger (Wert w) {
4      this.w = w;
5    }
6    public void run() {
7      for (int i = 0; i < 5; i++) {
8        w.put(i);
9        System.out.println("Erzeuger    put: " + i);
10       try {
11         sleep((int)(Math.random() * 100));
12       }
13       catch (InterruptedException e) {
14       }
15     }
16   }
17 }
```

in dessen run-Methode wir in einer Schleife die Werte 0 bis 4 mit Hilfe der Methode put im Vermittler-Objekt eintragen. Unser Verbraucher-Thread

12.4 Thread-Synchronisation und -Kommunikation

```
class Verbraucher extends Thread {
  Wert w;
  public Verbraucher (Wert w) {
    this.w = w;
  }
  public void run() {
    int v;
    for (int i = 0; i < 5; i++) {
      v = w.get();
      System.out.println("Verbraucher get: " + v);
      try {
        sleep((int)(Math.random() * 100));
      }
      catch (InterruptedException e) {
      }
    }
  }
}
```

der später mit dem gleichen Wert-Objekt w arbeiten wird, liest in seiner run-Methode die fünf dort abgelegten Werte der Reihe nach aus und protokolliert sie auf dem Konsolenfenster. Sowohl der Erzeuger- als auch der Verbraucher-Thread sind so implementiert, dass sie jeweils nach dem put- bzw. dem get-Aufruf für eine kurze Zeitspanne zwischen 0 und 100 Millisekunden pausieren.

Für unser erstes Testprogramm

```
public class EVTest1 {
  public static void main (String args[]) {
    SchlechterWert  w = new SchlechterWert();
    Erzeuger        e = new Erzeuger(w);
    Verbraucher     v = new Verbraucher(w);
    e.start();
    v.start();
  }
}
```

lassen wir Erzeuger und Verbraucher mit einem Wert-Objekt der Klasse

```
class SchlechterWert extends Wert {
  public synchronized int get() {
    return wert;
  }
  public synchronized void put (int w) {
    wert = w;
  }
}
```

arbeiten, in der wir die Methoden get und put als **synchronized** deklariert haben. Beim Start des Programms EVTest1 stellen wir fest, dass trotz der Synchronisation die fünf Werte 0 bis 4 nicht notwendigerweise in der korrekten Reihenfolge erzeugt und auch verbraucht werden. Vielmehr könnte sich auch folgender Ablauf ergeben:

───────────── Konsole ─────────────
```
Erzeuger    put: 0
Verbraucher get: 0
```

```
Erzeuger    put: 1
Verbraucher get: 1
Verbraucher get: 1
Verbraucher get: 1
Erzeuger    put: 2
Erzeuger    put: 3
Erzeuger    put: 4
Verbraucher get: 4
```

Das heißt, der Erzeuger produziert zwar die Werte 0 bis 4 in der richtigen Reihenfolge, der Verbraucher entnimmt dem Vermittlerobjekt aber einige Werte mehrfach bzw. einige überhaupt nicht. Zu Behebung dieses Problems müssen wir dafür sorgen, dass der Verbraucher immer nur dann aktiv wird, wenn der Erzeuger auch wieder einen neuen Wert bereitgestellt hat. Die beiden Threads müssen also miteinander kommunizieren können.

Die Methoden, die dabei eine Rolle spielen, finden sich mit

- **public final void** join()
  veranlasst den Thread, der gerade ausgeführt wird, mit seiner weiteren Ausführung so lange zu warten, bis der Thread, für den join ausgeführt wird, beendet ist. Die Methode kann eine InterruptedException werfen, die abgefangen werden muss. Das Abbruch-Flag des Threads wird dabei zurückgesetzt.

- **public final void** join(**long** millis)
  veranlasst den Thread, der gerade ausgeführt wird, mit seiner weiteren Ausführung maximal millis Millisekunden zu warten, bis der Thread, für den join ausgeführt wird, beendet ist. Die Methode kann eine InterruptedException werfen, die abgefangen werden muss. Das Abbruch-Flag des Threads wird dabei zurückgesetzt.

in der Klasse Thread und mit

- **public final void** wait()
  veranlasst den Thread, der gerade ausgeführt wird, mit seiner weiteren Ausführung zu warten, bis ein anderer Thread die notify- oder die notifyAll-Methode für das aktuelle Objekt ausführt. Der Thread gibt dazu die Objekt-Sperre ab und muss sie nach dem Wartevorgang wieder erwerben. Die Methode kann eine InterruptedException werfen, die abgefangen werden muss. Das Abbruch-Flag des Threads wird dabei zurückgesetzt.

- **public final void** wait(**long** timeout)
  veranlasst den Thread, der gerade ausgeführt wird, mit seiner weiteren Ausführung maximal timeout Millisekunden zu warten, bis ein anderer Thread die notify- oder die notifyAll-Methode für das aktuelle Objekt ausführt. Der Thread gibt dazu die Objekt-Sperre ab und muss sie nach dem Wartevorgang wieder erwerben. Die Methode kann ei-

12.4 Thread-Synchronisation und -Kommunikation

ne `InterruptedException` werfen, die abgefangen werden muss. Das Abbruch-Flag des Threads wird dabei zurückgesetzt.

- **public final void** `notify()`
  reaktiviert einen einzelnen Thread, der sich im Wartezustand bezüglich des aktuellen Objekts befindet.

- **public final void** `notifyAll()`
  reaktiviert alle Threads, die sich im Wartezustand bezüglich des aktuellen Objekts befinden.

in der Klasse `Object`. Die drei Methoden `wait`, `notify` und `notifyAll` stehen also jedem beliebigen Objekt durch Vererbung zur Verfügung.

Für unseren speziellen Fall ist die Methode `join` natürlich nicht einsetzbar, weil unser Verbraucher-Thread ja nicht erst wieder aktiv werden möchte, wenn der Erzeuger-Thread bereits beendet ist. Vielmehr müssen wir die Methoden `wait` und `notify` geschickt einsetzen. In unserer neuen `Wert`-Klasse

```
1   class GuterWert extends Wert {
2     private boolean verfuegbar = false;
3     public synchronized int get() {
4       if (!verfuegbar)
5         try {
6           wait();
7         }
8         catch (InterruptedException ie) {
9         }
10      verfuegbar = false;
11      notify();
12      return wert;
13    }
14    public synchronized void put (int w) {
15      if (verfuegbar)
16        try {
17          wait();
18        }
19        catch (InterruptedException ie) {
20        }
21      wert = w;
22      verfuegbar = true;
23      notify();
24    }
25  }
```

arbeitet das Vermittler-Objekt mit einem Flag `verfuegbar`, das anzeigt, ob bereits ein Wert vom Erzeuger produziert und damit für den Verbraucher bereitgestellt wurde.

In der Methode `get` lassen wir den Verbraucher-Thread, der die Methode ausführt, daher zunächst überprüfen, ob ein Wert verfügbar ist. Wenn das nicht der Fall ist, lassen wir ihn mit `wait` erst mal auf ein `notify` vom Erzeuger warten. Wird der Wartezustand aufgehoben, steht fest, dass ein neuer Wert in der Variable `wert` vorhanden ist und nun verbraucht werden kann. Durch einen notify-Aufruf informiert der Verbraucher daher den Erzeuger, dass er wieder aktiv werden soll, und verbraucht den aktuellen Wert mit dem **return**.

In der Methode put lassen wir den Erzeuger-Thread, der die Methode ausführt, zunächst überprüfen, ob ein Wert verfügbar ist. Wenn dies der Fall ist, lassen wir ihn mit wait erst mal auf ein notify vom Verbraucher warten. Wird der Wartezustand aufgehoben, steht fest, dass ein neuer Wert für die Variable wert eingetragen werden kann. Nach der Speicherung des neuen Werts wird nun das verfuegbar-Flag gesetzt und der Verbraucher durch einen notify-Aufruf darüber informiert, dass er wieder aktiv werden kann.

Wenn wir unsere beiden Erzeuger- und Verbraucher-Threads nun im Rahmen unseres Programms

```
1  public class EVTest2 {
2    public static void main (String args[]) {
3      GuterWert    w = new GuterWert();
4      Erzeuger     e = new Erzeuger(w);
5      Verbraucher  v = new Verbraucher(w);
6      e.start();
7      v.start();
8    }
9  }
```

mit einem Objekt der neuen Klasse GuterWert arbeiten lassen, so wird sich ein Ablauf der Form

```
─────────────────────── Konsole ───────────────────────
Erzeuger     put: 0
Verbraucher  get: 0
Erzeuger     put: 1
Verbraucher  get: 1
Erzeuger     put: 2
Verbraucher  get: 2
Erzeuger     put: 3
Verbraucher  get: 3
Erzeuger     put: 4
Verbraucher  get: 4
```

ergeben. Das heißt, nun ist sichergestellt, dass unser Erzeuger/Verbraucher-Mechanismus korrekt abläuft.

Zusammenfassend kann man sagen, dass mit dem Schlüsselwort **synchronized** und den Methoden join, wait, notify und notifyAll in Verbindung mit dem Monitor-Konzept ein zuverlässiger Mechanismus für den Schutz kritischer Programmbereiche zu Verfügung steht. Allerdings sollte man sich darüber im Klaren sein, dass dieser auch gewisse Gefahren in sich birgt. Geht man allzu leichtfertig an eine entsprechende Implementierung heran, kann dies zu erheblichen Problemen mit Starvation- oder Deadlock-Situationen (vgl. Abschnitt 12.3.2) führen.

12.4 Thread-Synchronisation und -Kommunikation

Würden wir zum Beispiel als Vermittler ein Objekt der Klasse

```
1  class KlemmWert extends Wert {
2    public synchronized int get() {
3      try {
4        wait();
5      }
6      catch (InterruptedException ie) {
7      }
8      notify();
9      return wert;
10   }
11   public synchronized void put (int w) {
12     wert = w;
13     System.out.println("Wert erzeugt!");
14     notify();
15     try {
16       wait();
17     }
18     catch (InterruptedException ie) {
19     }
20   }
21 }
```

verwenden, deren Methoden put und get ohne das Flag verfuegbar arbeiten, so kommt das Programm

```
1  public class EVTest3 {
2    public static void main (String args[]) {
3      KlemmWert    w = new KlemmWert();
4      Erzeuger     e = new Erzeuger(w);
5      Verbraucher  v = new Verbraucher(w);
6      e.start();
7      v.start();
8    }
9  }
```

bereits unmittelbar nach dem Programmstart in eine Deadlock-Situation. Es wird zwar noch

────────────── *Konsole* ──────────────
```
Wert erzeugt!
```

ausgegeben, danach „hängt" das Programm aber und kann lediglich mit dem Tastaturkommando **Ctrl-C** bzw. **Strg-C** oder durch Schließen des Konsolenfensters beendet werden. Wir haben mit unserer Implementierung von KlemmWert beabsichtigt, dass der Verbraucher erst mal in den Wartezustand geht, bis der Erzeuger ihm zu verstehen gibt, dass ein Wert erzeugt ist, und dieser dann selbst wartet, bis wiederum der Verbraucher signalisiert, dass er den Wert verbraucht hat. Wie wir sehen, haben wir jedoch keinerlei Kontrolle darüber, dass sich nicht sowohl Erzeuger als auch Verbraucher gleichzeitig im Zustand wait befinden.

Sucht man in der Literatur bzw. im Internet nach anschaulichen Beispielen zum Thema Deadlock und Starvation, so stößt man relativ schnell auf das so genannte **Philosophenproblem**, das sich wie folgt beschreiben lässt:

Abbildung 12.3: Der gedeckte Tisch für die Philosophen

Für fünf Philosophen ist ein Tisch gedeckt, so dass jeder Philosoph einen Teller sowie rechts daneben eine Gabel vor sich liegen hat (siehe auch Abbildung 12.3). Allerdings benötigt ein Philosoph zum Essen jeweils zwei Gabeln, so dass er sich jeweils auch die Gabel seines linken Tischnachbarn nehmen muss, um eine Mahlzeit einzunehmen. Das Leben eines jeden Philosophen am Tisch besteht nun aus sich ständig abwechselnden Phasen des Essens und des Denkens. Wird er während der Denkphase hungrig, so greift er, falls vorhanden, zunächst nach der rechten und dann nach der linken Gabel. Kann er die Gabel nicht greifen (weil sein Nachbar diese gerade noch in der Hand hält), so muss er warten, bis sie wieder verfügbar ist. Erst wenn er beide Gabeln in seinem Besitz hat, kann er eine Weile essen, danach die Gabeln wieder ablegen und das Denken fortsetzen, bis sich erneut ein Hungergefühl einstellt.

Da alle Philosophen nach dem gleichen Schema zu Werke gehen, kann man sich sehr leicht eine Situation vorstellen, in der alle fünf Philosophen quasi gleichzeitig nach der rechten Gabel greifen. Somit kann keiner der fünf Philosophen nach der zweiten Gabel greifen und jeder hat nun eine Gabel und wartet darauf, dass sein linker Nachbar isst und danach die Gabel wieder ablegt. Wir haben es also mit einer typischen Deadlock-Situation zu tun, die natürlich gleichzeitig auch eine allgemeine Starvation-Situation darstellt, weil alle fünf Philosophen in diesem Zustand verhungern werden.
Eine schöne Simulation dieses Problems mit Hilfe eines Applets findet sich in der Online-Version des Java-Tutorials [13]. Als Philosophen setzen sich dort Java-Maskottchen Duke oder besser gesagt seine „Brüder" Duko, Pythagoduke, Dukimedes, Dukrates und Arisduktle an einen Tisch (siehe Abbildung 12.4). Sie si-

12.5 Threads in Frames und Applets 339

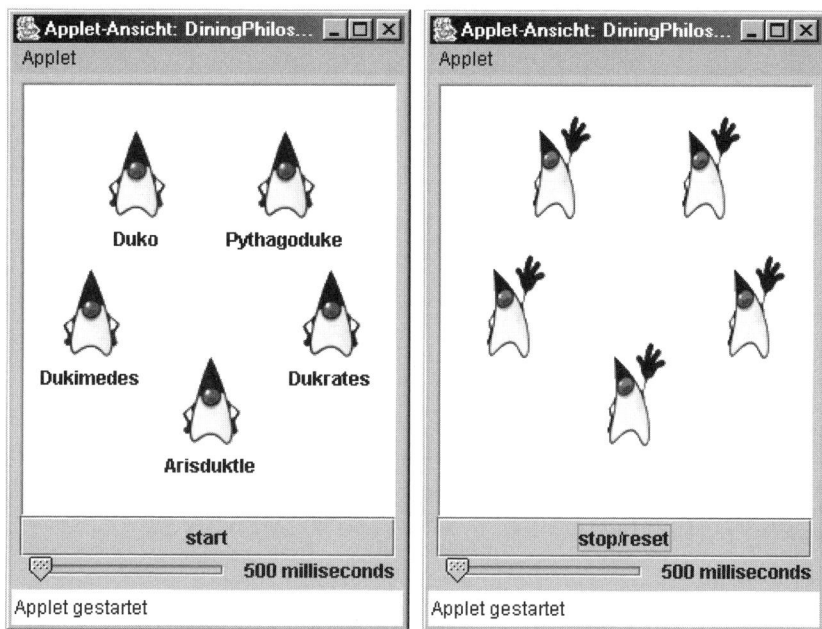

Abbildung 12.4: Die Java-Philosophen

gnalisieren durch die ausgestreckte Hand, dass sie die entsprechende Gabel aufgenommen haben, und durch ein „Mmmm!", dass es ihnen gerade geschmeckt hat. Auch diese Tischgesellschaft gerät natürlich relativ schnell in eine Deadlock-Situation, wie im rechten Teil von Abbildung 12.4 zu erkennen ist.

12.5 Threads in Frames und Applets

Zum Schluss dieses Kapitels wollen wir noch kurz an zwei Beispielen den Einsatz von Threads in grafischen Oberflächen demonstrieren.

12.5.1 Auf die Plätze, fertig, los!

Zunächst wollen wir uns nochmals mit unserer grafischen Stoppuhr aus Abschnitt 7.6 beschäftigen. Diese haben wir etwas umgestaltet, so dass sie sich jetzt in der in Abbildung 12.5 dargestellten Form präsentiert.
Bei Druck auf den Start-Knopf zeigt das Anzeige-Label links oben nun dynamisch die aktuell gemessene Zeit in Minuten, Sekunden und Hundertstelsekunden an. Dazu haben wir unser damaliges Programm folgendermaßen umgestaltet:

Abbildung 12.5: Stoppuhr mit Thread

```java
import java.util.*;
import java.text.*;
import java.awt.*;
import java.awt.event.*;
import javax.swing.*;
import javax.swing.border.*;

/** Erzeuge ein Swing-Fenster mit Stoppuhrfunktion */
public class StoppuhrFrameThread extends JFrame {
   Container c;
   JButton   startButton, stoppButton, neuButton;
   JLabel    laufZeit;
   Font      schriftGross = new Font("SansSerif",Font.BOLD,20);
   boolean   startPressed, stoppPressed;

   // Konstruktor
   public StoppuhrFrameThread() {
     c = getContentPane();
     c.setLayout(new GridLayout(2, 2, 5, 10));

     laufZeit = new JLabel("00:00:00", JLabel.CENTER);
     laufZeit.setFont(schriftGross);
     laufZeit.setBorder(new TitledBorder("Laufzeit in mm:ss:hs"));

     KnopfListener kL = new KnopfListener();

     startButton = new JButton("START");
     startButton.setToolTipText("startet die Stoppuhr");
     startButton.addActionListener(kL);
     stoppButton = new JButton("STOPP");
     stoppButton.setToolTipText("stoppt die Stoppuhr");
     stoppButton.addActionListener(kL);
     neuButton = new JButton("NEU");
     neuButton.setToolTipText("setzt Stoppuhr zurueck");
     neuButton.addActionListener(kL);

     stoppButton.setEnabled(false);
     neuButton.setEnabled(false);

     c.add(laufZeit);
     c.add(startButton);
```

12.5 Threads in Frames und Applets

```java
42      c.add(neuButton);
43      c.add(stoppButton);
44   }
45
46   // Aktualisierung aller Anzeige-Labels und Buttons
47   public void anzeigeAktualisieren() {
48     if ((startPressed) && (stoppPressed)) {
49        startButton.setEnabled(false);
50        stoppButton.setEnabled(false);
51        neuButton.setEnabled(true);
52     }
53     else if (startPressed) {
54        startButton.setEnabled(false);
55        stoppButton.setEnabled(true);
56        neuButton.setEnabled(false);
57     }
58     else {
59        startButton.setEnabled(true);
60        stoppButton.setEnabled(false);
61        neuButton.setEnabled(false);
62        laufZeit.setText("00:00:00");
63     }
64   }
65
66   // Listener fuer die Buttons
67   class KnopfListener implements ActionListener {
68     Thread t;
69     public void actionPerformed(ActionEvent e) {
70       if (e.getSource() == startButton){
71          startPressed = true;
72          t = new AnzeigeThread(laufZeit);
73          t.start();
74       }
75       else if (e.getSource() == stoppButton) {
76          stoppPressed = true;
77          t.interrupt();
78       }
79       else if (e.getSource() == neuButton) {
80          startPressed = false;
81          stoppPressed = false;
82       }
83       anzeigeAktualisieren();
84     }
85   }
86
87
88   // main-Methode
89   public static void main(String[] args) {
90     StoppuhrFrameThread fenster = new StoppuhrFrameThread();
91     fenster.setTitle("Stoppuhr");
92     fenster.setSize(300,150);
93     fenster.setVisible(true);
94     fenster.setDefaultCloseOperation(JFrame.EXIT_ON_CLOSE);
95   }
96 }
```

Die Neuerungen in dieser neuen Version stecken insbesondere in der inneren Klasse KnopfListener, mit der wir die Ereignisbehandlung für die drei Buttons implementiert haben. Wird nämlich die Start-Taste betätigt, so wird ein Thread (ein Objekt der Klasse AnzeigeThread) erzeugt und gestartet, während bei Druck auf die Stopp-Taste der Thread mit Hilfe der Methode interrupt abgebrochen wird. Die Klasse

```java
import java.util.*;
import java.text.*;
import javax.swing.*;

/* Thread-Klasse zur dynamischen Zeitanzeige **/
public class AnzeigeThread extends Thread {
  JLabel anzeigeLabel;   // Zeitanzeige-Label

  // Konstruktor
  public AnzeigeThread(JLabel anzeigeLabel) {
    this.anzeigeLabel = anzeigeLabel;
  }

  // Formatierung der gerade gemessenen Zeit
  public String differenzString(Date startZeitObj,
                                Date aktuelleZeitObj) {
    String anz_m, anz_s, anz_hs;
    long diffZeit = (aktuelleZeitObj.getTime()-startZeitObj.getTime());
    long hs = (diffZeit % 1000) / 10;
    if (hs < 10)
      anz_hs = "0" + hs;
    else
      anz_hs = "" + hs;
    diffZeit = diffZeit / 1000;
    long s = diffZeit % 60;
    if (s < 10)
      anz_s = "0" + s;
    else
      anz_s = "" + s;
    diffZeit = diffZeit / 60;
    long m = diffZeit % 60;
    if (m < 10)
      anz_m = "0" + m;
    else
      anz_m = "" + m;
    return (anz_m + ":" + anz_s + ":" + anz_hs);
  }

  // run-Methode
  public void run() {
    Date startZeitObj = new Date();
    while(true) {
      if (isInterrupted())
        break;
      Date aktuelleZeitObj = new Date();
      anzeigeLabel.setText(differenzString(startZeitObj,
                           aktuelleZeitObj));
      try {
```

12.5 Threads in Frames und Applets

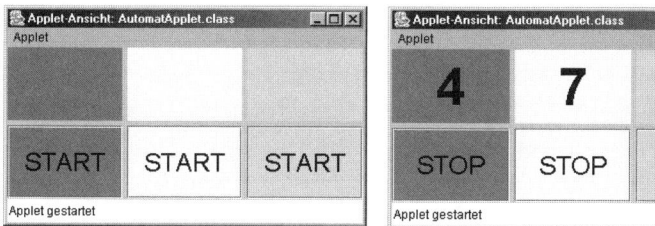

Abbildung 12.6: Ein einfacher Spielautomat

```
49        Thread.sleep(10);
50      }
51      catch(InterruptedException e) {
52        break;
53      }
54    }
55  }
56 }
```

haben wir dazu so realisiert, dass bei Beginn der Thread-Ausführung in der run-Methode zunächst der Startzeitpunkt bestimmt wird. Danach wird in einer Schleife jeweils der aktuelle Zeitpunkt bestimmt, mit Hilfe der Methode differenzString die Zeitdifferenz zwischen den beiden Zeitpunkten berechnet und die entsprechende Laufzeitangabe auf dem Anzeige-Label dargestellt. Die run-Methode wird beendet, sobald das Abbruch-Flag unseres Threads gesetzt wird.

12.5.2 Spielereien

Lust auf ein kleines Glücksspielchen via Internet? Nichts leichter als das. Wir schreiben uns ein kleines Applet, das einen typischen Gaststättenspielautomat (natürlich vereinfacht) simuliert. Es gibt drei Anzeigen, die zunächst leer sind und durch Druck der darunter liegenden Start-Taste „gestartet" werden können (siehe Abbildung 12.6). Auf jeder Anzeige werden nun dynamisch zufällige Ziffern erzeugt, und wir können unser Glück versuchen, alle drei Anzeigen beim gleichen Wert anzuhalten. Die init-Methode unseres Applets

```
1  import java.awt.*;
2  import java.awt.event.*;
3  import javax.swing.*;
4  import javax.swing.border.*;
5  /** Applet mit einfacher Spielautomaten-Funktionalitaet
6   *  durch drei farbige Labels bzw. Start/Stop-Buttons
7   */
8  public class AutomatApplet extends JApplet {
9    Container c;
10   ColorRunLabel rotAnzeige, gelbAnzeige, gruenAnzeige;
11   StartStopButton rotKnopf, gelbKnopf, gruenKnopf;
```

```
12   public void init() {
13     c = getContentPane();
14     rotAnzeige = new ColorRunLabel(Color.red);
15     gelbAnzeige = new ColorRunLabel(Color.yellow);
16     gruenAnzeige = new ColorRunLabel(Color.green);
17     rotKnopf = new StartStopButton(Color.red);
18     gelbKnopf = new StartStopButton(Color.yellow);
19     gruenKnopf = new StartStopButton(Color.green);
20     c.setLayout(new GridLayout(2,3,5,5));
21     c.add(rotAnzeige);
22     c.add(gelbAnzeige);
23     c.add(gruenAnzeige);
24     c.add(rotKnopf);
25     c.add(gelbKnopf);
26     c.add(gruenKnopf);
27     rotKnopf.addActionListener(new KnopfListener(rotAnzeige,
28                                                 rotKnopf));
29     gruenKnopf.addActionListener(new KnopfListener(gruenAnzeige,
30                                                   gruenKnopf));
31     gelbKnopf.addActionListener(new KnopfListener(gelbAnzeige,
32                                                  gelbKnopf));
33   }
34 }
```

gestaltet sich recht einfach, denn sie ist lediglich dafür zuständig, die drei Labels (Objekte der Klasse `ColorRunLabel`) und die drei Buttons (Objekte der Klasse `StartStopButton`) in den mit Grid-Layout versehenen Appletrahmen einzufügen. Außerdem registrieren wir noch je ein `KnopfListener`-Objekt bei den drei Buttons. Die zugehörige Ereignisbehandlung haben wir in der Klasse

```
1  import java.awt.event.*;
2  /** Listener der beim Druck auf einen Button eine
3   * veraenderliche Label-Anzeige per Thread startet
4   */
5  class KnopfListener implements ActionListener {
6    ColorRunLabel crl;
7    StartStopButton ssb;
8    KnopfListener (ColorRunLabel crl, StartStopButton ssb) {
9      this.crl = crl;
10     this.ssb = ssb;
11   }
12   public void actionPerformed (ActionEvent e) {
13     if (ssb.isStart())   // falls Start-Knopf
14       crl.start();        // Thread des Labels starten
15     else                  // andernfalls
16       crl.stop();         // Thread des Labels abbrechen
17     ssb.switchText();   // Beschriftung des Buttons wechseln
18   }
19 }
```

implementiert. Jedes Listener-Objekt ist jeweils für ein Label-Button-Paar zuständig. Ist der Button gerade mit „Start" beschriftet, so wird der Label-Thread gestartet, andernfalls wird er abgebrochen. Außerdem wird die Beschriftung des Buttons geändert. Die benötigten Methoden `isStart` zum Prüfen und `switchText` zum Wechseln der Beschriftung finden sich in der Klasse

12.5 Threads in Frames und Applets

```java
import java.awt.*;
import javax.swing.*;
public class StartStopButton extends JButton {
  public StartStopButton(Color c) {
    setBackground(c);
    setFont(new Font("Arial",Font.PLAIN,25));
    setText("START");
  }
  public boolean isStart() {
    return getText().equals("START");
  }
  public void switchText() {
    if (isStart())
      setText("STOP");
    else
      setText("START");
  }
}
```

während wir unsere Label-Objekte, die von einem Thread gesteuert werden, in der Klasse

```java
import java.awt.*;
import javax.swing.*;

/** Eine spezialisierte Jlabel-Klasse, deren Objekte durch
 * einen Thread mit einer staendig wechselnden Zufallsanzeige
 * versehen sind
 */
public class ColorRunLabel extends JLabel implements Runnable {
  private boolean running = false;
  public ColorRunLabel(Color c) {
    setOpaque(true);
    setBackground(c);
    setFont(new Font("Arial",Font.BOLD,50));
    setHorizontalAlignment(JLabel.CENTER);
  }
  public void start() {
    running = true;
    new Thread(this).start();
  }
  public void stop() {
    running = false;
  }
  public void run() {
    while (running) {
      setText("" + (int) (10*Math.random()));
      try {
        Thread.sleep(10);
      }
      catch(InterruptedException e) {
        return;
      }
    }
  }
}
```

realisiert haben. Diese erbt von `JLabel` und implementiert das `Runnable`-Interface. Daher haben wir die `start`-Methode so gestaltet, dass wir zunächst ein Flag setzen, um anzuzeigen, dass die Anzeige läuft, und anschließend einen Thread erzeugen und starten, der das Label als Target benutzt. In der `stop`-Methode setzen wir lediglich unser Flag zurück, so dass die `run`-Methode, die dieses Flag als Bedingung in der **while**-Schleife benutzt, abgebrochen werden kann. Die auf dem Label anzuzeigende Ziffer erzeugen wir mit der Methode `random` aus der `Math`-Klasse im Abstand von 10 Millisekunden jeweils neu.

12.6 Übungsaufgaben

Aufgabe 12.1

Nachfolgende Klassen simulieren zwei Terminals in Vorverkaufsstellen für Konzertkarten, an denen Karten gekauft werden können. Die Sitzplatznummern der freien Plätze beziehen die Terminals von einem Objekt des Typs `KonzertDaten`. Dieses Objekt soll einen sehr einfachen Datenbankserver (und die entsprechenden Zugriffe auf eine Konzertkarten-Datenbank) simulieren. Die Karten werden durch die sukzessiven Aufrufe der Methode `freierPlatz` der Reihe nach verkauft.

```java
class KonzertDaten {
  private int sitzPlatz = 0;
  int freierPlatz() {
    int n = sitzPlatz;
    // simuliere Datenbankabfragen
    try {
      Thread.sleep((int) (Math.random()*100));
    }
    catch (InterruptedException ie) {
    }
    return sitzPlatz = n + 1;
  }
}
```

```java
class KartenTerminal extends Thread {
  private KonzertDaten daten;
  KartenTerminal(String name, KonzertDaten daten) {
    super(name);
    this.daten = daten;
  }
  public void run() {
    for (int i = 0; i < 100; i++)
      System.out.println(getName() + ": Sitzplatz " +
                         daten.freierPlatz() + " verkauft");
  }
}
```

```
1  class UseTerminals {
2    public static void main(String[] args) {
3      KonzertDaten daten = new KonzertDaten();
4      KartenTerminal
5        t1 = new KartenTerminal("Karten-Terminal 1", daten),
6        t2 = new KartenTerminal("Karten-Terminal 2", daten);
7      t1.start();
8      t2.start();
9    }
10 }
```

Mit dieser Realisierung ist beabsichtigt, dass die Sitzplätze der Reihe nach verkauft werden, eine Karte für einen bestimmten Sitzplatz aber nur genau einmal verwendet wird, unabhängig vom Verkaufs-Terminal, an dem sie erworben wird.

- Arbeitet das Programm tatsächlich immer korrekt?
- Versuchen Sie die simultane Abarbeitung der Anweisungen der beiden Threads `t1` und `t2` zu beschreiben.
- Wie kann man das unvorhersehbare Verhalten des Programms beseitigen?

Aufgabe 12.2

Entwickeln Sie eine Klasse `EVTest4`, indem Sie die Klasse `EVTest2` so abändern, dass Sie nicht nur jeweils einen, sondern insgesamt drei Erzeuger und drei Verbraucher erzeugen und starten. Erwünscht ist dabei, dass von den Erzeugern die Zahlen 0 bis 9 genau drei Mal erzeugt werden und jede dieser Zahlen auch von den Verbrauchern verbraucht werden. Wenn Sie das Programm mehrfach starten, werden Sie feststellen, dass nicht alles wie gewünscht abläuft und dass es sogar zu Deadlocks kommen kann. Was müssen Sie in der Klasse `GuterWert` ändern, um den gewünschten Ablauf sicherzustellen?

Aufgabe 12.3

Erstellen Sie ein Java-Applet, das zwei Schaltflächen, eine Klapptafel und eine Häkchen-Box beinhaltet (vgl. Abbildung 12.7). Für jede der beiden Schaltflächen soll durch Mausdruck eine Zufalls-Buchstaben-Anzeige gestartet werden, die die angezeigten Buchstaben ständig verändert. Ein erneuter Tastendruck soll die Zufalls-Generatoren wieder stoppen. Mit der Klapptafel soll schwarze oder graue Schrift, mit der Häkchen-Box zwischen Buchstaben und Ziffer gewählt werden. Alle diese Änderungen werden jedoch immer erst aktiv, wenn die entsprechende Taste erneut gedrückt wird.
Schreiben Sie eine Klasse `ColorRunButton`, die von `JButton` erbt und das `Runnable`-Interface implementiert. In deren Methode `change` soll der Thread beendet werden, falls er bereits läuft, oder ein neuer Thread erzeugt und gestartet werden. In der Methode `run` soll in einer Schleife eine Zufallsziffer berechnet und (eventuell zum Buchstaben gewandelt) als Beschriftung des Buttons gesetzt werden.

Abbildung 12.7: Das Applet aus Aufgabe 12.3

Schreiben Sie außerdem eine Klasse `LaufApplet`, in deren `init`-Methode zwei Objekte der Klasse `ColorRunButton`, die weiteren benötigten Swing-Komponenten und die Ereignis-Listener erzeugt und platziert bzw. registriert werden. Bei der Behandlung der Button-Ereignisse müssen Sie die Methode `change` des jeweiligen `ColorRunButton`-Objekts benutzen.

Kapitel 13

Ein- und Ausgabe über Streams

Wenn wir ein Programm entwickeln, so erfolgt dies häufig in der Absicht, dieses Programm etwas Bestimmtes für uns erledigen zu lassen. In der Regel soll unser Programm also irgendwelche Daten auf eine bestimmte Art und Weise für uns bearbeiten. Dazu muss es natürlich zur Laufzeit in der Lage sein, diese Daten zunächst einmal einzulesen, danach irgendetwas mit ihnen anzufangen und schließlich die veränderten Daten wieder auszugeben. In den bisherigen Beispielen erfolgten Ein- und Ausgaben üblicherweise über Tastatur und Konsolenfenster oder grafische Oberflächen. Allgemeiner gesprochen gehört es somit zu den Standardaufgaben von Programmen, Informationen aus einer externen Datenquelle zu lesen und Informationen in ein externes Datenziel zu schreiben. Als Datenquellen und -ziele kommen dabei nicht nur die Tastatur bzw. das Konsolenfenster, sondern auch Dateien auf externen Speichermedien oder andere Rechner bzw. Programme in einem Netzwerk in Frage.
Sämtliche Ein- und Ausgaben laufen in Java „stromorientiert" ab, d. h. sie werden mit Hilfe des so genannten **Stream-Konzepts** abgewickelt. Dabei versteht man unter einem **Stream** (deutsch: **Strom**) eine Verbindung zwischen einem Programm und einer Datenquelle oder mit einem Datenziel. Diese Verbindung – dieser Stream – verläuft dabei stets in nur einer Richtung. Für Eingaben muss daher ein Programm zunächst einen mit der Datenquelle verbundenen Strom öffnen und die ankommenden Informationen sequentiell lesen. Für Ausgaben muss es erst einen Strom zu einem Datenziel öffnen und dann die Informationen sequentiell in den Strom schreiben. Vergleichbar ist dies beispielsweise mit einem Schlauch oder einer Wasserleitung – das eine Ende der Leitung liegt jeweils beim Programm, das andere Ende bei der Quelle bzw. beim Ziel der Leitung.
In Java werden zahlreiche Klassen zur Verarbeitung verschiedenartiger Datenströme bereitgestellt, die auch kombiniert eingesetzt werden können. In den nachfolgenden Abschnitten werden wir uns zunächst mit einigen grundsätzlichen

Aspekten des Stream-Konzepts beschäftigen und danach einige wichtige Klassen im Detail kennen lernen.

13.1 Grundsätzliches zu Streams in Java

Generell gesehen kann ein Stream in Java als eine abstrakte uni-direktionale Verbindung eines Programms mit der „Außenwelt" angesehen werden. Das heißt, jeder Stream kann an einem Ende Daten aufnehmen und diese am anderen Ende wieder abgeben. Aus Sicht des Programms werden somit zwei Arten von Datenströmen benötigt, nämlich Eingabeströme und Ausgabeströme, die gleichermaßen vor ihrer Verwendung geöffnet und nach ihrer Verwendung wieder geschlossen werden müssen. Anhand der transportierten Daten unterscheidet man bei den in Java verfügbaren Streams zwischen **Zeichenströmen** (**Character-Streams**) und **Byteströmen** (**Byte-Streams**). Im Paket java.io finden sich daher vier Hierarchien von Klassen, die die Funktionalitäten Zeichen-Eingabe-Strom, Zeichen-Ausgabe-Strom, Byte-Eingabe-Strom und Byte-Ausgabe-Strom abdecken. Character-Streams transportieren Daten in Form von 16-Bit-Einheiten, arbeiten also streng genommen mit dem Datentyp **char** bzw. Unicode-Zeichen. Ihre Basis-Funktionalität wird durch die abstrakten Klassen Reader (im Falle von Eingabeströmen) und Writer (im Falle von Ausgabeströmen) bereitgestellt. Byte-Streams transportieren Daten in Form von 8-Bit-Einheiten, arbeiten also streng genommen mit dem Datentyp **byte**. Ihre Basis-Funktionalität wird durch die abstrakten Klassen InputStream (im Falle von Eingabeströmen) und OutputStream (im Falle von Ausgabeströmen) bereitgestellt. Alle Klassen in den Hierarchien, die von diesen vier abstrakten Klassen aufgespannt werden, tragen stets einen Namen, der als Endung den Namen der zugehörigen abstrakten Klasse enthält. Beispielsweise handelt es sich bei einem BufferedInputStream-Objekt um einen spezialisierten (gepufferten) Byte-Eingabe-Strom oder bei einem FileWriter-Objekt um einen spezialisierten (in eine Datei gerichteten) Character-Ausgabe-Strom.

In der Anwendung werden Streams in Java häufig verkettet bzw. geschachtelt, um zum Beispiel Übergänge von Byte-Streams in Character-Streams oder gepufferte Ein- und Ausgaben zu ermöglichen. In diesem Zusammenhang spricht man auch von Filter-Streams.

13.2 Dateien und Verzeichnisse – Die Klasse File

Da man sehr häufig Ein- und Ausgabeoperationen in Verbindung mit Dateien durchführt, wollen wir uns in diesem Abschnitt zunächst einmal mit der Darstellung und Bearbeitung von Datei- und Verzeichnis-Objekten beschäftigen. Neben den Datenstrom-Klassen findet sich im Paket java.io auch die Klasse File, deren Objekte jeweils eine Datei oder ein Verzeichnis repräsentieren. Dabei geht es allerdings nicht um die tatsächlichen Daten, die in einem File (einer Datei) gespeichert sind, sondern um Eigenschaften wie Name, Zugriffspfad oder Größe.

13.2 Dateien und Verzeichnisse – Die Klasse `File`

Ein `File`-Objekt kann z. B. mit dem Konstruktor

- **public** `File(String pathname)`
  erzeugt ein `File`-Objekt gemäß dem angegebenen Zugriffspfad `pathname`.

erzeugt werden. Dabei kann der durch `pathname` festgelegte Datei- oder Verzeichnisname für das `File`-Objekt relativ zum aktuellen Verzeichnis oder absolut (also mit komplettem Pfad) angegeben werden. Ob die Datei bzw. das Verzeichnis bereits existiert, wird beim Erzeugen des `File`-Objekts nicht überprüft, da der Konstruktor noch nicht auf das tatsächlich vorhandene Dateisystem zugreift. Einem solchen `File`-Objekt stehen nun eine ganze Reihe interessanter Methoden wie zum Beispiel

- **public boolean** `canRead()`
  liefert **true**, wenn das `File`-Objekt für das Programm lesbar ist, und **false** andernfalls.

- **public boolean** `canWrite()`
  liefert **true**, wenn das `File`-Objekt für das Programm schreibbar (veränderbar) ist, und **false** andernfalls.

- **public boolean** `createNewFile()`
  legt eine neue Datei mit dem Namen des `File`-Objekts an.

- **public boolean** `delete()`
  löscht die zum `File`-Objekt gehörende Datei.

- **public boolean** `exists()`
  liefert **true**, wenn das `File`-Objekt existiert, und **false** andernfalls.

- **public** `String getName()`
  liefert den Namen des `File`-Objekts.

- **public boolean** `isDirectory()`
  liefert **true**, wenn das `File`-Objekt ein Verzeichnis ist, und **false** andernfalls.

- **public boolean** `isFile()`
  liefert **true**, wenn das `File`-Objekt eine Datei ist, und **false** andernfalls.

- **public long** `length()`
  liefert die Größe der Datei in Bytes.

- **public** `String[] list()`
  liefert eine Liste aller Verzeichniseinträge in dem durch das `File`-Objekt spezifizierten Verzeichnis (oder **null**, wenn das `File`-Objekt eine Datei ist).

- **public boolean** `mkdir()`
  legt ein neues Verzeichnis mit dem Namen des `File`-Objekts an.

- **public boolean** `renameTo(File dest)`
  benennt das `File`-Objekt gemäß `dest` um.

zur Verfügung. Einige dieser Methoden haben wir in unserem Beispielprogramm

```
1   import java.io.*;
2   class Create {
3     public static void main(String[] args) {
4       try {
5         File f = new File(args[0]);                              // Verzeichnis
6         File g = new File(args[0] + "/" + args[1]);              // Datei
7         File h = new File(args[0] + "/" + args[1] + ".txt");     // Datei
8         if (f.exists()) {
9           System.out.println("Verzeichnis oder Datei " + args[0] +
10                              " existiert bereits");
11          return;
12        }
13        f.mkdir();              // Verzeichnis anlegen
14        g.createNewFile();      // Datei anlegen
15        h.createNewFile();      // Datei anlegen
16        String[] dateien = f.list();    // Verzeichniseintraege aufzaehlen
17        System.out.println("Dateien im Verzeichnis " + args[0] + ":");
18        for (int i=0; i<dateien.length; i++)
19          System.out.println(dateien[i]);
20      }
21      catch(ArrayIndexOutOfBoundsException ae) {
22        System.out.println("Aufruf:  java Create <Verzeichnis> <Datei>");
23      }
24      catch(Exception e) {
25        System.out.println(e);
26      }
27    }
28  }
```

eingesetzt, in dem wir entsprechend den zwei angegebenen Kommandozeilenparametern zunächst drei File-Objekte (für das Verzeichnis, die Datei ohne Erweiterung und die Datei mit Erweiterung „.txt") erzeugen. Wenn es das Verzeichnis bereits gibt, melden wir einen Fehler und brechen unser Programm ab. Wir legen danach das Verzeichnis und die beiden Dateien an und geben mit Hilfe der list-Methode die neu entstandenen Verzeichniseinträge aus.

Starten wir unser Programm mit zu wenig Kommandozeilenargumenten, so werden wir über den korrekten Aufruf informiert:

```
─────────────── Konsole ───────────────
java Create something
Aufruf:  java Create <Verzeichnis> <Datei>
```

Bei korrektem Aufruf mit zwei Kommandozeilenargumenten reagiert das Programm mit

```
─────────────── Konsole ───────────────
java Create some thing
Dateien im Verzeichnis some:
thing
thing.txt
```

wie gewünscht und wir finden im aktuellen Arbeitsverzeichnis auf unserer Festplatte nun ein Unterverzeichnis namens `some` und darin die Dateien `thing` und `thing.txt` vor.

Ein erneuter Aufruf mit den gleichen Parametern wird ebenfalls wie gewünscht verhindert:

```
———————————————— Konsole ————————————————
Verzeichnis oder Datei some existiert bereits
```

13.3 Ein- und Ausgabe über Character-Streams

Die abstrakte Klasse `Reader` legt für die Eingabe über Character-Streams unter anderem die Methoden

- **public abstract int** read()
  liefert das nächste Zeichen aus dem `Reader`-Objekt als **int**-Wert.

- **public int** read(**char**[] c)
  füllt das von c referenzierte Feld mit Zeichen (maximal c.length viele) aus dem `Reader`-Objekt und liefert die Anzahl der gelesenen Zeichen zurück.

- **public int** read(**char**[] c, **int** off, **int** n)
  füllt das von c referenzierte Feld ab Index off mit den nächsten n Zeichen aus dem `Reader`-Objekt und liefert die Anzahl der tatsächlich gelesenen Zeichen zurück.

- **public void** close()
  schließt den Strom.

fest, während in `Writer` die Methoden

- **public abstract void** write(**int** c)
  schreibt das Zeichen c in das `Writer`-Objekt.

- **public void** write(**char**[] c)
  schreibt die im von c referenzierten Feld gespeicherten Zeichen in das `Writer`-Objekt.

- **public void** write(**char**[] c, **int** off, **int** n)
  schreibt die im von c referenzierten Feld gespeicherten n Bytes ab Index off in das `Writer`-Objekt.

- **public void** write(String s)
  schreibt die im String s gespeicherten Zeichen in das `Writer`-Objekt.

- **public void** write(String s, **int** off, **int** n)
  schreibt die im String s gespeicherten n Zeichen ab Index off in das `Writer`-Objekt.

- **public void** close()
  schließt den Strom.

- **public void** flush()
  leert einen eventuellen Puffer des Writer-Objekts durch die sofortige Abarbeitung aller noch anstehenden Zeichen.

zu finden sind. Zu beachten ist dabei, dass die Methoden read bzw. write jeweils ein *Zeichen* lesen bzw. schreiben, dass sie jedoch einen **int**-Wert abliefern bzw. als Parameter erwarten. Gibt read den Wert -1 zurück, so wird dadurch signalisiert, dass das Ende des Eingabestroms erreicht ist.

13.3.1 Einfache Reader- und Writer-Klassen

Nun wollen wir uns die Anwendung der Reader- und Writer-Klassen am Beispiel der Klassen InputStreamReader, OutputStreamWriter, FileReader und FileWriter näher ansehen. Deren einfachste Konstruktoren haben folgende Gestalt:

- **public** InputStreamReader(InputStream in)
  erzeugt einen Zeichen-Eingabe-Strom in Verbindung mit dem Byte-Strom in.

- **public** OutputStreamWriter(OutputStream out)
  erzeugt einen Zeichen-Ausgabe-Strom in Verbindung mit dem Byte-Strom out.

- **public** FileReader(File file)
  erzeugt einen Zeichen-Eingabe-Strom zur Datei file.

- **public** FileWriter(File file)
  erzeugt einen Zeichen-Ausgabe-Strom zur Datei file.

Während wir also bei der Konstruktion von FileReader- und FileWriter-Objekten den Konstruktoren jeweils ein File-Objekt als Quelle bzw. Ziel der gelesenen bzw. geschriebenen Zeichen übergeben können, benötigen wir für InputStreamReader- bzw. OutputStreamWriter-Objekte jeweils einen Byte-Stream. Dies ist bereits ein erstes Beispiel für die Verkettung von Streams, denn bei der Ausgabe in einen Character-Stream vom Typ OutputStreamWriter sendet dieser die Zeichen an einen Byte-Stream weiter zum tatsächlichen Datenziel. Umgekehrt empfängt das InputStreamReader-Objekt seine Daten aus einem InputStream, also einem Byte-Stream, der sie wiederum von der tatsächlichen Datenquelle erhält.[1]

Wir wollen nun ein kleines Beispielprogramm entwickeln, das in der Lage ist, einen Text von der Tastatur einzulesen, diesen in einer Datei abzuspeichern und danach zur Kontrolle den Inhalt der Datei auf dem Bildschirm auszugeben. Unser Programm wird also mit insgesamt vier Datenströmen arbeiten müssen, wie wir es auch in Abbildung 13.1 dargestellt haben. Zum Einlesen von Konsole bzw.

---

[1] Im „Kleingärtner-Jargon" könnte man diesen Vorgang vielleicht mit dem Anschluss eines Dreiviertelzoll-Schlauchs an einen Halbzoll-Schlauch verbildlichen.

13.3 Ein- und Ausgabe über Character-Streams

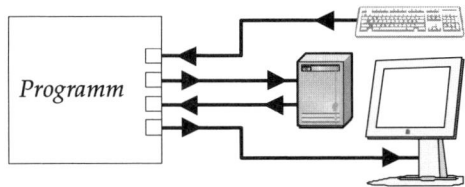

Abbildung 13.1: Ein Programm arbeitet mit vier Datenströmen

Tastatur soll unser Programm nämlich nicht mit den IOTools arbeiten, sondern direkt mit dem Standard-Eingabestrom `System.in`.[2]
Die Klasse `System` stellt insgesamt drei Byte-Streams in Form der drei Klassenvariablen `in`, `out` und `err` bereit. Wenn wir die Ein- oder Ausgabe beim Programmstart nicht mit den Kommandozeilen-Zeichen < und > umsteuern, so ist der Eingabestrom `System.in` standardmäßig mit der Tastatur verbunden, während die Ausgabeströme `System.out` und `System.err` ins Konsolenfenster schreiben. In den Strom `System.err` schickt man üblicherweise Fehlermeldungen, die auf dem Konsolenfenster landen sollen. Die Methoden `print` und `println` von `System.out` haben wir ja bereits vielfach benutzt, und wir werden in Abschnitt 13.4.3 nochmals kurz auf sie eingehen. Auch diese werden wir aber in unserem Programm nicht benutzen – wir wollen nur mit den `Reader`- und `Writer`-Methoden arbeiten.

Den Namen der Datei, in die der einzugebende Text abgespeichert werden soll, wollen wir beim Aufruf als Kommandozeilenparameter übergeben. In der `main`-Methode unseres Programms

```java
import java.io.*;
public class WriteToFile {
  // Liest alle Zeichen aus r und schreibt sie in w
  public static void r2w(Reader r, Writer w) throws IOException {
    int c;                          // Zeichen
    while ((c = r.read()) != -1)    // lesen und auf Strom-Ende testen
      w.write(c);                   // ausgeben
    r.close();
    w.close();
  }

  // Liest Zeichen von der Tastatur und speichert sie in einer Datei
  public static void main(String[] args) {
    try {
      File datei = new File(args[0]);
      Reader in = new InputStreamReader(System.in);
      Writer out = new FileWriter(datei);

      System.out.println("Geben Sie jetzt den Text ein.");
      System.out.println("(Ende/Speichern mit Ctrl-Z bzw. Strg-Z)");
```

---
[2]Natürlich benutzen auch die IOTools diesen Standard-Eingabestrom. Wir kommen in Abschnitt 13.3.5 nochmals darauf zu sprechen.

```
21          System.out.println();
22
23          r2w(in,out);
24
25          in = new FileReader(datei);
26          out = new OutputStreamWriter(System.out);
27
28          System.out.println();
29          System.out.println("Der in " + args[0] + " gespeicherte Text:");
30          System.out.println();
31
32          r2w(in,out);
33        }
34        catch(ArrayIndexOutOfBoundsException ae) {
35          System.out.println("Aufruf:   java WriteToFile <Datei>");
36        }
37        catch(IOException e) {
38          System.out.println(e);
39        }
40    }
41  }
```

wird daher dieses Argument an den Konstruktor der Klasse `File` übergeben, um ein entsprechendes `File`-Objekt `datei` zu erzeugen. Danach werden `in` als Eingabestrom von der Tastatur (unter Verwendung des Standard-Eingabestroms `System.in`) und `out` als Ausgabe-Strom in diese Datei erzeugt. Das eigentliche Lesen der Zeichen aus dem Strom `in` und das entsprechende Schreiben dieser Zeichen in den Strom `out` delegieren wir dann an die Methode `r2w`. Dies hat den Vorteil, dass wir, nach dem Ende des kompletten Eingabe-Vorgangs, lediglich unsere beiden Ströme `in` und `out` „umbiegen" müssen (`in` wird nun zum Eingabestrom in Verbindung mit `datei` und `out` wird zum Ausgabestrom ins Konsolenfenster) und anschließend erneut `r2w` aufrufen können, um den Datei-Inhalt auf das Konsolenfenster auszugeben.

In der Methode `r2w` wird in einer Schleife Zeichen für Zeichen aus dem `Reader`-Objekt `r` gelesen und in das `Writer`-Objekt `w` geschrieben. Vor jedem Schleifendurchgang wird überprüft, ob nicht schon das Stromende erreicht ist. Wenn der Eingabestrom vollständig abgearbeitet ist, werden beide Ströme geschlossen.

Beim Start unseres Programms `WriteToFile` könnte sich folgender Ablauf ergeben:

```
─────────────────────── Konsole ───────────────────────
java WriteToFile hilfe.txt
Geben Sie jetzt den Text ein.
(Ende/Speichern mit Ctrl-Z bzw. Strg-Z)

Das ist der Text, den wir in
unsere Datei eingegeben haben.
Sieht ziemlich gut aus.
^Z

Der in hilfe.txt gespeicherte Text:
```

```
Das ist der Text, den wir in
unsere Datei eingegeben haben.
Sieht ziemlich gut aus.
```

Zu beachten ist dabei, dass wir die Eingabe des Texts mit dem Tastaturkommando **Ctrl-Z** bzw. **Strg-Z** (für „Stromende" abschließen müssen), damit die Schleife in der Methode r2w beendet wird.

Zum Schluss sei noch angemerkt, dass wir unser Programm sehr leicht dahingehend modifizieren können, dass die Datei, in der unser eingegebener Text gespeichert wird, nicht jedes Mal neu erzeugt bzw. überschrieben wird, wenn wir in Zeile 17 unser FileWriter-Objekt mit dem Konstruktor

- **public** FileWriter(File file, **boolean** append))
  erzeugt einen Zeichen-Ausgabe-Strom zur Datei file. Dabei wird der bisherige Inhalt der Datei nur überschrieben, wenn append den Wert **false** hat. Falls append den Wert **true** hat, hängt der Strom alle Zeichen an den bereits bestehenden Datei-Inhalt an.

erzeugen. Das restliche Programm kann unverändert bleiben. Bei mehrfachem Aufruf von WriteToFile für die gleiche Datei wird dann nach Eingabe der neuen Textteile stets der gesamte Datei-Inhalt ausgegeben.

13.3.2 Gepufferte Reader- und Writer-Klassen

Werden sehr viele Zeichen von einer Datenquelle gelesen bzw. in ein Datenziel geschrieben, so kann dies ineffizient werden, da für jedes einzelne Zeichen der entsprechende Zugriff (über die Byte-Ströme) auf ein Speichermedium bzw. eine Netzwerkumgebung abgewickelt werden muss. Aus diesem Grund stehen in Java mit BufferedReader und BufferedWriter auch zwei spezielle Reader- und Writer-Klassen zur Verfügung, deren Objekte es ermöglichen, die gelesenen bzw. die auszugebenden Zeichen in einem Puffer zu speichern. Dadurch können ganze Sequenzen von Zeichen zu größeren Blöcken zusammengefasst werden, was die Performance bei Lese- und Schreibvorgängen deutlich verbessern kann. Die gepufferten Klassen müssen mit den elementaren Strömen verkettet werden, weshalb die Klasse BufferedReader den Konstruktor

- **public** BufferedReader(Reader in)
  erzeugt einen gepufferten Zeichen-Eingabe-Strom.

und die Klasse BufferedWriter den Konstruktor

- **public** BufferedWriter(Writer out)
  erzeugt einen gepufferten Zeichen-Ausgabe-Strom.

bereitstellt. Als zusätzliche Instanzmethode steht BufferedReader-Objekten

- **public** String readLine()
  liefert eine ganze Textzeile aus dem Puffer. Als Zeilentrennzeichen dienen '\n', '\r' oder die Kombination "\r\n". Diese Zeichen sind aber nicht mehr im gelieferten String enthalten. Liefert readLine den Wert **null** zurück, so wird dadurch signalisiert, dass das Ende des Eingabestroms erreicht ist.

und BufferedWriter-Objekten

- **public void** newLine()
  schreibt einen Zeilenwechsel in den Puffer.

zur Verfügung.

Wir wollen nun unser Beispielprogramm aus Abschnitt 13.3.1 so modifizieren, dass wir mit gepufferten Strömen arbeiten. In der main-Methode unseres Programms

```
1   import java.io.*;
2   public class BufferedWriteToFile {
3     // Liest alle Zeichen aus br und schreibt sie in bw
4     public static void br2bw(BufferedReader br, BufferedWriter bw)
5                                                 throws IOException {
6       String z;                         // Zeile
7       while ((z = br.readLine()) != null) { // lesen, Stromende pruefen,
8         bw.write(z);                    // ausgeben und
9         bw.newLine();                   // Zeilenwechsel ausgeben
10      }
11      br.close();
12      bw.close();
13    }
14
15    // Liest Zeilen von der Tastatur und speichert sie in einer Datei
16    public static void main(String[] args) {
17      try {
18        File datei = new File(args[0]);
19        BufferedReader in = new BufferedReader(
20                                    new InputStreamReader(System.in));
21        BufferedWriter out = new BufferedWriter(
22                                    new FileWriter(datei));
23
24        System.out.println("Geben Sie jetzt den Text ein.");
25        System.out.println("(Ende/Speichern mit Ctrl-Z bzw. Strg-Z)");
26        System.out.println();
27
28        br2bw(in,out);
29
30        in = new BufferedReader(new FileReader(datei));
31        out = new BufferedWriter(new OutputStreamWriter(System.out));
32
33        System.out.println();
34        System.out.println("Der in " + args[0] + " gespeicherte Text:");
35        System.out.println();
36
37        br2bw(in,out);
```

13.3 Ein- und Ausgabe über Character-Streams

```
38        }
39        catch(ArrayIndexOutOfBoundsException ae) {
40           System.out.println("Aufruf:   java BufferedWriteToFile <Datei>");
41        }
42        catch(IOException e) {
43           System.out.println(e);
44        }
45     }
46  }
```

werden nun `in` und `out` jeweils als gepufferte Ströme erzeugt. In der Methode `br2bw`, die für das gepufferte Lesen der Zeichen aus dem Strom `in` und das gepufferte Schreiben der Zeichen in den Strom `out` zuständig ist, wird nunmehr in einer Schleife Zeile für Zeile aus dem `BufferedReader`-Objekt `br` gelesen und in das `BufferedWriter`-Objekt `bw` geschrieben. Um zu überprüfen, ob nicht schon das Stromende erreicht ist, muss die gelesene Zeichenkette mit der **null**-Referenz verglichen werden.

Die Funktionalität unseres neuen Programms `BufferedWriteToFile` entspricht der des ursprünglichen Programms `WriteToFile`, so dass wir darauf verzichten, ein weiteres Ablaufprotokoll anzugeben.

13.3.3 Die Klasse `StreamTokenizer`

Neben den verschiedenen Stream-Klassen finden wir im Paket `java.io` auch die äußerst nützliche Klasse `StreamTokenizer`, deren Objekte es ermöglichen, Streams in einzelne Tokens zu zerlegen, wobei Leerzeichen als Trenner dienen. Bei diesen Tokens kann zwischen Text und numerischen Werten unterschieden werden.
Zur Erzeugung von `StreamTokenizer`-Objekten steht der Konstruktor

- **public** StreamTokenizer(Reader r)
  erzeugt ein `StreamTokenizer`-Objekt, das den Zeichenstrom `r` zerlegt.

zur Verfügung, wobei ein `BufferedReader`-Objekt zur Schachtelung eingesetzt werden sollte. Ein `StreamTokenizer`-Objekt besitzt die Methode

- **public int** nextToken()
  liest das nächste Token aus dem Stream und liefert die Art des Tokens als **int**-Wert.

nach deren Aufruf das Token (abhängig von seiner Art) entweder in der Instanzvariable `nval` (falls es sich um einen numerischen Wert handelt) oder der Instanzvariable `sval` (falls es sich um ein Wort, also Text handelt) des Tokenizer-Objekts abgelegt ist und dort ausgelesen werden kann. Um die Art des Tokens festzustellen, kann der Ergebniswert des `nextToken`-Aufrufs, der auch in der Instanzvariable `ttype` abgespeichert ist, mit den Klassenkonstanten `TT_NUMBER`, `TT_WORD`, `TT_EOL` und `TT_EOF` verglichen werden, die für die

Token-Arten Zahl, Wort, Zeilenende oder Stromende stehen. Allerdings werden Zeilenenden nur erkannt, wenn dies für das Tokenizer-Objekt durch einen Aufruf `eolIsSignificant(`**`true`**`);` aktiviert wurde.

Unser Beispielprogramm

```
1   import java.io.*;
2   public class ZahlenSumme {
3     public static void main (String[] args){
4       BufferedReader  br = new BufferedReader(
5                              new InputStreamReader(System.in));
6       StreamTokenizer st = new StreamTokenizer(br);
7       System.out.println("Addiere alle Zahlen in einer Zeichenfolge");
8       System.out.println("(Eingabe mit STOP abschliessen)");
9       System.out.println();
10      StringBuffer woerter = new StringBuffer();   // zum Woerter sammeln
11      double sum = 0.0;                            // zum Zahlen summieren
12      int tokenType;                               // Typ des Tokens
13      boolean stop = false;                        // Flag fuer Schleife
14      try {
15        do {
16          switch(tokenType = st.nextToken()) {  // naechstes Token
17            case StreamTokenizer.TT_NUMBER:     // ist Zahl
18              sum += st.nval;                   // summiere Wert
19              break;
20            case StreamTokenizer.TT_WORD:       // ist Wort
21              if (!(stop=st.sval.equals("STOP")))  // falls nicht STOP
22                woerter.append(st.sval);           // Wort anhaengen
23              break;
24          }
25        } while (!stop);
26        System.out.println();
27        System.out.println("Summe aller Zahlen: " + sum);
28        System.out.println("Text: " + woerter.toString());
29      }
30      catch (IOException e){
31        System.out.println(e);
32      };
33    }
34  }
```

verwendet ein `StreamTokenizer`-Objekt, um eine von Tastatur eingegebene Zeichenfolge zu zerlegen und dabei die Zahlenwerte aufzusummieren (in der **double**-Variable sum) und die Wörter aneinanderzuhängen (im `StringBuffer`-Objekt woerter). Dazu greifen wir in einer Schleife alle Tokens ab und führen je nach Token-Art die entsprechende Operation durch. Wenn der Tokenizer das Wort STOP liefert, wird die Schleife abgebrochen. Ein Ablauf könnte somit wie folgt aussehen:

```
─────────────────────── Konsole ───────────────────────
Addiere alle Zahlen in einer Zeichenfolge
(Eingabe mit STOP abschliessen)

Dies ist ein Text mit 5 oder
```

```
sechs Zahlen im
Wert von 4 und 6 und -3 und 12.4 und 20
STOP

Summe aller Zahlen: 44.4
Text: DiesisteinTextmitodersechsZahlenimWertvonundundundund
```

13.3.4 Die Klasse `PrintWriter`

In vielen Programmen haben wir für Ausgaben auf das Konsolenfenster die Methoden `print` und `println` in Verbindung mit `System.out` benutzt. Diesen Methoden konnten wir elementare Werte oder auch Referenzen übergeben, da für jeden möglichen Parameter-Typ eine entsprechende Überladung bereitgestellt ist. Wenn wir diese Funktionalität auch für eines unserer `Writer`-Objekte haben möchten, können wir den entsprechenden Zeichen-Strom mit einem `PrintWriter`-Objekt verketten. Da die Klasse `PrintWriter` die Konstruktoren

- **public** `PrintWriter(Writer out)`
  erzeugt ein `PrintWriter`-Objekt über dem Zeichenstrom `out`. Der Ausgabepuffer wird nicht automatisch geleert.

- **public** `PrintWriter(Writer out,` **boolean** `autoFlush)`
  erzeugt ein `PrintWriter`-Objekt über dem Zeichenstrom `out`. Falls `autoFlush` den Wert **true** hat, wird das automatische Leeren des Ausgabepuffers für `println`-Aufrufe aktiviert, andernfalls nicht.

- **public** `PrintWriter(OutputStream out)`
  erzeugt ein `PrintWriter`-Objekt über einem Zeichenstrom, der über dem Bytestrom `out` liegt. Der Ausgabepuffer wird nicht automatisch geleert.

- **public** `PrintWriter(OutputStream out,` **boolean** `autoFlush)`
  erzeugt ein `PrintWriter`-Objekt über einem Zeichenstrom, der über dem Bytestrom `out` liegt. Falls `autoFlush` den Wert **true** hat, wird das automatische Leeren des Ausgabepuffers für `println`-Aufrufe aktiviert, andernfalls nicht.

zur Verfügung stellt, können wir ein `PrintWriter`-Objekt aber auch mit einem Byte-Strom verschachteln. Der dazu eigentlich notwendige Zeichenstrom wird von den entsprechenden Konstruktoren automatisch erzeugt. Eine wichtige Rolle spielt der optionale zweite Parameter `autoFlush`, mit dem es möglich ist, das automatische Leeren des Ausgabepuffers (englisch: flushing) bei Ausführung der `println`-Methoden zu aktivieren.

Die Klasse `PrintWriter` stellt neben den von `Writer` geerbten Methoden `write`, `flush` und `close` die überladenen Methoden

- **public void** `print(type x)`
  erzeugt eine dem Datentyp `type` entsprechende Darstellung für den Wert `x` und schreibt diese in den Ausgabestrom.

- **public void** println(type x)
  ruft print(x) und anschließend println() auf.

und die Methode

- **public void** println()
  erzeugt einen Zeilenwechsel und schreibt ihn in den Ausgabestrom.

zur Verfügung. Als Typ (type) das Parameters für print bzw. println sind dabei **boolean, char, double, float, int, long**, Object und String zulässig. Die jeweilige print-Methode erzeugt zunächst mit String.valueOf(x) die String-Darstellung von x (die Klassenmethode valueOf der Klasse String benutzt dazu den üblichen Mechanismus über die toString-Methode der zugehörigen Wrapper-Klasse) und gibt diese in den Zeichenstrom aus.

Einige dieser print-Methoden haben wir in unserem nachfolgenden Beispielprogramm eingesetzt, um verschiedene elementare Werte auszugeben. In der main-Methode unserer Klasse

```java
import java.io.*;
public class PrintWriting {
  public static void main(String[] args) throws IOException {
    BufferedReader in = new BufferedReader(
                            new InputStreamReader(System.in));
    PrintWriter p  = new PrintWriter(System.out);
    PrintWriter pf = new PrintWriter(System.out,true);

    pf.print(1);
    pf.print('a');
    in.readLine();              // Enter-Taste druecken
    pf.println();
    in.readLine();              // Enter-Taste druecken
    pf.println("pf ist fertig!");

    p.print(3.2);
    p.print(true);
    p.println();
    p.println("p ist fertig!");
    in.readLine();              // Enter-Taste druecken
    p.flush();
  }
}
```

arbeiten wir mit zwei verschiedenen PrintWriter-Objekten, um die Bedeutung des automatischen Flushing zu verdeutlichen, das wir bei pf aktiviert und bei p deaktiviert haben. Durch Verwendung der drei readLine-Aufrufe halten wir unser Programm an diesen Stellen jeweils an, um zu sehen, was bisher ausgegeben wurde, und setzen es erst fort, wenn der Benutzer bzw. die Benutzerin die Enter-Taste betätigt hat.

Starten wir das Programm, so passiert erst einmal gar nichts, weil die Ausgaben 1 und a zunächst im Puffer landen, der erst geleert wird, nachdem die Enter-Taste zum ersten Mal gedrückt und die Methode println ausgeführt wurde. Nach dem zweiten Enter erscheint zwar die Fertigmeldung für pf, aber 3.2 und

true (jetzt über p ausgegeben) landen erneut im Ausgabepuffer und erscheinen (wegen des fehlenden Auto-Flushing) auch nicht durch die beiden nachfolgenden println-Aufrufe auf dem Konsolenfenster, da der Puffer noch nicht voll ist. Erst ein abschließendes flush nach dem nächsten Enter leert den kompletten Puffer und lässt alle noch ausstehenden Zeichen auf dem Konsolenfenster erscheinen.

13.3.5 Was machen eigentlich die IOTools?

Wie Sie vielleicht mittlerweile festgestellt haben, bietet Java zwar allerlei Arten von Strömen an, um Zeichen einzulesen. In der JDK-Klassenbibliothek findet sich jedoch keine Klasse, die zum Beispiel eine Methode zum komfortablen Einlesen eines **int**- oder **double**-Wertes bereitstellt. Glücklicherweise steht uns aber genau dafür die selbstentwickelte Klasse IOTools zu Verfügung. Vielleicht interessiert es Sie ja jetzt, nachdem Sie über die zeichenorientierte Eingabe in Java Bescheid wissen, was im Inneren dieser Klasse prinzipiell passiert.

Wir wollen zwar im Folgenden nicht bis ins kleinste Detail aufzeigen, wie die Methoden der Klasse IOTools arbeiten, möchten aber anhand eines kleinen Programmbeispiels angeben, wie eine vereinfachte Methode readDouble realisiert werden kann. Da wir mittlerweile wissen, wie man eine Zeichenkette von der Tastatur einlesen und in einen numerischen Wert wandeln kann, müssen wir diese beiden Vorgänge lediglich kombinieren. In der Klasse

```
1   import java.io.*;
2   public class InTools {
3     // Gepufferter Eingabestrom ueber den Standardeingabestrom System.in
4     public static BufferedReader
5       in = new BufferedReader(new InputStreamReader(System.in));
6
7     // Methode zum Einlesen von double-Werten
8     public static double readDouble() {
9       double erg = 0;
10      try{
11        erg = Double.parseDouble(in.readLine());
12      }
13      catch(Exception e){
14        System.out.println(e);
15      }
16      return erg;
17    }
18
19    // main-Methode
20    public static void main(String[] args) {
21      System.out.print("double-Wert eingeben: d = ");
22      double d = readDouble();
23      System.out.println("d = " + d + " wurde eingelesen");
24    }
25  }
```

arbeiten wir daher mit einer Klassenvariable in, die wir als gepufferten Eingabestrom über den Standardeingabestrom System.in erzeugen. In der Methode readDouble lesen wir über in eine Eingabezeile ein, wandeln diese mit Hilfe der Wrapper-Klasse `Double` in einen **double**-Wert und liefern diesen als Ergebnis zurück.

Unsere Methode ist in dieser Form natürlich keineswegs perfekt. Wenn die eingelesene Zeile nicht der Syntax eines **double**-Werts entspricht oder möglicherweise mehrere **double**-Werte enthält, so erhalten wir zwar eine Fehlermeldung, aber keinen korrekten Wert. Als Anwender bzw. Anwenderin der Methode haben wir auch keine Möglichkeit, die Eingabe im Fehlerfall zu wiederholen, wie es bei den IOTools der Fall ist.

13.4 Ein- und Ausgabe über Byte-Streams

Analog zu den Klassen `Reader` und `Writer` legt die abstrakte Klasse `InputStream` für die Eingabe über Byte-Streams unter anderem die Methoden

- **public abstract int** read()
  liefert das nächste Byte aus dem `InputStream`-Objekt als **int**-Wert.

- **public int** read(**byte**[] b)
  füllt das von b referenzierte Feld mit Bytes (maximal b.length viele) aus dem `InputStream`-Objekt und liefert die Anzahl der gelesenen Bytes zurück.

- **public int** read(**byte**[] b, **int** off, **int** n)
  füllt das von b referenzierte Feld ab Index off mit den nächsten n Bytes aus dem `InputStream`-Objekt und liefert die Anzahl der tatsächlich gelesenen Bytes zurück.

- **public void** close()
  schließt den Strom.

fest, während in `OutputStream` die Methoden

- **public abstract void** write(**int** b)
  schreibt das Byte b in das `OutputStream`-Objekt.

- **public void** write(**byte**[] b)
  schreibt die im von b referenzierten Feld gespeicherten Bytes in das `OutputStream`-Objekt.

- **public void** write(**byte**[] b, **int** off, **int** n)
  schreibt die im von b referenzierten Feld gespeicherten n Bytes ab Index off in das `OutputStream`-Objekt.

- **public void** close()
  schließt den Strom.

- **public void** flush()
  leert einen eventuellen Puffer des `OutputStream`-Objekts durch die sofortige Abarbeitung aller noch anstehenden Bytes.

zu finden sind. Auch hier gilt es zu beachten, dass die Methoden read bzw. write jeweils ein *Byte* lesen bzw. schreiben, jedoch einen **int**-Wert abliefern bzw. als Parameter erwarten. Liefert read den Wert −1 ab, so wird dadurch auch bei Byte-Strömen signalisiert, dass das Ende des Eingabestroms erreicht ist.

13.4.1 Einige InputStream- und OutputStream-Klassen

Typische Anwendungsfelder der InputStream- und OutputStream-Klassen sind das Speichern und Einlesen von Werten elementarer Datentypen oder von Objekten. Letzteres wird auch als Serialisieren von Objekten bezeichnet. Auf dieses Thema werden wir in Abschnitt 13.4.2 noch eingehen. Byte-Ströme zu Dateien können mit Hilfe der Klassen FileInputStream und FileOutputStream erzeugt werden. Diese benutzt man in der Regel zusammen mit Objekten der Klassen DataInputStream und DataOutputStream, die es ermöglichen, Werte elementarer Datentypen in ihrer systemunabhängigen Binärdarstellung zu lesen bzw. zu schreiben. Man konstruiert die entsprechenden Objekte mit

- **public** DataInputStream(InputStream in)
  erzeugt einen Binärdaten-Eingabe-Strom in Verbindung mit dem Byte-Strom in.
- **public** DataOutputStream(OutputStream out)
  erzeugt einen Binärdaten-Ausgabe-Strom in Verbindung mit dem Byte-Strom out.
- **public** FileInputStream(File file)
  erzeugt einen Byte-Eingabe-Strom zur Datei file.
- **public** FileOutputStream(File file)
  erzeugt einen Byte-Ausgabe-Strom zur Datei file.

Die Klasse DataInputStream stellt Instanzmethoden der Form

- **public final** xxx readXxx()
  liest einen Wert des Datentyps xxx aus dem Datenstrom und liefert ihn als Ergebnis zurück.

zur Verfügung, während sich in DataOutputStream Instanzmethoden der Form

- **public final void** writeXxx(xxx v)
  schreibt den Wert v des Datentyps xxx in den Datenstrom.

finden. Dabei kann xxx unter anderem für **boolean, byte, char, double, float, int, long** und **short** stehen.
Die Anwendung dieser Methoden demonstriert das Beispielprogramm

```
1  import java.io.*;
2  public class DataWriteAndRead {
3      // Speichert elementare Werte in einer Datei und liest sie wieder ein
4      public static void main(String[] args) {
```

```java
 5    try {
 6        File datei = new File("binaer.dat");
 7        FileOutputStream out = new FileOutputStream(datei);
 8        DataOutputStream dout = new DataOutputStream(out);
 9        dout.writeInt(1);
10        dout.writeDouble(2.3);
11        dout.writeChar('a');
12        dout.writeBoolean(true);
13        dout.close();
14        FileInputStream in = new FileInputStream(datei);
15        DataInputStream din = new DataInputStream(in);
16        System.out.println("int:     " + din.readInt());
17        System.out.println("double:  " + din.readDouble());
18        System.out.println("char:    " + din.readChar());
19        System.out.println("boolean: " + din.readBoolean());
20    }
21    catch(IOException e) {
22        System.out.println(e);
23    }
24 }
25 }
```

anhand der elementaren Werte 1, 2.3, a und **true**, die zunächst über den Binärdatenstrom `dout` in der Datei `binaer.dat` gespeichert und anschließend über den Strom `din` wieder eingelesen und zur Kontrolle auf das Konsolenfenster ausgegeben werden. Zu beachten ist nun natürlich, dass die so entstandene Datei `binaer.dat` Binärdaten enthält und wir beim Blick in die Datei (z. B. mit einem Texteditor) die ursprünglichen elementaren Werte nicht mehr unmittelbar erkennen können.

Abschließend sei noch erwähnt, dass es auch Byte-Streams in gepufferten Varianten gibt. Dazu dienen die Klassen `BufferedInputStream` und `BufferedOutputStream`, auf die wir jedoch hier nicht mehr eingehen werden.

13.4.2 Die Serialisierung und Deserialisierung von Objekten

Nun wollen wir uns noch damit beschäftigen, wie wir Objekte, die in einem Programm erzeugt werden und daher lediglich solange das Programm läuft in dessen Hauptspeicherbereich verfügbar sind, in eine Datei abspeichern oder, allgemeiner gesagt, in einen Datenstrom schreiben können. Dazu müssen wir den jeweiligen Zustand des Objekts (also die Werte seiner Instanzvariablen) in eine systemunabhängige Binärdarstellung umwandeln. Diesen Vorgang nennt man **Serialisierung**. Natürlich benötigen wir umgekehrt beim Einlesen bzw. Empfang von serialisierten Daten auch den gegenteiligen Vorgang, mit dem wir die Objekte rekonstruieren können, die so genannte **Deserialisierung**.

Datenströme, die diese Vorgänge ermöglichen, erhält man als Objekte der Klassen `ObjectInputStream` und `ObjectOutputStream` mit Hilfe der Konstruktoren

- **public** `ObjectInputStream(InputStream in)`
  erzeugt einen Deserialisierungs-Strom in Verbindung mit dem Byte-Strom `in`.

13.4 Ein- und Ausgabe über Byte-Streams

- **public** ObjectOutputStream(OutputStream out)
  erzeugt einen Serialisierungs-Strom in Verbindung mit dem Byte-Strom out.

Diesen Strömen stehen neben den von DataInputStream bzw. DataOutputStream bekannten Methoden readBoolean, ..., readShort bzw. writeBoolean, ..., writeShort auch die Methoden

- **public final** Object readObject()
  liest ein Objekt aus dem Datenstrom und liefert es als Ergebnis zurück.

bzw.

- **public final void** writeObject(Object obj)
  schreibt das Objekt obj serialisiert in den Datenstrom.

zur Verfügung.

Allerdings können Objekte nur dann serialisiert werden, wenn die entsprechenden Klassen das Interface Serializable implementieren. Dabei handelt es sich um ein Interface, das weder Methoden noch Variablen enthält. Es genügt also, eine Klasse im Kopf mit **implements** Serializable zu kennzeichnen, um ihre Objekte serialisierbar zu machen.

Beim Aufruf von writeObject werden Klassenvariablen von der Serialisierung ausgenommen. Will man auch bestimmte Instanzvariablen von der Serialisierung ausnehmen, können diese in der Klassendefinition durch das Schlüsselwort **transient** markiert werden.

Wir wollen die Technik der Serialisierung und Deserialisierung nun anhand eines Beispiels demonstrieren. Unsere Klasse

```java
import java.io.*;
public class Datensatz implements Serializable {
  public int     nr;   // Nummer des Datensatzes
  public double  wert; // Wert des Datensatzes
  public String  kom;  // Kommentar

  public Datensatz (int nr, double wert, String kom) { // Konstruktor
    this.nr = nr;
    this.wert = wert;
    this.kom = kom;
  }

  public String toString() {    // Erzeugung einer String-Darstellung
    return "Nr. " + nr + ": " + wert + " (" + kom + ")";
  }
}
```

haben wir durch Implementierung der Schnittstelle Serializable serialisierbar gemacht. Unter Verwendung des ObjectOutputStream-Objekts oAus erzeugen wir nun im Programm

```java
import java.io.*;
public class ObjectWrite {
  public static void main (String[] summand) {
    try {
      // Dateiname fuer die Speicherung festlegen
      String dateiname = "MeineDaten.dat";
      // Datenstrom zum Schreiben in die Datei erzeugen
      FileOutputStream datAus = new FileOutputStream(dateiname);
      // Objektstrom darueber legen
      ObjectOutputStream oAus = new ObjectOutputStream(datAus);
      // Testdatensaetze erzeugen
      int anzahl = 2;   // Anzahl der Datensaetze
      Datensatz a = new Datensatz (99, 56, "Coca Cola");
      Datensatz b = new Datensatz (111, 1234.79, "Fahrrad");
      // Datensaetze in die Datei schreiben
      oAus.writeInt(anzahl);     // Anzahl der Datensaetze
      oAus.writeObject(a);       // Datensatz 1
      oAus.writeObject(b);       // Datensatz 2
      // Dateistrom schliessen
      oAus.close();
      System.out.println(anzahl + " Datensaetze in die Datei " +
                         dateiname + " geschrieben");
      System.out.println(a);
      System.out.println(b);
    }
    catch (Exception e) {
      System.out.println("Fehler beim Schreiben: " + e);
    }
  }
}
```

zwei Objekte der Klasse `Datensatz` und speichern diese serialisiert in der Datei `MeineDaten.dat`. Umgekehrt öffnen wir im Programm

```java
import java.io.*;
public class ObjectRead {
  public static void main (String[] summand) {
    try {
      // Dateiname fuer die Speicherung festlegen
      String dateiname = "MeineDaten.dat";
      // Datenstrom zum Lesen aus der Datei erzeugen
      FileInputStream datEin = new FileInputStream(dateiname);
      // Objektstrom darueberlegen
      ObjectInputStream oEin = new ObjectInputStream(datEin);
      // Datensaetze aus der Datei lesen und deren Datensatzfelder
      // zur Kontrolle auf den Bildschirm ausgeben
      int anzahl = oEin.readInt();
      System.out.println("Die Datei " + dateiname + " enthaelt " +
                         anzahl + " Datensaetze");
      for (int i=1; i<=anzahl; i++) {
        Datensatz gelesen = (Datensatz) oEin.readObject();
        System.out.println(gelesen);
      }
      // Dateistrom schliessen
      oEin.close();
    }
```

```
23        catch (Exception e) {
24           System.out.println("Fehler beim Lesen: " + e);
25        }
26     }
27  }
```

die Datei `MeineDaten.dat` über das `ObjectInputStream`-Objekt `oEin` zum Lesen und empfangen von dort die serialisierten Daten der beiden Objekte, die wir nach ihrer Deserialisierung zur Kontrolle auf das Konsolenfenster ausgeben.

13.4.3 Die Klasse `PrintStream`

Die Klassenvariable `out` aus der Klasse `System` ist vom Typ `PrintStream` und damit ein Objekt, das ähnliche Funktionalitäten mitbringt wie ein `PrintWriter`-Objekt (vgl. Abschnitt 13.3.4), was wir ja in unseren Programmen bei Ausgaben auf das Konsolenfenster mit den Methoden `print` und `println` schon häufig ausgenutzt haben. Ein eigenes `PrintStream`-Objekt lässt sich mit den Konstruktoren

- **public** `PrintStream(OutputStream out)`
  erzeugt ein `PrintStream`-Objekt über dem Bytestrom `out`. Der Ausgabepuffer wird nicht automatisch geleert.

- **public** `PrintStream(OutputStream out,` **boolean** `autoFlush)`
  erzeugt ein `PrintStream`-Objekt über dem Bytestrom `out`. Falls `autoFlush` den Wert **true** hat, wird das automatische Leeren des Ausgabepuffers für `println`-Aufrufe aktiviert, andernfalls nicht.

ohne oder mit Auto-Flushing erzeugen und besitzt damit ebenso die gewohnten überladenen Methoden `print` und `println`.

13.5 Einige abschließende Bemerkungen

In diesem Kapitel konnten wir natürlich nicht das komplette Paket `java.io` behandeln. Wenn Sie Zeit und Muße finden, in der API-Spezifikation des Pakets zu „blättern", so werden Sie feststellen, dass dort noch einige sehr nützliche Spezialitäten zu finden sind. Einige Beispiele:

- Mit der Klasse `RandomAccessFile` kann der wahlfreie Zugriff (sowohl lesend als auch schreibend) auf Dateien ermöglicht werden. Dabei wird mit einer Art Zeiger gearbeitet, der die Position festlegt, an der gerade gelesen bzw. geschrieben wird.

- Mit den Klassen `CheckedInputStream` und `CheckedOutputStream` kann bei Ein- und Ausgabeoperationen mit Hilfe eines Prüfsummenwerts die Integrität der Daten sichergestellt werden.

- Mit den Klassen `DeflaterOutputStream` und `InflaterInputStream` können Daten beim Schreiben komprimiert und beim Lesen wieder dekomprimiert werden.
- Mit den Klassen `ZipInputStream` und `ZipOutputStream` bzw. `GZIPInputStream` und `GZIPOutputStream` können Daten im komprimierten Zip- bzw. GZip-Format geschrieben und gelesen werden.

Darüber hinaus gibt es seit Version 1.4 des JDK im Paket `java.nio` (siehe auch [5]) eine Reihe neuer Klassen (z. B. `IntBuffer`, `FloatBuffer` oder `DoubleBuffer`), die zum gepufferten Lesen und Schreiben in Verbindung mit so genannten Kanälen (z. B. `FileChannel` oder `SocketChannel`) dienen. Unter einem Puffer (`Buffer`) versteht man dabei einen Container, der eine Sequenz von Werten eines elementaren Datentyps enthält. Werte eines Puffers werden mit Hilfe der Methoden `get` und `put` aus dem Puffer gelesen bzw. in diesen geschrieben. Ein Kanal (`Channel`) repräsentiert eine geöffnete Kommunikationsverbindung zwischen einem Java-Programm und einer Ein- bzw. Ausgabe-Einheit wie z. B. einer Datei oder einer Netzwerk-Verbindung. Ein- und Ausgabe-Operationen werden mit `read` und `write` abgewickelt.

Als wesentliche Neuerung ermöglichen die Klassen im Paket `java.nio` so genannte nicht-blockierende Ein- und Ausgaben (englisch: non-blocking IO). Üblicherweise – also unter Einsatz der in diesem Kapitel eingeführten Ein- und Ausgabemöglichkeiten – muss ein Thread, der Daten lesen oder schreiben möchte, auf die Verfügbarkeit der Datenquellen oder -ziele warten, da diese nicht so schnell und direkt angesprochen werden können wie etwa Daten im Hauptspeicher. Daher blockiert der Scheduler den Thread, bis die Daten bereitstehen bzw. geschrieben werden können. Besteht ein Programm aus vielen Threads, die intensiv Ein- und Ausgabeoperationen ausführen, so kann es zu erheblichen Performance-Einbußen kommen. Unter Verwendung der neuen, nicht-blockierenden Varianten der Ein- und Ausgabeoperationen kann dies vermieden werden. Dieses relativ komplexe Thema wollen wir hier jedoch nicht mehr vertiefen.

13.6 Übungsaufgaben

Aufgabe 13.1

Schreiben Sie ein Programm, mit dem eine Datei kopiert werden kann. Das Programm soll den Namen der Quell-Datei und den Namen der Ziel-Datei als Kommandozeilenparameter übergeben bekommen. Melden Sie einen fehlerhaften Programmaufruf und eine erfolgreiche Kopieraktion per Bildschirmausgabe.

Aufgabe 13.2

Erweitern Sie die Klasse `InTools` aus Abschnitt 13.3.5 zu einer Klasse `InOutTools`, die eine Überladung der Methode `readDouble` enthält. Diese soll

13.6 Übungsaufgaben

mit einem `String`-Parameter `prompt` ausgestattet sein und vor dem Einlesen zunächst das Prompt auf die Konsole ausgeben.

Aufgabe 13.3

Ein beliebtes Spiel auf Hochzeitsgesellschaften oder anderen „lustigen" Versammlungen ist „Vokalumwandlung", bei dem alle Vokale in einem aufzusagenden Text durch den gleichen vorgegebenen Vokal zu ersetzen sind.
Schreiben Sie ein Java-Programm, das mit Hilfe der String-Methoden einen in einer Datei vorgegebenen Text zeilenweise einliest, die auftretenden Vokale auf diese Art behandelt und den modifizierten Text auf den Bildschirm und in eine Ausgabedatei ausgibt. Verwenden sie den um „.ausgabe" verlängerten Namen der Eingabedatei als Name für die Ausgabedatei.
Der Name der Eingabedatei und der Vokal, in den sämtliche auftretenden Vokale zu wandeln sind, sollen dem Programm als Kommandozeilenparameter übergeben werden,
Sie können bzw. müssen bei der Programmentwicklung davon ausgehen, dass die Vokale a, e, i, o und u in Groß- und Kleinschreibung vorkommen können, während Umlaute nur als Doppelvokale ae, oe und ue auftreten können.
Steht zum Beispiel in der Datei `vokolo.dat` der Text

```
─────────────────── Datei-Inhalt ───────────────────
Alle meine Entchen schwimmen auf dem See,
Koepfchen in das Wasser, Schwaenzchen in die Hoeh.
Alle meine Taeubchen gurren auf dem Dach.
Fliegt eins in die Luefte, fliegen alle nach.
Alle meine Huehner scharren in dem Stroh.
Finden sie ein Koernchen, sind sie alle froh.
```

so soll sich folgender Ablauf ergeben:

```
─────────────────── Konsole ───────────────────
> java VokalWandel vokolo.dat a

Alla maana Antchan schwamman aaf dam Saa,
Kaapfchan an das Wassar, Schwaanzchan an daa Haah.
Alla maana Taaabchan garran aaf dam Dach.
Flaagt aans an daa Laafta, flaagan alla nach.
Alla maana Haahnar scharran an dam Strah.
Fandan saa aan Kaarnchan, sand saa alla frah.
```

Der manipulierte Text findet sich danach außerdem in der Datei `vokolo.dat.ausgabe`.

Aufgabe 13.4

Schreiben Sie ein Programm, das den Inhalt einer Datei über einen Byte-Strom einliest und speziell formatiert auf den Bildschirm ausgibt. Verwenden Sie ein

FileInputStream-Objekt, aus dem Sie Bytes in Form von int-Werten empfangen, und die Methode Integer.toHexString(int), um den Dateiinhalt hexadezimal auszugeben. Zusätzlich sollen (etwas abgesetzt vom Hex-Code) alle Bytes mit Werten zwischen 32 und 126 als das entsprechend codierte Zeichen und alle anderen Bytes als Punkt (.) ausgegeben werden. Geben Sie je 16 Bytes pro Zeile aus, und beachten Sie, dass die letzte Zeile möglicherweise nicht vollständig gefüllt ist.

Wenn Sie das Programm auf eine Bytecode-Datei (Endung .class) anwenden, sollte die Ausgabe (in den ersten bzw. letzten drei Zeilen) etwa so aussehen:

```
──────────────── Konsole ────────────────
ca fe ba be 00 00 00 30 00 51 0a 00 18 00 23 07    .......0.Q....#.
00 24 09 00 25 00 26 0a 00 02 00 27 08 00 28 0a    .$..%.&....'..(.
00 02 00 29 07 00 2a 0a 00 07 00 2b 07 00 2c 0a    ...)..*....+..,.
                              .
                              .
                              .
2c 00 c9 00 2a 00 d6 00 2e 00 ee 00 30 00 1f 00    ,...*.......0...
00 00 04 00 01 00 20 00 01 00 21 00 00 00 02 00    ...... ...!.....
22                                                 "
```

Besonders interessant ist dabei die Hex-Ausgabe der ersten vier Bytes: ca fe ba be (sprich: „Cafe Babe!").

Kapitel 14

Client/Server-Programmierung in Netzwerken

In den letzten Jahren hat die Anzahl und Nutzung von Computernetzwerken explosionsartig zugenommen. Ob nun in Bildungseinrichtungen, Verwaltungsbehörden, Unternehmen, öffentlichen Einrichtungen oder im Privatbereich – in fast allen Bereichen des täglichen Lebens haben wir mittlerweile direkt oder indirekt Kontakt mit vernetzten Rechnersystemen. Für viele Nutzerinnen und Nutzer von Rechnern sind Aktivitäten wie das Lesen von Webseiten im Internet bzw. der Zugriff auf Daten auf einem entfernten Rechner, das Versenden von E-Mails, das Diskutieren in Chatrooms oder die Verwendung eines gemeinsam mit anderen genutzten Druckers schon beinahe zur Selbstverständlichkeit geworden. Alle diese Anwendungen setzen, genau wie die bereits in Kapitel 10 behandelte Ausführung von Applets in einem Browser, voraus, dass verschiedene Programme auf unterschiedlichen Rechnern miteinander kommunizieren.
Java, als Programmiersprache für das Internet, bietet natürlich die Möglichkeit, Programme zu schreiben, die eine derartige Kommunikation über Netzwerke realisieren können. In diesem Kapitel wollen wir daher einige wichtige, aber natürlich bei weitem nicht alle Aspekte der Netzwerk-Programmierung kennen lernen. Aufgrund der umfangreichen Java-Klassenbibliothek im Paket `java.net` und mit unseren Kenntnissen hinsichtlich Threads (Kapitel 12) und Streams (Kapitel 13) können wir mit wenig Aufwand Programme entwickeln, die im Internet mit anderen Programmen bzw. Rechnern kommunizieren. Dabei ist es eigentlich nicht einmal notwendig, dass wir die zugrunde liegende Netzwerktechnologie oder die Details der Kommunikationsvorgänge kennen bzw. verstehen. Dennoch werden wir im nachfolgenden Abschnitt zunächst einige Begriffe aus der Welt der Netzwerke und der Netzwerk-Kommunikation erläutern, um zumindest ein Grundverständnis dafür zu vermitteln, bevor wir uns dann der eigentlichen Netzwerk-Programmierung in Java zuwenden.

14.1 Wissenswertes über Netzwerk-Kommunikation

14.1.1 Protokolle

Der Daten- bzw. Nachrichtenaustausch in einem Netzwerk erfolgt immer paarweise, das heißt, ein Programm auf einem Rechner nimmt mit einem Programm auf einem anderen Rechner Kontakt auf und tauscht mit ihm Daten aus. Damit dies auch tatsächlich funktioniert, müssen sich die kommunizierenden Computer bzw. Programme zuvor auf ein so genanntes **Protokoll** geeinigt haben. Darunter versteht man alle Regeln für den Verbindungsaufbau, den eigentlichen Datenaustausch und den Verbindungsabbau. Die Kommunikation über eine Netzwerkverbindung läuft jedoch nicht direkt von Anwendungsprogramm zu Anwendungsprogramm, sondern wird über verschiedene Schichten des gesamten Kommunikationssystems abgewickelt. Daher müssen auch für jede dieser Schichten entsprechende Protokolle festgelegt sein.

Will man Programme auf unterschiedlichsten Rechnern miteinander verbinden, ist ein standardisiertes Modell für den Aufbau (die Architektur) des Kommunikationssystems unerlässlich. Ein solcher Standard, der mit sieben verschiedenen Schichten arbeitet, wurde daher in Form des OSI-Standards (OSI steht dabei für Open System Interconnect) von der Internationalen Standardisierungs-Organisation (ISO [16]) festgelegt. In der Praxis findet man allerdings wesentlich häufiger den TCP/IP-Standard, der eine etwas vereinfachte Unterteilung in vier Schichten vornimmt:

- In der obersten Schicht, der **Anwendungsschicht**, wird mit den Protokollen gängiger Netzwerkanwendungen, wie zum Beispiel ein **File Transfer Protocol** (**FTP**, Übertragung von Dateien), ein **Hypertext Transfer Protocol** (**HTTP**, Übertragung von Hypertext-Dokumenten) und ein **Simple Mail Transfer Protocol** (**SMTP**, Versenden von Mails) oder mit Protokollen spezieller Anwendungen gearbeitet.

- In der darunter liegenden Schicht, der **Transportschicht**, wird als Transportprotokoll das **Transmission Control Protocol** (**TCP**) oder das **User Datagram Protocol** (**UDP**) eingesetzt.

- Unterhalb der Transportschicht befindet sich die **Netzwerkschicht** (auch Internetschicht genannt), in der das **Internetprotokoll** (**IP**) für die Kommunikation zuständig ist.

- Auf der untersten Schicht, der **physikalischen Schicht**, die für die tatsächliche Verbindung über das „Netz" in Form von Leitungen zwischen den Rechnern zuständig ist, laufen typischerweise Protokolle wie zum Beispiel **Ethernet** oder **Fiber Distributed Data Interface** (**FDDI**, Übertragung auf Lichtwellenleitern).

Versendet eine Anwendung Daten an eine andere Anwendung über ein Netzwerk, so durchlaufen die Daten die verschiedenen Schichten. Dabei verändert die Protokoll-Software der jeweiligen Schicht die Daten, indem zusätzliche Informationen eingearbeitet werden, die beim Empfänger-Rechner von der Protokoll-

14.1 Wissenswertes über Netzwerk-Kommunikation

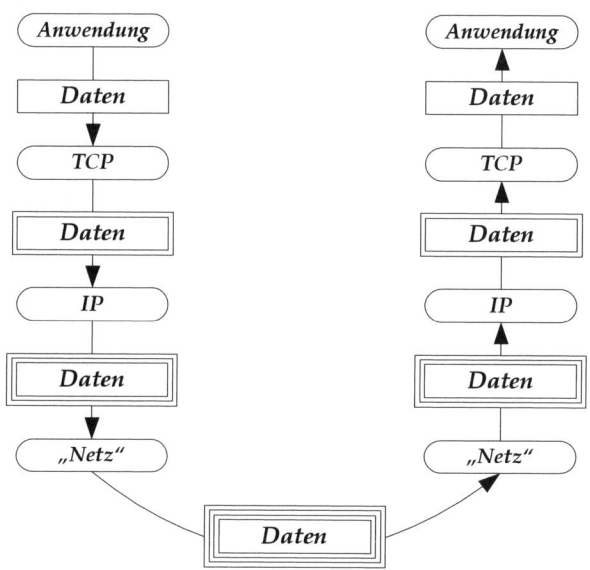

Abbildung 14.1: Datenübertragung im TCP/IP-Schichtenmodell

Software der entsprechenden Schicht benutzt werden können, um die Daten zu verarbeiten. Abbildung 14.1 verdeutlicht diesen Vorgang.

Dabei stellt das IP in der Netzwerkschicht einen verbindungslosen und unzuverlässigen Dienst für den Transport von einzelnen Datenpaketen bereit, der diese lediglich mit der Empfängeradresse versieht und möglichst auf dem schnellsten Wege (man spricht von einem möglichst effizienten **Routing**, abhängig von der gerade vorherrschenden Netzlast) verschickt.

Das TCP in der Transportschicht stellt hingegen eine zuverlässige (virtuelle) Verbindung zwischen Sender- und Empfänger-Anwendung her. Die Daten werden in kleine Pakete eingeteilt, und es wird stets sichergestellt, dass diese fehlerfrei übertragen werden, indem vom Empfänger eine Bestätigung über deren Erhalt gefordert wird und die Pakete, falls erforderlich, mehrfach gesendet werden. Zusätzlich wird dafür gesorgt, dass auch die Reihenfolge der verschickten Datenpakete erhalten bleibt. In den weiteren Abschnitten dieses Kapitels werden wir uns noch ausführlich mit der Realisierung von TCP-Verbindungen in Java beschäftigen.

Das alternative Transportschicht-Protokoll UDP ist im Gegensatz zu TCP ein unzuverlässiges Protokoll, das im Prinzip lediglich die IP-Funktionalität an die Anwendungsschicht weiterreicht und weder Reihenfolge noch fehlerfreie Übermittlung garantiert. Allerdings gibt es auch für UDP sinnvolle Einsatzbereiche, wie zum Beispiel die Übertragung von Messwerten einer Wetterstation in kurzen Zeitabständen, bei der es nicht unbedingt auf die Vollständigkeit der übermittelten Daten ankommt.

14.1.2 IP-Adressen

Für die Kommunikation zwischen zwei Programmen bzw. Rechnern und die Abwicklung des Protokolls ist es natürlich notwendig, die jeweilige Adresse des Partner-Rechners im Netzwerk, die so genannte **IP-Adresse**, zu kennen. Das Internet-Protokoll arbeitet derzeit mit numerischen Adressen, die 4 Bytes (also 32 Bits) lang sind und in der Regel durch vier durch Punkte getrennte Zahlen im Bereich 0 bis 255 dargestellt werden. Die IP-Adresse des WWW-Servers www.hanser.de des Hanser-Verlages lautet beispielsweise 194.59.179.52.

Da die IP-Adresse eines Rechners im Internet weltweit eindeutig sein muss, werden die Adressen von der zentralen Organisation **ICANN** (Internet Corporation for Assigned Names and Numbers [15]) verwaltet bzw. vergeben. Aufgrund der wachsenden Zahl von Rechnern im Internet sollen IP-Adressen zukünftig mit 16 Bytes bzw. durch acht durch Punkte getrennte Hexadezimalzahlen im Bereich 0000 bis FFFF dargestellt werden.

Wesentlich einprägsamer können Internet-Adressen natürlich in Form so genannter **Domain-Namen** oder **Host-Namen** notiert werden, wobei einer IP-Adresse auch mehrere Namen (man spricht dann von **Alias-Namen**) zugeordnet werden können. Um diese Art der Notation im Internet verwenden zu können, wird allerdings ein Dienst benötigt, der die Abbildung des Namens auf die tatsächliche IP-Adresse vornehmen kann. Dieser Dienst wird **Domain Name Service (DNS)** genannt und auch von den Java-Klassen bei Bedarf benutzt. Wir wollen seine Funktionsweise anhand der Klasse InetAddress aus dem Paket java.net kurz demonstrieren.

Objekte der Klasse InetAddress können nicht wie üblich per Konstruktor erzeugt, sondern müssen durch Aufruf der Klassenmethode

- **public static** InetAddress getByName(String host)
            throws UnknownHostException
  führt für den Rechner host eine Anfrage beim DNS durch und liefert ein Objekt, das die IP-Adresse des durch host angegebenen Rechners darstellt, zurück. Dabei kann host als Domain-Name oder als IP-Adresse angegeben werden.

konstruiert werden. Danach können wir die Instanzmethoden getHostAddress und getHostName benutzen, um den Rechner-Namen und die IP-Adresse eines InetAddress-Objekts als Zeichenkette zu erhalten. Wir haben die drei genannten Methoden in dem einfachen Programm

```java
import java.net.*;
class DNSAnfrage {
  public static void main(String[] args) {
    try {
      InetAddress ip = InetAddress.getByName(args[0]);
      System.out.println("Angefragter Name: " + args[0]);
      System.out.println("IP-Adresse:       " + ip.getHostAddress());
      System.out.println("Host-Name:        " + ip.getHostName());
    }
```

```
10      catch (ArrayIndexOutOfBoundsException aex) {
11        System.out.println("Aufruf: java DNSAnfrage <hostname>");
12      }
13      catch (UnknownHostException uex) {
14        System.out.println("Kein DNS-Eintrag fuer " + args[0]);
15      }
16   }
17 }
```

eingesetzt, das die IP-Adresse eines per Kommandozeilenparameter übergebenen Rechnernamens beim DNS erfragt und danach die IP-Adresse und den Rechnernamen auf das Konsolenfenster ausgibt. Falls der Parameter beim Start vergessen wurde oder der Rechner beim DNS nicht bekannt ist, werden die entsprechenden Ausnahmen behandelt, indem entsprechende Informationen ausgegeben werden. Aufrufe unseres Programms laufen daher (bei vorhandener Internetverbindung) wie folgt ab:

```
─────────────────────── Konsole ───────────────────────
> java DNSAnfrage www.hanser.de
Angefragter Name:   www.hanser.de
IP-Adresse:         194.59.179.52
Host-Name:          www.hanser.de

> java DNSAnfrage 192.18.97.71
Angefragter Name:   192.18.97.71
IP-Adresse:         192.18.97.71
Host-Name:          flres.java.Sun.COM

> java DNSAnfrage lord.of.the.rings
Kein DNS-Eintrag fuer lord.of.the.rings
```

14.1.3 Ports und Sockets

Wie wir bereits wissen, ist die Transportschicht für die eigentliche Verbindung zwischen Sender- und Empfänger-Anwendung zuständig. Da auf einem Rechner durchaus mehrere Anwendungen gleichzeitig Internet-Kommunikation betreiben können, der Rechner aber in der Regel nur über eine physikalische Verbindung zum Internet verfügt, lässt sich der Weg, den die übermittelten Daten nehmen sollen, nicht allein anhand der IP-Adresse festlegen. Für welche Anwendung die Daten bestimmt sind, wird daher durch eine zusätzliche Adressierungs-Information bestimmt, die das Transportschicht-Protokoll in die Daten einarbeitet, die so genannte **Port-Nummer**.[1] Jede Netzwerk-Anwendung auf einem Rechner wird über einen festgelegten **Port** abgewickelt, so dass die Daten an die richtige Stelle ausgeliefert werden können.

---
[1]Vergleicht man diese Adressierungsart mit der herkömmlichen Verteilung von Brief- oder Paketpost in einem Wohnheim, so entspricht die IP-Adresse der üblichen Adresse mit Straße und Hausnummer, während die Port-Nummer die Zimmernummer des Empfängers spezifiziert.

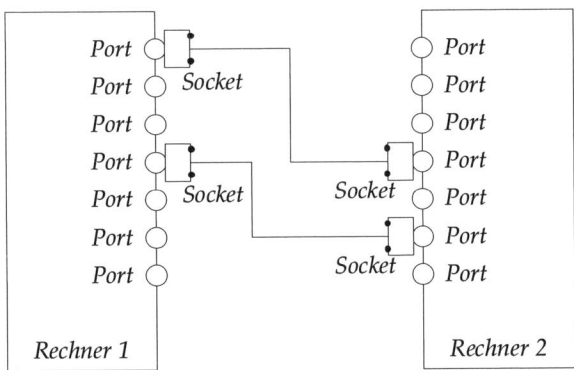

Abbildung 14.2: Netzwerkverbindungen über Ports und Sockets

Port-Nummern sind ganze Zahlen im Bereich von 0 bis 65535. Während die Port-Nummern im Bereich von 0 bis 1023 für Standardanwendungen (z. B. Port 21 für einen FTP-Server, Port 25 für einen SMTP-Server oder Port 80 für einen HTTP-Server) reserviert sind, sind alle anderen Werte frei verfügbar und können für selbst geschriebene Netzwerk-Anwendungen verwendet werden.

Steht für eine Netzwerk-Kommunikation zwischen zwei Rechnern fest, welche Anwendungen bzw. welche Ports miteinander kommunizieren, so sind dadurch die Endpunkte der Verbindung bzw. der Datenübertragung in beide Richtungen bestimmt. Einen solchen durch IP-Adresse und Port-Nummer eindeutig festgelegten Endpunkt einer Netzwerk-Kommunikationsverbindung nennt man **Socket** (deutsch: Steckdose, Buchse). Abbildung 14.2 verdeutlicht diesen Sachverhalt anhand von zwei Netzwerkverbindungen, die beide jeweils eine Anwendung (einen Port) auf Rechner 1 mit einer Anwendung (einem Port) auf Rechner 2 verbinden. Im nächsten Abschnitt werden wir uns nun mit der Java-Realisierung von TCP-Sockets beschäftigen.

14.2 Client/Server-Programmierung

Unter einem **Server** (deutsch: Diener) versteht man ein Programm, das auf einem Rechner läuft und einen bestimmten **Dienst** anbietet, der über das Netzwerk von anderen Programmen bzw. Rechnern genutzt werden kann. Der Rechner, auf dem das Programm läuft, heißt dann **Server-Rechner** oder auch **Server-Host**.[2] Ein Programm, das über das Netzwerk den Dienst eines Servers anfordert, wird **Client** (deutsch: Klient, Kunde) genannt, der entsprechende Rechner, auf dem der Client läuft, heißt dann **Client-Rechner** oder **Client-Host**.

---

[2] Sehr häufig wird der Begriff Server auch (fälschlicherweise) für den Rechner, auf dem ein oder mehrere Server laufen, verwendet.

14.2 Client/Server-Programmierung

Wollen Server und Client eine Kommunikationsverbindung aufbauen, müssen Server-seitig folgende Vorgänge ablaufen:

1. Der Server erzeugt einen speziellen Server-Socket, der an einen Port gebunden ist, dessen Nummer den potentiellen Clients bekannt sein muss.
2. Der Server wartet darauf, dass sich ein Client anmeldet, der eine Verbindung aufbauen möchte.
3. Hat der Server die Anfrage eines Clients akzeptiert, erzeugt er an einem freien Port einen weiteren Socket, über den die Kommunikation abgewickelt werden kann.
4. Danach werden über diesen Socket die benötigten Ein- und Ausgabeströme zum Client geöffnet.
5. Über die Ströme wird der Datenaustausch gemäß dem festgelegten Protokoll abgewickelt.
6. Die Ströme und der Socket werden geschlossen.
7. Der Server wird beendet oder es wird, beginnend bei Schritt 2, eine weitere Client-Kommunikation abgewickelt.

Auf Client-Seite sieht der Ablauf wie folgt aus:

1. Der Client nimmt über IP-Adresse und Port-Nummer Kontakt mit dem Server auf und erzeugt einen Socket, über den die Kommunikation mit dem Server abgewickelt werden kann.
2. Hat der Server die Anfrage akzeptiert, werden über den Socket die benötigten Ein- und Ausgabeströme zum Server geöffnet.
3. Über die Ströme wird der Datenaustausch gemäß dem festgelegten Protokoll abgewickelt.
4. Die Ströme und der Socket werden geschlossen.
5. Der Server wird beendet oder es wird, beginnend bei Schritt 2, eine weitere Client-Kommunikation abgewickelt.

In den nachfolgenden Abschnitten werden wir nun sehen, wie diese Vorgänge mit relativ wenig Aufwand in Form von Java-Programmen realisierbar sind.

14.2.1 Die Klassen `ServerSocket` und `Socket`

Java stellt im Paket `java.net` zwei verschiedene Klassen für die Erzeugung von TCP-Sockets zur Verfügung. Die Klasse `ServerSocket` dient der Konstruktion spezieller Server-Sockets, während die Klasse `Socket` sowohl auf Server- als auch auf Client-Seite eingesetzt wird. Ein Server-Socket wird mit dem Konstruktor

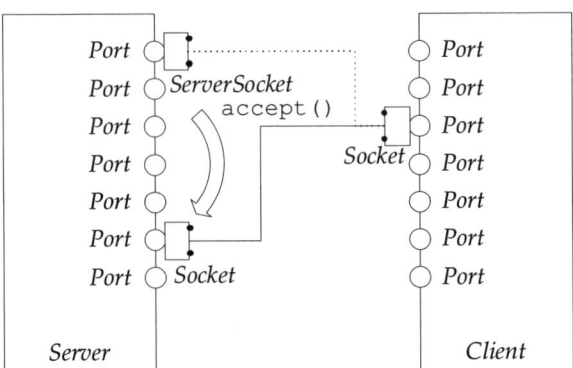

Abbildung 14.3: Sockets auf Server- und Client-Seite

- **public** ServerSocket(**int** port)
  erzeugt einen Server-Socket am angegebenen Port.

erzeugt und ist mit Hilfe der Instanzmethode

- **public** Socket accept()
  wartet auf eine Anfrage eines Clients und erzeugt dann ein neues Socket-Objekt und liefert es als Ergebnis zurück.

in der Lage, die Anfrage eines Clients zu akzeptieren und ein Socket-Objekt zu erzeugen, über das die Kommunikation abgewickelt werden kann (siehe auch Abbildung 14.3). Auf Client-Seite werden Socket-Objekte direkt mit den Konstruktoren

- **public** Socket(InetAddress address, **int** port)
  erzeugt einen Socket und verbindet ihn mit der Anwendung, die auf dem Rechner mit der durch address festgelegten Adresse am Port port läuft.

- **public** Socket(String host, **int** port)
  erzeugt einen Socket und verbindet ihn mit der Anwendung, die auf dem Rechner mit dem Host-Namen bzw. der IP-Adresse host am Port port läuft. Für den String host wird zuvor eine DNS-Anfrage zur Bestimmung des InetAddress-Objekts durchgeführt.

generiert. Sowohl auf Server- als auch auf Client-Seite kann über die Socket-Objekte auf die entsprechenden Ein- und Ausgabeströme zugegriffen werden, indem die Methoden

- **public** InputStream getInputStream()
  liefert einen Byte-Eingabestrom über den Socket.

- **public** OutputStream getOutputStream()
  liefert einen Byte-Ausgabestrom über den Socket.

14.2 Client/Server-Programmierung

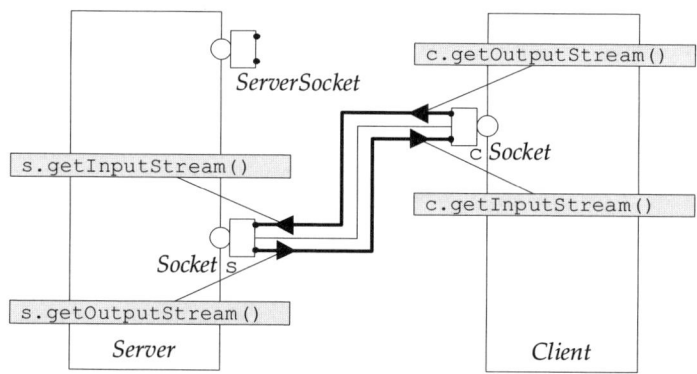

Abbildung 14.4: Datenströme über Sockets auf Server- und Client-Seite

eingesetzt werden (vgl. auch Abbildung 14.4). Zum Schließen eines Sockets steht außerdem die Methode

- **public void** close()
  schließt den Socket und die zugehörigen Ströme.

bereit.

14.2.2 Ein einfacher Server

Wir wollen uns nun mit einem einfachen Beispiel beschäftigen, das in der Konstellation aus den Abbildungen 14.3 und 14.4 die linke Seite, also den Server realisiert. Unser Server soll für eine Client-Anfrage nach der aktuellen Uhrzeit bzw. nach dem aktuellen Datum zu Verfügung stehen. Dabei soll der Client, der sich anmeldet, zunächst gefragt werden, ob er die Uhrzeit oder das Datum wissen möchte. Je nachdem, was er antwortet, wird ihm die entsprechende Information übermittelt. Danach soll unser Server bereits beendet sein.

Entsprechend den zu Beginn von Abschnitt 14.2 aufgeführten Schritten verwenden wir in unserer Server-Applikation

```
 1  import java.io.*;
 2  import java.net.*;
 3  class DateTimeServer {
 4    public static void main(String[] args) {
 5      try {
 6        int port = Integer.parseInt(args[0]);       // Port-Nummer
 7        ServerSocket server = new ServerSocket(port); // Server-Socket
 8        System.out.println("DateTimeServer laeuft");  // Statusmeldung
 9        Socket s = server.accept();          // Client-Verbindung akzeptieren
10        new DateTimeProtokoll(s).transact();  // Protokoll abwickeln
11      }
12      catch (ArrayIndexOutOfBoundsException ae) {
13        System.out.println("Aufruf: java DateTimeServer <Port-Nummer>");
```

```
14      }
15      catch (IOException e) {
16        e.printStackTrace();
17      }
18    }
19  }
```

zunächst die als Kommandozeilenparameter geforderte Port-Nummer, um einen Server-Socket zu erzeugen. Wir bestätigen durch eine Konsolenausgabe, dass der Server läuft, und rufen danach die Methode `accept` auf, die einen Kontaktversuch durch einen Client akzeptiert und einen entsprechenden Socket s für die Kommunikation erzeugt. Die Erzeugung der benötigten Datenströme und die Abwicklung des Protokolls erledigen wir, indem wir ein Objekt der Klasse `DateTimeProtokoll` erzeugen und dessen Methode `transact` aufrufen. Unsere Prokoll-Klasse haben wir wie folgt gestaltet:

```
1   import java.io.*;
2   import java.net.*;
3   import java.util.*;
4   import java.text.*;
5   class DateTimeProtokoll {
6     static SimpleDateFormat       // Formate fuer den Zeitpunkt
7       time = new SimpleDateFormat("'Es ist gerade 'H'.'mm' Uhr.'"),
8       date = new SimpleDateFormat("'Heute ist 'EEEE', der 'dd.MM.yy");
9
10    Socket s;                     // Socket in Verbindung mit dem Client
11    BufferedReader vomClient;     // Eingabe-Strom vom Client
12    PrintWriter zumClient;        // Ausgabe-Strom zum Client
13
14    public DateTimeProtokoll (Socket s) {  // Konstruktor
15      try {
16        this.s = s;
17        vomClient = new BufferedReader(
18                       new InputStreamReader(
19                          s.getInputStream()));
20        zumClient = new PrintWriter(
21                       s.getOutputStream(),true);
22      }
23      catch (IOException e) {
24        System.out.println("IO-Error");
25        e.printStackTrace();
26      }
27    }
28
29    public void transact() {      // Methode, die das Protokoll abwickelt
30      System.out.println("Protokoll gestartet");
31      try {
32        zumClient.println("Geben Sie DATE oder TIME ein");
33        String wunsch = vomClient.readLine();   // v. Client empfangen
34        Date jetzt = new Date();                // Zeitpunkt bestimmen
35                    // vom Client empfangenes Kommando ausfuehren
36        if (wunsch.equalsIgnoreCase("date"))
37          zumClient.println(date.format(jetzt));
38        else if (wunsch.equalsIgnoreCase("time"))
39          zumClient.println(time.format(jetzt));
```

14.2 Client/Server-Programmierung

```
40       else
41         zumClient.println(wunsch + " ist als Kommando unzulaessig!");
42       s.close();          // Socket (und damit auch Stroeme) schliessen
43     }
44     catch (IOException e) {
45       System.out.println("IO-Error");
46     }
47     System.out.println("Protokoll beendet");
48   }
49 }
```

Der Konstruktor, dem jeweils der Socket übergeben wird, ist dafür zuständig, die benötigten Ein- und Ausgabeströme zu erzeugen. Dabei greifen wir auf die beiden Methoden `getInputStream` und `getOutputStream` des `Socket`-Objekts zurück. Zum Lesen der vom Client geschickten Informationen verwenden wir einen gepufferten Zeichenstrom, während wir die Mitteilungen des Servers an den Client über ein `PrintWriter`-Objekt verschicken, bei dem wir das automatische Flushing für `println`-Aufrufe aktivieren.

In der Methode `transact` wird zunächst auf der Konsole des Servers gemeldet, dass das Protokoll gestartet wurde, danach werden Informationen über die möglichen Kommandos an den Client geschickt. Nachdem das gewünschte Kommando vom Client empfangen wurde, wird ein `Date`-Objekt erzeugt, abhängig vom gewählten Kommando mit Hilfe der `SimpleDateFormat`-Objekte formatiert und schließlich an den Client geschickt. Nach einer weiteren Konsolenmeldung über das Ende des Protokolls (und damit in unserem Fall auch des Servers) wird lediglich noch der Socket (und damit gleichzeitig dessen Ein- und Ausgabeströme) geschlossen.

Starten wir unseren Server unter Verwendung des Ports 2222, so erhalten wir auf dem Konsolenfenster zunächst folgenden Ablauf:

```
─────────────────── Konsole ───────────────────
> java DateTimeServer 2222
DateTimeServer laeuft
```

Unser Server ist also bereit, eine Client-Anfrage zu akzeptieren. Da wir bisher noch kein eigenes Client-Programm zur Verfügung haben, könnten wir unseren Server beispielsweise mit einem üblichen **Telnet-Programm**, wie es auf den meisten Rechnerplattformen zur Verfügung steht, testen. Dazu müssen wir ein weiteres Konsolenfenster öffnen und dort das Kommando `telnet` gefolgt von Rechnername und Port des Servers als notwendige Parameter eingeben. Den Rechnernamen unseres eigenen Rechners, auf dem ja unser Server läuft, können wir dabei auch entweder als `localhost` (ein standardmäßig festgelegter Alias-Name) oder als `127.0.0.1` (eine standardmäßig festgelegte IP-Adresse) angeben. Wir erhalten dann in unserem zweiten Konsolenfester zunächst den Ablauf

```
─────────────────── Konsole ───────────────────
> telnet localhost 2222
Geben Sie DATE oder TIME ein
```

während in unserem ersten Konsolenfenster mittlerweile eine Zeile hinzugekommen ist und somit

```
─────────── Konsole ───────────
> java DateTimeServer 2222
DateTimeServer laeuft
Protokoll gestartet
```

zu lesen steht. Geben wir auf Client-Seite nun das Kommando `time` ein, so kann der Rest unseres Protokolls abgearbeitet werden, und auf der Konsole des Servers steht schließlich

```
─────────── Konsole ───────────
> java DateTimeServer 2222
DateTimeServer laeuft
Protokoll gestartet
Protokoll beendet
```

während im Telnet-Fenster nunmehr

```
─────────── Konsole ───────────
> telnet localhost 2222
Geben Sie DATE oder TIME ein
time
Es ist gerade 13.01 Uhr.

Verbindung zu Host verloren.
```

zu lesen ist, womit angezeigt wird, dass die Verbindung zum Telnet-Client unterbrochen wurde, da der Server nach Übermittlung der Zeitangabe beendet war.

14.2.3 Ein einfacher Client

Anstelle des Telnet-Clients könnten wir natürlich auch einen eigenen, spezialisierten Client verwenden, der genau auf die Bedürfnisse einer Kommunikation mit unserem `DateTimeServer`-Programm angepasst ist. Eine entsprechende Klasse haben wir als

```java
import java.net.*;
import java.io.*;

class DateTimeClient {
  public static void main(String[] args) {
    String hostName = "";   // Rechner-Name bzw. -Adresse
    int port;               // Port-Nummer
    Socket c = null;        // Socket fuer die Verbindung zum Server

    try {
      hostName = args[0];
```

14.2 Client/Server-Programmierung

```
12         port = Integer.parseInt(args[1]);
13         c = new Socket(hostName, port);
14
15         BufferedReader vomServer = new BufferedReader(
16                                     new InputStreamReader(
17                                       c.getInputStream()));
18         PrintWriter zumServer = new PrintWriter(
19                                   c.getOutputStream(),true);
20
21         BufferedReader vonTastatur = new BufferedReader(
22                                       new InputStreamReader(
23                                         System.in));
24
25         // Protokoll abwickeln
26         System.out.println("Server " + hostName + ":" + port + " sagt:");
27         String text = vomServer.readLine();   // vom Server empfangen
28         System.out.println(text);              // auf die Konsole schreiben
29         text = vonTastatur.readLine();         // von Tastatur lesen
30         zumServer.println(text);               // zum Server schicken
31         text = vomServer.readLine();           // vom Server empfangen
32         System.out.println(text);              // auf die Konsole schreiben
33
34         // Socket (und damit auch Stroeme) schliessen
35         c.close();
36       }
37       catch (ArrayIndexOutOfBoundsException ae) {
38         System.out.println("Aufruf:");
39         System.out.println("java DateTimeClient <HostName> <PortNr>");
40       }
41       catch (UnknownHostException ue) {
42         System.out.println("Kein DNS-Eintrag fuer " + hostName);
43       }
44       catch (IOException e) {
45         System.out.println("IO-Error");
46       }
47    }
48 }
```

implementiert, in deren `main`-Methode wir die zu Beginn von Abschnitt 14.2 aufgeführten Schritte für eine Client-Applikation realisiert haben. Wir erzeugen darin zunächst einen Socket unter Verwendung des Rechnernamens und der Port-Nummer, die als Kommandozeilenparameter übergeben werden. Danach erzeugen wir die benötigten Ein- und Ausgabeströme in Verbindung mit dem Server (wir greifen dabei wieder auf die beiden Methoden `getInputStream` und `getOutputStream` des `Socket`-Objekts zurück) und einen gepufferten Eingabestrom für Tastatureingaben. Danach wickeln wir das Protokoll ab, indem wir die vom Server gelesenen Informationen auf die Konsole schreiben, ein Kommando von der Tastatur einlesen, dieses zum Server schicken und schließlich die Antwort des Servers lesen und ebenfalls auf die Konsole ausgeben.
Starten wir unseren Server erneut an Port 2222 und rufen dann diesen einfachen Client auf, so ergibt sich der Ablauf

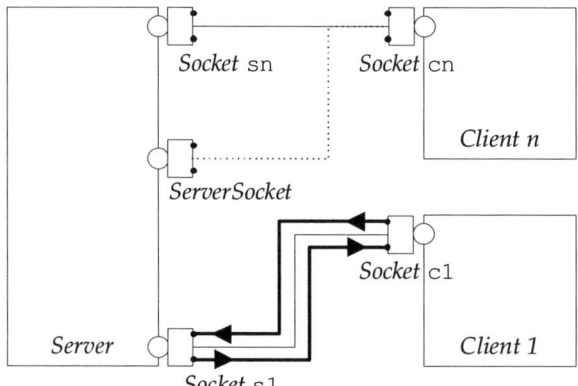

Abbildung 14.5: Ein Server behandelt mehrere Clients gleichzeitig

```
─────────────────────────── Konsole ───────────────────────────
> java DateTimeClient localhost 2222
Server localhost:2222 sagt:
Geben Sie DATE oder TIME ein
date
Heute ist Samstag, der 21.06.03
```

auf der Konsole des Clients, der unmittelbar danach auch beendet ist.

14.2.4 Ein Server für mehrere Clients

Unser einfacher Server aus Abschnitt 14.2.2 ist so gestaltet, dass er nach seinem Start seinen Dienst lediglich einem einzigen Client zur Verfügung stellt und danach beendet ist. Wollen wir diesen Dienst mehreren Clients zur Verfügung stellen, so könnten wir in unserer Klasse DateTimeServer ganz einfach die Anweisungen in Zeile 9 und 10 in eine Schleife packen, die mehrmals oder sogar uendlich oft durchlaufen wird. Allerdings müsste dann jeweils das komplette Protokoll für einen Client abgewickelt sein, bevor der nächste Client sich an den Server wenden kann. Mit dem, was wir in Kapitel 12 gelernt haben, können wir allerdings auch dieses kleine Problem recht leicht lösen, indem wir unsere Protokoll-Klasse zu einem Thread machen.

Als Server, der von mehreren Clients genutzt werden kann, verwenden wir daher die Klasse

```
1  import java.io.*;
2  import java.net.*;
3  class DateTimeMultiServer {
4    public static void main(String[] args) {
5      try {
6        int port = Integer.parseInt(args[0]);       // Port-Nummer
```

14.2 Client/Server-Programmierung

```
 7          ServerSocket server = new ServerSocket(port);  // Server-Socket
 8          System.out.println("DateTimeServer laeuft");   // Statusmeldung
 9          while (true) {
10            Socket s = server.accept();     // Client-Verbindung akzeptieren
11            new DateTimeDienst(s).start();                // Dienst starten
12          }
13        }
14        catch (ArrayIndexOutOfBoundsException ae) {
15          System.out.println("Aufruf: java DateTimeServer <Port-Nummer>");
16        }
17        catch (IOException e) {
18          e.printStackTrace();
19        }
20      }
21    }
```

in der wir nach Erzeugung des Server-Sockets in einer Endlosschleife jeweils die nächste Client-Verbindung akzeptieren und für den zugehörigen Socket einen Thread erzeugen und starten, der das eigentliche Protokoll abwickelt. Von der Methode `start` eines Thread-Objekts wissen wir ja, dass sie dafür sorgt, dass dessen `run`-Methode nebenläufig ausgeführt wird, und dass sie danach sofort beendet ist. Daher kann das Server-Programm unverzüglich zum nächsten Schleifendurchlauf übergehen und eine weitere Client-Anfrage bearbeiten, noch bevor das Protokoll für den ersten Client komplett abgewickelt ist. In Abbildung 14.5 ist diese Situation grafisch dargestellt. Während Client 1 mit dem Server kommuniziert, nimmt Client n mit dem Server gerade Kontakt auf (gestrichelte Linie) und erhält von der `accept`-Methode einen Socket für die Kommunikation zugewiesen.

Zur Vervollständigung unserer mehrfädigen Server-Implementierung müssen wir nun noch unsere ursprüngliche Protokoll-Klasse `DateTimeProtokoll` in eine Thread-Klasse verwandeln. Dazu lassen wir die Klasse

```
 1  import java.io.*;
 2  import java.net.*;
 3  import java.util.*;
 4  import java.text.*;
 5  class DateTimeDienst extends Thread {
 6    static SimpleDateFormat        // Formate fuer den Zeitpunkt
 7      time = new SimpleDateFormat("'Es ist gerade 'H'.'mm' Uhr.'"),
 8      date = new SimpleDateFormat("'Heute ist 'EEEE', der 'dd.MM.yy");
 9    static int anzahl = 0;         // Anzahl der Clients insgesamt
10    int nr = 0;                    // Nummer des Clients
11    Socket s;                      // Socket in Verbindung mit dem Client
12    BufferedReader vomClient;      // Eingabe-Strom vom Client
13    PrintWriter zumClient;         // Ausgabe-Strom zum Client
14
15    public DateTimeDienst (Socket s) {  // Konstruktor
16      try {
17        this.s = s;
18        nr = ++anzahl;
19        vomClient = new BufferedReader(
20                      new InputStreamReader(
21                        s.getInputStream()));
```

```
22            zumClient = new PrintWriter(
23                        s.getOutputStream(),true);
24       }
25       catch (IOException e) {
26          System.out.println("IO-Error bei Client " + nr);
27          e.printStackTrace();
28       }
29    }
30
31    public void run() {  // Methode, die das Protokoll abwickelt
32       System.out.println("Protokoll fuer Client " + nr + " gestartet");
33       try {
34          while (true) {
35             zumClient.println("Geben Sie DATE, TIME oder QUIT ein");
36             String wunsch = vomClient.readLine();    // vom Client empfangen
37             if (wunsch == null || wunsch.equalsIgnoreCase("quit"))
38                break;                                // Schleife abbrechen
39             Date jetzt = new Date();                 // Zeitpunkt bestimmen
40                             // vom Client empfangenes Kommando ausfuehren
41             if (wunsch.equalsIgnoreCase("date"))
42                zumClient.println(date.format(jetzt));
43             else if (wunsch.equalsIgnoreCase("time"))
44                zumClient.println(time.format(jetzt));
45             else
46                zumClient.println(wunsch + " ist als Kommando unzulaessig!");
47          }
48          s.close();           // Socket (und damit auch Stroeme) schliessen
49       }
50       catch (IOException e) {
51          System.out.println("IO-Error bei Client " + nr);
52       }
53       System.out.println("Protokoll fuer Client " + nr + " beendet");
54    }
55 }
```

einfach von der Klasse `Thread` erben und in ihrem Konstruktor Nummern für die erzeugten Objekte vergeben. Außerdem wandern die Anweisungen für die Abwicklung des Protokolls aus der Methode `transact` nun in die `run`-Methode, so dass sie nebenläufig abgearbeitet werden können. Diese Anweisungen haben wir zusätzlich in eine Endlosschleife verpackt, so dass ein Client die Kommandos DATE und TIME auch mehrfach senden kann, bevor er die Verbindung mit QUIT wieder abbricht.

Starten wir nun unseren neuen Server `DateTimeMultiServer` an Port 3333, so können mehrere Clients auf ihn zugreifen, um Zeit- oder Datumsabfragen durchzuführen, was im Konsolenfenster z. B. wie folgt protokolliert werden könnte:

```
─────────────────────────── Konsole ───────────────────────────
> java DateTimeMultiServer 3333
DateTimeServer laeuft
Protokoll fuer Client 1 gestartet
Protokoll fuer Client 2 gestartet
Protokoll fuer Client 2 beendet
Protokoll fuer Client 3 gestartet
```

14.2 Client/Server-Programmierung

```
Protokoll fuer Client 3 beendet
Protokoll fuer Client 1 beendet
Protokoll fuer Client 4 gestartet
IO-Error bei Client 4
Protokoll fuer Client 4 beendet
```

Dabei haben wir die ersten drei Client-Anfragen mit dem Telnet-Client und Anfrage 4 mit unserer Klasse `DateTimeClient` durchgeführt. Wie wir sehen, tritt bei Client 4 ein Fehler auf, was dadurch zustande kommt, dass das relativ spezielle Protokoll des Clients nicht so richtig mit dem des Servers zusammenspielt. Es wird nämlich nur eine einzige Zeit- oder Datumsangabe angefordert und danach abgebrochen. Im nächsten Abschnitt wollen wir uns daher noch mit einem alternativen Client-Programm beschäftigen.

14.2.5 Ein Mehrzweck-Client

Um auch bei anderen Servern Anfragen durchführen zu können, wollen wir nun noch ein etwas allgemeineres Client-Programm entwerfen, in dem wir einfach jeweils im Wechsel alle Daten, die der Server übermittelt, empfangen und anschließend ein Kommando (bzw. eine Zeile) von Tastatur einlesen und an den Server schicken. Diese Vorgänge wiederholen wir, bis das Kommando QUIT eingegeben wird. In unserer Klasse

```java
import java.net.*;
import java.io.*;
public class MyClient {
  // liest alle vom Server geschickten Daten
  static void zeigeWasKommt(BufferedReader sin) throws IOException {
    String str = null;
    try {
      while ((str = sin.readLine()) != null)
        System.out.println(str);
    }
    catch (SocketTimeoutException sto) {
    }
  }

  static void zeigePrompt() {
    System.out.print("> ");
    System.out.flush();
  }

  public static void main(String[] args) {
    try {
      System.out.println("Client laeuft. Beenden mit QUIT");
      Socket c = new Socket(args[0], Integer.parseInt(args[1]));
      c.setSoTimeout(500); // setze Timeout auf eine halbe Sekunde
      BufferedReader vomServer = new BufferedReader(
                                 new InputStreamReader(
                                 c.getInputStream()));
      PrintWriter zumServer = new PrintWriter(
```

```
29                                 c.getOutputStream(), true);
30         BufferedReader vonTastatur = new BufferedReader(
31                                  new InputStreamReader(
32                                    System.in));
33         String zeile;
34
35         do {
36           zeigeWasKommt(vomServer);
37           zeigePrompt();
38           zeile = vonTastatur.readLine();
39           zumServer.println(zeile);
40         } while(!zeile.equalsIgnoreCase("quit"));
41
42         c.close();         // Socket (und damit auch Stroeme) schliessen
43       }
44       catch (ArrayIndexOutOfBoundsException ae) {
45         System.out.println("Aufruf: java MyClient <Port-Nummer>");
46       }
47       catch (UnknownHostException ux) {
48         System.out.println("Kein DNS-Eintrag fuer " + args[0]);
49       }
50       catch (IOException e) {
51         e.printStackTrace();
52       }
53     }
54   }
```

haben wir daher für das Lesen der vom Server empfangenen Daten eine Methode zeigeWasKommt definiert, die in einer Schleife aus dem Eingabestrom vom Server liest und die gelesenen Zeilen auf dem Konsolenfenster ausgibt. Allerdings wird diese Schleife erst dann abgebrochen, wenn das Stromende erreicht ist, also genau genommen dann, wenn die Verbindung zum Server beendet wird. Wenn der Server gerade keine Daten schickt, muss die Methode readLine jeweils warten. Dies hat natürlich zur Folge, dass wir nach einem Aufruf der Methode zeigeWasKommt keine Möglichkeit haben, zwischen den einzelnen Lesevorgängen auch einmal etwas zum Server zu schicken.

Dieses Problem kann man aber leicht dadurch beheben, dass man den Socket, über den die Kommunikation läuft, so einstellt, dass er nicht „ewig" auf Server-Daten wartet, sondern den Lesevorgang nach einer festgelegten Zeit ohne jegliche Datenübermittlung abbricht. Dazu stellt die Klasse Socket die Methode

- **public void** setSoTimeout(**int** timeout)
  aktiviert (für timeout > 0) bzw. deaktiviert (für timeout = 0) den Socket-Timeout, so dass bei einer Leseoperation über den Eingabestrom des Sockets maximal timeout Millisekunden auf Daten gewartet wird. Sollte diese Zeit überschritten werden, wird eine Ausnahme vom Typ SocketTimeoutException geworfen. Ist timeout = 0, so wird unendlich lange gewartet.

zur Verfügung, die jeweils vor der ersten Leseoperation aufgerufen werden muss. In der main-Methode unserer Klasse MyClient haben wir unmittelbar nach der

Erzeugung des Sockets den Timeout auf eine halbe Sekunde eingestellt. Aus diesem Grund arbeiten wir in der Methode `zeigeWasKommt` mit einem Catch-Block, der die Socket-Timeout-Ausnahme abfängt, ohne etwas zu tun.

In der **do**-Schleife unseres Clients rufen wir somit jeweils die Methode `zeigeWasKommt` auf, um alles angezeigt zu bekommen, was der Server bis zum Timeout geschickt hat, und geben danach mit der Methode `zeigePrompt` ein >-Zeichen aus, um anzuzeigen, dass jetzt eine Eingabe erfolgen kann, die anschließend an den Server geschickt wird. Wenn wir unseren Client aufrufen, bemerken wir auch die kurze Verzögerung, mit der das Prompt-Zeichen auf dem Konsolenfenster erscheint, das z. B. beim Zugriff auf unseren Server `DateTimeMultiServer` auf unserem lokalen Rechner an Port 3333 wie folgt aussehen könnte:

```
────────────────────── Konsole ──────────────────────
> java MyClient localhost 3333
Client laeuft. Beenden mit QUIT
Geben Sie DATE, TIME oder QUIT ein
> time
Es ist gerade 11.44 Uhr.
Geben Sie DATE, TIME oder QUIT ein
> date
Heute ist Sonntag, der 22.06.03
Geben Sie DATE, TIME oder QUIT ein
> year
year ist als Kommando unzulaessig!
Geben Sie DATE, TIME oder QUIT ein
> quit
```

Im Rahmen der Übungsaufgaben, werden Sie sehen, dass dieses einfache, aber doch recht universelle Client-Programm `MyClient` problemlos auch zum Test anderer Server-Typen eingesetzt werden kann.

14.3 Wissenswertes über URLs

Bereits in Kapitel 10 haben wir uns im Zusammenhang mit Applets, die den Browser dazu veranlassen sollen, eine bestimmte Webseite anzuzeigen, mit der Klasse URL beschäftigt. Wir wissen daher bereits, dass ein Objekt dieser Klasse jeweils die Adresse eines Dokuments im Internet (die URL des Dokuments) darstellt. Solche URLs sind in zweifacher Hinsicht im Rahmen der Netzwerk-Programmierung von Bedeutung. Zum einen erlaubt Java auch den direkten Zugriff auf WWW-Dokumente über ihre URL (d. h. wir müssen nicht unbedingt die Kommunikation über Sockets explizit programmieren), zum anderen können wir die URL aber auch benutzen, um innerhalb eines Applets eine explizite Netzwerkverbindung zu programmieren (d. h. wir können aus der URL die Rechneradresse bestimmen, zu der wir aufgrund der Applet-Sicherheitsrestriktionen überhaupt eine Verbindung aufbauen dürfen). Mit diesen beiden Aspekten wollen wir uns zum Schluss dieses Kapitels über Netzwerk-Programmierung noch kurz auseinander setzen.

14.3.1 Client/Server-Kommunikation über URLs

Zur eindeutigen Adressierung von Dokumenten im World Wide Web hat man sich auf folgendes Format

PROTOKOLL://RECHNERNAME:PORT/DOKUMENTNAME

für eine URL geeinigt, wobei der Doppelpunkt und die Angabe des Ports (:PORT) optional sind, da in der Regel die Portnummer bereits durch das angegebene Protokoll festgelegt ist. Die URL

http://www.hanser.de/computer/index.htm

bezeichnet somit das Protokoll http, den Rechner www.hanser.de und die Datei computer/index.htm (also die Datei index.htm im Unterverzeichnis computer). Weitere typischerweise in URLs genannte Protokolle sind zum Beispiel ftp, wenn Daten auf einem FTP-Server angesprochen werden sollen, oder file, wenn ein Dokument auf dem lokalen Rechner adressiert werden soll.
Die Klasse URL aus dem Paket java.net stellt für ihre Objekte unter anderem die Methode

- **public final** InputStream openStream()
  öffnet eine Verbindung zur URL and liefert einen Eingabestrom über diese Verbindung als Ergebnis zurück.

zur Verfügung. Damit lässt sich beispielsweise sehr leicht (ohne explizite Programmierung von Sockets) ein Programm schreiben, das den Inhalt eines Webdokuments als reinen Text auf dem Konsolenfenster ausgeben kann:

```
1  import java.net.*;
2  import java.io.*;
3  public class LiesURL {
4    public static void main(String[] args) {
5      try {
6        URL u = new URL(args[0]);
7        BufferedReader in = new BufferedReader(
8                            new InputStreamReader(
9                              u.openStream()));
10       String zeile;
11       while ((zeile = in.readLine()) != null)
12         System.out.println(zeile);
13       in.close();
14     }
15     catch (ArrayIndexOutOfBoundsException ae) {
16       System.out.println("Aufruf: java LiesURL <URL>");
17     }
18     catch (MalformedURLException me) {
```

14.3 Wissenswertes über URLs

```
19        System.out.println(args[0] + " ist keine zulaessige URL");
20      }
21      catch (IOException e) {
22        e.printStackTrace();
23      }
24    }
25  }
```

Neben der Methode `openStream` steht URL-Objekten auch eine Methode `openConnection` zur Verfügung, die ebenfalls eine Verbindung herstellt und als Objekt der Klasse `URLConnection` zurückliefert. Mit den Instanzmethoden `getInputStream` und `getOutputStream` kann man über diese Verbindung auf Ein- und Ausgabeströme zugreifen, um sowohl lesend als auch schreibend (zum Beispiel bei interaktiven Webseiten) mit der URL zu kommunizieren.

14.3.2 Netzwerkverbindungen in Applets

Wenn wir uns an die in Abschnitt 10.5 behandelten Sicherheitseinschränkungen bei Applets erinnern, so wissen wir, dass Java-Applets keine Verbindungen zu einem anderen Rechner (mit Ausnahme des Rechners, von dem das Applet geladen wurde) aufnehmen dürfen. Wir können somit in einem Applet einen Netzwerk-Socket nur zu einem anderen Server-Programm auf dem Rechner, der das Applet ausgeliefert hat, erzeugen. Zur Bestimmung dieses Rechners können wir zunächst mit der Methode `getCodeBase` oder `getDocumentBase` unserer Applet-Klasse die URL des Verzeichnisses, in der das Applet oder die HTML-Seite liegt, bestimmen (siehe auch Abschnitt 10.5). Danach können wir die Instanzmethode

- **public** String getHost()
  liefert den Rechnernamen aus der URL.

der Klasse URL anwenden, um den Rechnernamen zu erhalten. Wir benötigen nun nur noch die Information über den Port, mit dem wir in Verbindung treten wollen, um einen Socket zu erzeugen. In unserer Applet-Klasse

```
1   import javax.swing.*;
2   import java.net.*;
3   import java.io.*;
4   import java.applet.*;
5   public class DateTimeApplet extends JApplet {
6     public void init() {
7       try {
8         Socket socket = new Socket(this.getCodeBase().getHost(), 7777);
9         BufferedReader in = new BufferedReader(
10                                 new InputStreamReader(
11                                     socket.getInputStream()));
12        PrintWriter out = new PrintWriter(
13                              socket.getOutputStream(), true);
14        in.readLine();
15        out.println("date");
16        String s = in.readLine();
17        getContentPane().add(new JLabel(s,JLabel.CENTER));
```

```
 18        }
 19        catch (IOException e) {
 20          String s = "Verbindung zum DateTimeServer fehlgeschlagen!";
 21          getContentPane().add(new JLabel(s,JLabel.CENTER));
 22        }
 23      }
 24    }
```

haben wir ein Applet realisiert, das beim Start den auf dem gleichen Rechner an Port 7777 laufenden Server DateTimeMultiServer kontaktiert und die übermittelte Datumsangabe in einem Label anzeigt.

14.4 Übungsaufgaben

Aufgabe 14.1

Schreiben Sie ein Java-Programm, das ein einfaches Online-CD-Archiv als Server realisiert. Das Archiv ist dabei einfach eine Ansammlung von Textdateien (gespeichert im Verzeichnis cdArchiv), wobei jede Datei eine Aufzählung der Stücke (Tracks) auf der entsprechenden CD enthält. Die Klasse CDServer, deren main-Methode die Port-Nummer als Kommandozeilenargument übergeben bekommt und einen ServerSocket mit diesem Port verbindet, soll in einer Endlosschleife für jeden Client, der eine Verbindung aufbaut, ein CDVerbindung-Thread erzeugen und starten. Dieser Thread soll bei seiner Erzeugung die Ströme zum Client öffnen und alle hergestellten Verbindungen und die darüber abgewickelten Aktionen auf dem Bildschirm protokollieren.

Die vom Client geschickten Kommandos sollen wie folgt bearbeitet werden:

- Sendet der Client das Kommando list, so ist unter Verwendung der Methode list() der Klasse File nur der Inhalt des Verzeichnisses cdArchiv an den Client zu schicken.

- Sendet der Client das Kommando tracks gefolgt von einem CD-Titel, so ist die entsprechende Datei im Verzeichnis cdArchiv zu öffnen und deren Inhalt zu lesen und an den Client zu schicken.

Nachfolgend beispielhafte Konsolen-Ausgaben auf Server-Seite und Konsolen-Dialog auf Client-Seite:

```
―――――――――――――――――――――― Konsole ――――――――――――――――――――――
CDServer wartet auf Port 8888
[localhost/127.0.0.1:1587: neue Verbindung]
[localhost/127.0.0.1:1587: sende Verzeichnis der CDs]
[localhost/127.0.0.1:1587: sende Tracks der CD Yes-Magnification]
[localhost/127.0.0.1:1587: Verbindung unterbrochen]
```

14.4 Übungsaufgaben

```
─────────────────── Konsole ───────────────────
Client gebunden an lokalen Port: 1587
> list
Aha-HowCanISleepWithYourVoiceInMyHead
Evanescence-Fallen
MikeOldfield-TubularBells2003
Reamonn-BeautifulSky
Yes-Magnification
> tracks Yes-Magnification
1. Magnification          2. Spirit of survival
3. Don't go               4. Give love each day
5. Can you imagine        6. We agree
7. Soft as a dove         8. Dreamtime
9. In the presence of    10. Time is time
> quit
```

Aufgabe 14.2

Schreiben Sie einen Server, der jedem Client, der mit ihm eine Verbindung aufbaut, die Möglichkeit gibt, Geldbeträge von DM in EUR bzw. von EUR in DM umrechnen zu lassen. Auf der Server-Konsole könnte z. B. Folgendes ablaufen:

```
─────────────────── Konsole ───────────────────
Der Server laeuft.
Server beenden durch Eingabe von SHUTDOWN.
Neuer Client wird bearbeitet.
Neuer Client wird bearbeitet.
SHUTDOWN
Der Server wird nun nach Abarbeitung des
naechsten Clients automatisch beendet.
Neuer Client wird bearbeitet.
Der Server ist beendet.
```

Auf Client-Seite könnte ein Dialog mit dem Server wie folgt aussehen:

```
─────────────────── Konsole ───────────────────
Der Client laeuft und kann mit 'quit' beendet werden
Welche Waehrung wollen Sie eingeben (DM oder EUR)?
> DM
Welchen Wert wollen Sie umrechnen?
> 100
Wert in EUR: 51.12918811962185
Darf's noch eine Umrechnung sein?
> ja
Welche Waehrung wollen Sie eingeben (DM oder EUR)?
> EUR
Welchen Wert wollen Sie umrechnen?
> 100
```

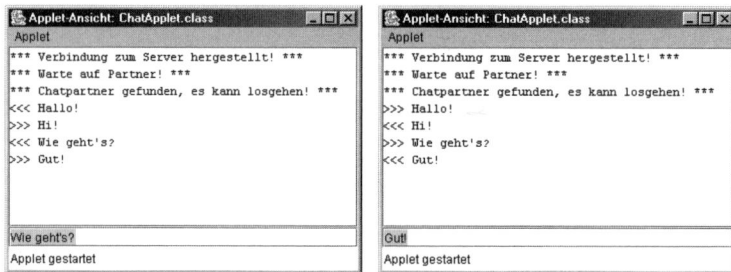

Abbildung 14.6: Zwei Applet-Chat-Clients aus Aufgabe 14.3

```
Wert in DM: 195.583
Darf's noch eine Umrechnung sein?
> nein
> quit
```

Ihre Implementierung sollen Sie in die drei Klassen (`EuroServer`, `SteuerDienst`, `EuroThread`) aufteilen. Die main-Methode der Klasse `EuroServer` soll beim Aufruf die zu verwendende Portnummer für die Erzeugung des Server-Socket-Objekts übergeben bekommen. Danach soll ein Dienst für die Server-Steuerung (genau genommen für das Beenden des Servers nach Ende des nächsten Client-Dialogs) in Form eines `SteuerDienst`-Objekts aktiviert werden. Im Anschluss daran soll in einer Schleife für jeden Client, der eine Verbindung aufbaut, ein `EuroThread`-Objekt erzeugt und gestartet werden.

Die run-Methode der Thread-Klasse `SteuerDienst` meldet, dass der Server läuft und fordert so lange Benutzer-Eingaben an, bis das Kommando SHUTDOWN eingelesen wird. Danach sorgt sie dafür, dass die Schleife in der main-Methode des Euro-Servers beendet wird.

In der run-Methode der Klasse `EuroThread` sollen Sie das Protokoll mit dem Client implementieren. Für die Währungsumrechnung können Sie auf die bekannte Klasse `EuroConverter` aus Aufgabe 7.6 zurückgreifen.

Aufgabe 14.3

Entwickeln Sie ein einfaches Chat-System bestehend aus den drei Klassen `TalkServer` (der Server), `TalkDienst` (die Thread-Klasse, die den Datenaustausch zwischen Clients regelt) und `ChatApplet` (ein Applet, das einen Client mit grafischer Oberfläche realisiert, siehe Abbildung 14.6).

Der Server soll nach seinem Start in einer Endlosschleife auf jeweils zwei Clients warten und zwei Instanzen des `TalkDienst`-Threads erzeugen und starten. Als Argumente für den Konstruktor sollen die beiden Client-Sockets in jeweils vertauschter Reihenfolge übergeben werden. Der `TalkDienst`-Thread soll eine unidirektionale Kommunikation zwischen den beiden Clients ermöglichen, indem er

14.4 Übungsaufgaben

alle Daten von einem Client liest und diese direkt zum anderen Client sendet.
Die Klasse `ChatApplet` soll von `JApplet` erben und das `Runnable`-Interface implementieren. In der init-Methode soll die grafische Oberfläche mit einem Eingabebereich (ein Textfeld) und einem Ausgabebereich (eine nicht editierbare `JTextArea` auf einer `JScrollPane`) aufgebaut, die Verbindung zum Talk-Server hergestellt und der mit dem Applet verbundene Thread gestartet werden. Die notwendige Server-Adresse muss dabei mit den Methoden `getCodeBase` und `getHost` ermittelt werden. Der Port kann fest codiert werden.
In der `run`-Methode soll in einer Schleife Zeile für Zeile vom Server gelesen und in den Ausgabebereich ausgegeben werden. In der Methode `destroy` soll dafür gesorgt werden, dass beim Schließen des Applets auch der Thread korrekt beendet wird. In der Ereignisbehandlung für das Eingabe-Textfeld soll der eingegebene Text zum Server geschickt und außerdem zur Kontrolle auch im eigenen Ausgabebereich angezeigt werden.

Kapitel 15

Praxisbeispiele

15.1 Wem die Stunde schlägt, Iteration 7

Willkommen zum letzten Praxiskapitel zu unserem Uhrenprojekt. Auf den folgenden Seiten werden wir unser neu erworbenes Wissen über Threads einsetzen, um über die finale Hürde zu einer vollwertigen Uhrenanwendung zu springen: wir sorgen dafür, dass unsere Uhr „tickt".

Bis zu diesem Moment ist unsere Uhr nicht viel mehr als ein Standbild: die Zeit wird nicht aktualisiert, die Zeiger bewegen sich nicht. Wir haben zwar alle Voraussetzungen geschaffen,[1] so dass wir unserer Uhr mit wenigen Handgriffen Leben einhauchen können, bislang fehlte uns allerdings das Wissen, diesen Schritt zu vollziehen. Nun ist es nur noch eine Frage von wenigen Zeilen Code...

Anhand unseres Designs (vielleicht ein guter Zeitpunkt, sich Abbildung 4.1 auf Seite 112 noch einmal anzusehen) wird ziemlich schnell klar, welche unserer Klassen die aktive Rolle übernehmen sollte: unsere Steuerung, also konkret die Klasse SwingUhr war von Anfang an dafür vorgesehen. Wir erweitern unsere Klassendefinition deshalb um das Interface Runnable:

```
public class SwingUhr extends JPanel
    implements Steuerung,Runnable {
```

Die Implementierung der Methode run ist denkbar einfach. Solange der Thread nicht unterbrochen wird, durchlaufen wir eine Endlosschleife. Innerhalb dieser Schleife führen wir die folgenden Aktionen durch:

- Wir fordern unsere beiden Anzeigen auf, sich zu aktualisieren.
- Wir fordern den Thread auf, für eine Sekunde zu schlafen.

---

[1] Wir haben ein Uhrwerk, das die aktuelle Zeit in Erfahrung bringt, und eine Anzeige, die besagte Uhrzeit visuell darstellt. Wir haben sogar eine Steuerung vorgesehen, die die zyklische Aktualisierung bewerkstelligen soll.

```java
public void run() {
  // Wir durchlaufen eine (beinahe) Endlos-Schleife
  while(!Thread.currentThread().isInterrupted()) {
    // Aktualisiere die Zeit
    digital.zeigeZeit();
    analog.zeigeZeit();
    // Schlafe fuer 1000 Millisekunden
    try {
      Thread.sleep(1000);
    }
    catch(InterruptedException e) {
      Thread.currentThread().interrupt();
    }
  }
}
```

Das war ja gar nicht so schwer! Wie sorgen wir aber dafür, dass die Methode run auch aufgerufen wird? An dieser Stelle kommen die bislang verkümmerten Methoden `aktivieren` und `beenden` unserer Klasse ins Spiel. Diese beiden Methoden sind wie geschaffen dafür, einen Thread zu aktivieren oder anzuhalten! Im ersten Schritt definieren wir eine Instanzvariable `unruh`, die unseren gerade aktiven Thread beinhaltet:

```java
private Thread unruh;
```

Zu Beginn der Lebenszeit unserer Instanz ist diese Variable leer. In der Methode `aktivieren` weisen wir ihr ein Objekt zu und aktivieren selbiges. Um zu verhindern, dass versehentlich zwei Threads gestartet werden, überprüfen wir auch, ob die Variable wirklich leer ist:

```java
public void aktivieren() {
  // Falls schon ein Thread laeuft, beenden wir die Methode
  if (unruh != null)
    return;
  // Andernfalls erzeugen wir einen neuen Thread
  unruh = new Thread(this);
  unruh.start();
}
```

Analog verfahren wir, wenn die Methode `beenden` aufgerufen wird. Falls die Variable nicht leer ist, beenden wir den dort gespeicherten Thread. Anschließend setzen wir `unruh` auf `null`, um den Neustart mittels `aktivieren()` wieder zu ermöglichen:

```java
public void beenden() {
  // Falls noch kein Thread existiert, beenden wir die Methode
  if (unruh == null)
    return;
  // Andernfalls beenden wir den Thread
  unruh.interrupt();
  unruh = null;
}
```

Kaum zu glauben, aber wahr – wir haben es tatsächlich geschafft! Mit der modifizierten Klasse `SwingUhr` sind sowohl unsere `JavaUhr` als auch unser

`UhrenApplet` voll funktionsfähig Die analogen Zeiger bewegen sich, die Digitaluhr wird aktualisiert. Wer hätte gedacht, wie sich die einfache Konsolenausgabe

```
──────── Konsole ────────
Es ist gerade 14:16 Uhr und 04 Sekunden.
```

aus Abschnitt 4.2 zu einer derartigen Anwendung mausert? Iterative Entwicklung macht's möglich!

15.2 Wem die Stunde schlägt, Iteration 8

Nach diesem relativ kurzen Abschnitt über Threads kommen wir nun zu unserem „Meisterstück". Bis zum Ende dieses Kapitels wollen wir

- einen Zeitserver geschrieben haben, der über das Netzwerk anderen Rechnern die Uhrzeit mitteilen kann,
- eine Client-Komponente geschrieben haben, die sich mit besagtem Zeitserver „unterhält", und
- dies so in unsere `JavaUhr` integriert haben, dass wir die Uhrzeit des Servers auf unserem Rechner darstellen können.

Wenn Sie unser Mini-Projekt von seinen ersten Babyschritten bis ins Vorschulalter begleitet haben, wird Sie diese Aufgabe kaum schrecken. Wie gelernt, unterteilen wir diesen großen Brocken in kleinere, leichter zu bewältigende Teilschritte. Diese Iteration ist dem Zeitserver gewidmet; der Client folgt in Abschnitt 15.3.

15.2.1 Hätten wir nur *einen* Socket, ...

... dann wäre der Zeitserver nicht mehr als eine lineare Aneinanderreihung von Befehlen. Wir könnten ein einfaches Kommunikations-Protokoll entwerfen, etwa:

- Gib einen Test-String zurueck, wenn der Befehl `TEST` übermittelt wird (Testanfrage).
- Gib die Uhrzeit als `long`-Wert (`System.currentTimeMillis()`) zurück, wenn der Befehl `WIESPAET` übermittelt wird (Zeitanfrage).
- Schließe den Socket, wenn der Befehl `ENDE` übermittelt wird.

Wie wir im Theorieteil gelernt haben, ist der Schritt von einem auf mehrere Sockets allerdings relativ leicht. Wir konzentrieren uns deshalb auf besagtes Protokoll und fassen es in einer Klasse `SocketKommunikation` zusammen:

```
1  import java.net.*;
2  import java.io.*;
3  /** Diese Klasse repraesentiert einen einzelnen Thread,
4   * ueber den eine Uhrzeitkommunikation ablaeuft.
5   **/
```

```java
 6  public class SocketKommunikation extends Thread {
 7    /** Der verwendete Socket */
 8    private Socket socket;
 9    /** Konstruktor */
10    public SocketKommunikation(Socket socket) {
11      this.socket = socket;
12    }
13    /** Ausfuehrung der Kommunikation */
14    public void run() {
15      try {
16        // Erzeuge die notwendigen Ein- und Ausgabestroeme
17        System.out.println("Erzeuge I/O Stroeme");
18        PrintWriter out = new PrintWriter
19          (socket.getOutputStream(),true);
20        BufferedReader in = new BufferedReader(
21          new InputStreamReader(socket.getInputStream()));
22        // Nun beginne mit der Kommunikation
23        for (String line = in.readLine(); !line.equals("ENDE");
24                                          line = in.readLine()) {
25          // Fall 1: Test String
26          if (line.equals("TEST")) {
27            System.out.println("Testanfrage");
28            out.println("Zeitserver Version 1.0 gefunden");
29          }
30          // Fall 2: Zeitanfrage
31          else if (line.equals("WIESPAET")) {
32            System.out.println("Zeitansage");
33            out.println(System.currentTimeMillis());
34          }
35          // Fall 3: Unbekannt
36          else {
37            System.out.println("Unbekannte Anfrage: \"" + line + '\"');
38            out.println("Unbekannte Anfrage");
39          }
40        }
41      }
42      // Fange eventuelle Exceptions ab
43      catch(Exception e) {
44        e.printStackTrace();
45      }
46      // Gib die Ressourcen wieder frei
47      finally {
48        try {
49          System.out.println("Schliesse Socket");
50          socket.close();
51        }
52        catch(IOException e) {
53          e.printStackTrace();
54        }
55      }
56    }
57  }
```

Unsere Klasse stellt einen einzelnen `Thread` dar, der das von uns definierte Kommunikationsprotokoll abwickeln kann. Es fehlt uns also nur noch eine allgemeine

Steuerungsklasse, die auf eingehende Anfragen lauscht und die entsprechenden Threads initiiert.

15.2.2 Die Klasse `Zeitserver`

In den vorigen Kapiteln haben wir gelernt, wie man beinahe nach „Schema F" mit Hilfe der `ServerSocket`-Klasse einen Server aufbauen kann. Dieses Schema wollen wir auch hier verwenden, um unseren Zeitserver zu realisieren:

```java
import java.net.*;
import java.io.*;
/** Diese Klasse steuert die zentrale Verwaltung der
 * Serverkommunikation unseres JavaUhr Zeitservers
 **/
public class Zeitserver {
  /** Main-Methode: erzeugt einen Zeitserver auf dem
   * angegebenen Port.
   **/
  public static void main(String[] args) {
    System.out.println("JavaUhr Zeitserver Version 1.0");
    // Geh sicher, dass die Argumente stimmen
    int port = -1;
    if (args.length == 1) {
      try {
        port = Integer.parseInt(args[0]);
      }
      catch(NumberFormatException e) {
        System.out.println("Ungueltige Port-Nummer");
      }
    }
    if (port < 0) {
      System.out.println("Benutzung: java ZeitServer <portnummer>");
      System.exit(-1);
    }
    // Erzeuge den ServerSocket
    System.out.println("Erzeuge ServerSocket");
    ServerSocket s = null;
    try {
      s = new ServerSocket(port);
    }
    catch(IOException e) {
      System.out.println("Konnte Socket auf Port " + port
        + " nicht oeffnen.");
      System.exit(-2);
    }
    // Und nun lauschen wir...
    try {
      while(true) {
        new SocketKommunikation(s.accept()).start();
      }
    }
    catch(IOException e) {
      System.out.println("Es ist eine Exception aufgetreten.");
      e.printStackTrace();
```

```
46      }
47      // Bevor wir beenden, schliessen wir den Socket
48      finally {
49        try {
50          s.close();
51          System.exit(-3);
52        }
53        catch(IOException e) {
54          e.printStackTrace();
55          System.exit(-4);
56        }
57      }
58    }
59  }
```

Nachdem wir unsere Klassen compiliert haben, ist der Zeitserver auch schon einsatzbereit:

```
─────────────── Konsole ───────────────
java Zeitserver 1099
JavaUhr Zeitserver Version 1.0
Erzeuge ServerSocket
```

Zugegebenermaßen – mit diesem Programm fühlt man sich schon ein wenig an die ersten Schritte im ersten Band des Grundkurses erinnert. Unsere Klasse ist lediglich Behälter für eine `main`-Methode, in der wir eigentlich recht „prozeduralen" Programmierstil pflegen. Bedenken Sie aber, dass hinter der schlicht erscheinenden Methode ein komplexes Objekt-Modell des Java-Netzwerkpakets mit Multithreading und komplexen I/O-Protokollen steckt. Es ist diese hervorragende objektorientierte Implementierung, die unsere letzten Beispielkapitel nun so einfach erscheinen lässt.

15.2.3 Ein Testprogramm

Wie können wir sichergehen, dass unser Zeitserver tatsächlich funktioniert? Ein Testprogramm muss her! Wir modifizieren unser allererstes Uhrenprogramm, die Klasse `WieSpaet` aus Kapitel 4. Diese soll die Uhrzeit vom Server erfragen können.

Dazu benötigen wir ein neues `Uhrwerk`. Wir definieren eine Klasse `Serverzeit`, die statt der lokalen Systemzeit unseren `Zeitserver` befragt:

```
public class Serverzeit implements Uhrwerk {

  /** Der Rechnername des Zeitservers */
  private String rechner;

  /** Die Nummer des Ports */
  private int port;

  /** Konstruktor */
  public Serverzeit(String rechner, int port) {
```

15.2 Wem die Stunde schlägt, Iteration 8

```java
    this.rechner = rechner;
    this.port = port;
}
```

Im ersten Schritt definieren wir eine private Hilfsmethode `anfrage`, die in folgenden Schritten arbeitet:

- Öffne die Verbindung zum Zeitserver.
- Übermittle den als Parameter übergebenen Kommandostring.
- Hole vom Server das bereitgestellte Ergebnis ab.
- Beende die Kommunikation.
- Gib das Ergebnis zurück.

Unsere Methode stellt also einen kompletten Kommunikationszyklus dar. Anbei die Realisierung dieser Idee:

```java
private String anfrage(String kommando) {
  Socket s = null;
  try {
    s = new Socket(rechner,port);
    PrintWriter out = new
      PrintWriter(s.getOutputStream(),true);
    BufferedReader in = new BufferedReader(
      new InputStreamReader(s.getInputStream()));
    out.println(kommando);
    String resultat = in.readLine();
    out.println("ENDE");
    out.flush();
    return resultat;
  }
  catch(Exception e) {
    e.printStackTrace();
  }
  finally {
    if (s != null) {
      try {
        s.close();
      }
      catch (IOException e) {
        e.printStackTrace();
      }
    }
  }
  return null;
}
```

Anhand dieser Methode ließe sich also beispielsweise das Erfragen unseres Teststrings durch folgenden Dreizeiler erledigen:

```java
public String testString() {
  return anfrage("TEST");
}
```

Die Realisierung unserer Methode `getZeit` ist nur unwesentlich komplizierter. Wir müssen lediglich die vom Server erhaltene Information in einen `Long`-Wert umwandeln und diesen dann in ein Datumsobjekt überführen. Sollte hierbei ein Problem auftreten, verwenden wir als Notlösung die lokale Systemzeit:

```java
public Date getZeit() {
  try {
    String zeit = anfrage("WIESPAET");
    return new Date(Long.parseLong(zeit));
  }
  catch(Exception e) {
    e.printStackTrace();
    return new Date();
  }
}
```

Um dieses `Uhrwerk` in unserem Programm `WieSpaet` einsetzen zu können, müssen wir nun lediglich dessen `main`-Methode anpassen. Wir lesen Servername und Port von der Tastatur ein und erzeugen unsere `Serverzeit`-Instanz:

```java
public static void main(String[] args) throws Exception {
  // Instantiiere eine Uhr
  Uhrwerk uhrwerk = null;
  if (args.length == 2)
    uhrwerk = new Serverzeit(args[0],Integer.parseInt(args[1]));
  else
    uhrwerk = new Systemzeit();
  // Instantiiere ein einzelnes Steuerungsobjekt
  Steuerung steuerung =
    new WieSpaet(uhrwerk,new KonsolenAnzeige());
  // Aktiviere die Steuerung und gib somit die Zeit aus
  steuerung.aktivieren();
  // Beende die Steuerung und das Programm
  steuerung.beenden();
}
```

Nun wird es Zeit, unser erweitertes Programm zu starten. Wie erhofft, erhalten wir eine aktuelle Zeitausgabe:

```
───────────────── Konsole ─────────────────
java WieSpaet localhost 1099
Es ist gerade 08:59 Uhr und 18 Sekunden.
```

Handelt es sich hierbei aber auch um die vom Server abgeholte Zeit? Werfen wir einen Blick auf die Konsole unseres Zeitservers:

```
───────────────── Konsole ─────────────────
java Zeitserver 1099
JavaUhr Zeitserver Version 1.0
Erzeuge ServerSocket
Erzeuge I/O Stroeme
Zeitansage
Schliesse Socket
```

Die Bildschirmausgabe spricht für sich. Der Zeitserver hat eine Zeitansage durchgeführt und danach die Kommunikation beendet. Das Programm funktioniert!

15.3 Wem die Stunde schlägt, Iteration 9

15.3.1 Wenn's am schönsten ist, ...

... dann sollte man ja bekanntlich aufhören. Leider ist es auch für uns nun beinahe soweit. In der letzten Iteration unseres Uhrenprojekts werden wir unsere `JavaUhr` um die Verwendung eines Zeitservers erweitern. Konkret bedeutet dies einen weiteren Dialog, in dem sich auf Wunsch Servername und Port unseres Zeitservers einstellen lassen.

Natürlich ist dieses Kapitel nicht unbedingt diesem Dialog gewidmet – wir haben die Abschnitte über Swing bereits hinter uns gelassen. Wie Sie aber sehen werden, ist auch die Kommunikation mit der GUI nicht vollkommen ohne Threads zu bewältigen. Somit sind wir also wieder einmal beim Thema.

15.3.2 Einige Vorbereitungen

Wie lässt sich die Uhrzeit unseres Servers am besten aktualisieren? Die einfachste Lösung wäre es, schlicht und ergreifend unsere neue Uhrwerks-Klasse `Serverzeit` zu verwenden. Wir könnten unsere `SwingUhr` um Methoden erweitern, mit denen sich das Uhrwerk austauschen lässt:

```
/** Diese Methode laesst die SwingUhr statt der Systemzeit ein
 * anderes Uhrwerk verwenden.
 **/
public void setzeUhrwerk(Uhrwerk uhrwerk) {
  digital.setUhrwerk(uhrwerk);
  analog.setUhrwerk(uhrwerk);
}
/** Diese Methode verwirft Aenderungen am Uhrwerk und verwendet
 * wieder die originale Systemzeit.
 **/
public void setzeSystemzeit() {
  setzeUhrwerk(systemZeit);
}
```

Leider hat diese Idee einen kleinen Schönheitsfehler. Das in der `SwingUhr` verwendete `Uhrwerk` wird von der Methode `run()` zweimal pro Sekunde aufgerufen. Dies bedeutet eine Menge Netzwerk-Kommunikation – und das lediglich, um die Zeit vom Server zu erfahren. Schlimmer noch: Abhängig davon, wie gut oder schlecht die Verbindung über das Netzwerk ist, kann die Anfrage an den Server durchaus auch ein wenig länger als gedacht dauern. Während also unser Thread auf die Antwort vom Zeitserver wartet, „friert" die Uhrenanzeige ein. Das sieht nicht nur unprofessionell aus, es ist auch eigentlich vollkommen unnötig. Um wie viel Zeit mag sich die Uhr des Zeitservers seit der letzten Sekunde wohl verstellt haben?

Um diese Probleme zu vermeiden, wählen wir einen anderen Ansatz: wir verwenden die Verbindung zum Zeitserver nur, um unsere lokale Uhr zu *stellen*. Dieser „Uhrenvergleich" kann alle paar Minuten stattfinden und von einem unabhängigen Thread durchgeführt werden. Er beeinflusst unsere Darstellung also nicht.

Wir werden uns im nächsten Abschnitt mit dieser speziellen Threadklasse Synchronisierer beschäftigen. Um dies allerdings vorzubereiten, benötigen wir zuerst ein Uhrwerk, das sich stellen lässt. Die folgende Klasse EingestellteZeit erfüllt diese Anforderung:

```
import java.util.Date;
/** Dieses Uhrwerk wird mit einer Zeit eingestellt und verwendet die
 * interne Systemuhr, um neue Zeiten zu berechnen.
 **/
public class EingestellteZeit implements Uhrwerk {
  /** Der Unterschied zwischen eingestellter Zeit
   * und Systemzeit in Millisekunden.
   **/
  private long drift;
  /** Gibt die aktuelle Uhrzeit in Form eines Date-Objektes zurueck.
   * @return die aktuelle Zeit
   **/
  public Date getZeit() {
    return new Date(System.currentTimeMillis() + drift);
  }
  /** Stellt das Werk dieser Uhr auf eine bestimmte Zeit. Diese
   * Methode ist optional und muss nicht immer implementiert sein.
   * @param zeit die aktuelle Uhrzeit
   * @exception UnsupportedOperationException falls
   *   diese Methode nicht unterstuetzt wird
   **/
  public void setZeit(Date zeit)
    throws UnsupportedOperationException {
    drift = zeit.getTime() - System.currentTimeMillis();
  }
}
```

Ihnen wird wahrscheinlich aufgefallen sein, dass dies das erste Mal ist, dass wir die Methode setZeit tatsächlich ausformulieren. Dabei haben wir sie schon von Anfang an im Entwurf auf Seite 112 vorgesehen! War das Weitblick im Design? Instinkt? Oder pures Glück?

An dieser Stelle möchten die Autoren vor einem klassischen Designfehler warnen, der von Martin Fowler und Kent Beck in [2] als „spekulative Flexibilität" bezeichnet wurde. So mancher ist schon in diese Falle getappt, und auch wir sind keine Ausnahme. Spekulative Flexibilität ist der Versuch, im Design bereits alle möglichen Erweiterungen vorauszuahnen, die zu Lebzeiten eines Entwurfs an ein Programm herangetragen werden. Ohne bereits einen konkreten Anwendungsfall zu kennen, werden Entwürfe darauf getrimmt, mit allen möglichen – fiktiven – Kundenwünschen fertig zu werden. Das Resultat ist ein Entwurf, der zu umfangreich ist. Solche Klassen sind nicht nur langwieriger zu implementieren, sie sind oft auch fehleranfälliger. Je mehr Funktionalität man hat, desto mehr Fehler können sich einschleichen. Schließlich sind wir alle nur Menschen! Insbesondere Funktio-

nen, bei denen man momentan noch keinen konkreten Anwendungsfall hat, sind üblicherweise schwerer zu testen und deshalb selten ausgereift.
Sind wir hier also in die klassische Entwurfsfalle getappt? In dubio pro reo – nennen wir es einfach Weitblick im Design ...

15.3.3 Uhrenvergleich

Kommen wir nun zur Klasse `Synchronisierer`. Diese Klasse soll in der Lage sein, die Uhrzeit von einem Uhrwerk `quelle` zu lesen und in ein Uhrwerk `ziel` zu schreiben. Dies soll in einem eigenen Thread `thread` geschehen, der alle `takt` Millisekunden aktiv wird. Wir definieren entsprechende Instanzvariablen in unserer Klasse:

```
public class Synchronisierer implements Steuerung, Runnable {
  /** Die Uhr, von der die Zeit gelesen wird */
  private Uhrwerk quelle;
  /** Die Uhr, die gestellt werden soll */
  private Uhrwerk ziel;
  /** Der Takt, in dem die Aktualisierung vonstatten gehen
   * soll (in Millisekunden, mindestens 100)
   **/
  private int takt;
  /** Der Thread, der gerade aktiv ist */
  private Thread thread;
  /** Konstruktor. */
  public Synchronisierer(Uhrwerk ziel) {
    this.ziel = ziel;
    takt = 100;
  }
```

Unsere Klasse realisiert hierbei das Interface `Runnable`, so dass unser Thread die Ausführungslogik innerhalb der Methode wiederfindet. Wir leiten die Klasse ferner von `Steuerung` ab und geben somit vor, dass wir die Synchronisierung durch die Methoden `aktivieren()` und `beenden()` starten und anhalten wollen. Diesen Fakt wollen wir in den Methoden `setTakt()` und `setQuelle()` ausnutzen: wir halten unseren aktuellen Thread erst an, bevor wir Werte innerhalb der Klasse verändern:

```
  /** Setze den fuer die Aktualisierung zu verwendenden Takt
   * (in Millisekunden, mindestens 100)
   **/
  public void setTakt(int takt) {
    boolean aktiv = thread != null;
    if (aktiv)
      beenden();
    this.takt = Math.max(100,takt);
    if (aktiv)
      aktivieren();
  }
  /** Setze die fuer die Aktualisierung verwendete Quelle */
  public void setQuelle(Uhrwerk quelle) {
    boolean aktiv = thread != null;
```

```
    if (aktiv)
      beenden();
    this.quelle = quelle;
    if (aktiv)
      aktivieren();
}
```

Wir speichern also den gerade aktiven Thread in einer Instanzvariable. Ist diese `null`, ist gerade kein Thread aktiviert. Diese Logik spiegelt sich auch in der konkreten Ausprägung von `aktivieren()` und `beenden()` wider:

```
/** Diese Methode signalisiert der Steuerung, dass
 * sie mit ihrer Arbeit beginnen soll.
 **/
public void aktivieren() {
  synchronized(this) {
    if (thread != null)
      return;
    thread = new Thread(this);
    thread.start();
  }
}
/** Diese Methode signalisiert der Steuerung, dass
 * sie ihre Arbeit jetzt beenden kann.
 **/
public void beenden() {
  synchronized(this) {
    if (thread == null)
      return;
    thread.interrupt();
    thread = null;
  }
}
```

Nun fehlt uns also nur noch die eigentliche Ablauflogik in der Methode `run`. Unser momentan aktiver Thread funktioniert nur mit einer bereits gegebenen `quelle` und einem vordefinierten `takt`. Sobald wir mittels der set-Methoden eines von beiden ändern, wird der aktuelle Thread beendet und ein neuer gestartet. Anstatt also mit sich verändernden Instanzvariablen kämpfen zu müssen, können wir die für diesen Thread verwendeten Werte einmal aus der Instanz auslesen:

```
public void run() {
  // Kopiere die fuer diesen Thread gueltigen
  // Quelle und Takt in lokale Felder
  Uhrwerk quelle = null;
  int takt = 0;
  synchronized(this) {
    quelle = this.quelle;
    takt = this.takt;
  }
```

Anschließend wiederholen wir die folgenden Anweisungen, solange der Thread nicht unterbrochen und das Quelluhrwerk nicht leer sind:

```
  while(!Thread.currentThread().isInterrupted() && quelle != null) {
```

- Wir übertragen die Zeit von der `quelle` ins `ziel`:

  ```
  ziel.setZeit(quelle.getZeit());
  ```

- Anschließend halten wir den Thread für die in `takt` vorgegebene Zeit an:

  ```
  Thread.sleep(takt);
  ```

Somit ist unsere Klasse `Synchronisierer` komplett. Wir müssen sie lediglich noch in unsere Anwendung einbauen.

15.3.4 Der Einstellungs-Dialog

Eine neue Einstellung in unser Einstellungs-Fenster einzubauen ist inzwischen beinahe banal. Wir wollen den Benutzer zwischen lokaler Zeit und einem Zeitserver wählen lassen; entsprechend wählen wir die grafischen Elemente für unsere `Einstellung`-Klasse:

```java
public class SetzeZeitserver extends JPanel
    implements Einstellungen.Einstellung {
  /** Diese SwingUhr wird mit den Einstellungen beeinflusst */
  private SwingUhr uhr;
  /** Dieses Objekt synchronisiert die Uhrzeiten */
  private Synchronisierer sync;
  /** Dieses Fenster ist der Dialog, in dem die Einstellungen
   * durchgefuehrt werden
   **/
  private Window dialog;
  /** RadioButtons: Systemzeit */
  private JRadioButton system;
  /** RadioButton: Zeitserver */
  private JRadioButton server;
  /** Textfeld: ServerName */
  private JTextField serverName;
  /** Textfeld: Port */
  private JTextField port;
  /** Textfeld: Taktrate fuer die Aktualisierung */
  private JTextField takt;
```

Die Gestaltung des grafischen Layouts sei Ihnen an dieser Stelle erspart. Kommen wir stattdessen direkt zu jenem Teil, wo die Benutzereinstellungen in das Programm mit einfließen.

Da der Benutzer Servername und Port über die Tastatur eingibt, können sich natürlich diverse Tippfehler einschleichen. Entsprechende Probleme müssen wir dem Benutzer mitteilen. Wir verwenden Javas Hilfsklasse `JOptionPane`, um eventuelle Probleme als Dialog auf den Bildschirm zu bringen:

```java
private void zeigeProblem(String nachricht) {
  JOptionPane.showMessageDialog(dialog,nachricht,getLabel(),
    JOptionPane.WARNING_MESSAGE);
}
```

In unserer Methode `anwenden()` verwenden wir diese Hilfsmethode, um auf eventuelle Eingabefehler hinzuweisen. Wir lesen Servername, Port und Taktrate und speichern diese in lokalen Feldern:

```java
public void anwenden() {
  // Verwende Systemzeit
  if (system.isSelected()) {
    uhr.setzeSystemzeit();
    sync.setQuelle(null);
    return;
  }
  // Andernfalls lies die aktuellen Einstellungen
  String serverName = this.serverName.getText();
  int port = 0, takt = 0;
  try {
    port = Integer.parseInt(this.port.getText());
  }
  catch(NumberFormatException e) {
    zeigeProblem("Ungueltige Eingabe fuer ServerPort");
    return;
  }
  try {
    takt = Integer.parseInt(this.takt.getText());
  }
  catch(NumberFormatException e) {
    zeigeProblem("Ungueltige Eingabe fuer Zeittakt");
    return;
  }
```

Im nächsten Schritt wollen wir die Verbindung zu unserem Zeitserver testen. Wir erzeugen ein neues `Serverzeit`-Objekt und verwenden die Methode `testString()`, um eine kurze Verbindung zum Zeitserver aufzubauen:

```java
System.out.println("Teste Verbindung zu " +serverName +':' +takt);
Serverzeit verbindung = new Serverzeit(serverName,port);
String test = verbindung.testString();
if (test != null)
  System.out.println(test);
else {
  zeigeProblem("Kann Verbindung zu " + serverName + ':' +
    port + " nicht herstellen.");
  return;
}
```

War dies erfolgreich, übernehmen wir die neue `verbindung` und den `takt` in unseren `Synchronisierer`:

```java
sync.setTakt(takt * 1000);
sync.setQuelle(verbindung);
uhr.setzeUhrwerk(sync.getZiel());
```

Unsere Klasse ist somit komplett. Wir müssen sie lediglich noch in unsere `JavaUhr` einbauen. Dies machen wir in folgenden Schritten:

15.3 Wem die Stunde schlägt, Iteration 9

- Zuerst definieren wir eine lokale Instanzvariable für unseren `Synchronisierer`:

  ```
  private Synchronisierer sync;
  ```

- Dieser `Synchronisierer`, sofern nicht `null`, wird immer genau dann aktiviert, wenn unser Fenster sichtbar gemacht wird:

  ```
  public void setVisible(boolean value) {
    if (value != isVisible()) {
      super.setVisible(value);
      if (value) {
        anzeige.aktivieren();
        if (sync != null)
          sync.aktivieren();
      }
      else
        anzeige.beenden();
        if (sync != null)
          sync.beenden();
    }
  }
  ```

- Der `Synchronisierer` wird erzeugt, wenn wir das erste Mal unseren Einstellungs-Dialog öffnen. Zu diesem Zeitpunkt (das Fenster ist momentan sichtbar) wird das Objekt auch aktiviert:

  ```
  private void zeigeEinstellungen() {
    // Erzeuge nur neue Objekte, wenn
    // der Dialog noch nicht existiert
    if (einstellungen == null) {
      // Initialisiere die Look-and-feel-Einstellung
      SetzeLookAndFeel lookAndFeel = new SetzeLookAndFeel();
      // Initialisiere die Darstellungs-Einstellungen
      SetzeDarstellung darstellung
        = new SetzeDarstellung(anzeige,this);
      // Initialisiere die Zeitserver-Einstellungen
      sync = new Synchronisierer(new EingestellteZeit());
      SetzeZeitserver zeitserver
        = new SetzeZeitserver(anzeige,sync);
      // Initialisiere den Dialog
      einstellungen =
      new Einstellungen(this,true,new Einstellungen.Einstellung[]{
        lookAndFeel,darstellung,zeitserver
      });
      // Gegen Ende noch einige letzte Einstellungen
      lookAndFeel.setZuAktualisieren(new Window[] {
        this,einstellungen
      });
      zeitserver.setzeDialog(einstellungen);
      sync.aktivieren();
    }
    // Mache den Dialog sichtbar
    einstellungen.pack();
    einstellungen.setVisible(true);
  }
  ```

Mit diesen geringfügigen Modifikationen sind wir nun so weit: Die neue Einstellung ist in unsere Applikation integriert. *Unser Programm ist komplett!*

15.3.5 Zusammenfassung

Mit Abschluss unserer neunten Iteration haben wir es geschafft: unser Uhrenprojekt ist erfolgreich abgeschlossen. Zu diesem Zeitpunkt mag es interessant sein, ein paar kleine Statistiken über die Entwicklung unserer Anwendung heranzuziehen:

- Am Ende dieses Buchs besteht unser Uhrenprojekt aus insgesamt 27 Klassen oder Interfaces (anonyme Listener-Klassen mitgezählt). Im ersten Moment klingt diese Zahl recht hoch – wir müssen sie aber in Relation zu den Iterationen setzen.

- Zu Beginn unseres Projektes (Abschnitt 4.2) waren es lediglich drei Klassen und drei Interfaces. Im Schnitt ist unser Programm pro Iteration also um weniger als drei Klassen gewachsen. Oder anders ausgedrückt: Wir haben vom großen Brocken der Aufgabe niemals mehr abgebissen, als wir kauen konnten.

- Von unseren 27 Klassen verblieben fast alle nach der ursprünglichen Version in jenem Zustand, in dem wir sie definiert haben. Lediglich die Klassen SwingUhr (vier neue Versionen) und JavaUhr (drei neue Versionen) waren regelmäßigen Erweiterungen unterworfen.[2] Diese Änderungen wurden nötig, da wir neue Funktionalität aus den anderen Klassen an diesen zentralen Stellen integrieren mussten. Jede dieser Änderungen bestand allerdings nur aus wenigen Zeilen Code und war zu jeder Zeit vollkommen abwärtskompatibel.

Diese Werte lassen sich unterschiedlich interpretieren. Bitte verstehen Sie sie nicht als Hinweis, unser Projekt sei doch eigentlich gar nicht so schwer gewesen. Keine drei Klassen pro Iteration – ist das denn überhaupt Fortschritt?
Schon Aesop erkannte in einer seiner Fabeln, dass sich ein großes Bündel dünner Zweige nur schwer durchbrechen lässt – es sei denn, man nimmt sich einen Zweig nach dem anderen vor. Ähnlich ist es mit dem iterativen Programmieren. Wenn Sie immer nur jenes Problem angehen, das Sie momentan zu lösen vermögen, mag Ihnen jeder Schritt einfach vorkommen. Nichtsdestotrotz bringt er Sie dem Gesamterfolg unaufhaltsam näher.

---

[2] Weitere Änderungen fanden in der Klasse UhrenApplet (eine Änderung, allerdings in derselben Iteration, in der sie auch entstanden ist) und WieSpaet (eine Änderung, um den Zeitserver zu testen) statt.

Teil IV

Ausblick und Anhang

Kapitel 16

Blick über den Tellerrand

16.1 Der Vorhang fällt

Waren Sie schon einmal in Las Vegas? Falls Sie die Gelegenheit haben, besuchen Sie unbedingt eine der berühmten Zaubershows! Es ist wirklich unglaublich, was die Magier von heute alles können. Vorbei sind die Zeiten simpler Kartentricks – vom Tiger bis zum Flugzeug erscheinen und verschwinden alle nur denkbaren Objekte auf der Bühne. Und Sie sitzen inmitten des staunenden Publikums und fragen sich: „Wie machen die das bloß?"
Wenn wir ganz ehrlich sind, wollen wir es eigentlich gar nicht wissen. Die großen Magier behalten ihre Tricks nicht ohne Grund für sich. Wenn Sie einmal wissen, welche Konstruktion aus Spiegeln und Hohlräumen den Elefanten wirklich verschwinden ließ, verfliegen mit der Illusion auch Zauber und Charme der Performance.
Wir hoffen, dass es Ihnen nach dem letzten Praxiskapitel nicht genauso ging. Wir haben Sie hinter die Bühne professioneller Softwareentwicklung geführt und Ihnen gezeigt, wie die Jungfrau wirklich zersägt wird. Anhand unseres Uhrenprojektes sollten Sie jetzt einige Grundweisheiten des Gewerbes erkennen:

- Auch die Software-Magier kochen nur mit Wasser. Ein großes Software-Projekt ist nur so komplex wie die einzelnen Schritte, mit denen man der Lösung näher kommt – natürlich nur, wenn Sie die richtigen Schritte und deren Reihenfolge kennen. Jeder Schritt für sich betrachtet lässt sich bewältigen und ist manchmal sogar banal einfach.

- Es kommt nicht darauf an, ob Sie einen BMI-Rechner, eine Uhr oder eine komplette Bürosoftware entwickeln. Je größer die Aufgabe, desto mehr Schritte müssen Sie eben zu deren Lösung gehen. Auch hier liegt für große Projekte das Geheimnis natürlich in der Kenntnis der Schritte, in der richtigen Reihenfolge und in einer effizienten Organisation.

- Man wird nicht als großer Programmierer geboren – man wächst mit seiner Erfahrung. Alte Hasen und gute Bücher sind der Schlüssel zu persönlicher Fortentwicklung. Lernen Sie, die „Sprache" der kommerziellen Programmierer zu sprechen. Sprechen Sie „Entwurfsmuster", und man wird Sie verstehen.

Sind die Autoren dieses Buchs also Nestbeschmutzer, die dem kommerziellen Programmieren seinen Mystizismus und seine Faszination nehmen wollen? Keineswegs, denn die Leser dieses Buchs sind nicht das staunende Publikum, dass sich hinter den Vorhang schleicht und desillusioniert wird. Sie sind vielmehr der Zauberlehrling, aus dem mit etwas Glück der nächste Copperfield heranwächst. Willkommen in Hogwarts – Sie sind Ihrem Ziel wieder einmal einen entscheidenden Schritt näher gekommen.

So wie auch die Magie trotz aller Tricks noch immer eine Menge Schweiß und Fingerfertigkeit erfordert, ist auch das kommerzielle Programmieren ein knallhartes Geschäft. In kaum einer Branche schlagen so viele Projekte fehl, werden geplante Budgets so oft überzogen und Ziele nicht erreicht. Dies liegt aber in den seltensten Fällen daran, dass die Programmierer ihrer Arbeit nicht nachkommen. Große Projekte verlangen auch eine Menge Management-Fähigkeiten. Es stellt sich nicht nur die technische Herausforderung, in einem überwältigend erscheinenden Katalog von Anforderungen jene Baby-Schritte zu finden, die das Projekt realisierbar machen. Zusätzlich steigt mit jedem Entwickler, der in ein großes Projekt geworfen wird, auch der Kommunikations-Aufwand. Schnittstellen müssen vereinbart und die Arbeiten der Teams aufeinander abgestimmt werden. Unterschiedliche Persönlichkeiten treffen aufeinander, Animositäten und schlechte Chemie können den Ausgang eines ganzen Projektes gefährden. Auch arbeitet die Wirtschaft mit Budgets und Deadlines – diese gilt es zu beachten und einzuhalten.

Dies sollte Sie aber nicht davon abhalten, Ihren Traum zu verwirklichen. Als Neuling in der Branche werden Sie zu Beginn kaum mit diesen Problemen beladen werden. Lernen Sie, das Spiel zu spielen, der Rest kommt im Laufe der Jahre von ganz allein ...

Dieses Kapitel wird Ihnen Hinweise geben, in welche Richtungen Sie Ihren Blick nun lenken können. Was sollten Sie beherzigen, um ein noch besserer kommerzieller Programmierer zu werden?

16.2 A fool with a tool ...

... is still a fool. Ein gutes Werkzeug ist wertlos, wenn es in die falschen Hände gerät wird. Keiner, der zum ersten Mal eine Geige in die Hand nimmt, spielt sofort wie Paganini.

Genug der Phrasen – was wollen wir damit sagen? Ihnen wird sicherlich nicht entgangen sein, dass wir in unserem Grundkurs Programmieren keinen sonderlichen Wert auf die Verwendung von Werkzeugen gelegt haben. Unsere Java-Programme konnten in einem beliebigen Editor erstellt und im Konsolenfenster übersetzt und ausgeführt werden.

In kommerziellen Projekten werden Sie üblicherweise ein wenig luxuriöser ausgestattet sein. Eine Vielzahl von Werkzeugen wird Ihnen zur Verfügung stehen, um die Entwicklung Ihres Codes zu vereinfachen. Zum grundlegenden Handwerkszeug des Programmierers gehören üblicherweise zumindest eine **Entwicklungsumgebung**[1] und ein Werkzeug zur Versionskontrolle. Die Entwicklungsumgebung verwaltet Ihr Programmierprojekt. Sie übersetzt Ihre Java-Dateien in Bytecode und kann zu Testzwecken die Anwendung auch ausführen. Die eingebauten Editoren bieten viel Komfort, können beispielsweise fehlende Import-Statements automatisch erzeugen, Methoden einer Klasse anzeigen oder fehlende Rumpfmethoden für die Implementierung eines Interfaces erzeugen. Sehr wichtig in Entwicklungsumgebungen ist auch der so genannte Debugger: dieser lässt Sie ein Programm Schritt für Schritt ausführen und Einblick in die innere Struktur der Variablen und Objekte nehmen. Das ist nicht nur viel luxuriöser als Testausgaben auf der Konsole, es ist oftmals auch um ein Vielfaches effizienter.

Versionsverwaltungen[2] sind für jedes kommerzielle Projekt das A und O. Sie ermöglichen dem Programmierer, die verschiedenen Versionen einer Klasse zu verwalten. Denken Sie beispielsweise an die Klasse `SwingUhr` aus unserem Uhrenprojekt. Diese hat sich vier Mal geändert. In einer Versionsverwaltung haben wir die Möglichkeit, jeden einzelnen Stand dieser Entwicklungen abzurufen und die Unterschiede der verschiedenen Varianten zu vergleichen. Sie erlaubt uns ferner das so genannte Branching, das heißt die Verwaltung von zwei parallel geführten Versionen ein und derselben Klasse. Dies ist manchmal notwendig, wenn Sie beispielsweise eine Klasse fortentwickelt haben, die alten Versionen aber beim Kunden noch in Betrieb sind.

All diese Werkzeuge machen das Leben kommerzieller Entwickler und Entwicklerinnen einfacher und ihre Arbeit effizienter. Außerdem existieren Tools, die das System-Design mit UML unterstützen. Sollte Sie der Weg weiter in das Lager der berufsmäßigen Programmierer führen, müssen Sie sich mit diesen Konzepten vertraut machen. Vergessen Sie aber nie: Auch das beste Werkzeug ersetzt niemals Ihre Intelligenz und Erfahrung!

16.3 Alles umsonst?

Was nichts kostet, kann auch nichts taugen? Falsch gedacht!
Auch wenn gute Software ihren Preis wert ist, so ist es doch erstaunlich, wie viele großartige Produkte Sie umsonst bekommen können. Denken Sie beispielsweise an die Programmiersprache Java – ihr „Erwerb" hat Sie höchstens die Online-Zeit für den Download gekostet.
Kostenlose Software ist eines der wichtigsten Elemente, um die Entwicklungskosten in einer kleinen Firma (oder im privaten Rahmen) beherrschbar zu halten. Sie brauchen eine gute Entwicklungsumgebung? Schauen Sie sich

---

[1] auch Integrated Development Environment (IDE) genannt
[2] auch Revision Control Systems (RCS) genannt

www.netbeans.org oder – und das ist der Geheimtipp der Autoren – die kostenlose IDE auf www.eclipse.org an. Versionsverwaltung? CVS ist nicht nur eines der weltweit führenden Tools, es ist auch noch umsonst. Designtools für UML-Klassendiagramme? Poseidon (www.gentleware.de) ist in der so genannten Community Edition kostenlos erhältlich.

Aber damit sind wir noch lange nicht am Ende. Die Bibliothek des JDK enthält inzwischen standardmäßig über zweitausend Klassen. Diese Zahl ist aber verschwindend gering im Vergleich zum Umfang zahlreicher kostenloser Bibliotheken, die Sie im World Wide Web finden und die Ihnen neue, zusätzliche Funktionalität zur Verfügung stellen. Diese Software ist oftmals **Open Source**: Sie erhalten nicht nur die Class-Dateien, sondern sogar den Quellcode kostenlos zur Einsicht. Je nach Software-Lizenz dürfen Sie diese Quellen verändern, erweitern und die Resultate sogar in kommerziellen Projekten einsetzen.

Berühmtester Java-Vertreter dieser Liga ist zweifelsohne die Apache Software Foundation www.apache.org. Ihre Projekte haben üblicherweise einen derart hohen Qualitätsstandard, dass einige ihrer Klassen inzwischen Einzug in das Standard-JDK gefunden haben. Andere Einstiegspunkte in die Open Source Community sind beispielsweise www.sourceforge.net und www.freshmeat.net.

Open Source Programmbibliotheken können die Entwicklungszeit kommerzieller Projekte stark beschleunigen und in der Marktwirtschaft somit ein echter Segen sein. Um allerdings durch den Berg von Lizenzmodellen und halbfertigen und schlecht programmierten Lösungen zu den Juwelen in der Schatztruhe zu gelangen, bedarf es einer Menge Erfahrung. In den meisten Fällen lohnt sich allerdings die Mühe.

16.4 Und fachlich?

Je nachdem, wohin es Sie beruflich verschlägt, kann Java eine Vielzahl von Pfaden zur Spezialisierung bilden. Dies ist üblicherweise der Zeitpunkt, wo Sie den Pfad der allgemeinen Lehrbücher und Programmierkurse verlassen und sich mit Spezialliteratur auf einige wenige Zweige des großen Java-Baumes konzentrieren. Wir können und wollen an dieser Stelle die verbleibenden Seiten nicht mit einer Aufzählung dieser Möglichkeiten verbringen; verstehen Sie die folgenden Punkte bitte als Hinweis auf Aspekte, die die Autoren als wichtige Spezialgebiete empfinden:

- Wohin gehen unsere Objekte eigentlich, wenn unsere Anwendung beendet wird? Persistenz, also das Bestehen von Daten über das Ende eines Programms hinaus, ist einer der wichtigsten Aspekte im kommerziellen Programmieren. Sie haben in diesem Buch ja bereits die Verwendung von serialisierten Objekten und Dateien kennen gelernt. Java bietet dem Benutzer noch eine Vielzahl weiterer Alternativen:

16.4 Und fachlich?

- Der Benutzer kann seine Daten in der so genannten eXtended Markup Language (**XML**) aufzeichnen. XML ist heutzutage allgegenwärtig, HTML ein Spezialfall dieser viel allgemeineren Beschreibungsform von Daten. Java bietet Bibliotheken an, um XML-Dokumente zu lesen und zu verarbeiten. Sehen Sie hierzu auch beispielsweise das Projekt Xerces der Apache Software Foundation.
- Der Benutzer kann seine Daten in einer so genannten **relationalen Datenbank** ablegen. Diese Datenbanken sind der Klassiker unter den Datenhaltungssystemen und mit illustren Herstellern wie Oracle oder Microsoft in fast jedem Betrieb beheimatet. Die so genannte Java Database Connectivity (**JDBC**) bietet ein standardisiertes Interface, um auf derartige Daten zuzugreifen.
- So genannte **objektorientierte Datenbanken** speichern Objekte und Objektstrukturen direkt in einer Datenbank ab. Startet man seine Anwendung und verbindet sich mit der Datenbank, kann man mit diesen Objekten beinahe so arbeiten, als wären sie normal im Hauptspeicher. Mit den Java Database Objects (**JDO**) hat Sun hierbei einen Standard gesetzt, wie solche Datenbanken in Java verwendet werden können.
- Zu guter Letzt seien noch die so genannten Enterprise Java Beans erwähnt, welche in Webservern aktiv sind und ebenfalls Daten persistieren können. Diese Klassen, abgekürzt auch **EJB** genannt, sind Bestandteil der Java Enterprise Edition, die wir im nächsten Aufzählungspunkt näher beleuchten werden.

■ Haben Sie schon einmal etwas von **J2EE** gehört? Die so genannte Java Enterprise Edition ist eine Sammlung von Bibliotheken, die von Sun aus dem normalen JDK ausgelagert wurde. Diese Klassen definieren Standard-Interfaces, um Client/Server-Anwendungen mit Java zu programmieren. Zum J2EE zählen beispielsweise die oben bereits erwähnten Enterprise Java Beans, aber auch andere Aspekte wie spezielle JDBC-Erweiterungen oder die so genannten **Servlets** fallen unter diese Kategorie. Wollen Sie verteilte Anwendungen oder Web Services für Firmennetzwerke oder das Internet verfassen, ist dies der Pfad, den Sie einschlagen sollen.

■ Muss sich Ihr Java-Programm mit einer anderen Programmiersprache unterhalten? Haben Sie ein altes Programm, zu dem Sie eine Anbindung schreiben müssen? Auch wenn Java prinzipiell plattformunabhängig ist, bedeutet das nicht, dass Sie nicht aus der schönen heilen Java-Welt ausbrechen können. Java bietet verschiedene Möglichkeiten, um sich mit Drittsystemen zu unterhalten:

- Java kann Kommandos des Betriebssystems aufrufen. Die hierbei verwendeten Prozess-Objekte liefern Ein- und Ausgabeströme ähnlich zu Sockets. Hat Ihre Anwendung eine Terminal-Schnittstelle, mag dies eine interessante Lösung sein.

- Das so genannte Java Native Interface (**JNI**) bietet die Möglichkeit, in der Sprache C oder C++ geschriebenen Code von Java aus aufzurufen. Haben Sie also beispielsweise eine in C geschriebene Programmierschnittstelle zu Ihrem System, können Sie mit Hilfe dieses Interfaces eine Anbindung an Ihren Java-Code entwerfen.
- Manche Systeme bieten eine so genannte **Corba**-Schnittstelle an. Hierbei handelt es sich um eine Fernsteuerung für Objekte. Diese Objekte befinden sich in einem anderen Prozess (besagtem Drittsystem), können aber von einem anderen Programm (wie Ihrem Java-Code) gelesen und verwendet werden.
- Hat das System eine Web-Schnittstelle, können Protokolle wie etwa **SOAP** zum Einsatz kommen, um gewisse Aktionen ferngesteuert aufzurufen. Diese Alternative, die an den Bereich J2EE angrenzt, ist in neuen Entwicklungen immer stärker im Einsatz. In alten Programmen werden Sie allerdings eher selten eine SOAP-Schnittstelle finden.

Sollten Sie eines Tages für eine große Bank oder Versicherung arbeiten, werden Sie vielleicht mit derartigen Anwendungsfällen konfrontiert werden. In manchen sicherheitsorientierten Branchen ist es undenkbar, eine als stabil erwiesene Anwendung neu zu entwickeln, nur weil sie nicht in Java programmiert wurde. Wer möchte sich beispielsweise darauf verlassen, dass die neue Banksoftware das Konto genauso zuverlässig führt wie die fehlerfreie, seit zwei Jahrzehnten etablierte Cobol-Lösung?

16.5 Zu guter Letzt ...

... wollen wir uns noch einmal bei Ihnen bedanken. Sie haben dieses Buch nicht nur gekauft – Sie haben es auch gelesen! Was kann sich ein Autor mehr wünschen? Danke und viel Spaß in der wunderbaren Welt der kommerziellen Softwareentwicklung.

Anhang A

Der Umgang mit der API-Spezifikation

A.1 Der Aufbau der API-Spezifikation

Bei der täglichen Arbeit mit Java spielt die Online-Dokumentation der Klassenbibliotheken, kurz die API-Spezifikation [21], eine zentrale Rolle. API steht für Application Programming Interface, also die Programmierschnittstelle für eine Klasse, ein Paket oder eine ganze Klassen-Bibliothek und deren öffentliche Methoden und Variablen. Die API-Spezifikation ist allerdings nicht im Installationsumfang des JDK enthalten, sondern steht online im Internet zur Verfügung oder muss separat heruntergeladen und entpackt werden.
Da die API-Spezifikation in Form von HTML-Dateien vorliegt, kann man auch nach dem Entpacken der heruntergeladenen Datei auf dem eigenen Rechner einfach mit einem aktuellen Web-Browser die Datei `index.html` in dem beim Entpacken entstandenen Unterverzeichnis `docs/api` öffnen und die in Abbildung A.1 dargestellte Webseite betrachten. Im oberen linken Fenster sind sämtliche Pakete des JDK in alphabetischer Reihenfolge aufgeführt. Wählt man in diesem Fenster ein Paket aus, erscheinen im unteren linken Fenster alle Klassen, Interfaces und Exceptions des ausgewählten Pakets. Über den Verweis „All Classes" im oberen Fenster kann man wahlweise auch den Inhalt aller Pakete des JDK im unteren Fenster auflisten lassen.
Wählt man im unteren Fenster einen Klassennamen aus, wird im rechten Fenster die komplette Beschreibung der ausgewählten Klasse angezeigt. Im oberen Teil der Klassenbeschreibung werden die Vererbungshierarchie, die Superklasse und die implementierten Schnittstellen angegeben, dann folgt meist eine kurze Beschreibung der Einsatzmöglichkeiten der Klasse und die Auflistung aller Konstanten, Variablen, Konstruktoren und Methoden der ausgewählten Klasse. In verkürzter Form werden auch alle von den Superklassen geerbten Methoden auf-

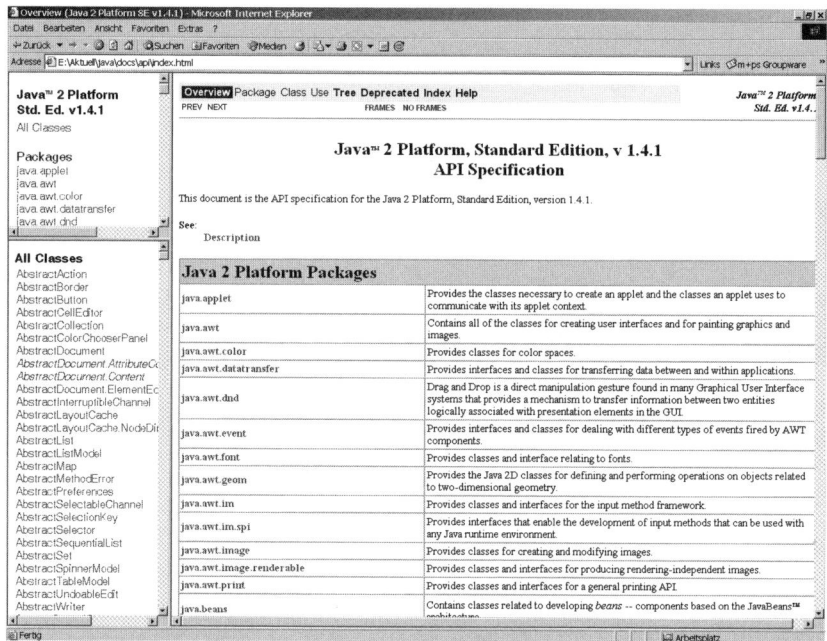

Abbildung A.1: Startseite der API-Spezifikation

gelistet. Per Verweis kann man von den aufgelisteten Methodennamen zur detaillierten Beschreibung der Methode im unteren Teil der Klassenbeschreibung gelangen oder direkt zur detaillierten Beschreibung der Methoden in der Beschreibung der zugehörigen Superklasse.

A.2 Der praktische Einsatz der API-Spezifikation

Um den Umgang mit der API-Spezifikation an einem Beispiel zu demonstrieren, stellen wir uns folgende einfache Programmier-Aufgabe: Wir möchten die trigonometrischen Funktionen Sinus, Cosinus und Tangens auf einen beliebigen im Bogenmaß angegebenen Winkel anwenden. Dem Programm sollen der Name der Funktion und der Wert des Winkels per Kommandozeilenparameter übergeben werden. Wenn die zu programmierende Klasse den Namen `Berechne.java` erhält, könnte ein möglicher Funktionsaufruf folgendermaßen aussehen:

```
java Berechne cos 0
```

Unser Programm muss also zunächst die gewünschte Funktion anhand des ersten Kommandozeilenparameters erkennen und dann den zweiten Parameter an die entsprechend ausgewählte Funktion aus der `Math`-Klasse übergeben.

A.2 Der praktische Einsatz der API-Spezifikation

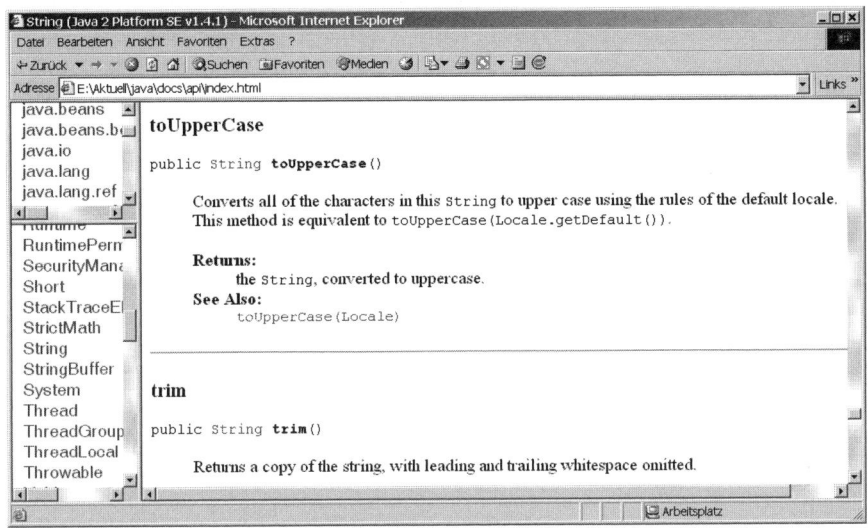

Abbildung A.2: API-Spezifikation der Methode `toUpperCase`

Um die Benutzerfreundlichkeit zu erhöhen, soll unser kleines Programm den gewünschten Funktionstyp sowohl in Großbuchstaben, Kleinbuchstaben als auch in gemischter Schreibweise erkennen und außerdem den Benutzer bzw. die Benutzerin in Klartext auf Fehler hinweisen, die mit einem falschen Programmaufruf oder mit einem nicht korrekten Winkelwert zusammenhängen.

Da wir wissen, dass alle per Kommandozeile eingelesenen Parameter als `String`-Objekte in einem Feld übergeben werden, suchen wir nun in der API-Spezifikation der Klasse `String` nach einer Methode, die alle Zeichen eines `String`-Objekts einheitlich in Großbuchstaben umwandelt.

Schon aus Band 1 dieses Buchs wissen wir, dass sich die Klasse `String` im Standard-Paket `java.lang` befindet. Dieses wählen wir im linken oberen Fenster aus und suchen nun mit der Suchfunktion des Web-Browsers im linken unteren Fenster nach der Klasse `String`. In der in Abbildung A.2 dargestellten Klassenbeschreibung der Klasse `String` finden wir die Methode `toUpperCase`, die unseren Ansprüchen gerecht wird. Die ersten Zeilen unserer Klasse könnten also folgendermaßen aussehen:

```
1  public class Berechne {
2    public static void main (String[] args) {
3      String funktion = args[0].toUpperCase();
```

Genauso gut hätten wir auch alle Zeichen mit der Methode `toLowerCase` in Kleinbuchstaben umwandeln können, dies muss dann nur im weiteren Programmablauf entsprechend berücksichtigt werden.

Im nächsten Schritt muss aufgrund des Inhaltes des nun in Großbuchstaben vorliegenden `String`-Objektes die gewünschte trigonometrische Funktion aus-

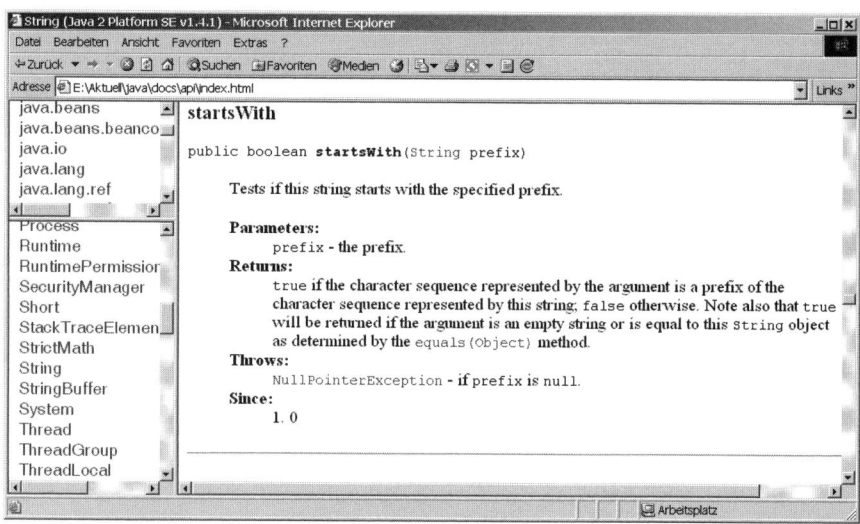

Abbildung A.3: API-Spezifikation der Methode startsWith

gewählt werden. Dazu muss der Inhalt des String-Objektes mit den möglichen Funktionsnamen verglichen werden. Um sowohl bei Angabe der in Formeln üblichen, abgekürzten Schreibweise des Funktionsnamens als auch bei Angabe des kompletten Funktionsnamens die Eingabe korrekt zu interpretieren, bedienen wir uns der in Abbildung A.3 erläuterten Methode startsWith der Klasse String, die den Beginn des aufrufenden String-Objektes mit dem als Parameter übergebenen String-Objekt vergleicht.

Der zweite Kommandozeilenparameter wird zum Argument für die ausgewählte trigonometrische Funktion. Daher informieren wir uns zunächst über den zulässigen Parametertyp der trigonometrischen Funktionen aus der Math-Klasse, die sich auch im Paket java.lang befindet. Als Beispiel nehmen wir die Methode zur Berechnung der Sinusfunktion, deren detaillierte Beschreibung in Abbildung A.4 dargestellt ist. Die Klassenmethode sin benötigt als Parameter einen **double**-Wert. Also müssen wir den zweiten Kommandozeilenparameter in einen **double**-Wert umwandeln. Wie ein Blick in die API-Spezifikation der Klasse String zeigt, bietet diese Klasse zwar eine Methode um aus einer **double**-Variablen ein String-Objekt zu erzeugen – eine Methode, um aus einem String-Objekt eine **double**-Variable zu erzeugen, existiert jedoch nicht. Also müssen wir in einer anderen Klasse suchen.

Da es außer **double**-Variablen ja auch Double-Objekte gibt, liegt es nahe, die API-Spezifikation der Double-Klasse des java.lang-Pakets aufzurufen und dort nach einer geeigneten Methode zu suchen.

Mit parseDouble (siehe Abbildung A.5) haben wir eine Methode gefunden, die exakt unseren Bedürfnissen entspricht und aus einem übergebenen String-

A.2 Der praktische Einsatz der API-Spezifikation

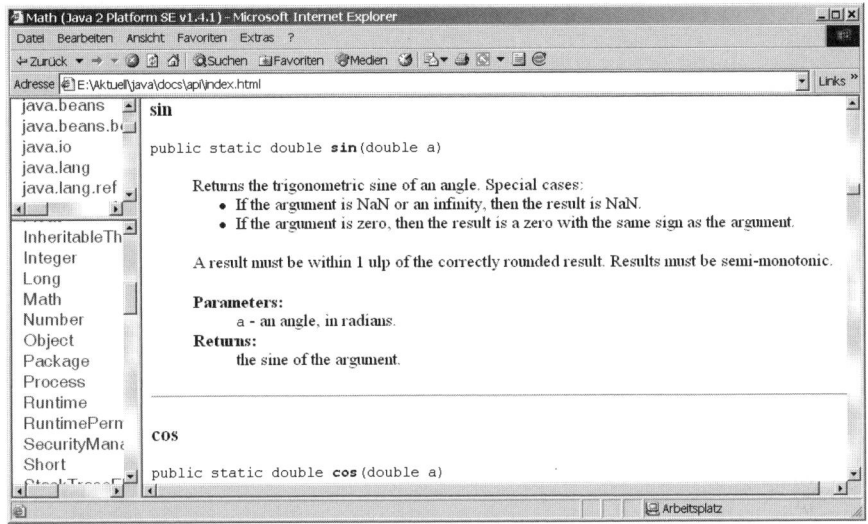

Abbildung A.4: API-Spezifikation der Methode `sin`

Objekt eine **double**-Variable erzeugt. Der Beschreibung der Methode entnehmen wir außerdem, dass es sich um eine Klassenmethode handelt und dass die Methode eine Exception wirft, falls sich das `String`-Objekt nicht in eine **double**-Variable umwandeln lässt.

Damit unser Programm nicht unkontrolliert abbricht, falls es mit falschen oder ohne Kommandozeilenparameter aufgerufen wird, fangen wir die Exception der `parseDouble`-Methode (`NumberFormatException`) und auch die Exception, die bei dem Zugriff auf eventuell nicht vorhandene Kommandozeilenparameter `args[0]` und `args[1]` entsteht (`ArrayIndexOutOfBoundsException`), in einem **try**-Block ab.

Diese Informationen reichen zusammen mit unserem ohnehin schon umfangreichen Wissen über das Programmieren in Java sicherlich aus, um folgendes kleine Programm endgültig fertig zu stellen:

```
 1  public class Berechne {
 2    public static void main (String[] args) {
 3      try {
 4        String funktion = args[0].toUpperCase();
 5        double argument = Double.parseDouble(args[1]);
 6        double wert;
 7        if (funktion.startsWith("SIN"))
 8          wert = Math.sin(argument);
 9        else if (funktion.startsWith("COS"))
10          wert = Math.cos(argument);
11        else if (funktion.startsWith("TAN"))
12          wert = Math.tan(argument);
13        else {
```

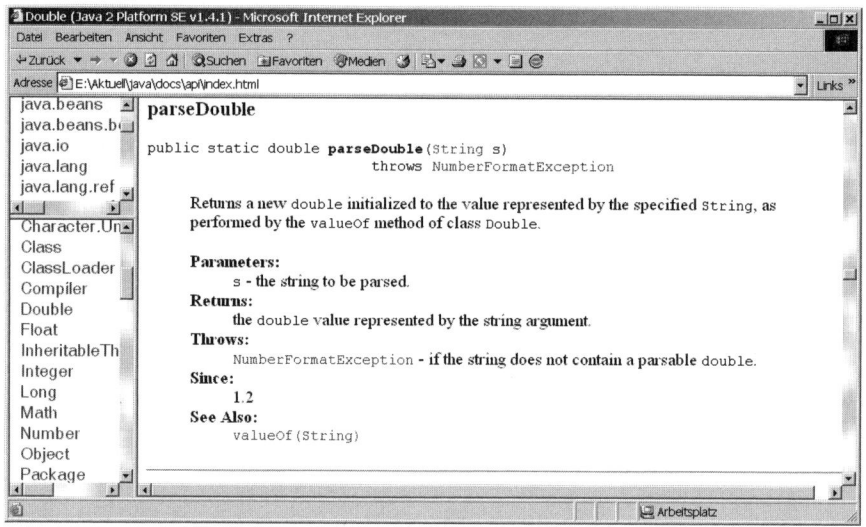

Abbildung A.5: API-Spezifikation der Methode `parseDouble`

```
14        System.out.println(funktion + " ist keine erlaubte Funktion!");
15        return;
16      }
17      System.out.println("Ergebnis: " + wert);
18    }
19    catch (ArrayIndexOutOfBoundsException ae) {
20      System.out.println("Falscher Aufruf! Die korrekte Form lautet:");
21      System.out.println("java Berechne <Funktion> <Argument>");
22    }
23    catch (NumberFormatException ne) {
24      System.out.println(args[1] + " ist kein double-Wert!");
25    }
26  }
27 }
```

Außer für die Klassenbibliotheken des JDK existiert für viele gut dokumentierte Pakete oder Klassen eine Dokumentation im HTML-Format, die in Form und Aufbau der API-Spezifikation entspricht und Programmierer beim Einsatz der zur Verfügung stehenden Funktionalitäten unterstützt. Solche Dokumentationen können auf Basis von speziellen Programmkommentaren leicht mit dem Zusatzprogramm JavaDoc des JDK erstellt werden. In Band 1 haben wir den Einsatz dieser JavaDoc-Kommentare kurz erläutert. Um den enormen Funktionsumfang des JavaDoc-Programms näher kennen zu lernen, sei an dieser Stelle auf die entsprechende Online-Dokumentation des JDK [25] verwiesen.

Anhang B

Glossar

In diesem Glossar finden Sie kurze Erklärungen zu einigen Fachbegriffen, auf die Sie teils in diesem Buch, teils in Gesprächen mit anderen Programmierenden stoßen werden. Sollte Ihrer Meinung nach ein wichtiger Begriff fehlen, nehmen Sie bitte über die WWW-Seite zum Buch Kontakt zu den Autoren auf.

API API steht für den englischen Begriff „Application Programming Interface" (deutsch: „Programmierschnittstelle"). Es handelt sich hierbei um die Spezifikation, die dem Programmierer vorgibt, wie das Verhalten und der Zustand von Klassen und Objekten genutzt werden kann.

Applet Ein Applet ist ein speziell aufgebautes Java-Programm, das nur mit Hilfe eines Java-fähigen Webbrowsers oder eines Appletviewers ausführbar ist. Um die notwendigen Eigenschaften zu erhalten, muss jede Appletklasse von der Superklasse `java.applet.Applet` erben. Ein Applet besitzt grundsätzlich eine grafische Benutzeroberfläche und verarbeitet sämtliche Ein- und Ausgaben ereignisorientiert, es stellt jedoch für die Darstellung kein eigenes Fenster bereit, sondern benutzt das Fenster des Browsers oder des Appletviewers. Um ein Applet in einem Browser oder Appletviewer starten zu können muss es in eine HTML-Datei eingebunden werden. Da Applets in der Regel über das Internet geladen werden, gibt es beim Ausführen von Applets spezielle Sicherheitsvorkehrungen, die z. B. verhindern, dass Applets auf die lokale Festplatte zugreifen oder andere sicherheitskritische Funktionen ausführen können.

siehe Applikation, Browser

Applikation Bei einer Applikation handelt es sich um eine eigenständige, ausführbare Einheit, die direkt vom Java-Interpreter ausgeführt werden kann. Applikationen können sowohl grafische als auch textbasierte Benutzeroberflächen besitzen, auch die Ein- und Ausgabe kann ereignisorientiert oder textbasiert erfolgen.

siehe Applet

Browser Anwendung zum Navigieren im World Wide Web und Anzeigen von Webseiten. Der Browser lädt die angeforderte Seite vom Server, interpretiert deren Inhalt und stellt ihn grafisch dar. Beispiele für Browser sind *Netscape Navigator*, *Microsoft Internet Explorer* und *Opera*.

siehe Applet, Server

Client Ein Programm, das über das Netzwerk den Dienst eines Servers anfordert, wird Client (deutsch: Klient, Kunde) genannt, der entsprechende Rechner, auf dem der Client läuft, heißt dann Client-Rechner oder Client-Host.

siehe Host, Server

Deadlock Ein Deadlock (deutsch: Blockierung) entsteht, wenn mehrere Threads oder Prozesse sich gegenseitig so beeinflussen, dass keiner von ihnen in der Lage ist, seine Aufgabe bis zum Ende auszuführen. Diese Behinderung entsteht besonders schnell, wenn die Threads oder Prozesse mehrere Ressourcen gleichzeitig benötigen. Durch den korrekten Einsatz von Synchronisierungsmechanismen ist es möglich, Deadlocks bei parallelen Abläufen auszuschließen.

siehe Thread, Prozess, Synchronisieren

DNS Adressen von Rechnern im Internet können nicht nur durch IP-Adressen, sondern auch einfach durch Namen notiert werden, wobei einer IP-Adresse auch mehrere Namen (man spricht dann von Alias-Namen) zugeordnet werden können. Diese Art der Notation wird durch einen speziellen Dienst im Internet, den Domain Name Service (abgekürzt DNS), unterstützt, der die Abbildung des Namens auf die tatsächliche IP-Adresse vornehmen kann.

siehe IP, IP-Adresse

Gregorianischer Kalender	Der Gregorianische Kalender wurde im 16. Jahrhundert von Papst Gregor eingeführt. Er ersetzte den Julianischen Kalender, der sich als unzuverlässig erwiesen hatte. Der Gregorianische Kalender liegt unserer heutigen Zeitrechnung zugrunde und unterscheidet sich vom Julianischen Kalender insbesondere durch die Schaltjahresregelungen.
GUI	GUI steht für den englischen Begriff Graphical User Interface (deutsch: Grafische Benutzerschnittstelle). Im Gegensatz zu textbasierten Programmen, die meist ausschließlich mit der Tatstatur von der Kommandozeile aus bedient werden, bieten Programme mit grafischer Benutzeroberfläche die Möglichkeit, graphische Darstellungen in Kombination mit Tastatur und Maus zu verwenden, um die Benutzung eines Programms zu vereinfachen.
HTML	HTML (Hypertext Markup Language) ist eine Sprache, die verwendet wird, um Seiten für das World Wide Web zu gestalten. Dabei kommen so genannte Tags mit vordefinierter Bedeutung zum Einsatz, die festlegen, wie bestimmte Teile des Dokuments formatiert und dargestellt werden sollen. Unter anderem können Art und Größe der Schrift, Struktur von Tabellen, Listen und Aufzählungen sowie Grafiken und Farbgestaltung bestimmt werden. Verweise auf andere Dokumente werden mit so genannten Hyperlinks realisiert. Ferner gibt es spezielle Tags für die Einbettung von Java-Applets.
	siehe Applet, XML
HTTP	Das Hypertext Transfer Protocol (HTTP) ist ein im World Wide Web benutztes Standardprotokoll, das den Austausch von Dokumenten zwischen Rechnern steuert.
Host	Als Host (deutsch: Wirt, Gastgeber) bezeichnet man ein Computer-System in einem Netzwerk.
IP	Das Internet Protocol (IP) ist ein Protokoll, das in der Netzwerkschicht des TCP/IP-Referenzmodells für die Netzwerk-Kommunikation zuständig ist.
	siehe TCP
IP-Adresse	Eindeutige numerische Adresse eines Rechners in einem Netzwerk.
	siehe DNS

JAR-Datei JAR (Java Archive) ist ein plattformunabhängiges Dateiformat, das viele Dateien zu einer JAR-Datei zusammenfügt. Mehrere Java-Applets und ihre zugehörigen Komponenten (Klassendateien, Bilder, Klänge und andere Ressourcen) können in eine JAR-Datei gepackt und dann über einen Browser in einer einzigen HTTP-Transaktion heruntergeladen werden. Das JAR-Format unterstützt außerdem das Komprimieren von Dateien sowie digitale Signaturen. JAR-Dateien lassen sich mit dem Programm `jar` aus dem JSDK erstellen.

siehe Applet

Look and feel Mit Look and feel bezeichnet man das Erscheinungsbild und die Handhabung einer Software.

Protokoll Beim Daten- bzw. Nachrichtenaustausch in einem Netzwerk müssen die kommunizierenden Computer bzw. Programme gewisse Regeln für den Verbindungsaufbau, den genauen Ablauf des eigentlichen Datenaustauschs und den Verbindungsabbau befolgen. Diese Regeln werden Protokoll genannt. Typische Protokolle für verbreitete Netzwerkanwendungen sind zum Beispiel FTP (File Transfer Protocol), HTTP (Hypertext Transfer Protocol) oder SMTP (Simple Mail Transfer Protocol).

RGB-Farbmodell Das RGB-Farbmodell basiert auf der additiven Farbmischung, bei der sich eine beliebige Farbe aus der Addition der Grundfarben Rot, Grün und Blau zusammensetzen lässt. RGB-Farben werden üblicherweise durch ganzzahlige Tripel (r,g,b) dargestellt, die den Anteil an der jeweiligen Grundfarbe in der Reihenfolge Rot, Grün und Blau darstellen, wobei der jeweilige Anteil der Grundfarben durch Werte von 0 bis 255 repräsentiert wird. Hierdurch lassen sich bis zu 16,7 Millionen Farben darstellen (24 Bit Farbtiefe). Das Java-Farbmodell basiert auf dem RGB-Farbmodell.

Scheduler Der Scheduler der JVM übernimmt die Aufteilung der Rechenzeit auf die verschiedenen aktivierbaren Threads. Das Verhalten des Schedulers ist stark vom jeweiligen Betriebssystem abhängig, er führt jedoch Threads mit höherer Priorität bei gleichzeitiger Berücksichtigung aller anderen Threads bevorzugt aus.

siehe Thread

Server	Unter einem Server (deutsch: Diener) versteht man ein Programm, das auf einem Rechner läuft und einen bestimmten Dienst anbietet, der über das Netzwerk von anderen Programmen bzw. Rechnern genutzt werden kann. Der Rechner, auf dem das Programm läuft, heißt dann Server-Rechner oder auch Server-Host. Sehr häufig wird der Begriff Server auch fälschlicherweise für den Rechner, auf dem ein oder mehrere Server laufen, verwendet. *siehe Client, Host*
Synchronisieren	Der eigentliche Sinn von separaten Threads innerhalb einer Anwendung liegt darin, dass verschiedene Aufgaben unabhängig voneinander bearbeitet werden. In einigen Fällen müssen die einzelnen Threads aber auch aufeinander abgestimmt (synchronisiert) werden, zum Beispiel wenn mehrere Threads schreibend und lesend auf die gleichen Daten zugreifen oder ein Thread auf das Ergebnis eines anderen Threads warten muss. Diese Synchronisation kann auf verschiedene Arten erfolgen. Nahezu jedes Betriebssystem und auch die Programmiersprache Java bieten verschiedene Mechanismen zur Synchronisation. Auch parallele Prozesse müssen unter Umständen synchronisiert werden, um Ihre Abläufe aufeinander abzustimmen. *siehe Thread, Prozess*
TCP	Das Transmission Control Protocol (TCP) ist ein Protokoll, das in der Transportschicht des TCP/IP-Referenzmodells für die Netzwerk-Kommunikation zuständig ist. Das TCP stellt eine zuverlässige (virtuelle) Verbindung zwischen Sender- und Empfänger-Anwendung her, die sicherstellt, dass alle Daten fehlerfrei und vollständig übertragen werden. *siehe IP*
Thread	Mit Hilfe von Threads (deutsch: Fäden) sind wir in der Lage, mehrere Ablaufstränge innerhalb unseres Programms quasi parallel zu bearbeiten. Threads werden oft als so genannte „leichtgewichtige Prozesse" bezeichnet. Im Gegensatz zu Prozessen befinden sich nämlich alle Threads eines Programms in einem gemeinsamen Adressraum im Speicher und haben lediglich unterschiedliche lokale Variablen. Über gemeinsame statische Variablen oder Objekte können Threads auf einfache Art und Weise miteinander kommunizieren. Dieses Konzept der parallelen Verarbeitung ist recht performant, erfordert jedoch vom Programmierer unter anderem aufgrund der Gefahr eines Deadlocks erhöhte Sorgfalt. In der Programmiersprache

Java sind die Möglichkeiten zur Programmierung nebenläufiger Abläufe bereits integriert.

siehe Prozess, Deadlock

Tooltip Als Tooltip bezeichnet man den Hinweis, der eingeblendet wird, wenn die Anwenderin oder der Anwender den Mauszeiger auf ein Element einer graphischen Oberfläche (z. B. eine Schaltfläche) bewegt. Der Hinweis wird im Allgemeinen in Form eines kurzen Textes angezeigt, der die Anwenderin oder den Anwender über die Funktion des entsprechenden Elements informiert.

UDP Das User Datagram Protocol (UDP) ist ein Protokoll, das in der Transportschicht des Referenzmodells für die Netzwerk-Kommunikation zuständig ist. Das UDP stellt eine unzuverlässige (virtuelle) Verbindung zwischen Sender- und Empfänger-Anwendung her, die nicht sicherstellt, dass die Daten fehlerfrei und vollständig übertragen werden.

siehe IP

URL Unter einer URL (Uniform Resource Locator) versteht man eine spezielle Darstellung einer Adresse für ein Dokument im Internet. Sie legt genau fest, welche Datei von welchem Rechner mit welchem Dienst bzw. Protokoll angesprochen werden soll.

siehe Protokoll

XML XML (Extensible Markup Language) ist eine Sprache, die vom W3C- Konsortium [26] entwickelt worden ist. XML erlaubt es, anders als das verwandte HTML, eigene Tags zu definieren. XML eignet sich insbesondere dazu, Daten bzw. Informationen zu strukturieren.

siehe HTML

Literaturverzeichnis

Bücher

[1] M. Campione, K. Walrath: *The Java Tutorial – Object-Oriented Programming for the Internet*. Addison Wesley, 1998.

[2] M. Fowler, K, Beck, J. Brant, W. Opdyke, D. Roberts: *Refactoring: Improving the Design of Existing Code*. Addison Wesley, 1999.

[3] E. Gamma, R. Helm, R. Johnson, J. Vlissides: *Entwurfsmuster. Elemente wiederverwertbarer objektorientierter Software*. Addison Wesley, 1999.

[4] J. Gosling, B. Joy, G. Steele, G. Bracha: *The Java Language Specification*. Addison Wesley, 2000.

[5] R. Hitchens: *Java NIO*. O'Reilly, 2002.

[6] G. Krüger: *Handbuch der Java-Programmierung*. Verlag Addison-Wesley, 2002.

[7] S. Münz, W. Nefzger: *HTML & Web-Publishing Handbuch*. Franzis Verlag, 2002.

[8] D. Ratz, J. Scheffler, D. Seese: *Grundkurs Programmieren in Java – Band 1: Der Einstieg in Programmierung und Objektorientierung*. Carl Hanser Verlag, 2001.

[9] P. Rechenberg, G. Pomberger: *Informatik-Handbuch*. Carl Hanser Verlag, 1999.

[10] M. Schader, L. Schmidt-Thieme: *Java – Eine Einführung*. Springer-Verlag, 2000.

Internet-Links

[11] W. Bergt: *Online-Lexikon: Begriffe aus der Computerwelt*.
   `http://members.aol.com/WBLexikon/`

[12] M. Campione, K. Walrath: *The Java Tutorial – Object-Oriented Programming for the Internet*.
   `http://java.sun.com/docs/books/tutorial/`

[13] M. Campione, K. Walrath: *The Java Tutorial – Object-Oriented Programming for the Internet*. The Dining Philosophers.
`http://java.sun.com/docs/books/tutorial/essential/threads/deadlock.html`

[14] J. Gosling, B. Joy, G. Steele, G. Bracha: *The Java Language Specification, Second Edition*.
`http://java.sun.com/docs/books/jls/`

[15] ICANN: *The Internet Corporation for Assigned Names and Numbers*.
`http://www.icann.org/`

[16] ISO: *International Organisation for Standardization*.
`http://www.iso.ch/`

[17] S. Münz: *SELFHTML – HTML-Dateien selbst erstellen*.
`http://selfhtml.teamone.de/`

[18] B. Oestereich (oose.de GmbH): *UML-Glossar*.
`http://www.oose.de/umlglossar/`

[19] D. Ratz: *Programmierung kommerzieller Systeme – Sprungbrett*. Institut für Angewandte Informatik und Formale Beschreibungsverfahren (AIFB), Universität Karlsruhe (TH).
`http://www.aifb.uni-karlsruhe.de/JumpTo/proksy/`

[20] D. Ratz, J. Scheffler, D. Seese, J. Wiesenberger: *WWW-Seite zum vorliegenden Buch*.
`http://www.grundkurs-java.de/`

[21] Sun Microsystems: *Java 2 Platform, Standard Edition, API Specification*.
`http://java.sun.com/api/`

[22] Sun Microsystems: *Java 2 Platform, Standard Edition, Plug-in*.
`http://java.sun.com/products/plugin/`

[23] Sun Microsystems: *Java 2 Platform, Standard Edition, Security*.
`http://java.sun.com/security/`

[24] Sun Microsystems: *Java 2 Platform, Standard Edition, Software Development Kit (SDK)*.
`http://java.sun.com/products/`

[25] Sun Microsystems: *Java 2 Platform, Standard Edition, Tools and Utilities*.
`http://java.sun.com/j2se/1.4.1/docs/tooldocs/tools.html`

[26] W3C: *World Wide Web Consortium*.
`http://www.w3c.org/`

Stichwortverzeichnis

abs, 64, 70
Abstract Window Toolkit, 45, **129**, **139**
`AbstractButton`, 159
`accept`, 380
`ActionEvent`, 211, 212
`ActionListener`, 199, 213
`actionPerformed`, 199, 213
Adapter-Klassen, **216**
add, 63, 69, 80, 89, 96, 139, 144, 145, 167, 189
`addActionListener`, 200
`addAll`, 89
`addItem`, 169
`addSeparator`, 189
`AffineTransform`, 297
after, 77, 79
Alias-Namen, **376**
`ALT_MASK`, 191
`ancestorAdded`, 215
`AncestorEvent`, 210, 211
`AncestorListener`, 215
`ancestorMoved`, 215
`ancestorRemoved`, 215
anonyme Klasse, 205
Anwendungsschicht, **374**
API, **423**, 424, **429**
`append`, 53
`Applet`, 271
Applet-Tag, 277
`AppletContext`, 280
Applets, 129, **265**, **429**
  signierte, **283**

Applikation, 129, **430**
Archiv, 278
`ArrayList`, 96
Arrays, 99
`asList`, 99
`assert`, 124
`AssertionError`, 124
Assertions, **124**
Attribute, **268**
Ausgabe, 73, 74, 349, 353, 364, 369
Auswahllisten, 169, 171
AWT, 45, **129**, **139**
`AWTEvent`, 210

Basis-Container, 133, 135
Baukastenprinzip, 131
Beenden, **134**
before, 77, 80
Behälter, 131
Benutzungsschnittstelle, grafische, **131**
`BigDecimal`, 68
`BigInteger`, 63
Bildlaufleisten, 179
`binarySearch`, 99
BLACK, 147
BLUE, 147
Body-Mass-Index, 237
BOLD, 149
Boolean, 57
`booleanValue`, 58
Border, 301
`BorderLayout`, 153
BOTTOM, 159, 161

Browser, 129, **430**
Bruchzahlen, 105
`Buffer`, 370
`BufferedInputStream`, 366
`BufferedOutputStream`, 366
`BufferedReader`, 357
`BufferedWriter`, 357
`ButtonGroup`, 166
`Byte`, 57
Byte-Streams, **350**
Byteströme, **350**
`byteValue`, 58

`Calendar`, 79
`canRead`, 351
`canWrite`, 351
`CaretEvent`, 211
`CaretListener`, 214
`caretUpdate`, 214
`CENTER`, 151, 153, 158, 159, 161, 176
`ChangeEvent`, 211, 212
`ChangeListener`, 213
`Channel`, 370
`Character`, 57
Character-Streams, **350**
`charValue`, 58
`CheckedInputStream`, 369
`CheckedOutputStream`, 369
`clear`, 89
`clearSelection`, 172
Client, **378**, **430**
Client-Host, **378**
Client-Rechner, **378**
Client/Server-Programmierung, 373
`close`, 353, 364, 381
`Collection`, 88, 89
`Collections`, 99
`Color`, 147, 306
`Comparable`, 93
`compareTo`, 57, 64, 70, 78, 93
`Component`, 143
`componentAdded`, 215
`ComponentEvent`, 210
`componentHidden`, 215

`ComponentListener`, 215
`componentMoved`, 215
`componentRemoved`, 215
`componentResized`, 215
`componentShown`, 215
Composite-Pattern, **38**
Container, 131, 132, 182, 184, 185
`Container`, 138, 144
`ContainerEvent`, 211
`ContainerListener`, 215
`contains`, 89
`containsAll`, 89
Content-Pane, **138**
Controller, **26**
`copy`, 175, 176
Corba, **422**
`countTokens`, 102
`createNewFile`, 351
`CTRL_MASK`, 191
`currentThread`, 317
`cut`, 175, 176
`CYAN`, 147

Dämon-Threads, **326**
`DARK_GRAY`, 147
`DataInputStream`, 365
`DataOutputStream`, 365
`Date`, 77
`DateFormat`, 83
Dateien, 350
Datenbanken, **421**
Datumsangaben, 77, 79, 83
`DAY_OF_MONTH`, 80
`DAY_OF_YEAR`, 80
Deadlock, **326**, **430**
`DecimalFormat`, 74
`decode`, 306
`DeflaterOutputStream`, 370
Delegation Event Model, **198**
`delete`, 54, 351
`deleteCharAt`, 54
Deserialisierung, **366**
Design-Patterns, **25**
`destroy`, 271

Dienst, **378**
dispose, 184–186
DISPOSE_ON_CLOSE, 185
divide, 63, 69
DNS, **376**, **430**
DO_NOTHING_ON_CLOSE, 185
Domain Name Service, **376**
Domain-Namen, **376**
Double, 57
DoubleBuffer, 370
doubleValue, 58
drawArc, 256
drawLine, 255
drawOval, 255
drawPolygon, 255
drawPolyline, 255
drawRect, 255
drawString, 256

EAST, 153
Eingabe, 349, 353, 364, 369
EJB, **421**
Entwicklung, iterative, **112**
Entwicklungsumgebung, **419**
Entwurfsmuster, **25**
Enumeration, 91
equals, 57, 64, 70, 78, 93
Ereignisempfänger, **198**
Ereignisquellen, **198**
Ereignisse, 132, **197**
Ereignisverarbeitung, **197**, 205
Erzeuger/Verbraucher-Problem, **328**
Ethernet, **374**
EventListener, 213
EventObject, 210
Events, 36, **197**
exists, 351
exit, 327
EXIT_ON_CLOSE, 136, 185

Fabrik, **237**
Factory, **237**
Farben, 132, 147
FDDI, **374**
Fenster, 133, 135

Fiber Distributed Data Interface, **374**
File, 350
File Transfer Protocol, **374**
FileChannel, 370
FileInputStream, 365
FileOutputStream, 365
FileReader, 354
FileWriter, 354
fillArc, 256
fillOval, 256
fillPolygon, 256
fillRect, 256
first, 94
Float, 57
FloatBuffer, 370
floatValue, 58
FlowLayout, 151
flush, 354, 364
FocusEvent, 210
focusGained, 214
FocusListener, 214
focusLost, 214
Fokus, **161**
Font, 149
Fonts, 132, 149
format, 75, 84
Format, 83
Format, 74
formatierte Ausgabe, 74, 83
Frame, 133
FTP, **374**
FULL, 86

Ganzzahlen, lange, 61
gcd, 64
gepufferte Ströme, 357
get, 80, 96
getActionCommand, 212
getAppletContext, 280
getBackground, 143
getByName, 376
getClickCount, 212
getCodeBase, 284, 393
getComponents, 145

getContentPane, 184–186
getDateInstance, 86
getDateTimeInstance, 86
getDocumentBase, 284, 393
getFirstIndex, 212
getFont, 143
getForeground, 143
getHeight, 143, 255
getHost, 393
getHostAddress, 376
getHostName, 376
getIcon, 158, 160
getInputStream, 380
getInsets, 255
getInstance, 79
getItem, 189, 212
getItemAt, 169
getItemCount, 169, 190
getKeyStroke, 191
getLastIndex, 213
getLineCount, 178
getLineWrap, 178
getMaxSelectionIndex, 172
getMenu, 189
getMenuCount, 189
getMinSelectionIndex, 172
getName, 317, 351
getOutputStream, 380
getParameter, 279
getPriority, 317, 326
getRotateInstance, 297
getSelectedIndex, 169
getSelectedIndices, 172
getSelectedItem, 169
getSelectedText, 175
getSelectedValues, 172
getSelectionMode, 172
getSource, 210
getStateChange, 212
getText, 158, 160, 175
getThreadGroup, 317
getTime, 78, 80
getTimeInstance, 86
getToolTipText, 145

getValue, 242
getWidth, 143, 255
getWindow, 213
getWrapStyleWord, 178
getX, 212
getY, 212
Gleitkommazahlen, lange, 65
Grafik-Koordinaten, 254
grafische Darstellung, 253
grafische Oberfläche, **129**, **131**
Graphical User Interface, **131**
Graphics, 255
Graphics2D, 296
GRAY, 147
GREEN, 147
GregorianCalendar, 79
Gregorianischer Kalender, **431**
GridBagConstraints, 240
GridBagLayout, 239
GridLayout, 155
Gruppen, Thread-, 327
GUI, **131**, **431**
GZIPInputStream, 370
GZIPOutputStream, 370

Hanoi, Türme von, 117
HashSet, 92
hasMoreElements, 102
hasMoreTokens, 102
hasNext, 90
headSet, 94
heavyweight, **139**
HIDE_ON_CLOSE, 185
Hilfsklassen, 49
HORIZONTAL, 191
HORIZONTAL_SCROLLBAR_ALWAYS, 180
HORIZONTAL_SCROLLBAR_AS_NEEDED, 180
HORIZONTAL_SCROLLBAR_NEVER, 180
Host, **431**
Host-Namen, **376**
HOUR_OF_DAY, 80

HTML, **265**, 267, 277, **431**
HTTP, **374**, **431**
Hüll-Klassen, **55**
Hyper Text Markup Language, **265**
Hypertext Transfer Protocol, **374**

ICANN, **376**
`Icon`, 158
IDE, **419**
Ikonisieren, **134**
`ImageIcon`, 158, 285
`indexOf`, 96
`InetAddress`, 376
`InflaterInputStream`, 370
`init`, 271
innere Klasse, 199, 205
`InputStream`, 350, 364
`InputStreamReader`, 354
`insert`, 53
`Insets`, 255
`IntBuffer`, 370
`Integer`, 57
Internetprotokoll, **374**
`interrupt`, 317, 322
`interrupted`, 318
`intValue`, 58
`IOTools`, 363
IP, **374**, **375**, **431**
IP-Adresse, **376**, **431**
`isAlive`, 317, 325
`isDaemon`, 317, 327
`isDirectory`, 351
`isEditable`, 169, 175
`isEmpty`, 90
`isEnabled`, 143
`isFile`, 351
`isFocusPainted`, 161
`isInterrupted`, 317, 322
`isModal`, 186
`isOpaque`, 145
`isSelected`, 160
`isSelectedIndex`, 172
`isSelectionEmpty`, 172
`isVisible`, 144

`ITALIC`, 149
`ItemEvent`, 211, 212
`ItemListener`, 213
`itemStateChanged`, 213
iterative Entwicklung, **112**
`iterator`, 90, 91
`Iterator`, 90

J2EE, **421**
`JApplet`, 267, 270
Jar, **308**
   Archive, 278
JAR-Datei, **432**
Java Foundation Classes, **129**, **132**
Java-Plug-in, **269**
`java.awt`, 132, 147, 239, 306
`java.awt.event`, 190, 191, 209
`java.io`, 350, 359, 369
`java.lang`, 49, 51
`java.math`, 61
`java.net`, 281, 373, 376, 379, 392
`java.nio`, 370
`java.swt.geom`, 297
`java.text`, 74, 83
`java.util`, 77, 86, 88, 99, 102, 210
`javax.swing`, 132, 145, 191, 236
`javax.swing.border`, 301
`javax.swing.event`, 209
`javax.swing.text`, 174
`JButton`, 161
`JCheckBox`, 165
`JColorChooser`, 301
`JComboBox`, 169
`JComponent`, 145
JDBC, **421**
`JDialog`, 185
JDO, **421**
JFC, **129**, **132**
`JFrame`, 135, 184
`JLabel`, 137, 157
`JList`, 171
`JMenuBar`, 189
JNI, **422**
`join`, 334

JoptionPane, 236
JPanel, 182
JPasswordField, 175
JRadioButton, 166
JScrollPane, 179
JTabbedPane, 246
JTextArea, 177
JTextComponent, 174
JTextField, 175
JToggleButton, 163
JToolBar, 191
JWindow, 185

KeyEvent, 210
KeyListener, 214
keyPressed, 214
keyReleased, 214
keyTyped, 214
Klapptafeln, 169
Klassen
   Adapter-, **216**
   anonyme, 205
   Hüll-, **55**
   innere, 205
   Wrapper-, **55**
Knöpfe, 159, 161, 163, 165, 166
Kommunikation, Thread-, 327
Komponenten, 131, 132
   grafische Darstellung, 253
Konkatenation, String-, 50
Konstanten, Zeichenketten-, 49
Koordinatensystem, 254

Labels, 137, 157
Langzahlen, 61, 65
last, 94
lastIndexOf, 96
Layout, 138
Layout-Manager, 132, 150
LayoutManager, 150
Lebenszyklus, Thread-, 324
LEFT, 151, 158, 161, 176
leichtgewichtige Prozesse, **316**
length, 54, 351
Leser/Schreiber-Problem, **328**

LIGHT_GRAY, 147
lightweight, **140**
LinkedList, 96
list, 351
List, 88, 96
Liste, 96
Listener, 36, 132, 213
   Registrierung, 219
ListSelectionEvent, 211, 214
ListSelectionListener, 214
ListSelectionModel, 173
Locale, 86
Long, 57
LONG, 86
longValue, 58
Look and feel, **129**, 249, **432**

MAGENTA, 147
max, 64, 70
MAX_PRIORITY, 326
MAX_VALUE, 59
Maximieren, **134**
MEDIUM, 86
Menge, 91
menuDeselected, 215
Menü, **189**
Menüleisten, 189
MenuEvent, 210, 211
MenuListener, 215
menuSelected, 215
META_MASK, 191
Methoden, synchronisierte, **330**
MILLISECOND, 80
min, 64, 70
MIN_PRIORITY, 326
MIN_VALUE, 59
Minimieren, **134**
MINUTE, 80
mkdir, 351
modal, **185**
Model-View-Controller-Pattern, **26**
Modell, **25**
Monitor, **331**
MONTH, 80

mouseClicked, 214
mouseDragged, 214
mouseEntered, 214
MouseEvent, 210
mouseExited, 214
MouseListener, 214
MouseMotionListener, 214
mouseMoved, 214
mousePressed, 214
mouseReleased, 214
multiply, 63, 69

Namen für Threads, 324
NaN, 59
negate, 63, 69
NEGATIVE_INFINITY, 59
Netzwerk, 373
Netzwerk-Programmierung, 373
Netzwerkschicht, **374**
newLine, 358
newPriority, 317
next, 90
nextElement, 102
nextToken, 102, 359
nextTokens, 102
NORM_PRIORITY, 326
NORTH, 153
notify, 325, 335
notifyAll, 325, 335
Nullstellen, 70
NumberFormat, 74

Oberfläche, grafische, **129**, **131**
Object, 335
ObjectInputStream, 366
ObjectOutputStream, 366
objektorientierte Datenbanken, **421**
Observable, 37
Observer-Pattern, **27**
Offscreen Image, **291**
Open Source, **420**
openConnection, 393
openStream, 392
ORANGE, 147
OutputStream, 350, 364

OutputStreamWriter, 354

pack, 184, 185, 187
paint, 254
paintBorder, 254
paintChildren, 254
paintComponent, 254
parallele Programmierung, 313
parse, 87
parseByte, 58
parseDouble, 58
parseFloat, 58
parseInteger, 58
parseLong, 58
parseShort, 58
paste, 175
Peer, **139**
Philosophenproblem, **337**
physikalische Schicht, **374**
PINK, 147
PLAIN, 149
Popup-Menü, **191**
Port, **377**
POSITIVE_INFINITY, 59
pow, 64
präemptives Scheduling, **326**
print, 355, 361
println, 355, 362
PrintStream, 369
PrintWriter, 361
Priorität, **326**
Programmierung
    Client/Server-, 373
    Netzwerk-, 373
    parallele, 313
Protokoll, **374**, **432**
Prozesse, leichtgewichtige, **316**
Pulldown-Menü, **189**

Rahmen, 133, 135
RandomAccessFile, 369
rationale Zahlen, 105
RCS, **419**
read, 353, 354, 364, 365
readBoolean, 365

readByte, 365
readChar, 365
readDouble, 365
Reader, 350, 353
readFloat, 365
readInt, 365
readLine, 358
readLong, 365
readObject, 367
readShort, 365
RED, 147
Registrierung eines Listeners, 219
Rekursion, 123
relationale Datenbanken, **421**
remainder, 63
remove, 90, 96, 145, 167, 190
removeAll, 90, 190
removeAllItems, 169
removeItem, 169
removeItemAt, 169
renameTo, 351
repaint, 253
Repaint-Manager, **253**
replace, 54
retainAll, 90
RGB-Farbmodell, **147**, **432**
RIGHT, 151, 158, 161, 176
ROUND_CEILING, 69
ROUND_DOWN, 69
ROUND_FLOOR, 69
ROUND_HALF_DOWN, 69
ROUND_HALF_EVEN, 69
ROUND_HALF_UP, 69
ROUND_UNNECESSARY, 69
ROUND_UP, 70
Routing, **375**
run, 315–317
Runnable, 316, 320

Sandkasten-Prinzip, **283**
Schaltflächen, 159, 161, 163, 165, 166
Scheduler, **325**, **326**, **432**
Scheduling bei Threads, 326
Schließen, **134**

Schlüsselwörter
  `assert`, 124
  `synchronized`, 330
  `transient`, 367
SECOND, 80
semantische Ereignisse, **210**
Serialisierung, **366**
Serializable, 367
Server, **378**, **433**
Server-Host, **378**
Server-Rechner, **378**
ServerSocket, 379
Servlets, **421**
set, 80, 96
Set, 88, 91
setAccelerator, 190
setActionCommand, 204
setBackground, 144
setCharAt, 54
setConstraints, 240
setDaemon, 317
setDefaultCloseOperation, 136, 184, 187
setEditable, 169, 175
setEnabled, 144
setFocusPainted, 161
setFont, 144
setForeground, 144
setHorizontalAlignment, 158, 160, 175
setHorizontalScrollBarPolicy, 180
setHorizontalTextPosition, 159, 160
setIcon, 158, 160
setJMenuBar, 184, 187
setLayout, 138, 145
setLineWrap, 178
setLocation, 144
setMnemonic, 190
setModal, 187
setName, 317
setOpaque, 145
setPriority, 326

setSelected, 161
setSelectedIndex, 170, 172
setSelectedIndices, 172
setSelectedItem, 170
setSelectionMode, 172
setSize, 133, 135, 144
setSoTimeout, 390
setStroke, 296
setText, 158, 160, 175
setTime, 78, 80
setTimeInMillis, 82
setTitle, 133, 135, 184, 187
setToolTipText, 146
setVerticalAlignment, 159, 160
setVerticalScrollBarPolicy, 180
setVerticalTextPosition, 159, 160
setVisible, 133, 135, 144
setWrapStyleWord, 178
SHIFT_MASK, 191
Short, 57
SHORT, 86
shortValue, 58
showConfirmDialog, 188, 236
showDocument, 280
showInputDialog, 188
showMessageDialog, 188
Sicherheitseinschränkungen, 282
signierte Applets, **283**
Simple Mail Transfer Protocol, **374**
SimpleDateFormat, 83
SINGLE_SELECTION, 173
size, 90
sleep, 318, 325
SMTP, **374**
SOAP, **422**
Socket, **378**
Socket, 379, 390
SocketChannel, 370
sort, 99
SortedSet, 93
Sortieren, 99
SOUTH, 153

Sperre, **331**
Standard-Ausgabe, 73
start, 271, 314–317, 325
Starvation, **326**
stateChanged, 213
stop, 271
Stream, **349**
StreamTokenizer, 359
String, 49
StringBuffer, 51
StringTokenizer, 102
Ströme, **349**
  gepufferte, 357
subSet, 94
subtract, 63, 69
Suchen, 99
Swing, **129**, **135**, **139**, 261
SwingUtilities, 221
Synchronisation, Thread-, 327
Synchronisieren, **433**
synchronisierte Methoden, **330**
synchronized, 330
System, 355

Tags, **268**
tailSet, 94
Targets, **320**
Tastaturfokus, **161**
Tastaturkommandos, 134
TCP, **374**, **375**, **433**
Telnet-Programm, **383**
Textkomponenten, 174, 175, 177
Thread, 316, 388
Threads, **313**, **433**
  Applets, 339
  Dämon-, **326**
  Deadlock, **326**
  Frames, 339
  Gruppen, 327
  Kommunikation, 327
  Lebenszyklus, 324
  Namen, 324
  Scheduling, 326
  Starvation, **326**

Synchronisation, 327
vorzeitig beenden, 322
TitledBorder, 301
toArray, 90
Token, **102**
Toolbars, 191
Tooltip, **146**, **434**
TOP, 159, 161
Top-Level-Container, 133, 135
toString, 53, 64, 70, 73, 78
transform, 297
transient, 367
Transmission Control Protocol, **374**
Transportschicht, **374**
TreeSet, 94
TT_EOF, 359
TT_EOL, 359
TT_NUMBER, 359
TT_WORD, 359
Türme von Hanoi, 117

UDP, **374**, **375**, **434**
Uhrenprojekt, 111, 231, 246, 289, 298, 303
UIManager, 221
Uniform Resource Locator, **281**
updateComponentTreeUI, 249
URL, **281**, **434**
URL, 281, 391, 392
URLConnection, 393
User Datagram Protocol, **374**

valueOf, 57
Verkettung, String-, 50
Versionsverwaltungen, **419**
VERTICAL, 191
VERTICAL_SCROLLBAR_ALWAYS, 180
VERTICAL_SCROLLBAR_AS_NEEDED, 180
VERTICAL_SCROLLBAR_NEVER, 180
Verzeichnisse, 350
View, **25**

wait, 325, 334
Werkzeugleisten, 191
WEST, 153

WHITE, 147
windowActivated, 216
WindowAdapter, 218
windowClosed, 216
windowClosing, 215
windowDeactivated, 216
windowDeiconified, 216
WindowEvent, 212
WindowFocusListener, 216
windowGainedFocus, 216
windowIconified, 216
WindowListener, 215
windowLostFocus, 216
windowOpened, 215
windowStateChanged, 216
WindowStateListener, 216
Wrapper-Klassen, **55**
write, 353, 354, 364, 365
writeBoolean, 365
writeByte, 365
writeChar, 365
writeDouble, 365
writeFloat, 365
writeInt, 365
writeLong, 365
writeObject, 367
Writer, 350, 353
writeShort, 365

XML, **421**, **434**

YEAR, 80
YELLOW, 147
YES_OPTION, 236
yield, 318, 325

Zahlen, rationale, 105
Zeichenketten-Literale, 49
Zeichenströme, **350**
Zeichnen, 253
Zeitangaben, 77, 79, 83
Zeitpunkte, 77
Zeitscheiben-Verfahren, **326**
ZipInputStream, 370
ZipOutputStream, 370

HANSER

So bauen Sie Ihr Java-Basiswissen auf!

Dietmar Ratz, Jens Scheffler, Detlef Seese
Grundkurs Programmieren in Java
Band 1: Der Einstieg in Programmierung und Objektorientierung
463 Seiten.
ISBN 3-446-21813-0

Das Lehrbuch vermittelt die Grundlagen der Programmierung auf Basis der Programmiersprache Java. Er richtet sich an Studenten und alle Programmiereinsteiger.

Nach den elementaren Schritten der Programmierung erläutern die Autoren in Band 1 die grundlegenden Strukturen von Java. Darauf folgen die Grundzüge der Objektorientierung. Alle Themenkomplexe werden anhand von Praxisbeispielen mit Übungsaufgaben illustriert.

Im Internet: Links zu Software und Tools, zusätzliche Übungen mit Lösungshinweisen und mehr

Mehr Informationen zu diesem Buch und zu unserem Programm unter **www.hanser.de/computer**

HANSER

Schicken Sie Ihre Datenbank ins Web!

Wolfgang Dehnhardt
Java und Datenbanken
Anwendungsprogrammierung
mit JDBC, Servlets und JSP
414 Seiten.
ISBN 3-446-21727-4

Das Buch erläutert den Umgang mit relationalen Datenbanken im Java- und Internet-Umfeld. Schwerpunkte sind die Programmierung mit dem JDBC-Framework und die Anwendung in Client/Server-Architekturen, besonders auf der Basis von Servlets und JavaServer Pages (JSP).

Im Internet: Website mit allen Beispielprogrammen des Buches

Mehr Informationen zu diesem Buch und zu unserem Programm
unter **www.hanser.de/computer**